AF547465

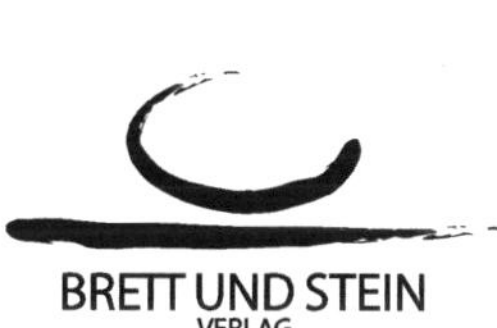
BRETT UND STEIN
VERLAG

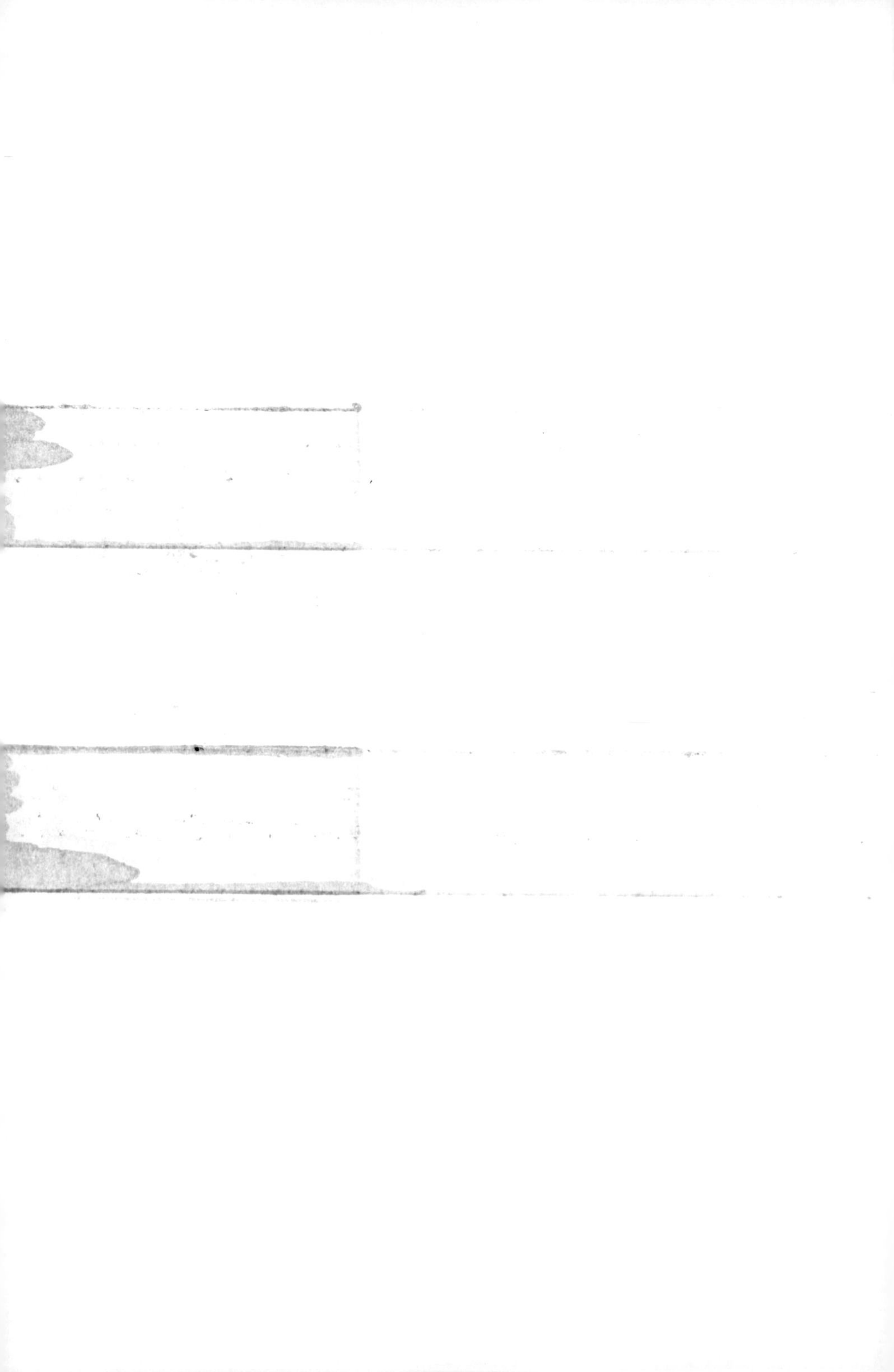

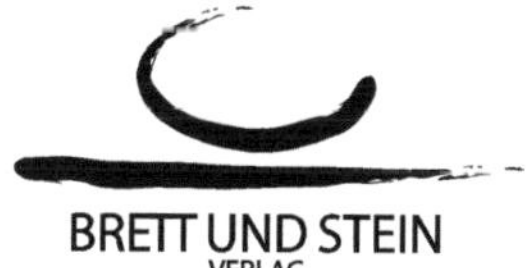


LEHRBÜCHER 03
DES GO

RICHARD HUNTER

# FREIHEITEN UND WETTLÄUFE

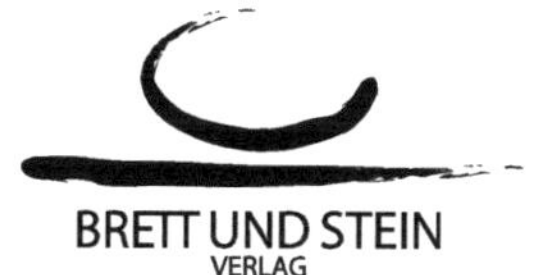

Titel der englischen Originalausgabe:
Counting Liberties and Winning Capturing Races


In der Reihe „Lehrbücher des Go“ bisher erschienen:

- Elementare Techniken
- Leben und Tod
- Strategie
- Tesuji
- Angriff und Verteidigung

Bibliografische Information der Deutschen Nationalbibliothek
Die Deutsche Nationalbibliothek verzeichnet diese Publikation in der Deutschen Nationalbibliografie; detaillierte bibliografische Daten sind im Internet über http://dnb.d-nb.de abrufbar.

ISBN 978-3-940563-43-9



Übersetzung: Felix Heisel
Umschlaggestaltung: HAMMERGEIGEROT
Druck: Books on Demand GmbH, Norderstedt

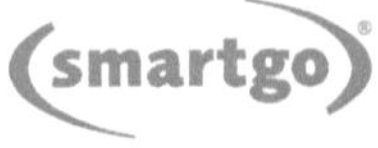


Die Diagramme in diesem Buch wurden erstellt mit SmartGo™: http://www.smartgo.com/de

Printed in Germany

# Inhalt

# Vorwort

Das Abzählen von Freiheiten und Auslesen von Wettläufen sind wichtige Grundfertigkeiten, die Sie erwerben müssen. Viele Spieler – darunter sogar solche mit beträchtlicher Spielstärke – weisen ein nur sehr bruchstückhaftes Verständnis dieser Grundlagen auf. Das ist sicher auch dadurch begründet, dass sie bisher noch nie klar und systematisch in einem westlichen Buch erklärt worden sind. Bücher über Tesuji setzen voraus, dass Sie die Grundlagen bereits beherrschen, und besprechen sie nur in knapper Form. Anfängerbücher mögen zwar eine vereinfachte Einführung enthalten, lassen dafür aber wichtige Feinheiten weg.

In diesem Buch werden nun erstmals gründlich die Prinzipien erklärt, nach denen Freiheiten gezählt werden müssen; außerdem ihre Anwendung in Spielsituationen, die so oder ähnlich in Ihren Partien auftreten. Wenn Sie die hier dargestellten Inhalte beherrschen, dann werden Sie feststellen, dass Sie nun stärkere Spieler bezwingen können, die bislang nur Ihre Unwissenheit ausgenutzt haben. Spieler zählen Freiheiten deshalb falsch, weil sie nicht wissen, was tatsächlich eine Freiheit darstellt und was nicht. Wenn sich zum Beispiel beide Seiten freie Schnittpunkte teilen, zählen diese dann für beide oder nur für einen? Und für wen?

Kapitel 1 gibt eine Analyse der sechs Typen des Kampfes, in dem keine Augen vorkommen, ein Auge auf einer Seite und je eins auf beiden Seiten. Hier wird deutlich erklärt, was als Freiheit zählt und was nicht. Anders als andere Bücher, die das Thema mit einer Handvoll Diagrammen abdecken wollen, enthält dieses Kapitel mehr als einhundert Diagramme. Einige davon zeigen das Endergebnis verschiedener Varianten und enthalten keine Zugfolgen, was es Ihnen leichter macht, den Status der Position zu beurteilen. Die Züge, die zum jeweiligen Ergebnis führen, werden in eigenen Diagrammen gezeigt. In diesem Kapitel müssen Sie keine raffinierten Züge finden, es geht lediglich darum, Freiheiten zu zählen. Kapitel 4 weitet die Analyse auf Wettläufe aus, die ein Ko einbeziehen. Kapitel 5 diskutiert Kampftechniken, um selbst Freiheiten hinzu zu gewinnen und dem Gegner effizient wegzunehmen. Kapitel 7 zeigt vier spannende, von Profis ausführlich kommentierte Partien, in denen Wettläufe vorkommen. Kapitel 9 betrachtet Wettläufe im Zusammenhang mit der L-Gruppe. Wie viele Freiheiten hat diese wohlbekannte Form? Überall dazwischen finden Sie zahlreiche Probleme – um Ihre Fortschritte zu überprüfen und um Sie herauszufordern.

Der Inhalt des Buches basiert auf einer Serie von Beiträgen zum „British Go Journal" zwischen 1996 und 2000. Diese lange Zeitspanne war ausreichend, damit der Leser die Konzepte nach und nach aufnehmen konnte. Der Umfang ist in jeder Hinsicht erschöpfend; erwarten Sie darum nicht, dass Sie das ganze Buch beim ersten Lesen vollständig erfassen. Lesen Sie den Teil 1 erst zügig durch, um einen Überblick zu bekommen. Studieren Sie ihn danach abschnittsweise und machen Sie eine Pause, bevor Sie den nächsten Abschnitt beginnen. Wenden Sie das Gelernte in Ihren Partien an und lesen Sie dann noch einmal nach. Sie sollten einen dramatischen Fortschritt erkennen und werden außerdem sehen, dass Ihnen Ihre Partien viel mehr Freude machen. Wettläufe zu gewinnen und gegnerische Gruppen zu fangen macht Spaß.

Dieses Buch enthält den Inhalt der Serie im British Go Journal und ist um eine beträchtliche Menge Zusatzmaterial ergänzt, insbesondere ein ausgedehntes Kapitel über Wettläufe mit Ko. Die deutsche Ausgabe basiert auf Ergänzungen und Erweiterungen, die bei der späteren Erstellung des Ebooks hinzugekommen sind.

# Teil 1: Die Grundlagen

# 1. Wie Freiheiten gezählt werden

Wettläufe auszulesen ist einfach. Normalerweise geht es lediglich darum, zwei einstellige Zahlen zu vergleichen. In der Praxis jedoch haben sogar Dan-Spieler Schwierigkeiten, wenn die Zahlen größer werden als drei. Wo liegt das Problem? Kurz und knapp gesagt: Es sind die Grundlagen. Die meisten Spieler verstehen ein großes Wissensfeld nur zur Hälfte, und ihr Verständnis weist verhängnisvolle Lücken auf.

Das Abzählen von Freiheiten ist ein Thema, das meistens recht oberflächlich behandelt und nicht systematisch erklärt wird. In Büchern zum Thema Leben und Tod ist für gewöhnlich eine schwache Gruppe von starken Mauern umgeben, und Bücher über Tesuji besprechen lediglich, wie man die eigenen Freiheiten vermehrt und die gegnerischen reduziert.

Dieses Buch konzentriert sich auf das Abzählen, um zu entscheiden, wer einen Kampf gewinnt. Es beginnt auf zweistelligem Kyu-Niveau, doch auch Dan-Spieler täten gut daran, vorne anzufangen, um nicht etwas zu überspringen, das sie bereits früher nicht verstanden haben.

Unter Verwendung der von James Davies geprägten Begriffe werden Stellungen als „entschieden" oder „unentschieden" bezeichnet. In einer entschiedenen Stellung ist es egal, wer am Zug ist; das Ergebnis steht bereits fest. Eine unentschiedene Stellung ist eine, in der die Seite gewinnt, die am Zug ist.

## Was sind Freiheiten?

Die Freiheiten eines Steines sind die unbesetzten Schnittpunkte, die unmittelbar benachbart sind. Sie müssen besetzt werden, um den Stein zu fangen. Bedeutsam sind nur die Nachbarpunkte, die über waagrechte oder senkrechte Linien benachbart sind, nicht auf den Diagonalen.

Ein einzelner Stein in der Brettmitte hat vier Freiheiten, ein Stein am Rand hat drei und einer in der Ecke hat zwei Freiheiten (Diagramm 1).

Schwarz muss alle vier Freiheiten besetzen, um den einzelnen Stein in der Brettmitte zu fangen. Da er jedes Mal nur einen Stein setzen darf, benötigt er dafür vier Züge. Genauso muss Schwarz alle drei Freiheiten besetzen, um den weißen Stein am Rand zu fangen, und alle beide für den Stein in der Ecke (Diagramm 2).

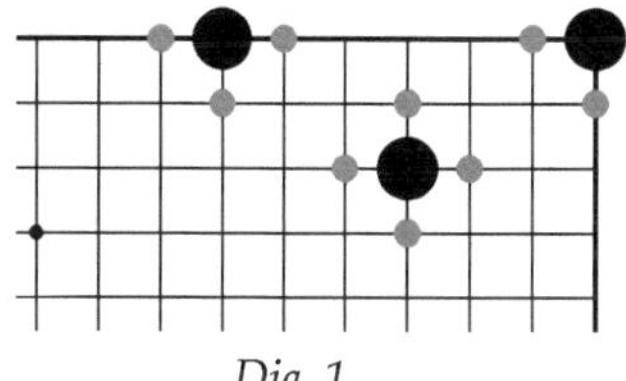

*Dia. 1*

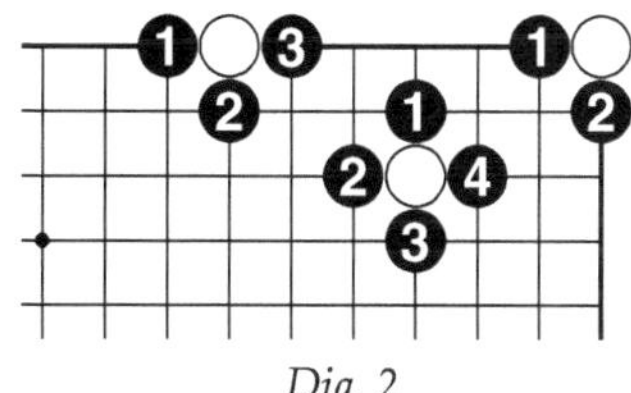

*Dia. 2*

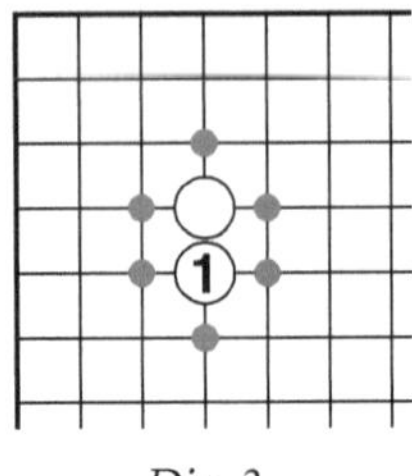


Dia. 3

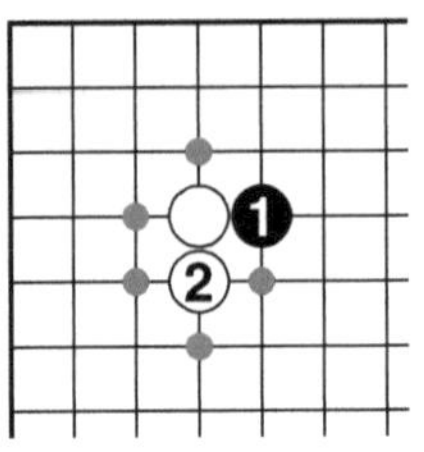


Dia. 4

Wenn Weiß mit dem Zug 1 in Diagramm 3 eine seiner eigenen Freiheiten besetzt, so bildet er eine Gruppe aus zwei verbundenen Steinen. Sie haben nun zusammen sechs Freiheiten. Somit hat Weiß mit einem Zug seine Freiheiten um zwei vermehrt. Mit dem Zug 1 im Diagramm 4 besetzt Schwarz eine der weißen Freiheiten und vermindert ihre Anzahl auf drei, doch mit dem Zug 2 besetzt Weiß eine seiner eigenen Freiheiten und bildet eine Gruppe aus zwei Steinen mit fünf Freiheiten. Weiß gewinnt mehr Freiheiten dazu als Schwarz wegnimmt: Somit ist es schwierig, Steine durch solche direkten Angriffe zu fangen.

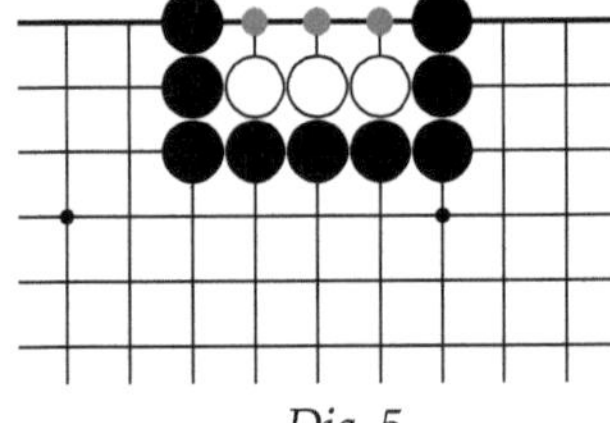

Dia. 5

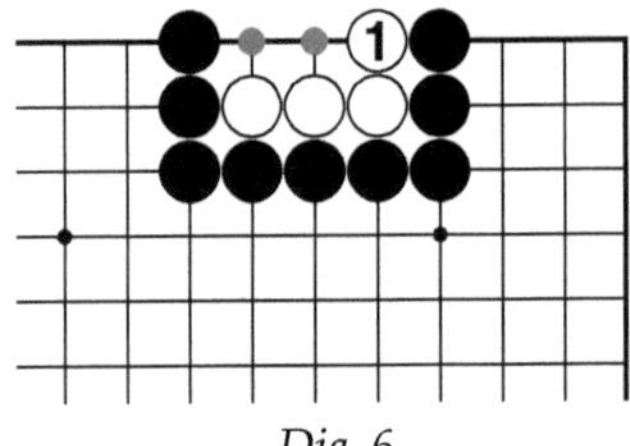


Dia. 6

Ist Weiß hingegen eingeschlossen, so kann er seine Freiheiten möglicherweise nicht vermehren. Wir werden zählen, um zu beurteilen, wie viele Freiheiten eine Gruppe besitzt, und ob sie mehr oder weniger hat als eine gegnerische Gruppe, die sie angreift. Diese Sicht auf Freiheiten ist im Grunde stark vereinfacht. Sie genügt für den Augenblick, doch später soll sie erweitert werden, damit wir kompliziertere Stellungen behandeln können.

## Typ 1: Einfache Kämpfe

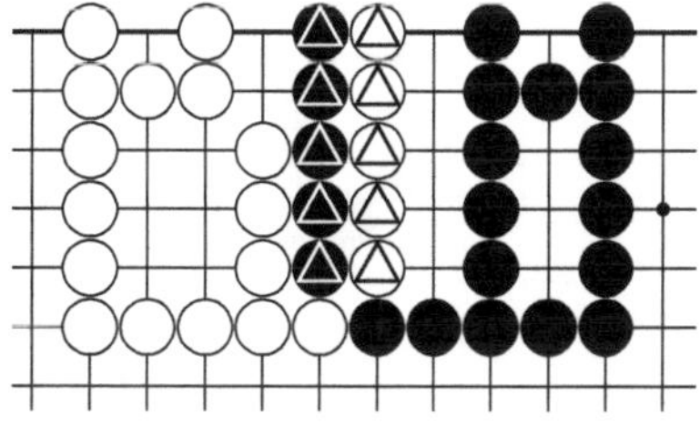
Dia. 1

Diagramm 1 zeigt eine Stellung mit zwei weißen und zwei schwarzen Gruppen. Die äußeren Gruppen sind lebendig, doch die inneren (markierte Steine) sind es nicht. Keine der beiden Seiten verfügt über zwei Augen, keine der Gruppen kann ausbrechen, und keine kann ihre Freiheiten vermehren. Es ist ein Kampf bis zum bitteren Ende. Wer wird leben, wer wird sterben? Die Antwort ist einfach.

Reduzieren wir die äußeren Gruppen aufs Wesentliche und konzentrieren wir uns auf den eigentlichen Kampf. Wie in Diagramm 2 zu sehen ist, benötigt Weiß zwei Züge, um Schwarz zu fangen. Und Diagramm 3 zeigt, dass Schwarz fünf Züge braucht, um Weiß zu fangen. Wir können somit sagen, dass die schwarze Gruppe zwei Freiheiten besitzt und die weiße fünf.

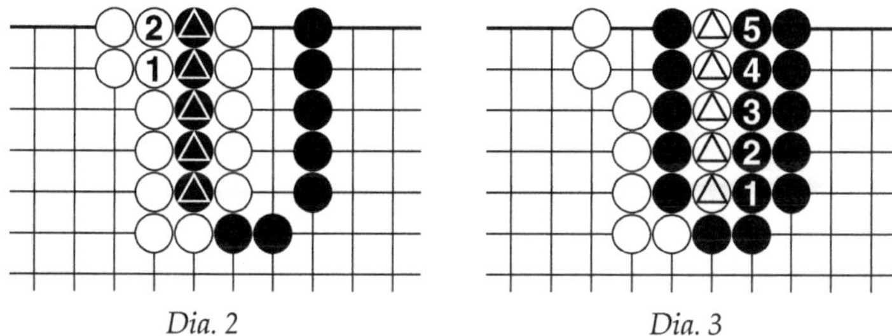
Dia. 2 Dia. 3

In einer Partie setzen Schwarz und Weiß natürlich abwechselnd, und Weiß hat mehr Freiheiten, so dass er wahrscheinlich gewinnen wird. Sogar wenn Schwarz zuerst spielt, kann Weiß die schwarzen Steine fangen, wie in Diagramm 4 zu sehen ist.

Dies ist die grundlegende Technik, um Kämpfe auszulesen: die Anzahl der Freiheiten auf beiden Seiten zu vergleichen. Beachten Sie: Wir gehen grundsätzlich davon aus, dass beide Spieler gewinnen wollen. Sie können nicht erwarten, dass Ihr Gegner Ihnen mehrere Züge hintereinander zugesteht wie in Diagramm 5.

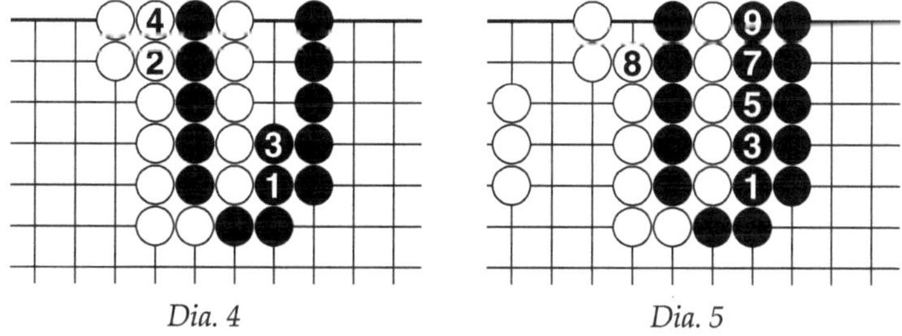
Dia. 4 Dia. 5

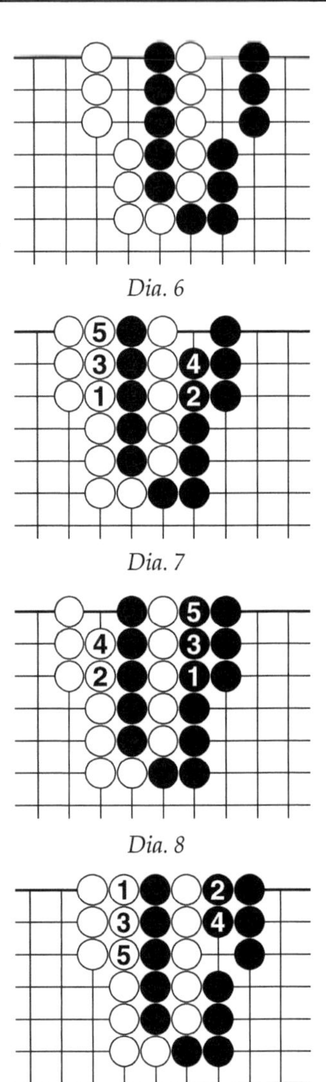

Dia. 6

Dia. 7

Dia. 8

Dia. 9

Fünf gegen zwei ist ein sehr ungleicher Kampf. Die Stellung in Diagramm 1 ist entschieden: Es spielt keine Rolle, wer am Zug ist, und es ist recht offensichtlich, wer gewinnt. In den meisten Anwendungsbeispielen werden wir jedoch zwei Zahlen vergleichen, die annähernd gleich groß sind.

In Diagramm 6 verfügen Schwarz und Weiß über dieselbe Anzahl Freiheiten.

Diagramm 7: Weiß am Zug gewinnt.

Diagramm 8: Schwarz am Zug gewinnt.

Beachten Sie: Alle Freiheiten sind gleichrangig. Diagramm 9 zeigt: In welcher Reihenfolge sie besetzt werden, spielt keine Rolle. Wichtig ist lediglich ihre Anzahl.

In solchen „einfachen Kämpfen" ist die Stellung bei gleicher Freiheitenzahl unentschieden: Wer am Zug ist, gewinnt. Wer aus einer unentschiedenen Stellung als Sieger hervorgeht, fängt in Nachhand, und der Verlierer bekommt Vorhand, um anderswo zu ziehen. Im gesamten Teil I des Buches sollen die Diagrammzüge das Zählen vereinfachen, um den Sieger zu ermitteln. Keineswegs stellen sie die tatsächlichen Züge dar, die in einer Partie gespielt werden sollten.

Zum Beispiel ist die Stellung in Diagramm 6 unentschieden. Der Zug Weiß 1 in Diagramm 7 entscheidet die Situation. Es hat keinen Zweck, wenn Schwarz mit 2 und 4 antwortet und den Wettlauf dann verliert. Schwarz sollte in seiner Vorstellung auslesen, dass der Kampf verloren ist und mit 2 fernbleiben, so dass er die Züge 2 und 4 im Diagramm 7 als Ko-Drohungen aufhebt und den toten Steinen noch Freiheiten lässt. Sind die Steine erst geschlagen, so besitzen sie kein Potenzial mehr. Solange sie auf dem Brett verbleiben, haben tote Steine oft noch ein gewisses Aji.

Soweit ist alles nicht schwer, und wenn Sie es Schritt für Schritt durchgehen, dann ist nichts in diesem ganzen Kapitel schwer. Leider sind die meisten Menschen ungeduldig und überspringen irgendwo auf dem Weg mehrere Schritte. Wenn Sie das vermeiden, dann werden Sie bald auch stärkere Spieler niederkämpfen können.

## Typ 1a: Eine gemeinsame Freiheit

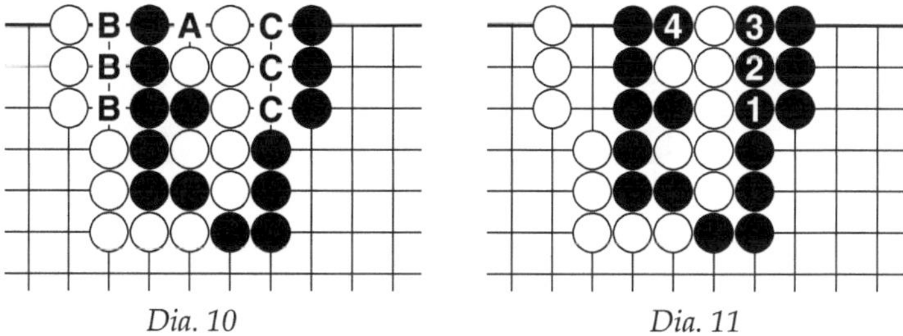


*Dia. 10* *Dia. 11*

Im Diagramm 10 haben beide Gruppen je vier Freiheiten. Die von Schwarz sind mit A, B, B und B bezeichnet, die von Weiß mit A, C, C und C. Diagramm 11 zeigt, dass Schwarz vier Züge benötigt, um die weißen Steine zu fangen. (Genauso braucht Weiß vier Züge zum Fangen der schwarzen.) In Diagramm 10 ist A eine Freiheit für beide Gruppen. Wir nennen sie eine „Innenfreiheit". Die mit B markierten Punkte gehören ausschließlich Schwarz, die mit C ausschließlich Weiß. Sie heißen „Außenfreiheiten". Später werden wir sehen, dass es zwei Sorten von exklusiven Freiheiten gibt: Außenfreiheiten und die Freiheiten in einem Auge.

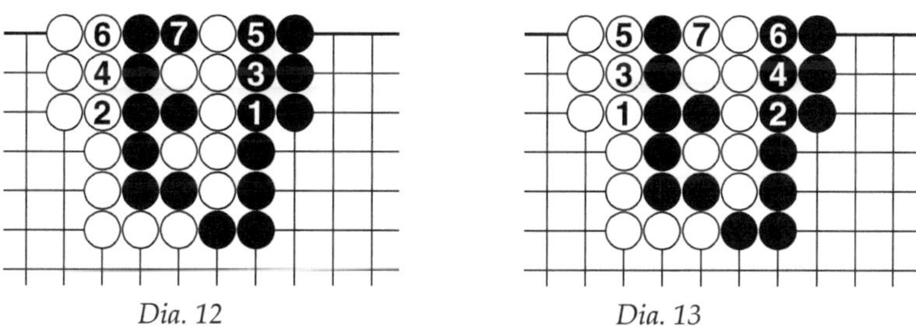


*Dia. 12* *Dia. 13*

In Diagramm 12 ist Schwarz am Zug und gewinnt. Beachten Sie, dass die Reihenfolge, in der Schwarz die weißen Freiheiten besetzt, in diesem Fall bedeutsam ist: Er muss mit den weißen Außenfreiheiten beginnen (wobei diese alle gleichrangig sind und in beliebiger Reihenfolge besetzt werden können) und zuletzt die Innenfreiheit besetzen, weil das auch seine eigenen Freiheiten vermindert. Auf die gleiche Weise gewinnt Weiß, wenn er zuerst zieht (Diagramm 13).

Was passiert, wenn Weiß mit der Innenfreiheit anfängt? Wie Diagramm 14 zeigt, haben beide Seiten nach Weiß 1 noch drei Freiheiten, aber nun ist Schwarz am Zug. Wenn Weiß die Innenfreiheit besetzt, so vermindert er seine Freiheiten ebenso wie die gegnerischen. Das ist so, als würde er Schwarz einen Extrazug genehmigen.

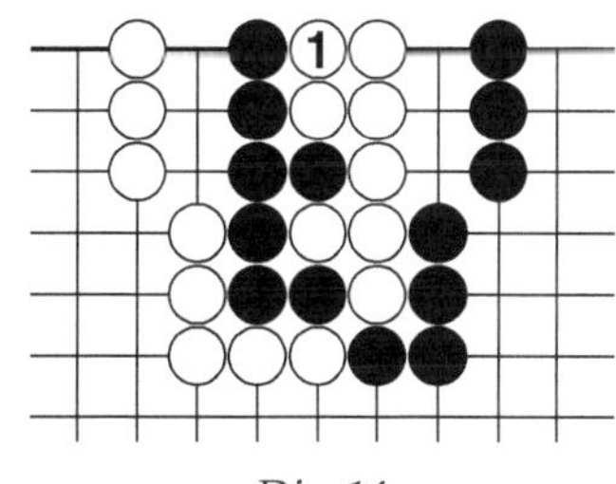


*Dia. 14*

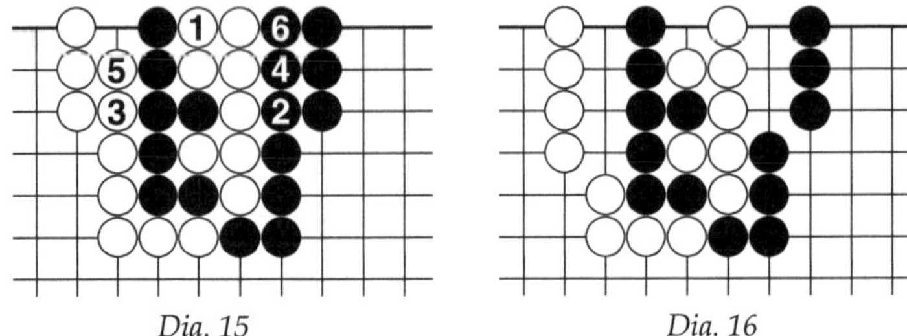


*Dia. 15* *Dia. 16*

Diagramm 15 zeigt: Weiß verliert, obwohl er als Erster am Zug ist. Sie müssen zwar die Innenfreiheit besetzen, um die Steine zu fangen, aber Sie dürfen es erst am Schluss tun, wenn sich das nicht mehr gegen Sie selbst wenden kann.

In Diagramm 16 verfügt Schwarz nun über eine zusätzliche Außenfreiheit. Die Bilanz sieht so aus: Schwarz hat fünf (4 außen und 1 innen) und Weiß vier (3 außen und 1 innen). Auch wenn Weiß am Zug ist, kann Schwarz gewinnen. Und ist Schwarz am Zug, so kann er sogar fernbleiben und immer noch gewinnen. Die Stellung ist entschieden: Weiß ist tot.

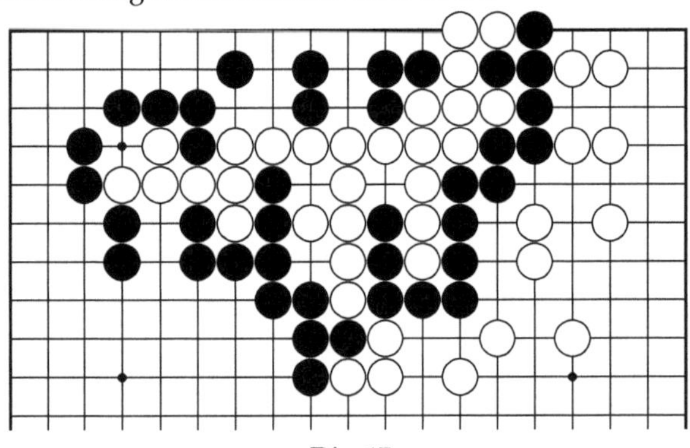

*Dia. 17*

Diagramm 17 zeigt einen komplizierteren Kampf, der durchaus in einer Partie entstehen könnte. Er ist aber keineswegs schwieriger auszuzählen, wenn Sie das Prinzip verstanden haben. Manche verfolgen die Züge der Reihe nach: Schwarz hier, Weiß da, Schwarz hier, Weiß da und so fort. Diese Methode ist jedoch nicht zu empfehlen. Zu schnell ist es passiert, dass Sie eine Freiheit auslassen oder zweimal zählen, wenn Sie zwischen den Farben hin- und herwechseln. Zählen Sie stattdessen für jede einzelne Gruppe die Freiheiten, von denen sie umgeben ist.

Diagramm 18: Zählen Sie die mit S markierten Punkte: 1, 2, 3, und so fort bis 8. Zählen Sie 1 für

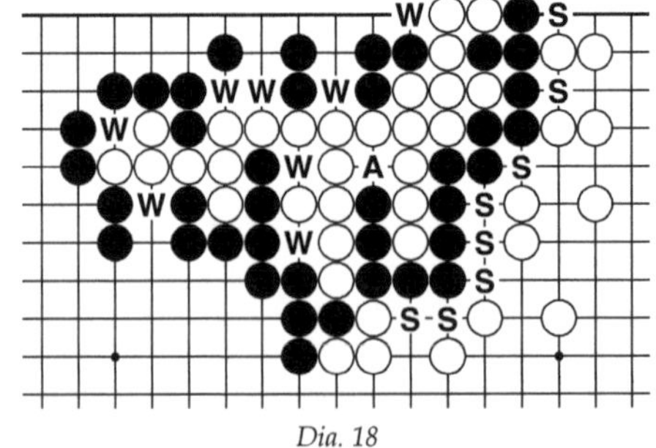


*Dia. 18*

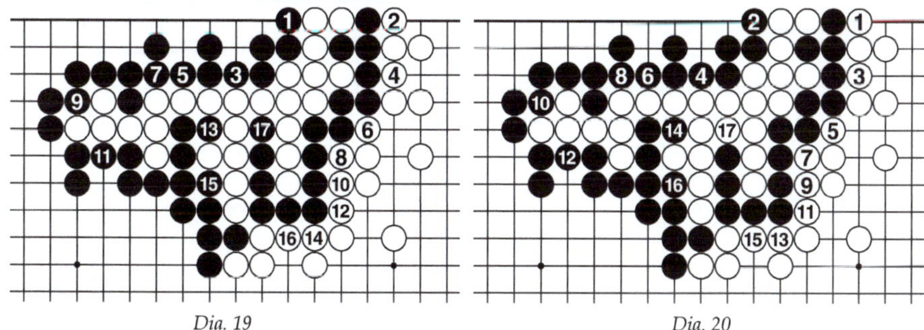

*Dia. 19* *Dia. 20*

die Innenfreiheit bei A hinzu, macht 9. Zählen Sie nun die weißen: 1, 2, 3, ..., 8 plus 1 bei A macht 9. Also neun zu neun. Die Stellung ist unentschieden. Nicht schwer, oder?

Die Diagramme 19 und 20 zeigen die Züge, die in dem Wettlauf gespielt werden (könnten), wenn Schwarz (bzw. Weiß) am Zug ist.

## Zusammenfassung Typ 1: Keine oder eine Innenfreiheit

Wenn keine Innenfreiheiten vorhanden sind, zählen Sie die Außenfreiheiten für jede Seite. Sind es gleich viele, so ist die Stellung unentschieden und wer am Zug ist, gewinnt. Hat eine Seite mehr Freiheiten, so ist die Stellung entschieden: die Seite mit mehr Freiheiten lebt, kann sogar fernbleiben und immer noch gewinnen. Die Seite mit weniger Freiheiten ist tot.

Gibt es eine Innenfreiheit, so zählen Sie die Außenfreiheiten und addieren eins auf jeder Seite. Ist die Anzahl gleich, so ist die Stellung unentschieden und wer am Zug ist, gewinnt. Hat eine Seite mehr Freiheiten, so ist die Stellung entschieden. Besetzen Sie zuerst die Außenfreiheiten und spielen Sie zuletzt auf die Innenfreiheit.

Im nächsten Abschnitt betrachten wir Kämpfe mit zwei oder mehr Innenfreiheiten. Das verändert die Situation sehr, und es kommen öfters Lesefehler vor (Dan-Spieler aufgepasst!).

## Typ 2: Zwei oder mehr Innenfreiheiten

Auf der linken Seite von Diagramm 1 sehen wir einen Kampf vom Typ 1a, den wir soeben untersucht haben. Die rechte Seite zeigt einen ähnlich aussehenden Kampf, doch hier gibt es zwei Innenfreiheiten. Was macht das für einen Unterschied? Denken Sie kurz darüber nach, bevor Sie umblättern und weiter lesen.

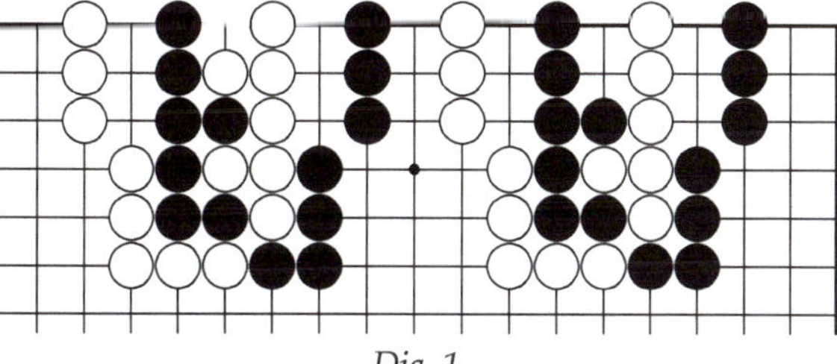

*Dia. 1*

Links haben Schwarz und Weiß jeweils vier Freiheiten: Wer zuerst zieht, gewinnt. Doch wenn wir die Anzahl der Innenfreiheiten betrachten, so ist die Folge 0, 1, 2, 3 usw. in keiner Weise gleichmäßig: Zwischen 1 und 2 gähnt ein Abgrund, Kämpfe mit zwei oder mehr Innenfreiheiten sind völlig anders gelagert als die mit einer oder keiner Innenfreiheit. Es ist, wie wenn Eis Grad um Grad bis zum Schmelzpunkt erwärmt wird. Der gleichmäßige Vorgang wird plötzlich von einem Phasenübergang unterbrochen, wenn das Eis sich in Wasser verwandelt, das völlig andere Eigenschaften hat. Schauen wir uns einige Beispiele an.

Auf der rechten Seite in Diagramm 1 verfügen beide Seiten über drei Außenfreiheiten, außerdem finden sich diesmal zwei Innenfreiheiten.

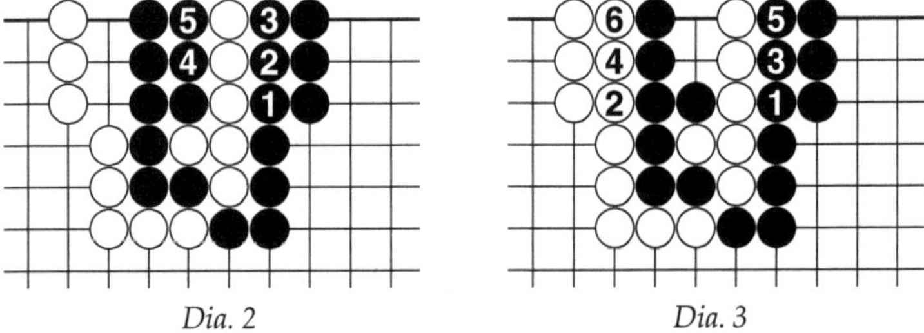

*Dia. 2* *Dia. 3*

Wie in Diagramm 2 zu sehen ist, könnte Schwarz die weißen Steine in fünf Zügen fangen. Aber das wird in einer Partie nicht geschehen: Weiß wird sich zur Wehr setzen. Wenn Schwarz 1, 3 und 5 spielt, so spielt Weiß 2, 4 und 6 in Diagramm 3. Das Ergebnis ist ein lokales Unentschieden, Seki genannt.

Denn wenn Schwarz jetzt auf 1 in Diagramm 4 spielt, um Weiß in Atari zu setzen, so gerät er selbst in Atari und wird von Weiß geschlagen. Seki ist eine Stellung, in der keine Seite weiterspielen möchte, weil es Selbstmord bedeutet. In einem Kampf vom Typ 1 kann das Ergebnis nie ein Seki sein: eine der beiden Gruppen muss sterben.

Kämpfe vom Typ 2 sind völlig anders. Wenn Schwarz und Weiß gleich viele Außenfreiheiten haben und es außerdem mindestens zwei Innenfreiheiten gibt, so ist das Ergebnis stets ein Seki. In Diagramm 5 hingegen hat Schwarz sieben Außenfreiheiten und Weiß nur drei.

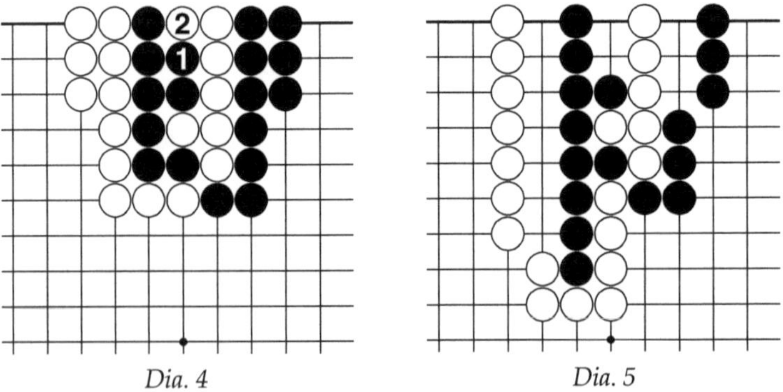

*Dia. 4* *Dia. 5*

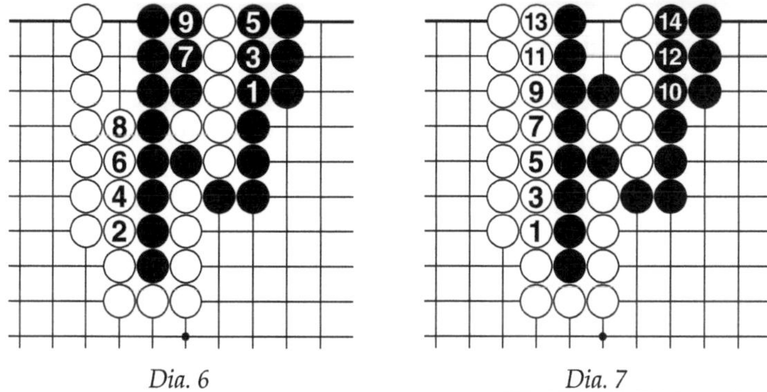

Dia. 6 Dia. 7

Wie Diagramm 6 zeigt, kann Schwarz in diesem Fall alle fünf Freiheiten des Weißen besetzen, ohne dass dieser eine Chance hat.

Auch wenn Weiß wie in Diagramm 7 als Erster zieht, kann er die Schwarzen dennoch niemals fangen. Schwarz kann nicht nur wie in Diagramm 6 gewinnen, wo er drei Züge Vorsprung hatte, er kann auch weiße Züge ignorieren und immer wieder fernbleiben… und trotzdem in Seki leben. Natürlich sollte Schwarz darauf achtgeben, dass er nicht zu viele Züge unbeantwortet lässt. Es könnte sonst sein, dass er recht dumm aus der Wäsche schaut.

Wir können nun folgende Richtlinien zum Auslesen von Kämpfen vom Typ 2 formulieren:

In einem Kampf vom Typ 2 lebt die Seite mit mehr Außenfreiheiten bedingungslos. Bei diesem Typ und den folgenden wird mit dem Begriff „Favorit“ die Seite bezeichnet, die einen Vorteil hat. Die andere Seite ist der „Außenseiter“. Er beginnt mit einem Nachteil, könnte aber Glück haben, falls er über eine große Zahl Außenfreiheiten verfügt. Das Kriterium zur Entscheidung, wer der Favorit ist, ist vom Typ des Kampfes abhängig: Hier ist die Seite mit mehr Außenfreiheiten der Favorit. In komplizierteren Situationen mit Beteiligung von Augen ist das Kriterium nicht ganz so einfach zu formulieren und wird später in diesem Kapitel besprochen.

Diagramm 8: Schwarz ist der Favorit und lebt. Hat er genügend Freiheiten, um Weiß zu töten, oder lebt Weiß in Seki? Um zu töten, muss Schwarz alle Außenfreiheiten und die Innenfreiheiten besetzen. Diagramm 9 zeigt: Wenn Schwarz als Erster zieht, dann kann er Weiß fangen. Zur Entscheidung, ob

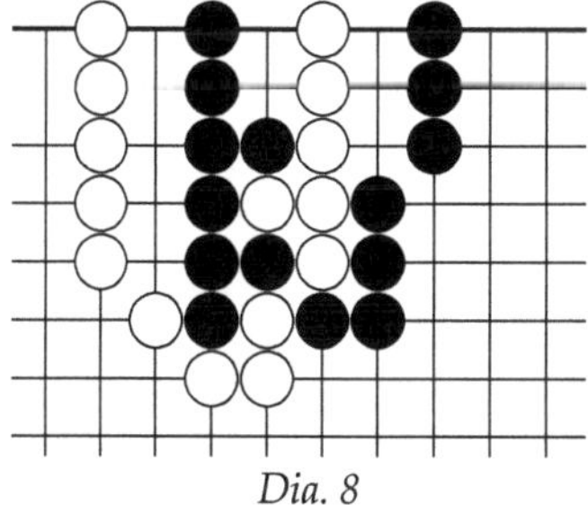

Dia. 8

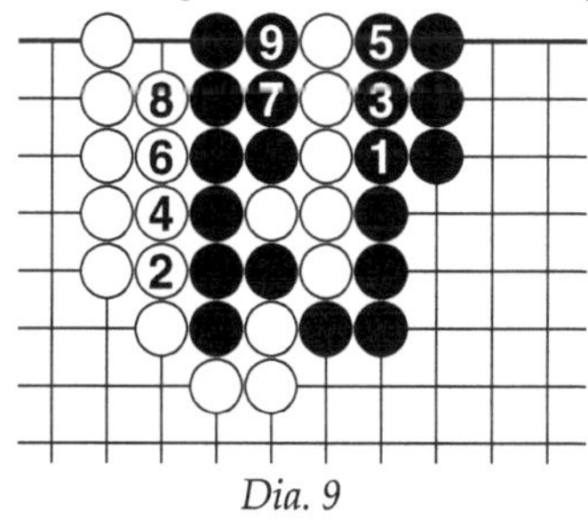

Dia. 9

die Stellung entschieden ist, vergleichen wir einfach die Freiheitenzahl jeder Seite. Sind die Zahlen gleich, so ist die Stellung unentschieden, und es gewinnt derjenige, der am Zug ist. Das Problem besteht darin zu entscheiden, welche Punkte als Freiheit zu zählen sind. In Diagramm 8 besitzt Weiß fünf Freiheiten, denn das ist die Anzahl Züge, die Schwarz benötigt, um ihn zu fangen. Weiß hingegen kann Schwarz nicht fangen, es sei denn, der bliebe mehrmals fern.

Also dann, wie viele Freiheiten besitzt Schwarz? Was wir suchen, ist eine Zahl, die aussagt, ob Schwarz die Weißen fangen kann. Die Aussage, Schwarz habe sieben Freiheiten, ist irreführend. Zwar scheint es auf der Hand zu liegen, dass man die schwarzen Außenfreiheiten zählt.

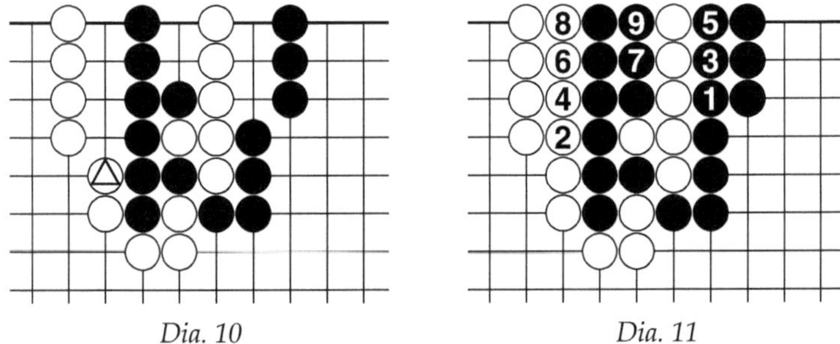


*Dia. 10* *Dia. 11*

In Diagramm 10 jedoch hat Schwarz eine Außenfreiheit weniger als in Diagramm 8. Schwarz ist immer noch Favorit (vier zu drei Außenfreiheiten). Schwarz hat damit vier Außenfreiheiten gegen die weiße Gesamtzahl von fünf (Außen- und Innenfreiheiten). Also sollte Weiß bedingungslos leben und die Stellung Seki sein, oder?

Diagramm 11 könnte denjenigen, die solch einfältige Annahmen machen, einen heftigen Schock versetzen. Wenn Schwarz als Erster zieht, stirbt Weiß. Um die Schwelle zum Unentschieden zu bestimmen, müssen wir eine Innenfreiheit zugunsten des Favoriten zählen. Beachten Sie, dass dies für Kämpfe mit Augen nicht gültig ist, und das erklärt einige der Fehler, die in diesem Zusammenhang gemacht werden.

## Wie man Kämpfe vom Typ 2 ausliest

Nehmen wir noch einmal Diagramm 10 und schauen, wie der Kampf korrekt zu lesen ist: Schwarz ist der Favorit (vier zu drei Außenfreiheiten). Schwarz besitzt fünf Freiheiten (vier außen und eine innen). Weiß hat ebenfalls fünf (drei außen und beide Innenfreiheiten). Die Freiheitenzahl ist gleich, somit ist die Stellung unentschieden. Der Favorit (Schwarz) lebt bedingungslos. Wenn er am Zug ist, kann er töten. Spielt der Außenseiter (Weiß) zuerst, kann er in Seki leben.

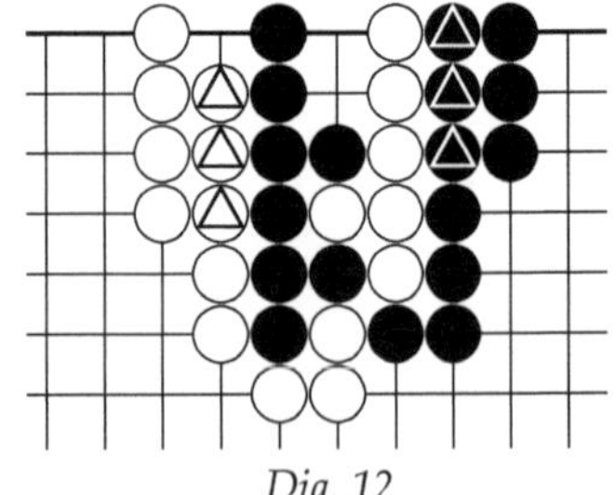

*Dia. 12*

Es wäre unhöflich zu erwarten, dass Sie sich eine geheimnisvolle Regel merken wie „Zähle in Kämpfen vom Typ 2 eine Innenfreiheit für den Favorit". Untersuchen wir die Sache deshalb ein wenig genauer.

Eine praktische Analysemethode für diese Stellung ist, gleichwertige Freiheiten beider Seiten wie in Diagramm 12 „herauszukürzen", da sie sich gegenseitig aufheben. Hier reduzieren wir die Stellung bis auf die zwei Innenfreiheiten für den Außenseiter, indem wir eine gleiche Anzahl von Zügen beider Seiten als gespielt ansehen.

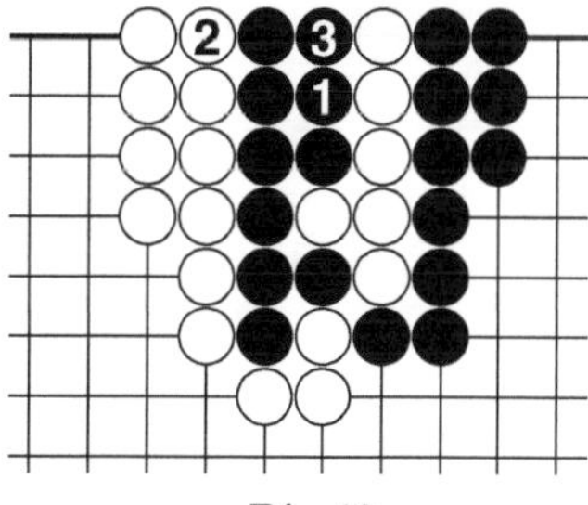


*Dia. 13*

Jetzt ist wie in Diagramm 13 leicht zu sehen, dass Schwarz am Zug gewinnt: Schwarz besetzt eine Innenfreiheit, die zu Weiß gehört. Weiß 2 besetzt die letzte Außenfreiheit von Schwarz, doch der schwarzen Gruppe verbleibt eine Freiheit: die letzte Innenfreiheit. Sie ist diejenige, die Schwarz als Favorit für sich zählen darf. Indem Sie in Ihrer Vorstellung auf beiden Seiten Freiheiten wegnehmen, bis für den Außenseiter nur noch die Innenfreiheiten übrig sind, können Sie den Status des Kampfes auf einfache Weise bestimmen.

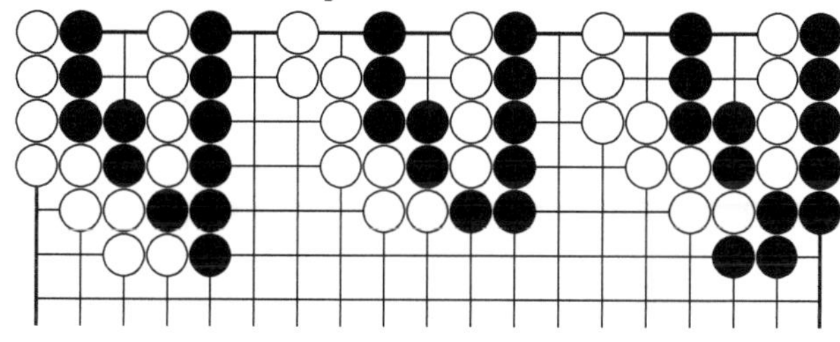

*Dia. 14*

Diagramm 14 zeigt: Hat Schwarz keine Außenfreiheit, so ist das Ergebnis Seki, die Stellung ist entschieden. Hat Schwarz eine Außenfreiheit, so kann er gewinnen, falls er am Zug ist (unentschieden). Und wenn er zwei oder mehr Außenfreiheiten hat, so kann er fernbleiben und dennoch gewinnen (entschieden). Beachten Sie die Formulierung „in der Vorstellung" im vorigen Absatz: Spielen Sie diese Züge nicht in einer Partie, nur um zu sehen, was passiert. Lesen Sie den Kampf im Kopf, und spielen Sie ihn nur dann auf dem Brett aus, wenn er für Sie günstig ist. Sind Ihre Steine erst einmal geschlagen, so taugen sie nicht einmal mehr für eine Ko-Drohung.

Ein anderer Ansatz wäre, wie in Diagramm 15 alle Freiheiten auszustreichen bis zu dem Punkt, an dem Schwarz seinen Gegner in Atari setzt. Auch hier ist leicht einzusehen, dass Schwarz die Weißen fangen kann, wenn er als Erster zieht. Wählen Sie den Ansatz, der Ihnen besser gefällt. Es geht um das Ergebnis, nicht die Methode.

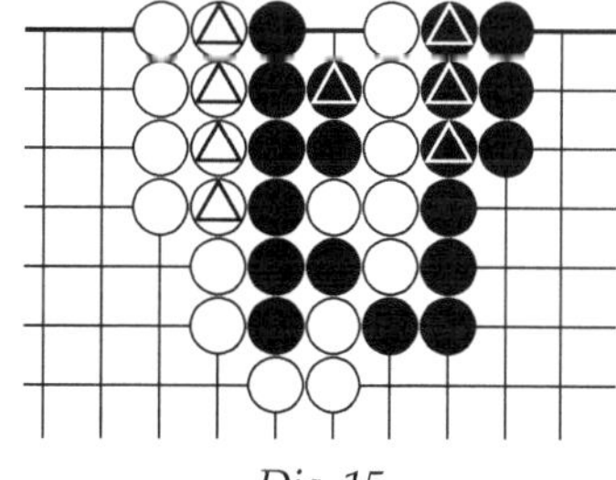

*Dia. 15*

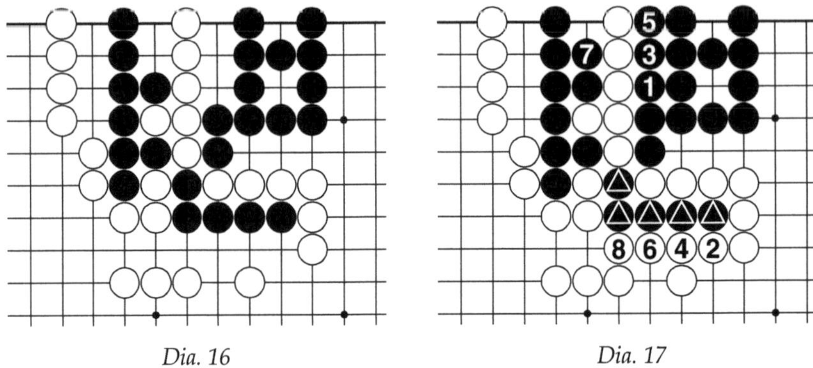

*Dia. 16* *Dia. 17*

Könnten wir nicht auch eine Freiheit beim Außenseiter abziehen, anstatt eine beim Favorit hinzuzuzählen? Nein, das ist nicht dasselbe: Nehmen wir Diagramm 16.

Die Anzahl der Freiheiten des Außenseiters hat eine tatsächliche Bedeutung und darf nicht verfälscht werden. Die Freiheitenzahl für den Favorit hingegen ist eine, die wir rein zweckmäßig festgelegt haben. In Diagramm 16 muss Schwarz die weißen Steine am oberen Rand fangen, bevor seine Schnittsteine in der Mitte geschlagen werden. Nun haben die weißen Steine oben fünf Freiheiten und nicht vier. Und deshalb verliert Schwarz um einen Zug, wie in Diagramm 17 zu sehen, auch wenn er zuerst spielt.

Fassen wir zusammen: Wenn es in einem Kampf vom Typ 1 eine Innenfreiheit gibt (Typ 1a), so zählt der Favorit eine Innenfreiheit für sich und der Außenseiter ebenso. In einem Kampf vom Typ 2 zählt der Favorit eine Innenfreiheit und der Außenseiter alle. Somit zählt der Favorit in Kämpfen ohne Beteiligung von Augen genau eine Innenfreiheit (falls es überhaupt eine gibt), und der Außenseiter zählt alle Innenfreiheiten für sich.

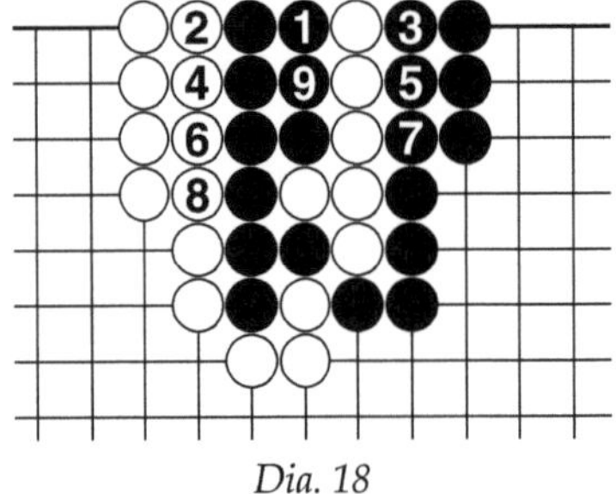

*Dia. 18*

In Diagramm 18 spielt Schwarz 1 mit dem Feuer, das ist gefährlich und unbedingt zu vermeiden. Im Allgemeinen sollten Sie die Außenfreiheiten zuerst besetzen und die Innenfreiheiten als Letzte. In diesem Fall ist Schwarz 1 nicht verhängnisvoll, Schwarz gewinnt trotzdem. Aber das ist eine schlechte Angewohnheit: Wenn man die Anzahl der Innenfreiheiten von zwei auf eins vermindert, dann verändert das den Typ des Kampfes. Schwarz lebt nicht mehr sicher in Seki, es ist nun ein Kampf auf Leben und Tod. Es ist wie im Western, wenn der Held seine Waffe wegwirft, um seinem unbewaffneten Gegner einen fairen Kampf zu liefern. Im Go ist das jedoch nicht notwendig, nutzen Sie jeden Vorteil.

Schwarz 1 in Diagramm 19 ist ein schlechter Zug, aber kein entscheidender. Schwarz 3 hingegen ist Selbstmord. Der Grund dafür: In einem Kampf vom

Typ 2 (mit mindestens zwei Innenfreiheiten) zählt eine Innenfreiheit für den Favorit. Und deshalb besetzt Schwarz mit 3 eine seiner eigenen Freiheiten.

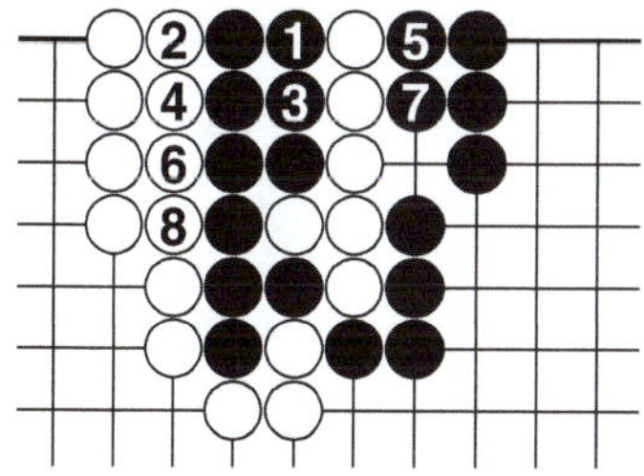

Dia. 19

Diagramm 20: Eine Leseübung. Sie sollten in der Lage sein, diesen Kampf in Sekunden auszulesen. Wenn es nicht gelingt, dann lesen Sie die folgende Erläuterung und versuchen Sie es noch einmal. Alles was Sie tun müssen ist, den Typ des Kampfes zu ermitteln und auf beiden Seiten die Freiheiten zu zählen. Das ist nicht schwer.

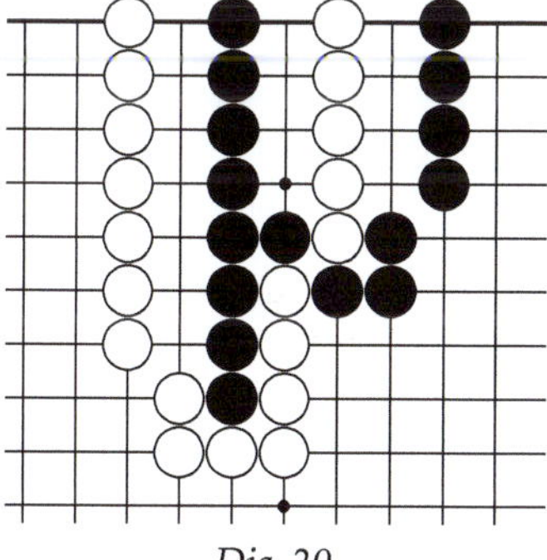

Dia. 20

Das Vorgehen ist folgendermaßen: Es gibt keine Augen in der Nähe und mindestens zwei Innenfreiheiten, somit ist es ein Kampf vom Typ 2. Schwarz hat mehr Außenfreiheiten, also ist er der Favorit und lebt bedingungslos. Lebt Weiß nun in Seki oder kann Schwarz töten? Zählen Sie die schwarzen Freiheiten: sieben Außenfreiheiten und eine Innenfreiheit ergeben zusammen acht. (Vergessen Sie nicht die eine Innenfreiheit für den Favorit.) Weiß hat vier Außenfreiheiten plus vier Innenfreiheiten, macht ebenfalls acht. Acht zu acht, die Zahlen sind gleich, somit ist die Stellung unentschieden. Schwarz lebt.

Diagramm 21 zeigt: Wenn Schwarz am Zug ist, kann er töten.

Diagramm 22: Genauso gut können Sie im Kopf auf beiden Seiten die gleiche Anzahl Freiheiten wegnehmen, bis für den Außenseiter nur noch die beiden Innenfreiheiten übrig sind. Und da Schwarz noch eine Außenfreiheit besitzt, hat er Zeit genug, um zu töten (die Stellung ist unentschieden).

Ist Weiß am Zug (Diagramm 23), so kann er ein Seki machen. Ist es langwierig, das zu untersuchen? Die einzige kleine Schwierigkeit besteht darin, dass Sie eine Innenfreiheit für den Favorit zählen müssen. Danach geht es nur noch darum, Freiheiten genau abzuzählen, ohne eine zu übersehen oder doppelt zu zählen.

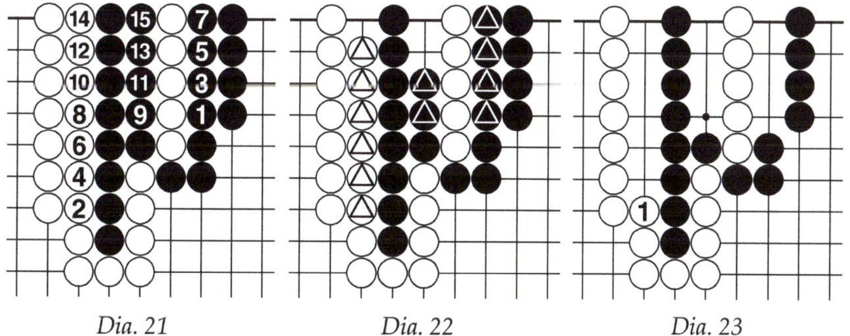

Dia. 21 Dia. 22 Dia. 23

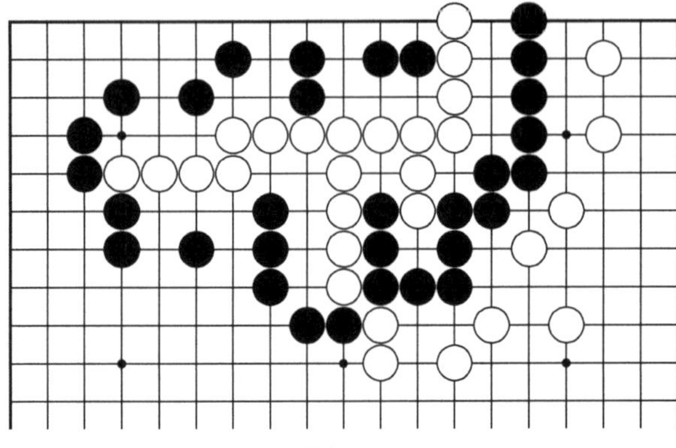

*Dia. 24*

Diagramm 24 zeigt ein weiteres Übungsbeispiel. Lesen Sie es zuerst rasch aus und nehmen Sie sich danach Zeit, um Ihre Antwort zu überprüfen. Üben Sie, bis Sie überzeugt sind, dass es in jeder Partiesituation gelingt, auch unter Zeitdruck. Ihre Antwort können Sie auf Seite 109 überprüfen.

## Annäherungszüge

Können Sie das Ergebnis des Wettlaufs in Diagramm 25 auslesen? Wenn Schwarz auf A spielt, dann schlägt Weiß mit B.

Diagramm 26. In dieser einfachen Situation kann Schwarz jedoch zunächst alle anderen Freiheiten besetzen und zum Schluss mit 5 fangen.

In Diagramm 27 hingegen haben wir zwei Innenfreiheiten. Und Schwarz kann nicht zwei verschiedene Züge, hier mit X markiert, bis zum Schluss aufheben.

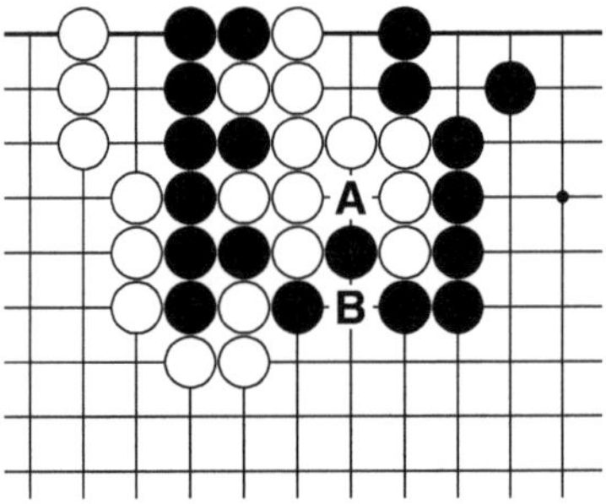

*Dia. 25*

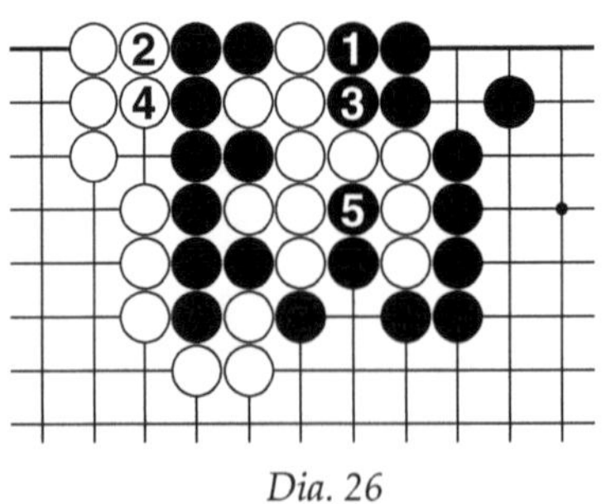


*Dia. 26*

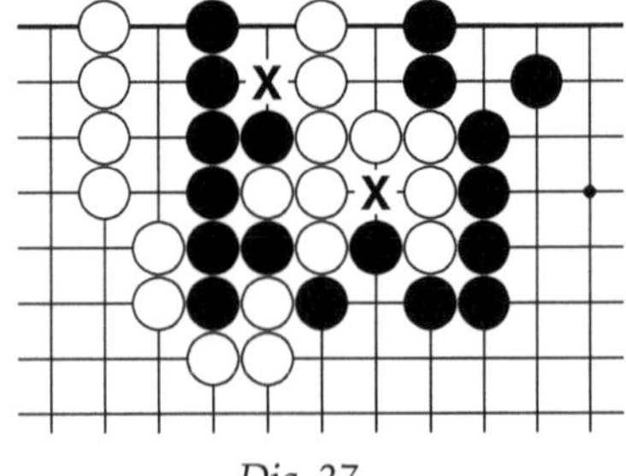


*Dia. 27*

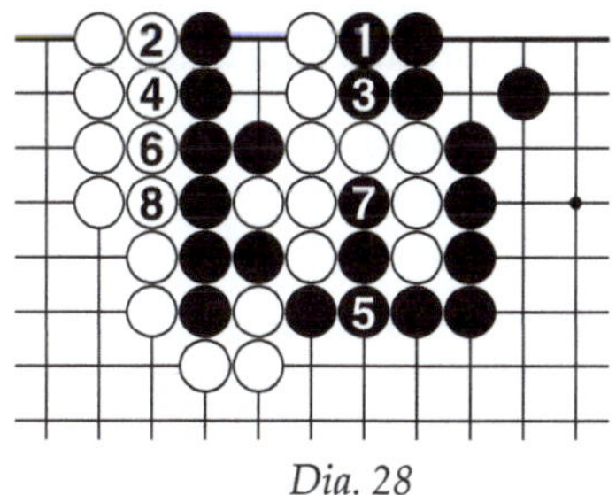

Dia. 28

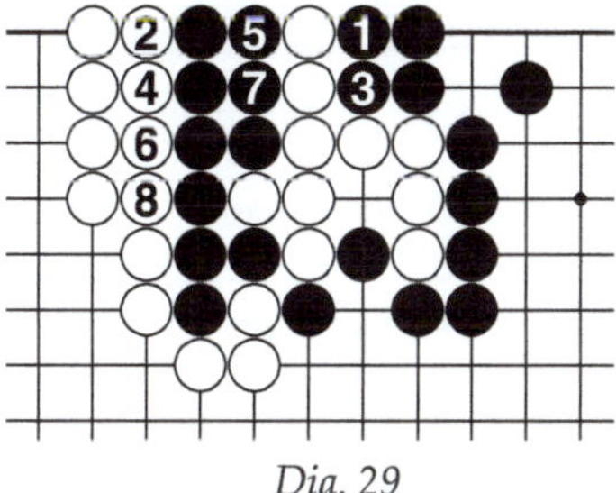

Dia. 29

Diagramm 28 zeigt, dass Schwarz erst auf 5 verbinden muss, bevor er 7 spielen kann, somit ist das Ergebnis Seki. Spielt er 5 und 7 wie in Diagramm 29 auf die Innenfreiheiten, so besetzt er eine seiner eigenen Freiheiten und begeht somit Selbstmord.

## Freiheiten – Neudefinition

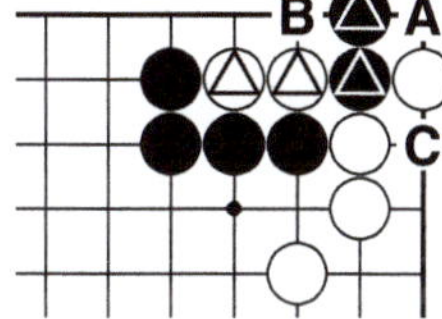


*Wie viele Freiheiten?*

An dieser Stelle müssen wir zu einer verfeinerten Definition des Begriffs „Freiheit" übergehen. Die markierte weiße Gruppe hat zwei Freiheiten. Doch wie viele haben die markierten schwarzen? Die einfache Antwort wäre zwei, denn Schwarz verfügt physisch über zwei leere Nachbarschnittpunkte. Allerdings müssen wir berücksichtigen, dass Weiß im Augenblick keinen von ihnen besetzen kann. Spielt Weiß auf A oder B, so setzt er sich in beiden Fällen selbst in Atari und wird von Schwarz geschlagen. Er muss zuerst auf C spielen. Und anstatt zu sagen „Schwarz hat zwei Freiheiten, aber Weiß muss einen Annäherungszug auf C machen", wollen wir die Anzahl der Freiheiten einfach neu definieren als die Anzahl der Züge, die benötigt wird, um die betreffenden Steine zu schlagen. Somit sagen wir, dass Schwarz drei Freiheiten besitzt. Diese Änderung der Definition wird uns die Sache leichter machen. Diagramm 30 zeigt ein Beispiel.

Weiß hat keine Außenfreiheit, somit ist Schwarz Favorit. Weiß muss vier Annäherungszüge machen: Er muss A vor B spielen, C vor D, E vor F und G vor H. Außerdem hat Schwarz noch zwei Außenfreiheiten, die beide mit X markiert sind. Zusätzlich zählt Schwarz als Favorit eine Innenfreiheit für sich. Das macht acht (inklusive der vier Annäherungszüge, die Weiß machen muss) plus zwei X außen, plus eine Innenfreiheit, zusammen

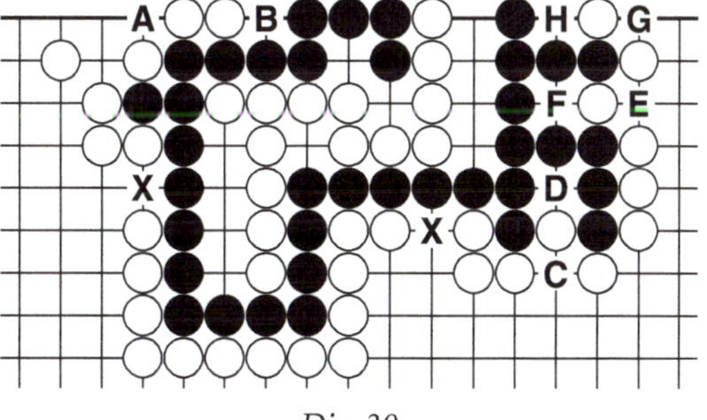


Dia. 30

elf Freiheiten für Schwarz. Weiß hat ebenfalls elf Freiheiten (alle innen), somit ist die Stellung unentschieden.

Das liefert uns eine einfache Methode, mit Annäherungszügen umzugehen, wenn wir Wettläufe auszählen.

## Zusammenfassung Typ 2: Zwei oder mehr Innenfreiheiten

Wenn es zwei Innenfreiheiten gibt (oder mehr), so ist die Seite mit mehr Außenfreiheiten der Favorit. Der Favorit lebt bedingungslos, der Außenseiter stirbt oder lebt bestenfalls in Seki. Zählen Sie die Freiheiten für jede Seite. Der Favorit zählt alle seine Außenfreiheiten und eine Innenfreiheit für sich. Der Außenseiter zählt für sich alle seine Außenfreiheiten und alle Innenfreiheiten. Bei gleicher Anzahl ist die Stellung unentschieden.

Vergessen Sie nicht, in Kämpfen vom Typ 2 für den Favorit eine Innenfreiheit zu zählen.

## Allgemeine Richtlinien (für alle Typen):

- Ist die Freiheitenzahl gleich, dann ist die Stellung unentschieden. Ein Problem besteht darin zu erkennen, wem die Innenfreiheiten gehören.
- Falls die Stellung Seki werden kann, dann schützen die Innenfreiheiten den Außenseiter. Der Favorit benötigt viele Außenfreiheiten, um ein Seki zu vermeiden und zu töten.
- Besetze erst die Außenfreiheiten, dann die Innenfreiheiten.
- Ist die Stellung unentschieden, dann fängt der Sieger in Nachhand. Der Verlierer bekommt Vorhand und kann woanders ziehen. Es gibt keine größere Schmach, als in Nachhand zu sterben.

## Eine wahre Geschichte zur Warnung:

Nachdem ich den Kampf sorgfältig ausgelesen hatte (beide acht Freiheiten, ich war am Zug), setzte ich voller Zuversicht. Ich hatte die Partie im Sack. Mein Gegner, Francis Roads, schien derselben Meinung zu sein. „Hmm", schnaubte er nach einigen Minuten. „Nun, ich habe ja noch fünfzehn Minuten auf der Uhr, um noch etwas zu finden." Er dachte eine Weile nach und entschied, dass er am besten versuchen sollte, eine mikroskopische Schwäche auszunutzen, die er in meiner Mauer entdeckt hatte. Bald war klar, dass nichts daraus wurde. „Warum hat Schwarz nicht einfach angefangen, die Freiheiten zuzusetzen?", fragte Matthew Macfadyen, der am Schluss der Partie in Leicester 1995 zugeschaut hatte. „Naja, er hat in dem Kampf eine Freiheit zuwenig." – „Hat er nicht, er ist vorn. Schau her." Steine flogen aufs Brett und wieder hinunter, als Matthew die Lösung zeigte. Ich war von dieser Offenbarung so verdutzt, dass ich kaum folgen konnte. Konnte es wirklich sein, dass zwei britische 4-Dans einen Wettlauf falsch gelesen hatten? Schwächere Spieler dürften denken, dass das unmöglich ist. Doch die Wahrheit ist, dass 4-Dans noch eine Menge lernen können und alle möglichen Fehler machen.

## Typ 3: Ein Auge gegen kein Auge

Ab jetzt werden wir Kämpfe mit Beteiligung von Augen betrachten. Das Referenzdiagramm zeigt zwei Kämpfe, die sich recht ähnlich sind. Links sehen wir den Typ, den wir bis jetzt betrachtet haben: keine Augen und mindestens zwei Innenfreiheiten. Der Kampf rechts sieht fast genauso aus, denn Weiß verfügt über dieselbe Anzahl Freiheiten und Schwarz ebenso. Doch tatsächlich ist die Situation eine völlig andere. Die weiße Gruppe rechts besitzt ein Auge, also einen Punkt, der komplett von Weiß umschlossen ist. Das ergibt einen völlig neuen Typ mit anderen Eigenschaften. Sehen wir uns das genauer an.

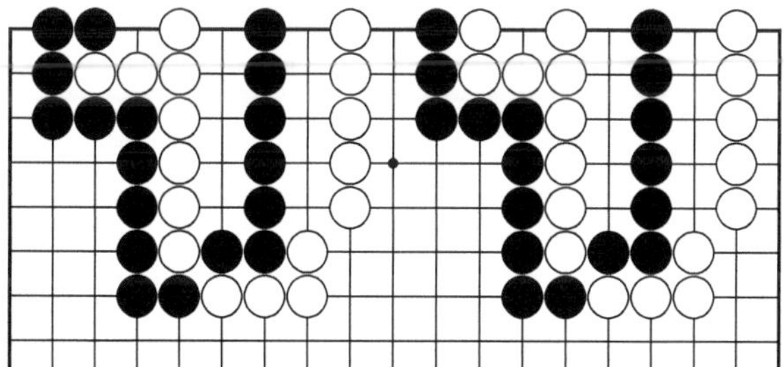

*Referenzdiagramm*

In Diagramm 1 wird die rechte Seite des Referenzdiagramms untersucht. Schwarz kann mit 1 natürlich nicht ins Auge setzen, das ist verboten. Schwarz darf erst am Schluss ins Auge setzen, wenn er durch das Schlagen der gegnerischen Steine wieder Freiheiten gewinnt. Somit kann Schwarz die weißen Steine nur fangen, wenn er zuerst alle anderen weißen Freiheiten besetzt und zum Schluss ins Auge spielt, wie in Diagramm 2 zu sehen ist. Aber was, wenn Schwarz gar nichts tut? Lebt er in Seki, wenn er Weiß zuerst ziehen lässt?

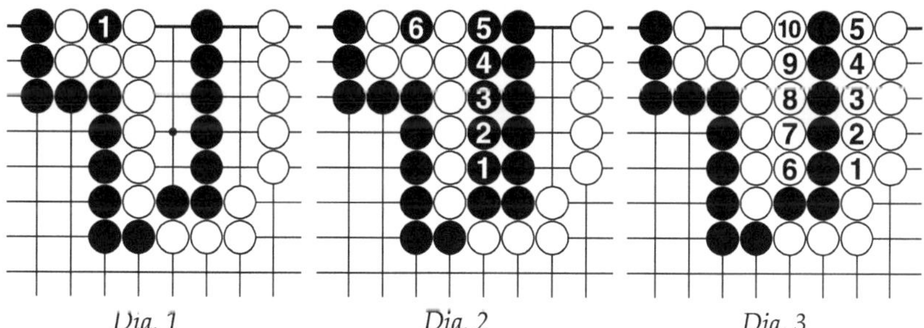

*Dia. 1* *Dia. 2* *Dia. 3*

Diagramm 3: Weiß kann die schwarzen Außenfreiheiten zusetzen und dann zu den Innenfreiheiten übergehen. Wenn Schwarz sich zurücklehnt und nichts tut, stirbt er. Ein Kampf, in dem eine Seite ein Auge hat und die andere keines (Typ 3), kann niemals mit einem Seki enden. Eine Seite muss verlieren. Schwarz kann nur gewinnen, indem er alle Innenfreiheiten besetzt, um schließlich ins Auge spielen zu können. Daher zählen alle Innenfreiheiten für die Seite, die das Auge besitzt (hier Weiß), sie zählen nicht als Freiheiten für Schwarz.

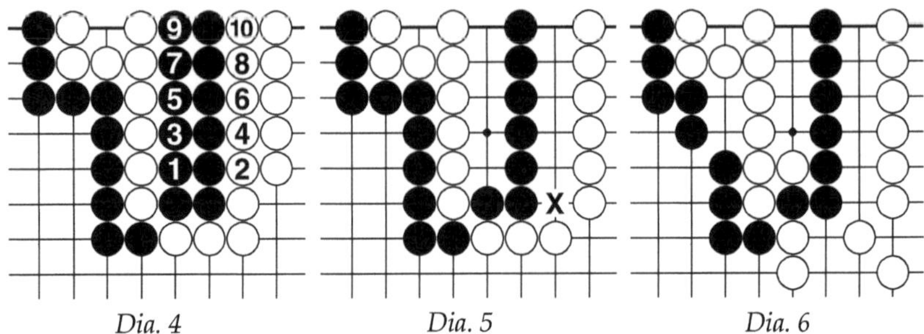


*Dia. 4* *Dia. 5* *Dia. 6*

Die einzige Chance für Schwarz besteht somit darin, alle Innenfreiheiten zu besetzen, während Weiß Außenfreiheiten besetzt. In dieser Stellung jedoch verliert Schwarz, wie Diagramm 4 zeigt.

In Diagramm 5 hat Schwarz eine zusätzliche Außenfreiheit X. Diesmal kann Schwarz gewinnen, wenn er am Zug ist. Und wenn Weiß zuerst spielt, kann er gewinnen, indem er eine Außenfreiheit von Schwarz besetzt. Somit ist die Stellung unentschieden: Wer am Zug ist, gewinnt. Die Stellung kann nicht mit Seki enden.

Diagramm 6 zeigt einen weiteren Kampf, zählen wir die Freiheiten: Schwarz hat sieben Außenfreiheiten, das ist alles. Zählen Sie keine Innenfreiheiten für die Seite, die kein Auge hat, deshalb hat Schwarz keine elf Freiheiten. Weiß hingegen zählt seine Außenfreiheiten, alle Innenfreiheiten und auch die Freiheit im Auge: 2 + 4 + 1 = 7. Beide haben gleich viele Freiheiten, also ist die Stellung unentschieden. Wer am Zug ist, gewinnt. Die Stellung kann nicht mit Seki enden.

Ein Auge kann ein großer Vorteil sein, wenn Ihr Gegner keins hat. Sie dürfen alle Innenfreiheiten für sich zählen, und wie später zu sehen sein wird: Wenn Ihr Auge groß ist, dann bedeutet es sehr viele Freiheiten. Somit ist hier die Seite mit dem Auge der Favorit.

Wenn es jedoch nur wenige Innenfreiheiten gibt und Ihr Auge klein ist, dann ist Ihr Vorteil nicht bedeutend.

Beide Stellungen in Diagramm 7 sind entschieden. Links ist Schwarz tot, rechts Weiß. Ein Auge zu haben, ist sicherlich von Vorteil, doch garantiert es nicht den Sieg. In der Praxis ist die Seite mit dem Auge oft Sieger, doch keineswegs lebt er bedingungslos wie der Favorit in den Kämpfen vom Typ 2. Es ist ein Kampf um Leben und Tod, und der Favorit kann verlieren.

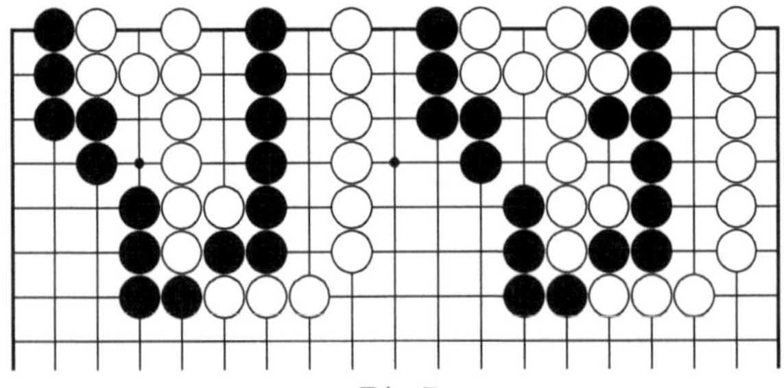

*Dia. 7*

Bis hierher ist dieser Typ recht einfach, und doch werden Kämpfe dieses Typs von vielen Spielern in Partien falsch gelesen. Es ist zu verlockend, die Innenfreiheiten für sich zu zählen, auch wenn man kein Auge hat.

## Allgemeine Richtlinien (für alle Typen):

Falls die Stellung Seki werden kann, dann schützen die Innenfreiheiten den Außenseiter. In einem Kampf auf Leben und Tod jedoch darf der Favorit alle Innenfreiheiten für sich zählen. In einem Kampf vom Typ 1a (ohne Augen) zählt auch der Außenseiter eine Freiheit für sich. In den anderen ungleichen Kämpfen (mit mindestens einem Auge) gehört dem Außenseiter gar keine Innenfreiheit.

In Diagramm 8 besitzt Schwarz acht (Außen-)Freiheiten. Die Seite mit dem Auge (hier Weiß) zählt für sich die eigenen Außenfreiheiten, alle Innenfreiheiten und die Freiheiten im Auge. Das sind eine plus zwei plus die Freiheiten für das Auge… Was glauben Sie, wie viele das sind? Nach ein paar Vorbereitungen werden wir zu dieser Stellung zurückkommen.

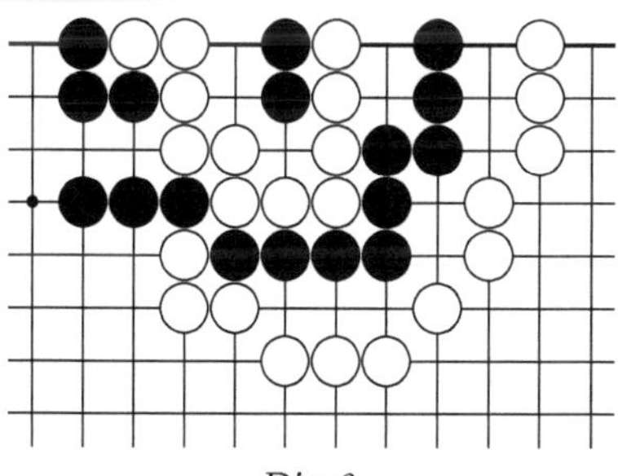

*Dia. 8*

## Wie viele Freiheiten hat ein Auge?

Diagramm 9a und 9b zeigen: Ein Ein-Punkt-Auge hat eine Freiheit.

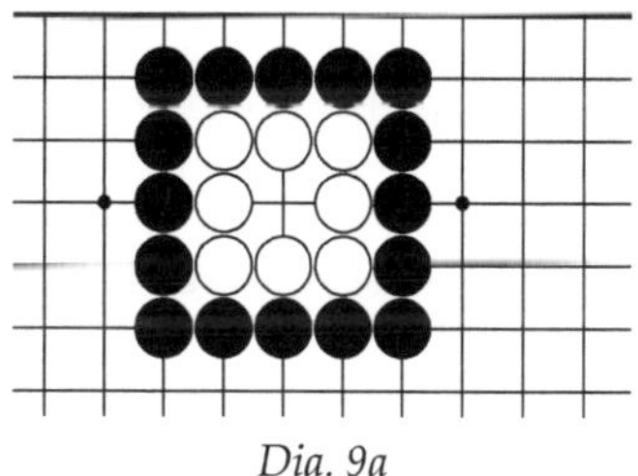

*Dia. 9a*

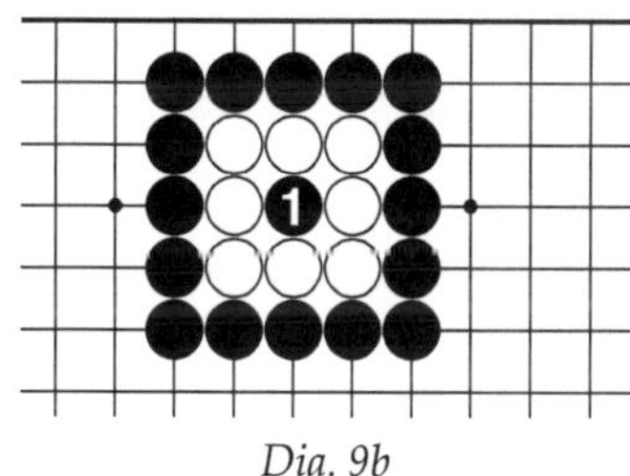


*Dia. 9b*

Diagramm 9c und 9d zeigen: Ein Zwei-Punkt-Auge hat zwei Freiheiten.

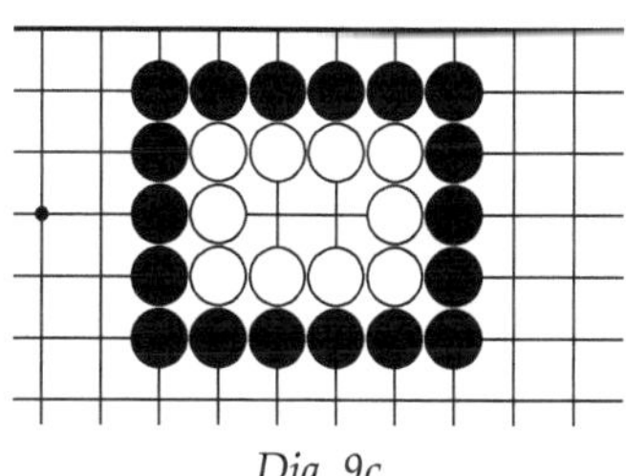

*Dia. 9c*

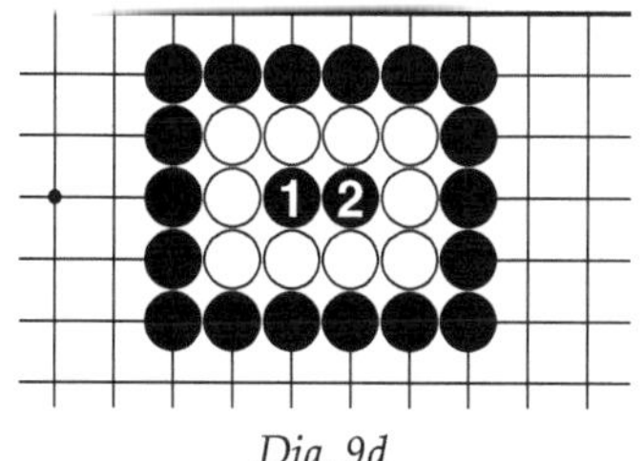


*Dia. 9d*

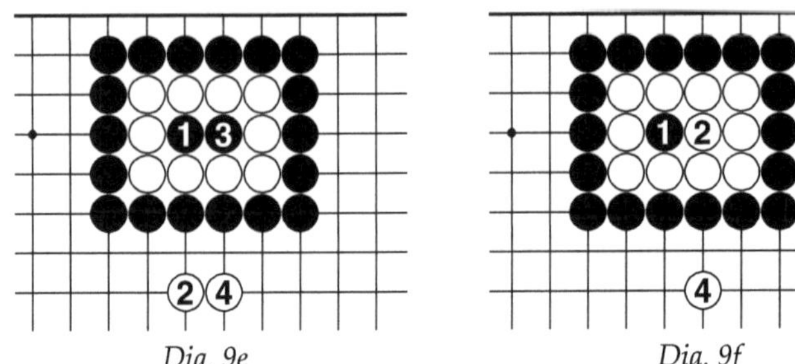


*Dia. 9e* *Dia. 9f*

Setzt Schwarz auf 1 und 3, um zu fangen, so kann Weiß 2 und 4 woanders spielen. Es nützt Weiß nichts, wenn er Schwarz 1 mit Weiß 2 schlägt. So bekommt er lediglich ein Ein-Punkt-Auge, das Schwarz sofort schlagen kann, indem er wieder auf 1 setzt. Weiß verliert also Freiheiten, wenn er schlägt. In Diagramm 9e kann Weiß zweimal woanders spielen, während Schwarz zwei Züge braucht, um das weiße Zwei-Punkt-Auge zu fangen. In Diagramm 9f hingegen verschwendet Weiß den einen seiner freien Züge (2) und bekommt nur einen (4), um woanders zu ziehen.

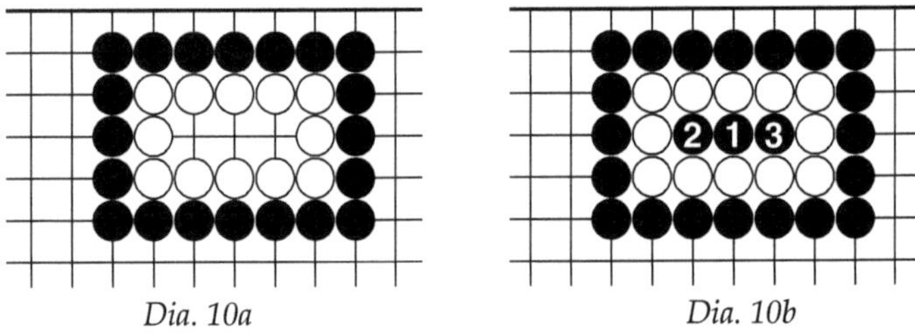


*Dia. 10a* *Dia. 10b*

Ein Drei-Punkt-Auge hat drei Freiheiten. Das Drei-Punkt-Auge ist der kleinste Augenraum, der in zwei Augen unterteilt werden kann. Wenn Weiß auf den Mittelpunkt setzt, lebt er, so dass kein Wettlauf mehr besteht. Um das zu verhindern, muss Schwarz zuerst auf den Mittelpunkt setzen. Stattdessen auf einen der anderen Punkte im weißen Auge zu spielen, wäre ein Fehler. Schwarz würde so Weiß erlauben, den vitalen Punkt zu besetzen und zu leben.

Spielt Schwarz 1–3–5 in Diagramm 10c, um zu fangen, so spielt Weiß 2–4–6 woanders. Weiß könnte mit 4 in Diagramm 10d auch zwei schwarze Steine schlagen, doch ändert das nichts an der Freiheitenzahl.

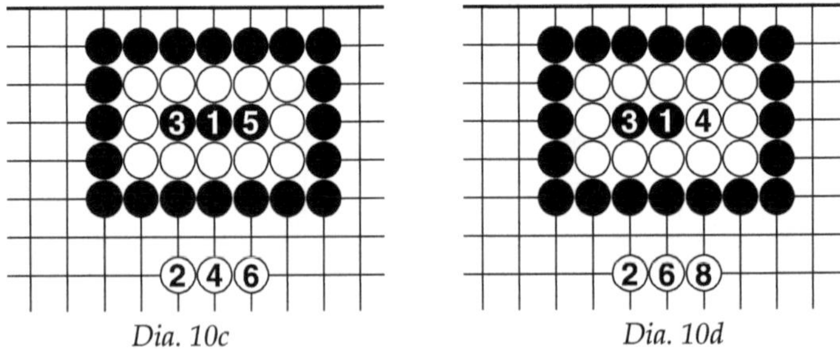


*Dia. 10c* *Dia. 10d*

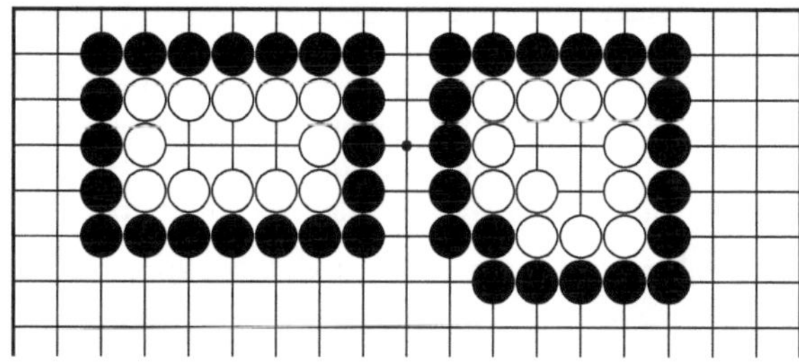

*Dia. 11a*

Es gibt nur zwei Formen des Drei-Punkt-Auges (Diagramm 11a), beide können getötet werden.

Die „gewinkelte Drei" hat dieselbe Freiheitenzahl wie die „gestreckte Drei". Dies ist ein allgemeines Prinzip, gültig für fast alle Augenräume. Die Freiheitenzahl hängt lediglich von der Größe des Auges ab; die Form spielt keine Rolle bis auf wenige Sonderfälle, die wir später besprechen.

Spielt Schwarz 1–3–5 (Diagramm 11b), um zu fangen, so spielt Weiß 2–4–6 woanders. Wie vorhin könnte Weiß auch zwei schwarze Steine mit 4 schlagen (Diagramm 11c), doch ändert dies nichts an der Freiheitenzahl.

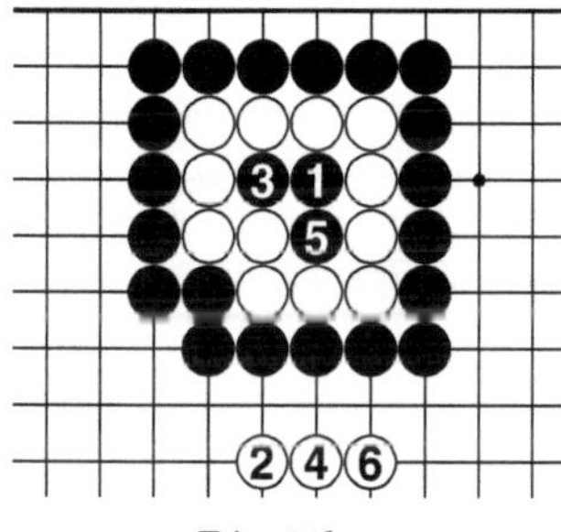


*Dia. 11b*

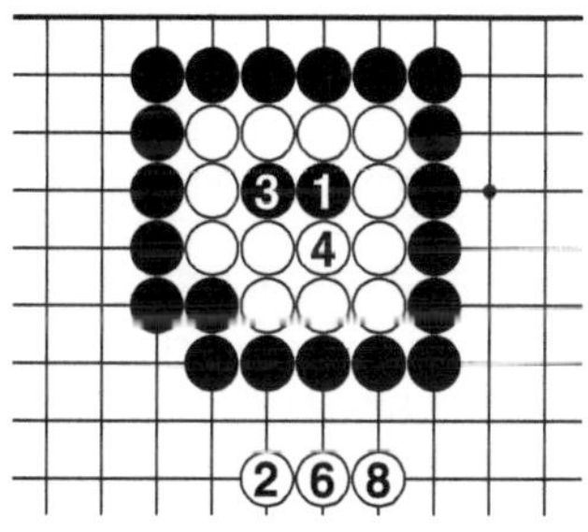


*Dia. 11c*
*5 auf 1, 7 auf 3*

Es gibt fünf Formen von Vier-Punkt-Augen, wie in Diagramm 12 gezeigt. Die drei oberen sind alle lebendig. Wenn zum Beispiel in der gestreckten Vier am linken Rand Schwarz auf A spielt, so kann Weiß mit B leben und umgekehrt. Auf ähnliche Weise sieht man, dass die beiden gewinkelten Vier-Punkt-Augen am oberen Rand leben.

Es gibt jedoch zwei Vier-Punkt-Augen, die getötet werden können: Die Pyramiden-Vier (unten links) weist einen vitalen Mittelpunkt auf. Setzt

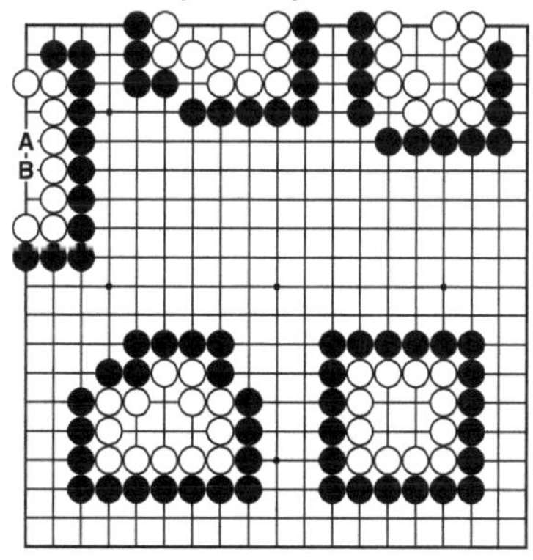


*Dia. 12*

Weiß dort, so lebt er; setzt Schwarz dort, so bleibt die weiße Gruppe einäugig. Die Quadrat-Vier ist einzigartig unter den Augenformen: Sie ist die einzige ohne vitalen Punkt. Selbst wenn Weiß am Zug ist, kann er nicht zwei Augen bilden. Wenn er hineinsetzt, entsteht eine gewinkelte Drei, die Schwarz töten kann. Dieses Fehlen eines vitalen Punkts ist zwar unerheblich für die Freiheitenzahl, aber natürlich entscheidend für die Frage von Leben und Tod.

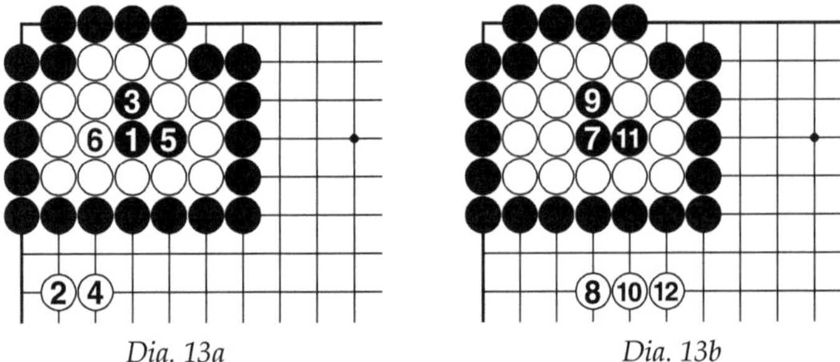


*Dia. 13a* *Dia. 13b*

Wie viele Freiheiten hat ein Vier-Punkt-Auge? Falls Weiß komplett fernbleiben würde, dann könnte Schwarz die weißen Steine mit vier Zügen fangen. Weiß kann es jedoch schlauer anstellen: Sobald Schwarz auf 5 spielt und Weiß in Atari setzt, sollte Weiß die drei schwarzen mit 6 schlagen und ein Drei-Punkt-Auge bilden (Diagramm 13a). Schwarz muss mit 7 auf den vitalen Punkt spielen, danach nimmt er mit zwei weiteren Zügen (9 und 11) die Weißen heraus. Wie viele Züge waren nun zum Schlagen nötig? Es waren nicht sechs, denn wir zählen lediglich die Züge, die Weiß nicht beantwortet hat – also die Züge, die Weiß in einem Wettlauf nutzen könnte, um schwarze Freiheiten zu besetzen.

Hier hat Weiß den Zug Schwarz 5 mit 6 beantwortet. Somit hatte Weiß nur fünfmal die Möglichkeit fernzubleiben, nämlich mit 2, 4, 8, 10 und 12. Also braucht man fünf Züge, um einen Vier-Punkt-Augenraum zu füllen.

Eine Quadrat-Vier hat genau dieselbe Anzahl Freiheiten wie eine Pyramiden-Vier (Diagramm 14a). Wenn Sie die Freiheiten zählen, empfehle ich ein zweisilbiges Wort für den erzwungenen Austausch. So könnte man die Zugfolge Schwarz 1, Schwarz 2, Schwarz A (Atari), Weiß B (schlägt), Schwarz 3, Schwarz 4, Schwarz 5 folgendermaßen zählen: 1–2–Vor–hand–3–4–5.

Zuweilen ist es aber auch sinnvoll, den Austausch eine Stelle nach rechts zu verschieben. Wenn Schwarz mit 1 bis 3 ins Auge gespielt hat und Weiß in Atari

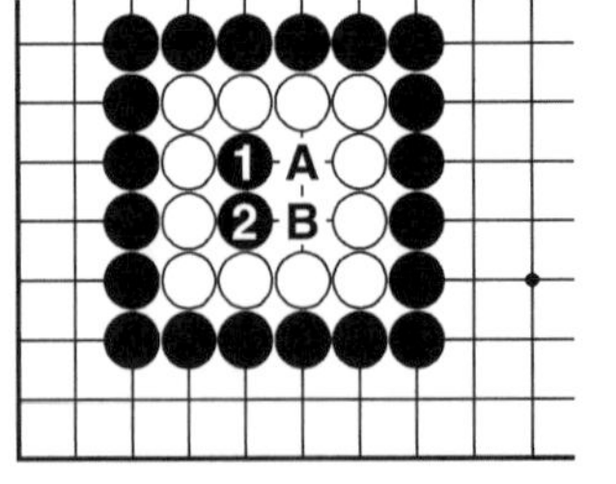

*Dia. 14a* *Dia. 14b*

setzt, dann schlägt Weiß, und Schwarz bekommt dadurch einen Zug gratis. Wir können also auch zählen: 1–2–3–schla–gen–4–5. Diese verschobene Zählweise illustriert auch die wichtige Tatsache, dass die Freiheitenzahl vor und nach dem erzwungenen Austausch dieselbe ist.

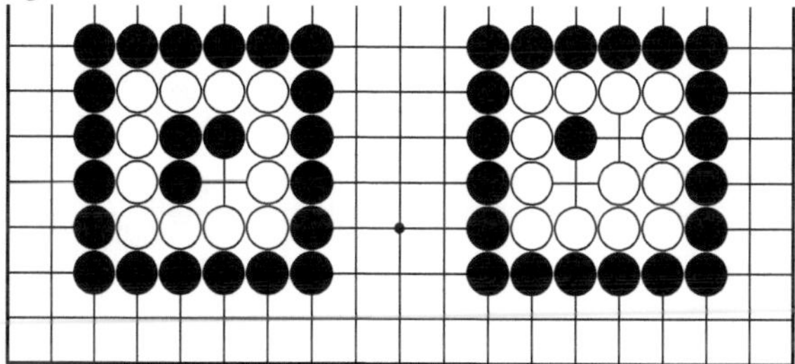

*Dia. 15*

Ein Vier-Punkt-Auge mit drei Steinen darin (Diagramm 15) hat fünf minus drei, also zwei Freiheiten. Nachdem Weiß die drei Steine geschlagen hat, spielt Schwarz zurück ins Auge, und wir haben ein Drei-Punkt-Auge mit einem Stein darin. Dieses hat drei minus eins, also zwei Freiheiten: genau die gleiche Anzahl. Das gilt unabhängig von der Größe des Auges. Der Austausch „Schlagen und wieder Hineinsetzen" hat keinerlei Einfluss auf die Freiheitenzahl.

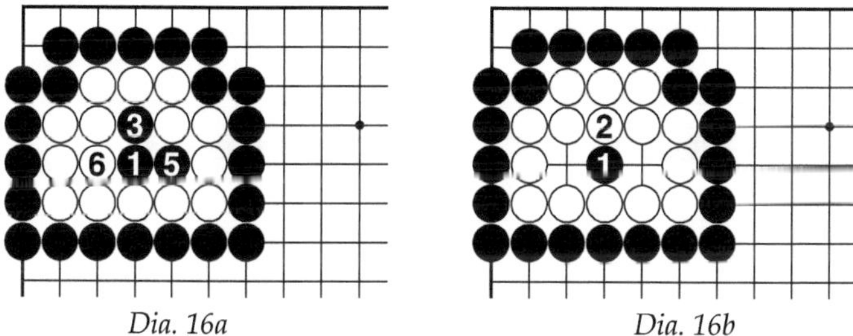


*Dia. 16a* *Dia. 16b*

Weiß maximiert die Anzahl seiner Freiheiten, wenn er als Antwort auf das Atari in sein eigenes Auge setzt, um die gegnerischen Steine zu fangen (Diagramm 16a). Wenn er aber vorzeitig ins Auge setzt, also ohne von Atari bedroht zu sein, so ist das ein schwerer Fehler: Der Zug Weiß 2 in Diagramm 16b kostet effektiv drei Freiheiten. Er verkleinert das eigene Auge zu einem Drei-Punkt-Auge mit einem gegnerischen Stein auf dem vitalen Punkt. Um diese Gruppe zu fangen, muss Schwarz nun nicht mehr fünf Züge investieren, sondern lediglich zwei.

Hier ist ein nützlicher Merksatz: Ein Augenraum mit bis zu drei Punkten hat genauso viele Freiheiten, wie er Punkte umschließt. Wir sprechen von einem „Kleinen Auge". Augen mit vier oder mehr Punkten hingegen besitzen mehr Freiheiten, als sie Punkte umschließen („Große Augen"). Die Namen sind allerdings nicht nur beschreibend: Große Augen und Kleine Augen haben verschiedene Eigenschaften, und der Typ des Auges bestimmt den Typ des Kampfes, wie wir später sehen werden.

Diagramm 17 zeigt einige Beispiele für Fünf-Punkt-Augenräume. Wenn Weiß am Zug ist, so kann er in jedem Fall zwei Augen bilden. Schwarz kann das nur dann verhindern, wenn er den Raum auf ein Auge beschränkt hält, indem er auf den Mittelpunkt spielt. In einer der abgebildeten Positionen lebt Weiß bereits. „Klumpige“ Augenräume sind ungünstig, um zwei Augen zu bilden; gestreckte Formen sind besser. Überprüfen Sie selbst die übrigen Fünf-Punkt-Augenräume.

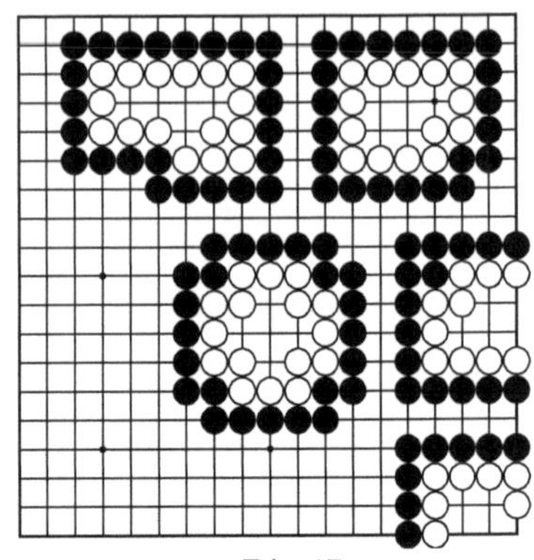

*Dia. 17*

Wie viele Züge braucht man, um eine eingeschlossene Gruppe mit einem Fünf-Punkt-Augenraum zu fangen?

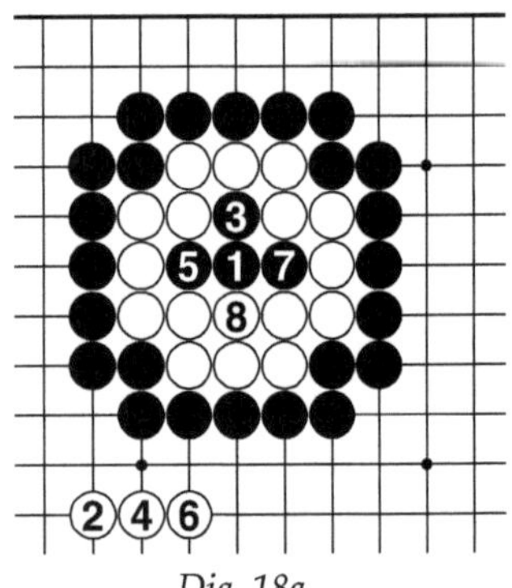


*Dia. 18a*

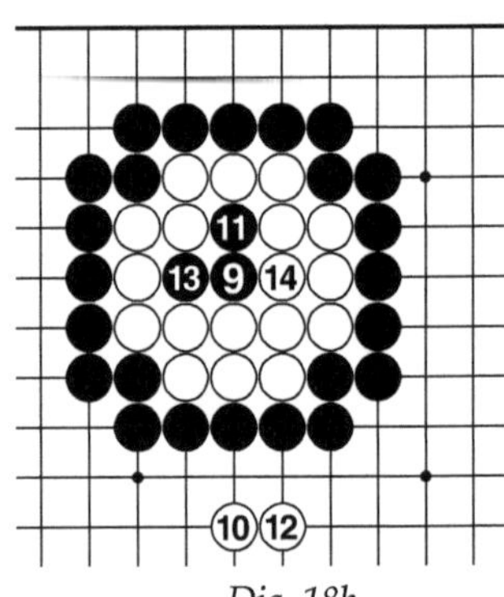


*Dia. 18b*

Diagramm 18 zeigt die Antwort. Weiß kann seine Freiheitenzahl auf über fünf vergrößern, indem er nach jedem Atari die schwarzen Steine herausnimmt. Weiß bekommt acht Züge woanders. Wenn wir die Züge weglassen, die von Weiß beantwortet werden (Schwarz 7 und 13), dann muss Schwarz acht Züge machen: 1, 3, 5, 9, 11, 15, 17 und 19. Also werden acht Züge benötigt, um einen Fünf-Punkt-Augenraum aufzufüllen.

Die Diagramme 18a bis c zeigen die volle Zugfolge. Spielen Sie sie nach, einen Zug nach dem anderen. Schwarz benötigt acht unbeantwortete Züge, um das Fünf-Punkt-Auge zu fangen. In der Zwischenzeit bekommt Weiß acht Züge anderswo. Ein Fünf-Punkt-Auge hat acht Freiheiten.

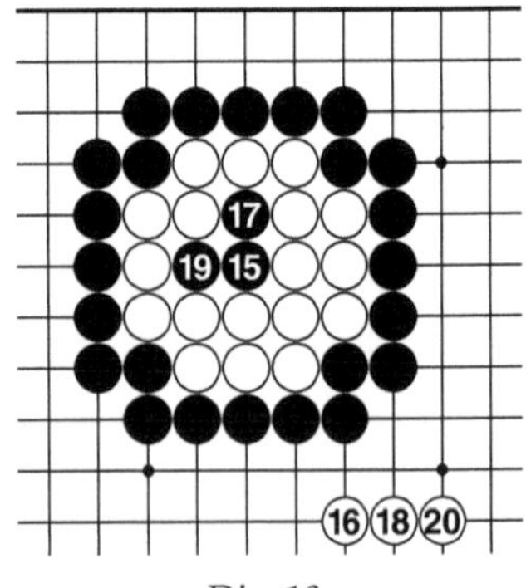


*Dia. 18c*

Manche lesen Kämpfe gern Zug um Zug aus, manche nutzen lieber eine Faustregel, etwa: 1-Punkt-Auge = 1 Freiheit, 2 = 2, 3 = 3, 4 = 5, 5 = 8, 6 = 12, 7 = 17. Um diese Folge zu verstehen, ist Folgendes zu beachten: In einem Fünf-Punkt-Auge macht Schwarz zunächst drei unbeantwortete Züge, danach beantwortet Weiß das Atari, indem er die schwarzen Steine schlägt, so dass ein Augenraum entsteht, der um einen Punkt kleiner ist. Um also die Freiheitenzahl des nächstgrößeren Augenraums zu erhalten, müssen wir die Zahl addieren, die um zwei kleiner ist als die Größe des Augenraums. Das heißt, ein Fünf-Punkt-Auge hat drei Freiheiten mehr (5 minus 2) als ein Vier-Punkt-Auge. Entsprechend hat ein Sechs-Punkt-Auge vier Freiheiten mehr (6 minus 2) als ein Fünf-Punkt-Auge. Es ist empfehlenswert, die Folge bis sieben zu kennen. Doch wenn der Augenraum noch größer ist, kann Schwarz nicht verhindern, dass Weiß ihn in zwei Augen aufteilt oder auch, in gewissen Situationen, Seki erreicht.

Sie sollten nun in der Lage sein, den Kampf in Diagramm 8 auszulesen, hier sehen wir ihn noch einmal. Ein Fünf-Punkt-Auge zählt acht Freiheiten, aber es liegen bereits zwei schwarze Steine darin. Schwarz wird also nur sechs Züge benötigen (8 minus 2), um das Auge aufzufüllen, sobald alle übrigen weißen Freiheiten zugesetzt sind. Somit hat Weiß eine Außenfreiheit, zwei Innenfreiheiten und sechs Freiheiten im Auge, insgesamt also neun. Schwarz hat acht Außenfreiheiten, weiter nichts. Die Innenfreiheiten zählen nicht für Schwarz. Da Weiß mehr Freiheiten hat, ist die Stellung entschieden: Schwarz ist tot.

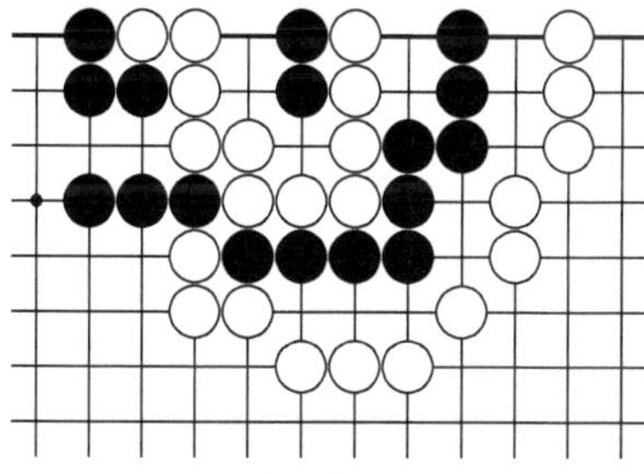

*Nochmals Dia. 8*

Diagramm 19 zeigt zwei Beispiele für Sechs-Punkt-Augen. Das linke ist die einzige Form mit einem Mittelpunkt, der es Schwarz erlaubt, Weiß auf ein Auge zu beschränken. Es ist die „Blumen-Sechs", wie sie im Japanischen heißt. Alle anderen Sechs-Punkt-Augen, wie etwa das rechts abgebildete, sind lebendig. Überprüfen Sie andere Formen selbst.

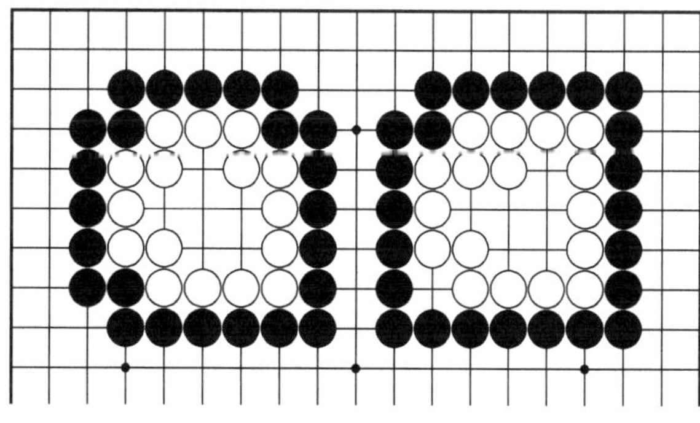

*Dia. 19*

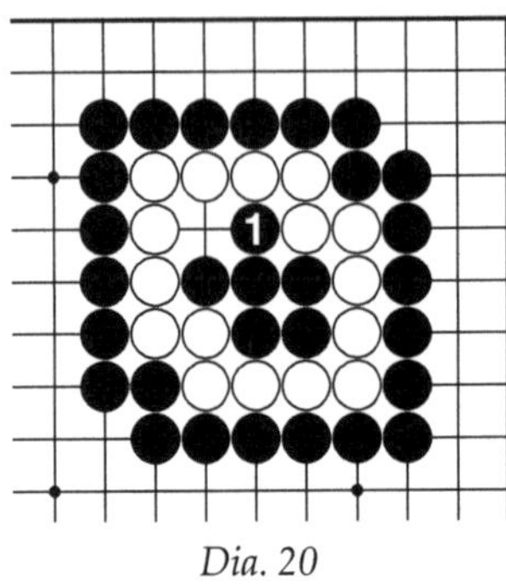


Dia. 20

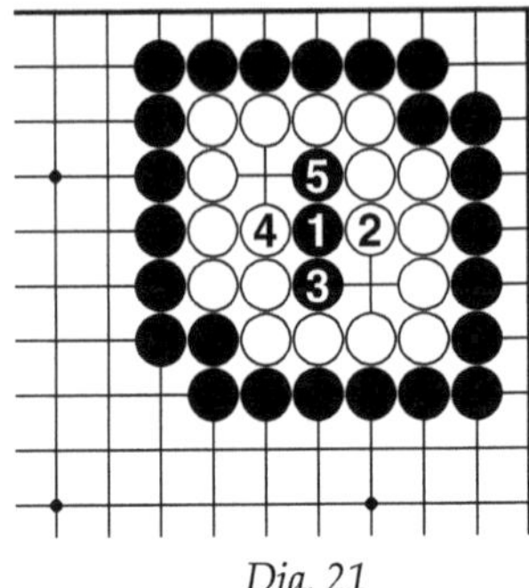


Dia. 21

Sie können ein Sieben-Punkt-Auge töten, wenn Sie es mit einem Stein-„Klumpen" von der Form einer Blumen-Sechs „fast" auffüllen können (Diagramm 20). Schwarz 1 setzt Weiß in Atari, und Weiß muss schlagen. Dann bleibt ein Sechs-Punkt-Auge, das getötet werden kann.

Ein leeres Sieben-Punkt-Auge jedoch können Sie nicht töten. Wie in Diagramm 21 gezeigt, kann Weiß ein Seki erreichen, was Leben bedeutet. Je nach Form des Augenraums kann es sogar sein, dass der erste Zug nicht einmal Vorhand ist und damit auch keine Ko-Drohung darstellt.

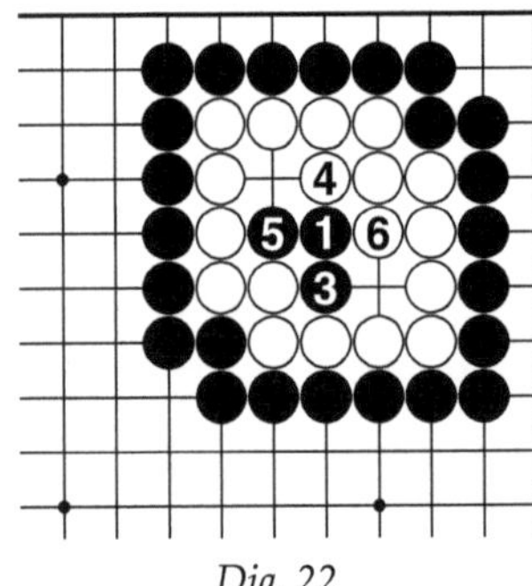


Dia. 22

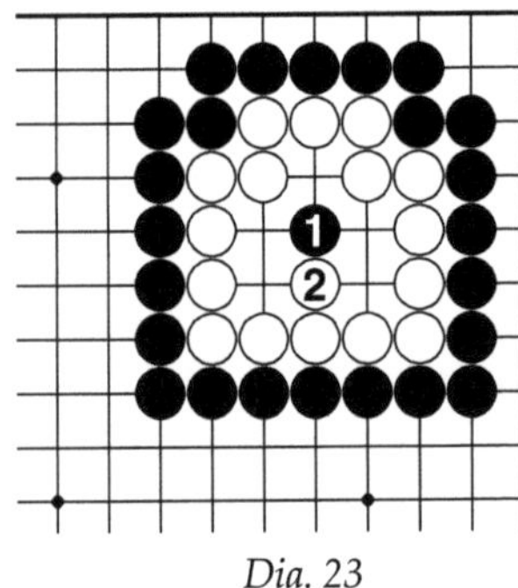


Dia. 23

In Diagramm 22 kann Weiß den Zug Schwarz 1 ignorieren und dennoch leben.

In der Form in Diagramm 23 jedoch droht Schwarz 1, Weiß mit einem Zug auf 2 auf ein Auge zu beschränken. Somit muss Weiß auf 2 antworten, wenn er leben will. Allerdings sind siebzehn Züge nötig, um ein Sieben-Punkt-Auge aufzufüllen. Und wenn die schwarze Position irgendwelche Schwachstellen aufweisen sollte, dann könnte Weiß sich dazu entschließen, Schwarz 1 zu ignorieren und einen Kampf vom Zaun zu brechen.

In einfachen Stellungen sind Augenfreiheiten anderen Freiheiten gleichwertig, entscheidend ist lediglich die Gesamtzahl. Beide weißen Gruppen in Diagramm 24 haben zehn Freiheiten, und beide haben ein Fünf-Punkt-Auge. Die Größe eines Auges wird durch die Anzahl der Punkte bestimmt, die es umschließt. Gegnerische Steine darin spielen keine Rolle, sie vermindern lediglich die Freiheitenzahl. Dieser Begriff der Größe eines Auges wird später

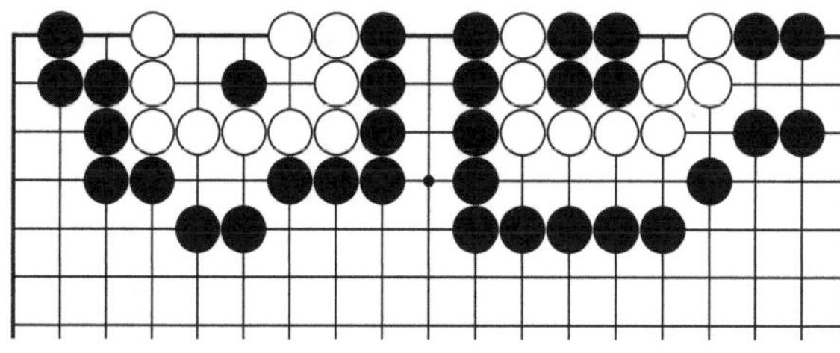

*Dia. 24*

entscheidend sein in den Kämpfen, in denen beide Seiten je ein Auge haben. Zählen Sie nicht die unbesetzten Punkte im Auge; zählen Sie die Gebietspunkte, die Weiß umschließt.

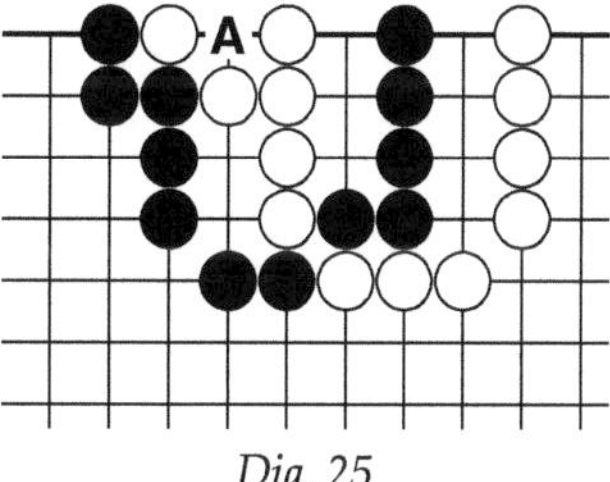


*Dia. 25*

Bis jetzt haben wir uns eingehend mit Stellungen befasst, die solide Mauern aufweisen. Sehen wir uns nun zum Schluss ein paar Varianten an. Die weiße Gruppe in Diagramm 25 hat kein wirkliches Auge, nur ein „Falsches Auge". Schwarz kann jederzeit auf A spielen, ohne dass er zuerst die Innenfreiheiten zusetzen müsste. Somit ist dies ein Kampf vom Typ 2 und nicht vom Typ 3.

Diagramm 26 zeigt ein „Fehlerhaftes" Auge. Obwohl dieser Vier-Punkt-Augenraum ein echtes Auge darstellt (Weiß könnte Schwarz 1 beantworten, indem er einen seiner Schnitte verbindet), hat er keine fünf Freiheiten. Schwarz kann die Hälfte der weißen Steine mit drei Zügen fangen, und wenn der Kampf damit noch nicht gewonnen ist, kann er den Rest mit einem weiteren Zug schlagen.

*Dia. 26*

Diagramm 27 zeigt drei Beispiele für Fünf-Punkt-Augen. Finden Sie den Unterschied? Rechts sehen wir ein „Schwaches Auge". Es ist ein echtes Auge, doch im Gegensatz zu einem gewöhnlichen Fünf-Punkt-Auge hat dieses keine acht Freiheiten. Wenn Weiß nichts unternimmt, dann kann Schwarz ihn mit vier Zügen schlagen.

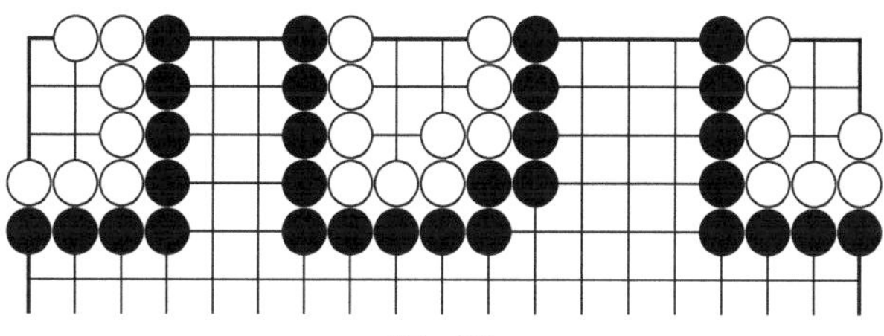

*Dia. 27*

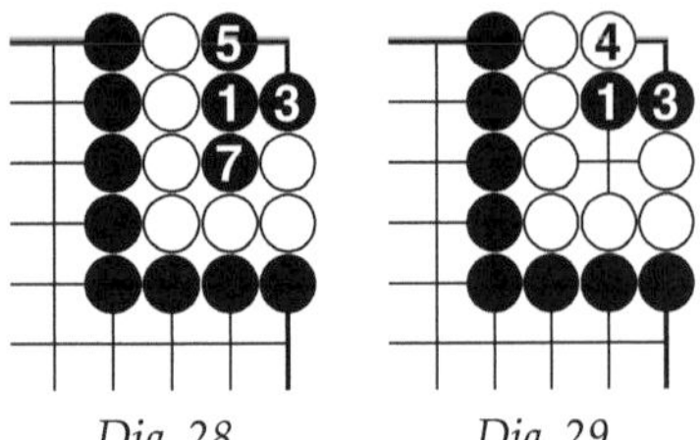

*Dia. 28* *Dia. 29*

Jedoch kann Weiß nicht warten, bis Schwarz ihn mit 5 in Atari setzt (Diagramm 28). Er kann die schwarzen Steine ja nicht durch einen Zug auf 7 fangen, da Schwarz auf dem 1-1-Punkt eine Freiheit besitzt.

Die letzte Gelegenheit für Weiß, innen zu spielen, ist mit 4 in Diagramm 29. Doch wie wir in Diagramm 16 gesehen haben, verliert man Freiheiten, wenn man ins eigene Auge hineinsetzt, bevor die eigenen Steine in Atari sind. Nach 4 hat Weiß ein Vier-Punkt-Auge, in dem zwei Steine liegen. Es besitzt drei Freiheiten. Wenn man den Austausch 3 gegen 4 weglässt, so hat Schwarz lediglich einen Zug gespielt, der nicht beantwortet wurde (Schwarz 1). Somit benötigt Schwarz insgesamt vier Züge, um dieses Auge aufzufüllen. Wie erkennt man diese besondere Form des „Schwachen Auges"? Nun, es tritt nur dann auf, wenn Schwarz selbst eine Freiheit umschließen kann (zum Beispiel den 1-1-Punkt). Wenn also beide 2-1-Punkte unbesetzt sind, hat der Augenraum weniger Freiheiten als gewöhnlich. Schwache Augen können auch am Rand auftreten.

## Zusammenfassung Typ 3: Ein Auge gegen kein Auge

Die Seite mit Auge ist der Favorit. Große Augen zählen mehr Freiheiten, als es Punkte im Augenraum gibt. Der Favorit bekommt alle Innenfreiheiten, der Außenseiter keine. Es ist ein Kampf bis zum Tod; er kann niemals in Seki enden.

| | Kleine Augen | | | Große Augen | | | |
|---|---|---|---|---|---|---|---|
| **Augenraum** | 1 | 2 | 3 | 4 | 5 | 6 | 7 |
| **Freiheiten** | 1 | 2 | 3 | 5 | 8 | 12 | 17 |

## Typ 4: Großes Auge gegen gleich großes Auge

Ein Kampf, in dem jede Seite über ein Großes Auge derselben Größe verfügt, ist sehr ähnlich zu einem, in dem keine Seite ein Auge hat. Es gibt jedoch zwei wichtige Unterschiede.

In Diagramm 1 haben Schwarz und Weiß jeweils ein Fünf-Punkt-Auge. Schwarz ist der Favorit, da er mehr Außenfreiheiten hat. Kann er Weiß töten? Wir wollen das untersuchen.

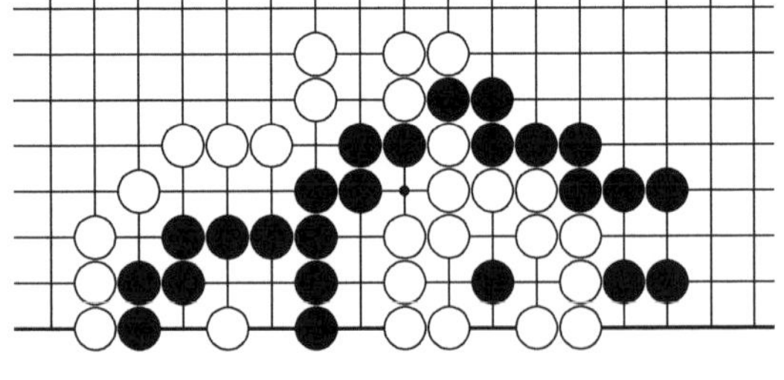

*Dia. 1*

Schwarz besetzt zuerst die weißen Außenfreiheiten und beginnt dann, die Freiheiten im Auge aufzufüllen (Diagramm 2). Doch er kann die letzte Augenfreiheit nicht besetzen, solange die weiße Gruppe noch über andere Freiheiten verfügt.

Wenn Schwarz also weiterhin töten will, so ist seine einzige Möglichkeit, mit 11 bis 17 in Diagramm 3 die Innenfreiheiten zu besetzen. Schwarz 17 setzt Weiß in Atari und Weiß schlägt mit 18.

Schwarz muss mit 19 in die Mitte des weißen Augenraums setzen (Diagramm 4), damit hier nicht zwei Augen entstehen. Dann ist Weiß 20 Atari, und Schwarz schlägt mit 21 vier Steine.

Wenn Weiß nun mit 22 (Diagramm 5) wieder ins schwarze Auge hineinspielt, so geht Schwarz mit 23 in diesem Kampf in Führung.

Beide Seiten haben ein Vier-Punkt-Auge und es gibt weder innere noch äußere Freiheiten. Schwarz gewinnt also den Wettlauf. Somit lautet die Antwort auf die Ausgangsfrage, dass Schwarz in Diagramm 1 töten kann, wenn er am Zug ist.

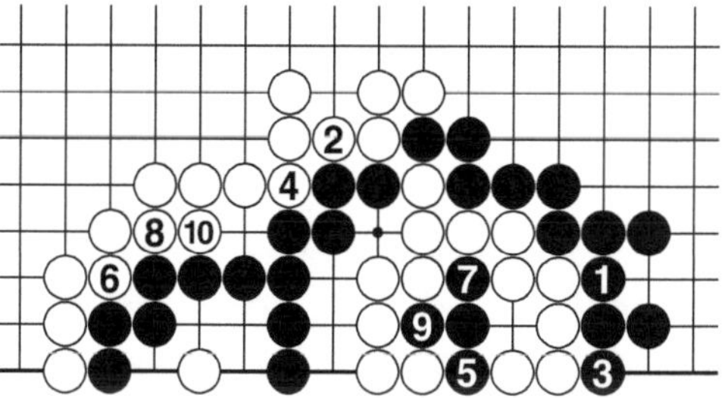


*Dia. 2*

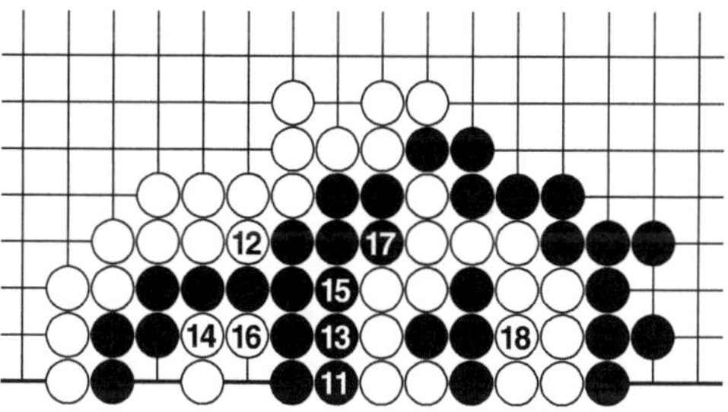


*Dia. 3*

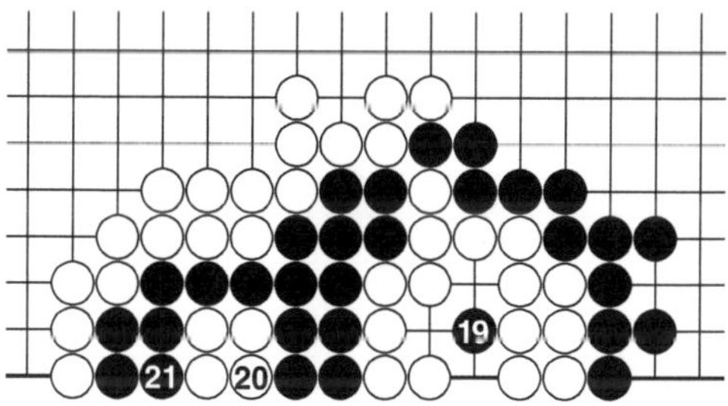


*Dia. 4*

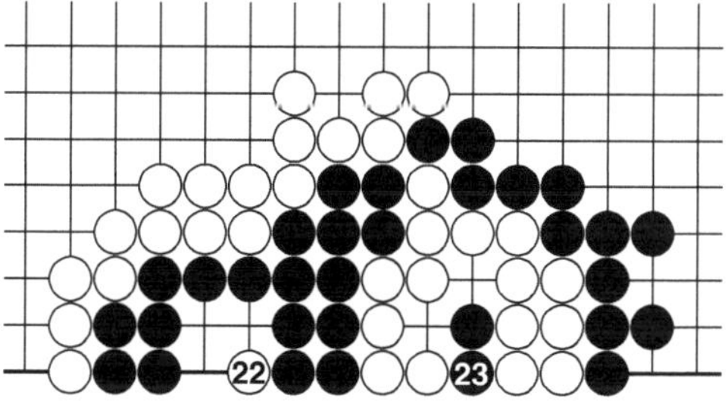


*Dia. 5*

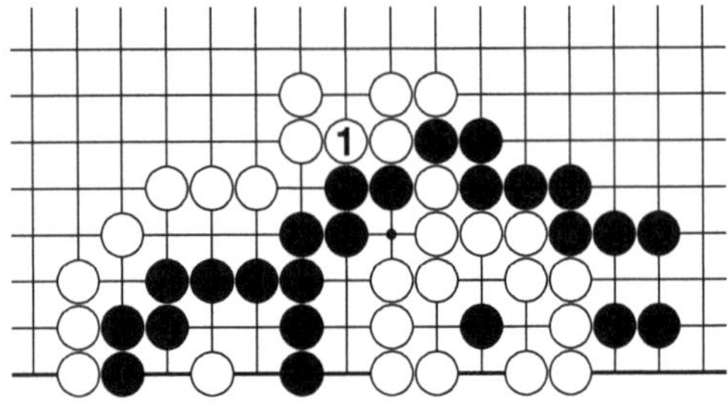

Dia. 5

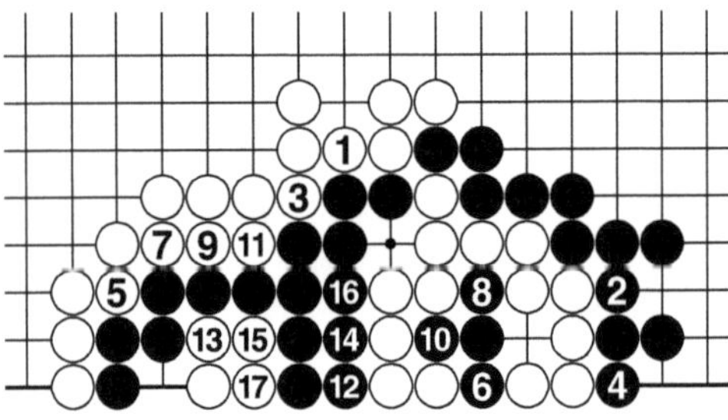

Dia. 6

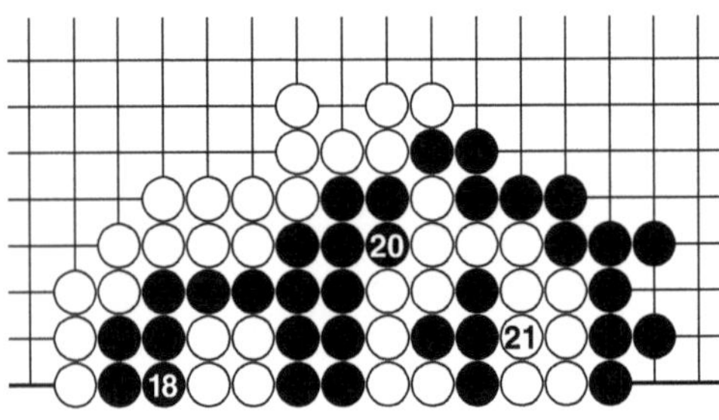

Dia. 7

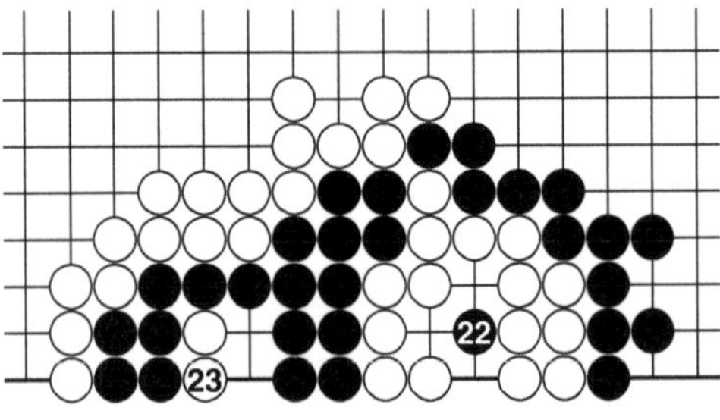

Dia. 8

Was passiert, wenn Weiß am Zug ist? Weiß 1 in Diagramm 5 macht Seki. Schwarz sollte fernbleiben, doch was passiert, wenn er weiterspielt, um Weiß zu töten?

Nach Weiß 17 beginge Schwarz Selbstmord, wenn er die letzte Innenfreiheit besetzte. Das wäre Selbst-Atari, Weiß würde einfach schlagen. Doch ins weiße Auge kann Schwarz auch nicht setzen.

Damit ist sein einzig möglicher Zug, mit 18 ins eigene Auge zu spielen und die weißen Steine zu schlagen (Diagramm 7). Danach hat Schwarz genügend Freiheiten, um mit 20 die letzte Innenfreiheit zu besetzen. Weiß schlägt mit 21.

Schwarz nimmt mit 22 den Mittelpunkt des Auges (Diagramm 8), und Weiß spielt auf 23. Jetzt ist die Stellung leicht auszulesen. Sie ist dieselbe wie in Diagramm 4, nur ist diesmal Weiß einen Zug voraus. In dem Bestreben, Weiß zu töten, hat Schwarz sich am Ende selbst ins Verderben gestürzt. Er hätte nicht mit 20 die letzte Innenfreiheit besetzen dürfen. Genauer gesagt hätte er nach Weiß 1 in Diagramm 5 nicht mehr weiterspielen sollen.

Somit ergibt die abschließende Auswertung von Diagramm 1: Der Favorit (hier Schwarz) kann töten und der Außenseiter (Weiß) kann Seki erreichen. Um zu töten, muss der Favorit alle Innenfreiheiten besetzen, somit zählen sie alle für den Außenseiter. Das ist einer der Unterschiede zu einem Kampf vom Typ 2 (keine Seite besitzt ein Auge), in dem der Favorit eine Innenfreiheit für sich zählen kann.

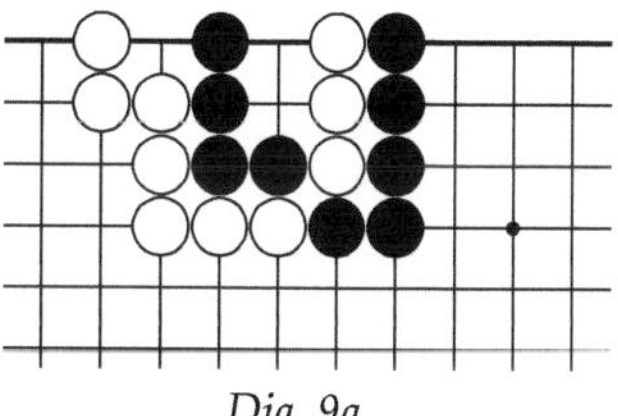

*Dia. 9a*

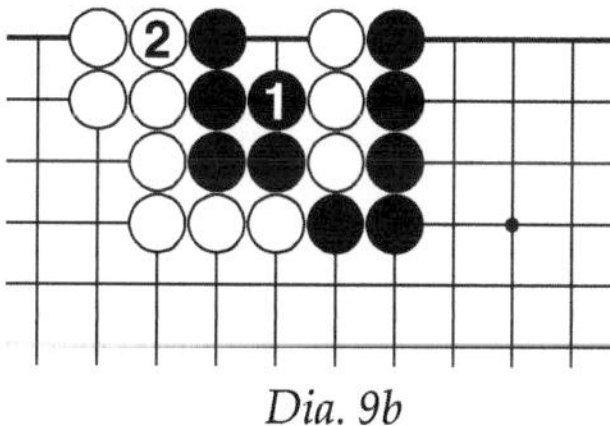


*Dia. 9b*

Wenn Schwarz in Diagramm 9 (ein Kampf vom Typ 2) die letzte Innenfreiheit besetzt, fängt er die weißen Steine. Somit zählt diese letzte Freiheit für Schwarz. In einem Kampf vom Typ 4 jedoch muss Schwarz alle Innenfreiheiten besetzen, bevor er auf die letzte Freiheit im weißen Auge spielen kann. Damit zählt keine der Innenfreiheiten für Schwarz, sondern alle für Weiß.

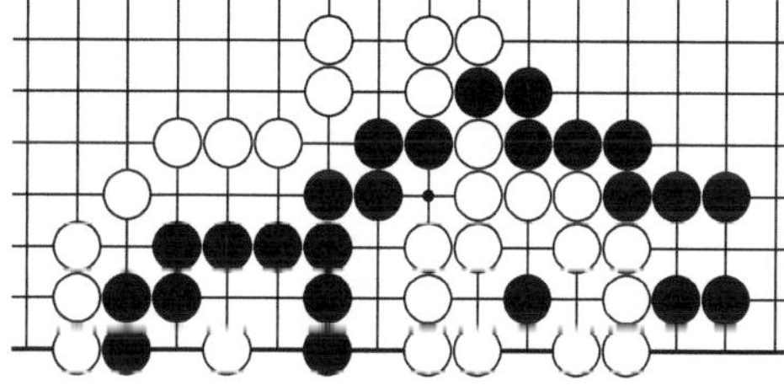

*Nochmals Dia. 1*

Wir können nun zu Diagramm 1 zurückkehren und Richtlinien für das Zählen von Freiheiten formulieren. Favorit ist die Seite mit mehr Außenfreiheiten (hier Schwarz). Schwarz hat sechs Außenfreiheiten, Weiß hat zwei Außen- und vier Innenfreiheiten. Beide haben gleich viele Freiheiten im eigenen Auge (8 – 1 = 7). Somit ist die Freiheitenzahl gleich und die Stellung unentschieden. Der Favorit lebt bedingungslos und kann töten, wenn er am Zug ist. Ist der Außenseiter am Zug, kann er Seki erreichen.

Diagramm 10 zeigt eine ähnliche Stellung wie Diagramm 1. Allerdings stehen hier drei zusätzliche Steine im weißen Auge, Schwarz hat dafür drei Außenfreiheiten weniger. Die Situation ist vollkommen gleichwertig zu Diagramm 1. Die Anzahl der Steine im Auge verändert nur die Freiheitenzahl, und somit haben beide Seiten gleiche viele, genau wie in Diagramm 1.

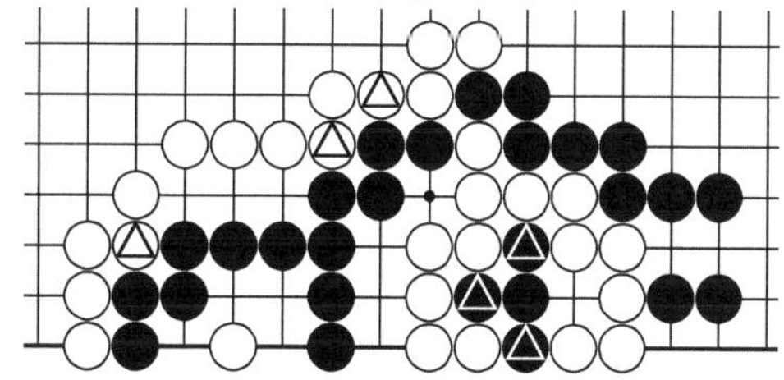

*Dia. 10*

Schwarz hat drei Außenfreiheiten plus sieben (8 – 1) Freiheiten im Auge, zusammen zehn. Weiß hat zwei Außenfreiheiten, vier im Auge (8 – 4) und vier Innenfreiheiten, macht ebenfalls zehn. Ist Schwarz am Zug, so kann er Weiß töten. Ist Weiß am Zug, so kann er Seki erreichen.

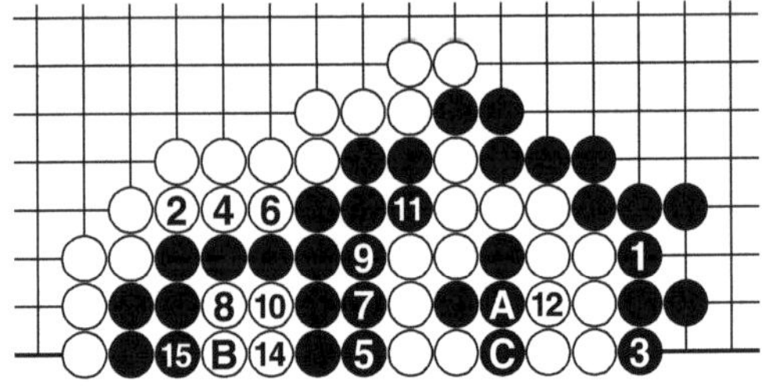

*Dia. 11*
*13 auf A, 16 auf B, 17 auf C*

Ist Schwarz am Zug, so macht er sich daran, die weißen Freiheiten aufzufüllen (Diagramm 11) und endet bei genau dem gleichen Ergebnis wie in Diagramm 5.

Schwarz kann töten. Weiß kann durch Besetzen einer Freiheit ein Seki erreichen.

In Diagramm 12 hat Schwarz mehr Außenfreiheiten als Weiß (3 zu 2), aber dadurch wird er nicht zum Favorit. Der Favorit ist die Seite mit mehr Außen- und Augenfreiheiten zusammen (d.h. mehr exklusiven Freiheiten). Hier ist das schwarze Auge voll weißer Steine, und damit beträgt die Anzahl seiner exklusiven Freiheiten drei außen plus vier (8 – 4) im Auge. Weiß hat zwei plus sieben exklusive Freiheiten, ist damit Favorit und lebt bedingungslos. Die Innenfreiheiten zählen für den Außenseiter. Damit zählt Schwarz drei plus zwei plus vier, zusammen neun Freiheiten. Da Weiß ebenfalls neun Freiheiten hat, ist die Stellung unentschieden.

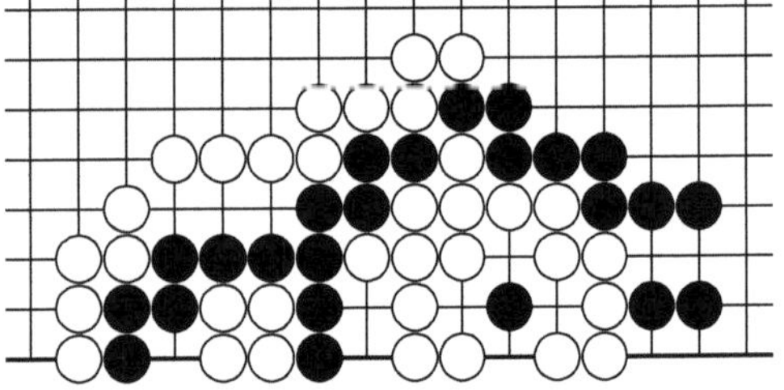

*Dia. 12*

Diagramm 13: Weiß kann töten, wenn er am Zug ist.

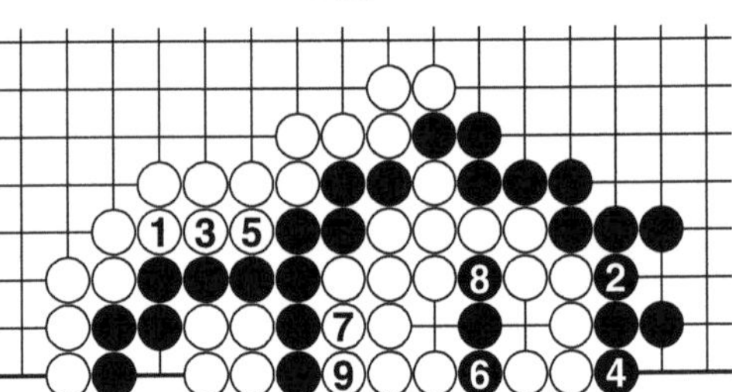

*Dia. 13*

Diagramm 14: Ist Schwarz am Zug, dann kann er Seki erreichen. Nach 9 wäre es für jeden der beiden Spieler fatal, die Steine im eigenen Auge zu schlagen, um die letzte Innenfreiheit besetzen zu können. Das würde ihn im Kampf zurückwerfen, deshalb lassen beide Seiten diese Stellung als Seki stehen.

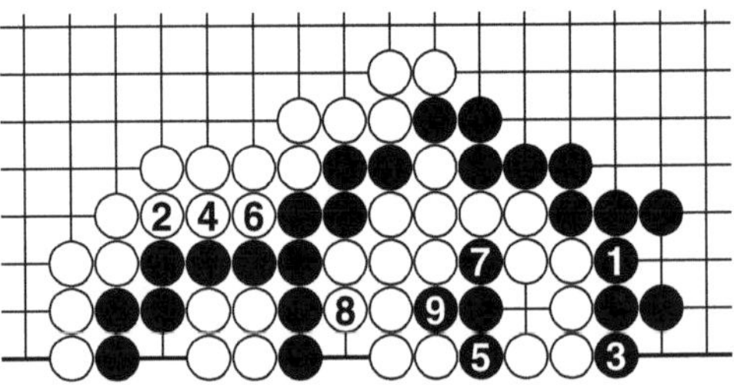

*Dia. 14*

Wenn es keine Innenfreiheiten gibt, dann ist es ein Kampf auf Leben und Tod, ein Seki ist nicht möglich. Wer mehr Freiheiten hat, gewinnt. In Diagramm 15 ist die Freiheitenzahl gleich, die Stellung ist unentschieden. Wer am Zug ist, gewinnt, wie die Diagramme 16 und 17 zeigen.

Eine einzige Innenfreiheit genügt, um ein Seki zu ermöglichen. Dies ist der zweite Unterschied zu einem Kampf vom Typ 2, bei dem zwei Innenfreiheiten zum Seki notwendig sind. In Diagramm 18 hat Schwarz eine zusätzliche Außenfreiheit (bei X), womit er Favorit ist. Aber die Innenfreiheit (bei Y) zählt für Weiß, somit ist die Gesamtzahl der Freiheiten gleich.

Diagramm 19: Wenn Schwarz am Zug ist, kann er töten.

Diagramm 20: Ist Weiß am Zug, so kann er mit 1 Seki machen. Nachdem Schwarz mit 2 seine Mauer außen herum geschlossen hat, sollte er mit 4 fernbleiben.

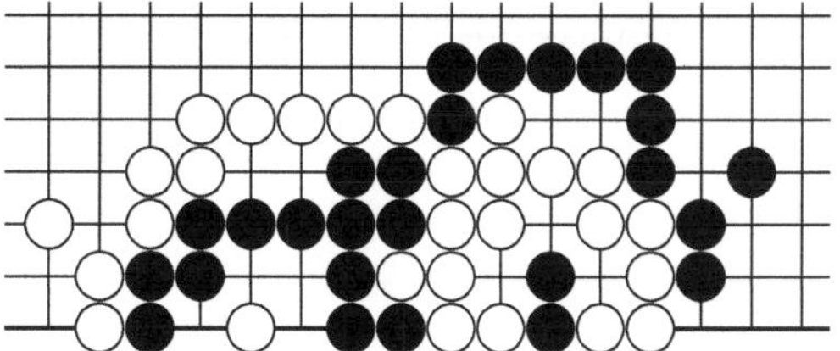

*Dia. 15*

*Dia. 16*

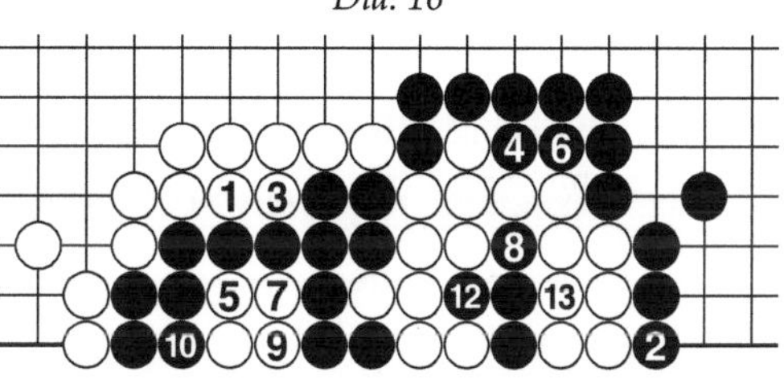

*Dia. 17*

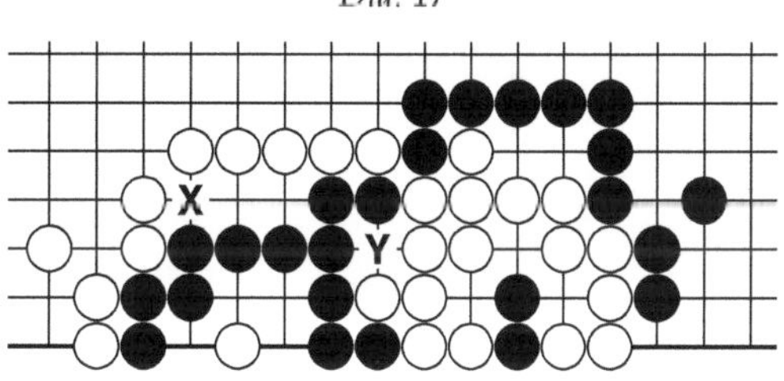


*Dia. 18*

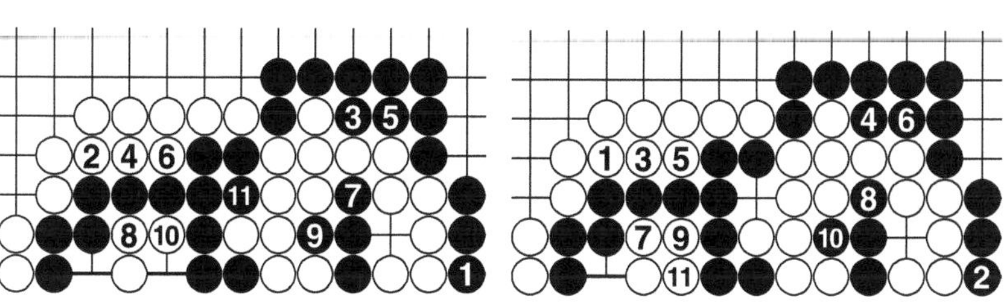

*Dia. 19*

*Dia. 20*

## Zusammenfassung Typ 4: Großes Auge gegen gleich großes Auge

Die Seite mit mehr exklusiven Freiheiten ist Favorit und lebt bedingungslos. Alle Innenfreiheiten zählen für den Außenseiter, keine für den Favorit. Ist die Freiheitenzahl gleich, so ist die Stellung unentschieden. Der Favorit kann töten, der Außenseiter kann Seki erreichen. Eine Innenfreiheit genügt, um ein Seki zu ermöglichen.

## Typ 5: Großes Auge gegen kleineres Auge

Ein Kampf „Großes Auge gegen kleineres Auge" (Typ 5) hat viele Ähnlichkeiten mit einem Kampf „Ein Auge gegen kein Auge" (Typ 3). Wir würden uns natürlich freuen, wenn beide genau gleich abliefen, aber leider ist dem nicht so. Es gibt einen Sonderfall in Kämpfen vom Typ 5, der ein Seki zulässt, was in einem Kampf vom Typ 3 nicht möglich ist. Diesen Sonderfall werden wir am Ende des Abschnitts betrachten. Im Allgemeinen jedoch sind beide Typen gleich zu behandeln, wie in den folgenden Beispielen:

Im Kampf vom Typ 3 ist Schwarz Favorit, da er ein Auge hat, somit zählt er alle Innenfreiheiten für sich. Die Freiheitenzahl ist gleich und somit ist die Stellung unentschieden. Wer am Zug ist, gewinnt. Die Stellung kann nicht in Seki enden. Der Kampf vom Typ 5 ist absolut gleichwertig. Aber schauen wir uns das genau an.

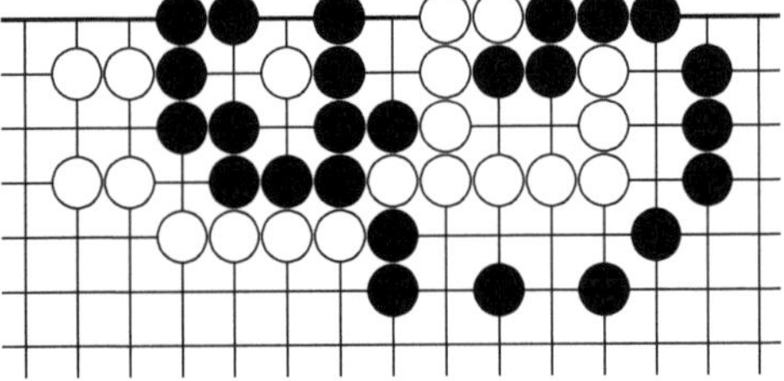

*Referenzdiagramm Typ 3*

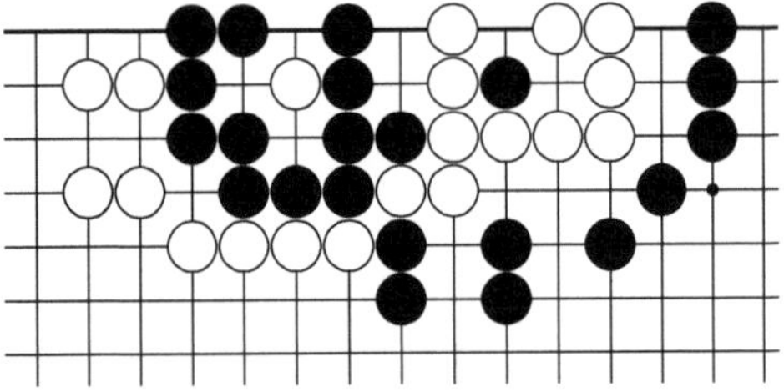

*Referenzdiagramm Typ 5*

Diagramm 1: Was passiert, wenn Schwarz am Zug ist? Schwarz spielt mit 1 bis 13 auf die weißen Außenfreiheiten, während Weiß die schwarzen Außenfreiheiten besetzt sowie alle Augenfreiheiten bis auf eine. Dann beginnt er mit den Innenfreiheiten. Weiß 14 setzt Schwarz in Atari, deshalb schlägt dieser mit 15.

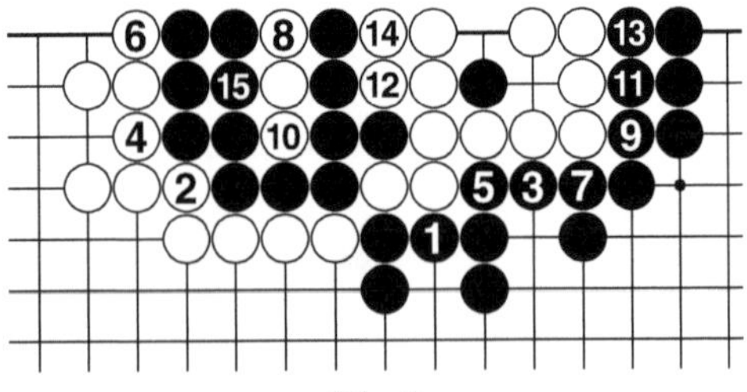


*Dia. 1*

Danach besetzt Weiß 16 den Mittelpunkt des Auges (Diagramm 2). Doch nun sollte klar sein, dass Schwarz mit 17 in Führung geht.

Diagramm 3: Wenn Weiß sich weigert, die Innenfreiheiten zu besetzen, so ist ihm nicht geholfen. Bleibt er mit 12 bis 18 fern, dann füllt Schwarz sie statt seiner. Jedoch beginge Schwarz nach 17 Selbstmord, wenn er die letzte Innenfreiheit nähme, ohne dass er die letzte Freiheit im weißen Auge besetzen kann.

Diagramm 4: Also schlägt Schwarz mit 19. Weiß spielt mit 20 neben 19 zurück ins Auge, doch ...

Diagramm 5: Das schwarze Auge hat genügend Freiheiten, um zu gewinnen. Das kleinste „Große Auge" ist ein Vier-Punkt-Auge. Wenn Schwarz mit 19 schlägt, bleibt ihm ein Drei-Punkt-Auge mit drei Freiheiten. Allerdings hat Weiß jetzt nur noch zwei, nämlich die beiden, die Schwarz vor dem Zug auf 19 nicht besetzen konnte.

Deshalb liegt Weiß nun einen Zug zurück, obwohl er mit 20 an der Reihe ist.

Insgesamt bleibt Weiß nun doch nichts anderes übrig, als die Innenfreiheiten zu besetzen. Tut er es nicht, dann gewinnt Schwarz. Die Innenfreiheiten jedoch zählen für Schwarz und nicht für Weiß, wie in einem Kampf vom Typ 3.

Ist Weiß am Zug, dann kann er gewinnen, wie in Diagramm 6 zu sehen ist.

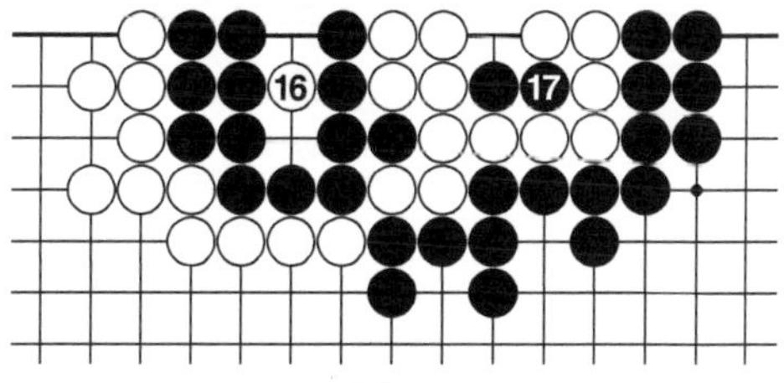

*Dia. 2*

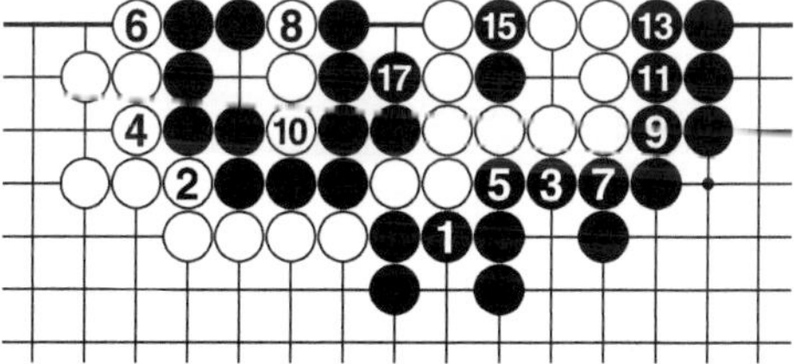

*Dia. 3*

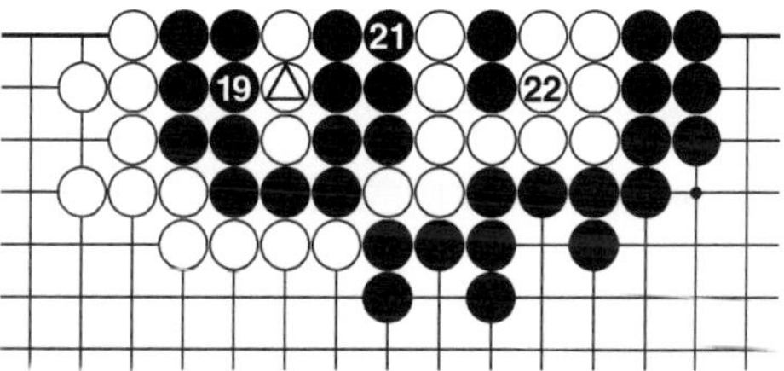

*Dia. 4*

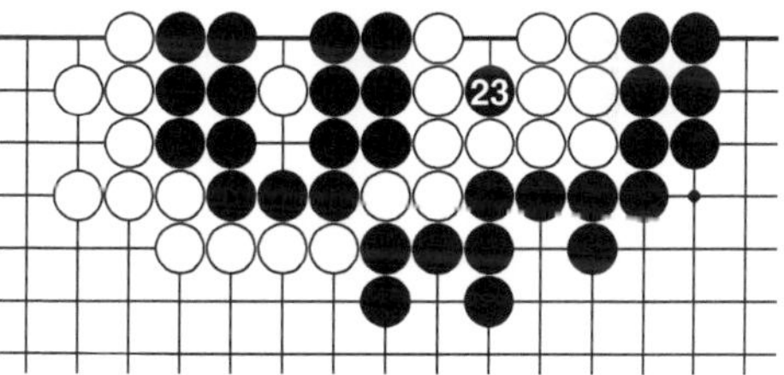

*Dia. 5*

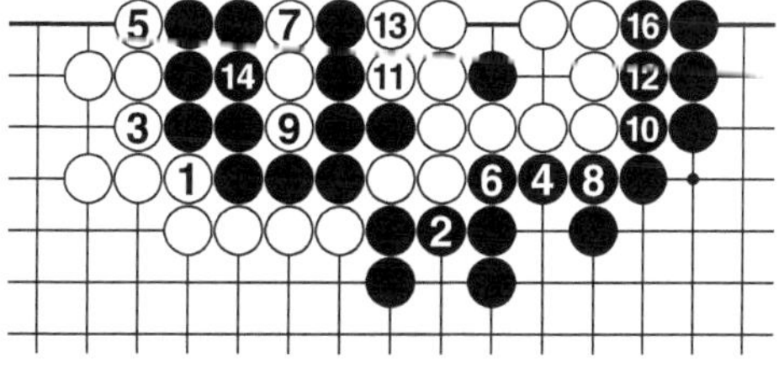

*Dia. 6*
*15 unter 7, 17 auf 7*

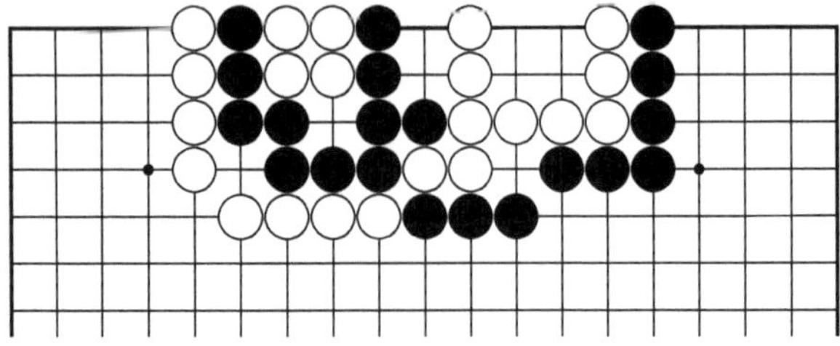

*Dia. 7*

## Welches Auge ist größer?

Wer hat in Diagramm 7 das größere Auge? Das schwarze ist mit weißen Steinen gefüllt und umschließt nur noch einen freien Punkt, während das weiße vier leere Punkte aufweist. Außerdem zählt das weiße Vier-Punkt-Auge fünf Freiheiten, während das schwarze nur vier (8 – 4) Freiheiten wert ist. Nur: Keine dieser beiden Tatsachen spielt eine Rolle für die Frage, welches Auge das größere ist. Schwarz hat ein Fünf-Punkt-Auge, Weiß ein Vier-Punkt-Auge. Damit ist das schwarze Auge größer, und Schwarz zählt alle Innenfreiheiten für sich. Die Stellung ist entschieden: Weiß ist tot.

Diagramm 8 zeigt einen Kampf zwischen zwei einäugigen Gruppen. Auf den ersten Blick scheint Weiß ein Sechs-Punkt-Auge zu haben und Schwarz lediglich ein Fünf-Punkt-Auge. Wenn das der Fall wäre, dann wäre Schwarz tot, mangels Außenfreiheiten. Doch das weiße Auge ist in Wahrheit nicht so groß, wie es aussieht.

*Dia. 8*

Diagramm 9: Ist Schwarz am Zug, so schlägt er mit 1, und Weiß setzt mit 2 auf den markierten Punkt in sein Auge. Danach füllt Schwarz mit 3 die Innenfreiheit und setzt Weiß so in Atari, und Weiß schlägt folgerichtig mit 4.

Danach nimmt Schwarz mit 5 den Mittelpunkt des weißen Auges, und beide Seiten fahren damit fort, sich gegenseitig die Augen zuzusetzen (Diagramm 10). Man könnte glauben, dass Weiß einen komfortablen Vorsprung hätte, doch…

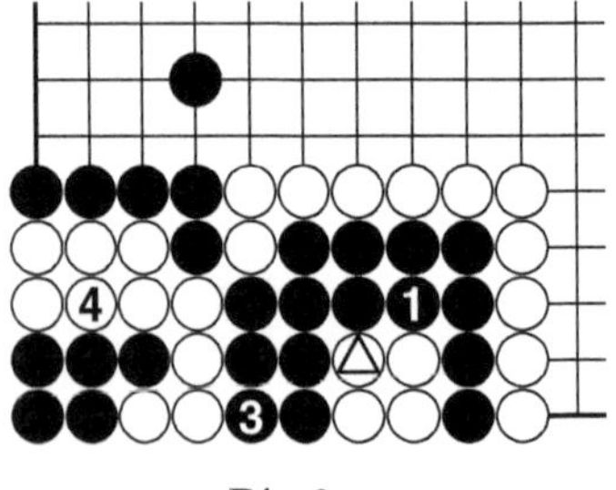


*Dia. 9*

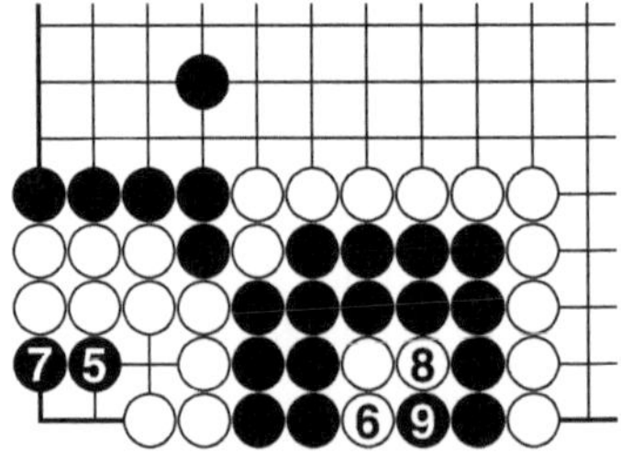


*Dia. 10*

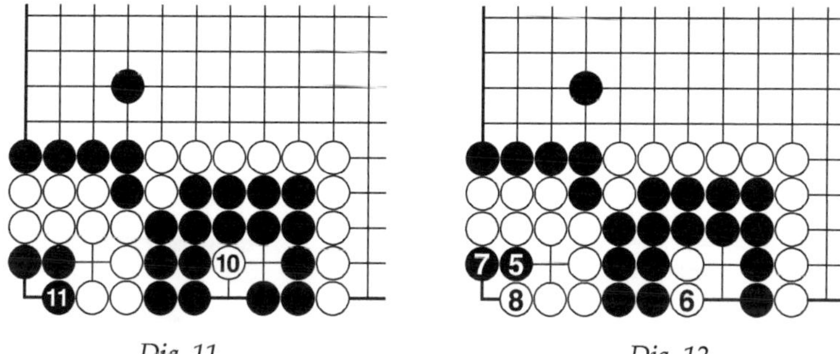


*Dia. 11* *Dia. 12*

Schwarz 11 in Diagramm 11 setzt Weiß in Atari, und Weiß kann nicht schlagen, weil Schwarz sich auf 1-1 ein Auge im Inneren der weißen Gruppe verschafft hat. Diesen Sonderfall „Schwaches Auge" haben wir im Abschnitt über Typ 3 betrachtet. Wenn Schwarz ein Auge im Inneren der weißen Gruppe machen kann, dann ist das weiße „Fünf-Punkt-Auge" in Diagramm 11 nur noch vier Freiheiten wert, und Schwarz hat drei davon bereits besetzt.

Wenn Weiß nun mit 8 in Diagramm 12 in sein eigenes Auge setzt, verkleinert er sein Auge auf die gleiche Größe wie das schwarze. Somit ist nun ein Kampf vom Typ 4 entstanden: Beide haben ein Großes Auge der gleichen Größe, mit der gleichen Freiheitenzahl. Schwarz ist am Zug und gewinnt folglich.

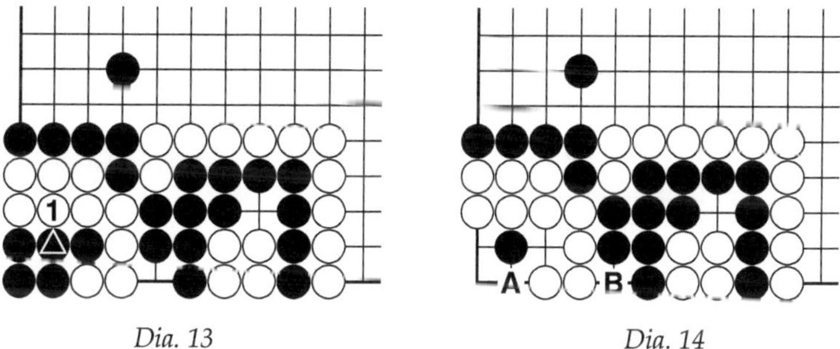


*Dia. 13* *Dia. 14*

Diagramm 13: Falls in Diagramm 9 Weiß am Zug ist, dann schlägt er die schwarzen Steine mit 1, und Schwarz setzt mit 2 wieder ins Auge (auf den markierten Punkt).

In Diagramm 14 sehen wir das Ergebnis nach dem Entfernen der geschlagenen Steine. Weiß hat dasselbe Problem wie zuvor: Er verfügt über keinen guten Zug. Seine einzigen Möglichkeiten sind A und B, doch beide vermindern seine Freiheitenzahl. Bitte lesen Sie das Ergebnis selbst aus.

Das alles bedeutet, dass das weiße Auge in Wahrheit nicht größer ist als das schwarze. Sie sind gleich groß, und Schwarz hat mehr Freiheiten. Somit ist die Stellung entschieden, Weiß ist tot. Ein Schwaches Auge hat gleich zwei Nachteile: Es hat weniger Freiheiten als man denkt, und es ist obendrein auch noch kleiner als es aussieht.

## Seki beim Kampf „Großes Auge gegen kleineres Auge"

Der Unterschied zwischen den Kämpfen „Großes Auge gegen kleineres Auge" und „Ein Auge gegen kein Auge" ist der, dass der erstgenannte ein Seki zulässt, der zweite nicht. Seki ist dann möglich, wenn es eine Innenfreiheit gibt, die einen Annäherungszug erfordert.

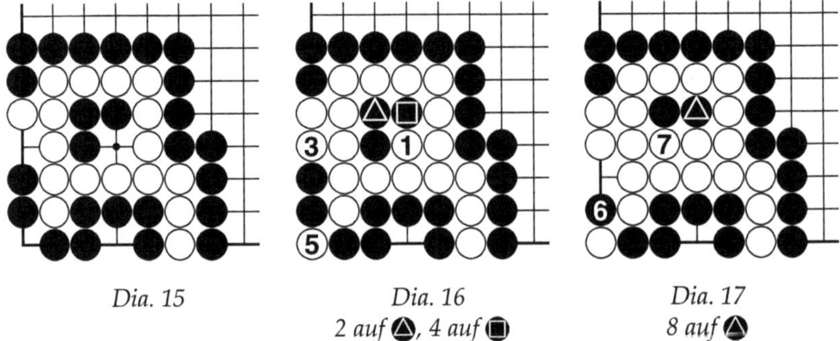


*Dia. 15*

*Dia. 16*
*2 auf ▲, 4 auf ■*

*Dia. 17*
*8 auf ▲*

Diagramm 15: Falls Weiß am Zug ist, dann folgen die Züge in Diagramm 16 und 17 auf natürliche Weise. Diagramm 18 zeigt das Ergebnis: Seki. Für Weiß wäre es Selbstmord, die Innenfreiheit bei A zu besetzen: Das wäre Selbst-Atari und Schwarz würde einfach alle weißen Steine fangen. Doch für Schwarz wäre es ebenso sinnlos, auf A zu spielen: Weiß würde zwei Steine schlagen und die übrigen schwarzen Steine in Atari setzen. Selbst wenn Schwarz zurückschlägt: Nach einer Ko-Drohung, um eine Stellungswiederholung zu vermeiden, wäre die lokale Situation dieselbe wie zuvor. Weiß könnte fernbleiben, denn Schwarz hat keine Möglichkeit, die weißen Steine zu fangen. Insgesamt möchte keiner der Spieler hier setzen, womit das Ergebnis Seki ist.

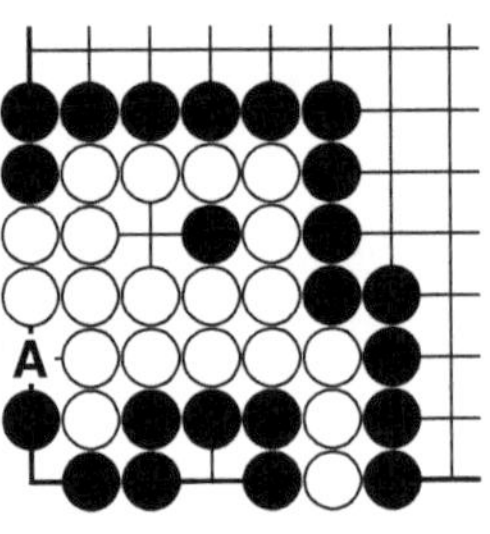


*Dia. 18*

Ein solches Ergebnis kann beim Kampf „Ein Auge gegen kein Auge" nicht entstehen, wie Sie in Diagramm 19 sehen können. Weiß kann sich von der anderen Seite annähern und Schwarz in Atari setzen, und Schwarz kann es nicht verhindern.

Warum in einem Kampf vom Typ 5 ein Seki möglich ist, wird mithilfe von Diagramm 1 und 2 und den zugehörigen Erläuterungen verständlich. Die Wirkung des Annäherungszugs in Diagramm 16 ist, dass der Vorteil des Großen Auges abgeschwächt wird. Die Freiheitendifferenz zwischen Großem und Kleinem Auge wird verringert und reicht für den Favorit nicht mehr zum Gewinn aus. Und auch wenn der Favorit über ausreichend Freiheiten verfügt (zum Beispiel außen), so wird die Stellung doch mit einer Art Annäherungs-Ko enden und nicht in einer Position, die nur bedingungsloses Leben oder Sterben zulässt.

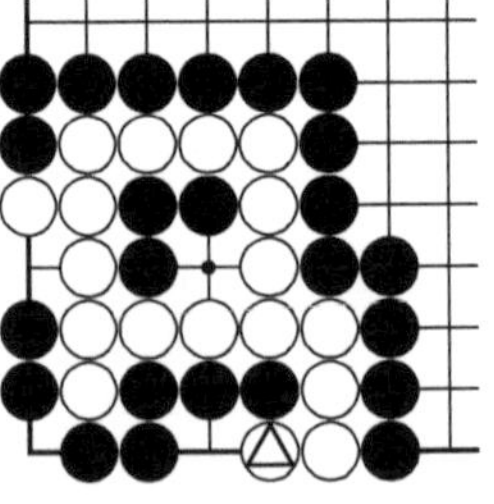

*Dia. 19*

## Zusammenfassung Typ 5: Großes Auge gegen kleineres Auge

Im Wesentlichen gleicht dieser Typ dem Kampf „Ein Auge gegen kein Auge". Die Seite mit dem Großen Auge ist Favorit und zählt alle Innenfreiheiten für sich, während die Seite mit dem kleineren Auge keine Innenfreiheiten zählen kann. Ein Seki ist möglich, falls es innere Annäherungszüge gibt.

## Typ 6: Kleines Auge gegen Kleines Auge

Diagramm 1 zeigt einen Vergleich zweier Wettläufe. Der linke ist ein Kampf vom Typ 4: Schwarz und Weiß haben je ein Großes Auge der gleichen Größe. Schwarz ist Favorit und lebt bedingungslos, die Innenfreiheiten zählen für Weiß. Kann Schwarz jetzt töten?

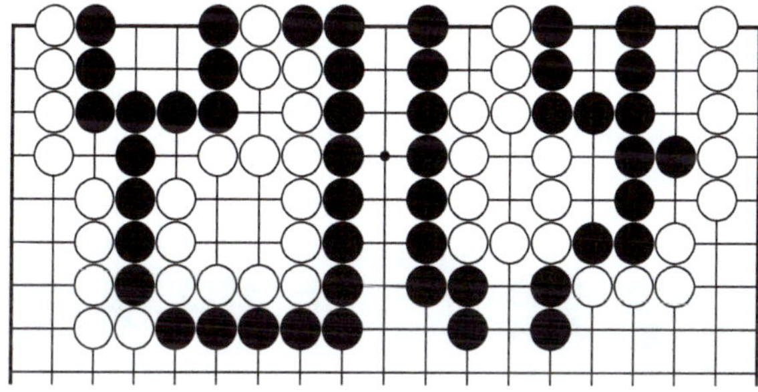

*Dia. 1*

Diagramm 2a: Sie sollten in der Lage sein auszulesen, dass diese Stellung entschieden ist: Sie wird Seki. Nach 8 wäre es Selbstmord von Schwarz, wenn er ins eigene Auge setzen würde und danach auf die Innenfreiheit. Genauso wäre es Selbstmord von Weiß, würde er ins eigene Auge setzen und dann auf die Innenfreiheit.

Diagramm 2b: Die Stellung auf der rechten Seite von Diagramm 1 ist vergleichbar. Schwarz und Weiß haben je ein Auge der gleichen Größe, doch diesmal sind beide Augen klein. Schwarz hat mehr exklusive Freiheiten (außen und im Auge) und ist somit Favorit. Kann er Weiß töten?

Selbst wenn Schwarz am Zug ist, kann er nicht töten, das Ergebnis ist Seki. Es ist genau das gleiche Ergebnis wie in Diagramm 1 links.

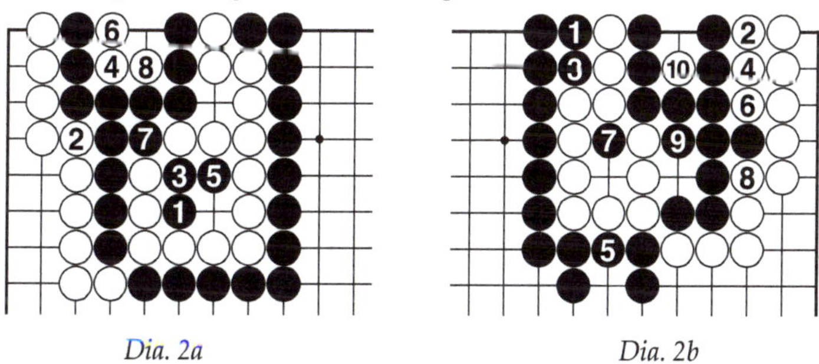

*Dia. 2a* *Dia. 2b*

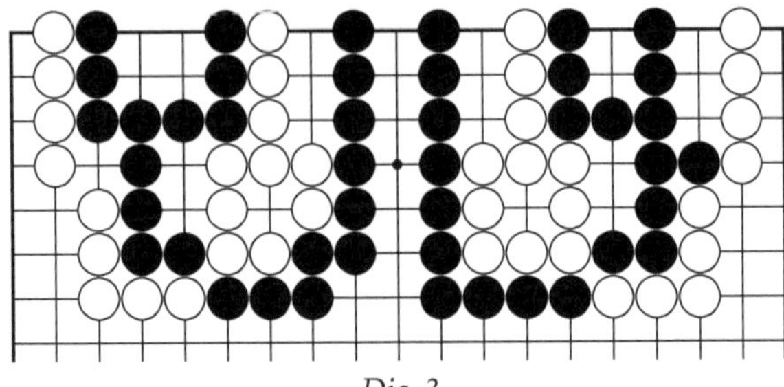

*Dia. 3*

Diagramm 3 vergleicht nun zwei Wettläufe mit verschiedenen Augengrößen. Links haben wir Typ 5: Schwarz hat ein Großes Auge und Weiß ein kleineres, also ist Schwarz der Favorit. Alle Innenfreiheiten zählen für Schwarz und damit hat er einen ausreichenden Vorsprung, 8 zu 4. Weiß ist tot.

Weiß kann nicht verhindern, dass er gefangen wird, wie in Diagramm 4a und 4b zu sehen ist. Nach Schwarz 8 bleibt für Weiß in der lokalen Situation kein sinnvoller Zug.

Schwarz hingegen hat einen Zug: Er kann die Steine in seinem Auge schlagen und dann auf die letzte Innenfreiheit spielen, womit er Weiß in Atari setzt.

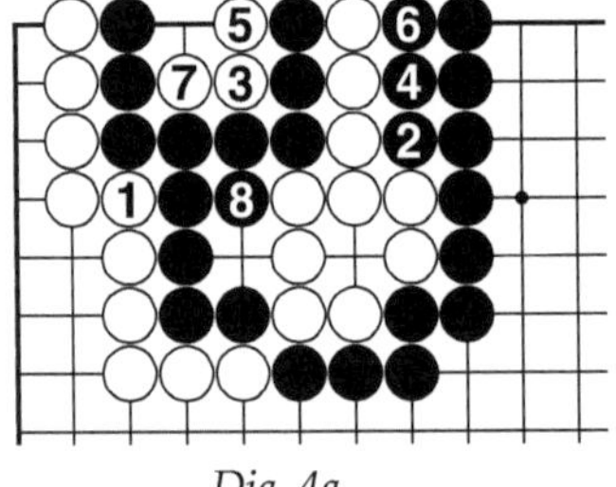

*Dia. 4a*

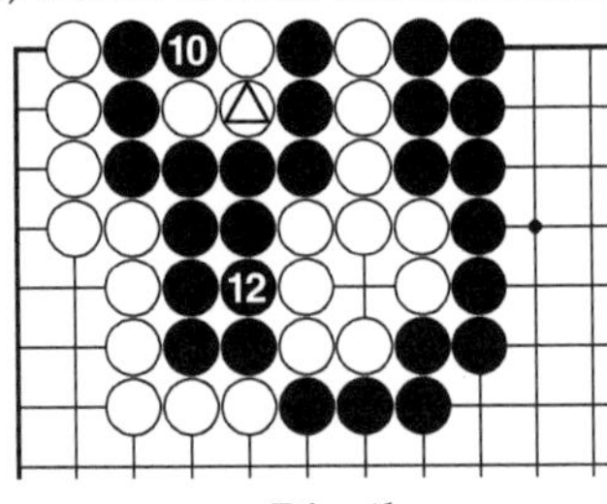

*Dia. 4b*

Sind die beiden Kämpfe in Diagramm 3 nun auch vergleichbar? Denken Sie zuerst nach, bevor Sie weiterlesen.

Anders als in Diagramm 1 unterscheidet sich in Diagramm 3 die rechte Stellung von der linken. Hätten wir rechts einen Kampf „Großes Auge gegen kleineres Auge“, so würden wir erwarten, dass Schwarz mit 7 zu 4 gewinnt. Doch anstatt oberflächliche Annahmen zu machen, wollen wir die Sache untersuchen.

In Diagramm 5a beginnt Schwarz, mit 1 bis 5 die weißen Außenfreiheiten zu besetzen, und Weiß tut mit 2 bis 6 desgleichen. Wenn Schwarz jetzt mit 7 die erste Innenfreiheit nimmt, dann wirft Weiß mit 8 einen Stein ins schwarze Auge. Schwarz kommt nun nicht mehr weiter, denn er hat nicht genug Freiheiten, um die andere Innenfreiheit bei A in Diagramm 5b zu besetzen. Die Stellung ist Seki.

*Dia. 5a*

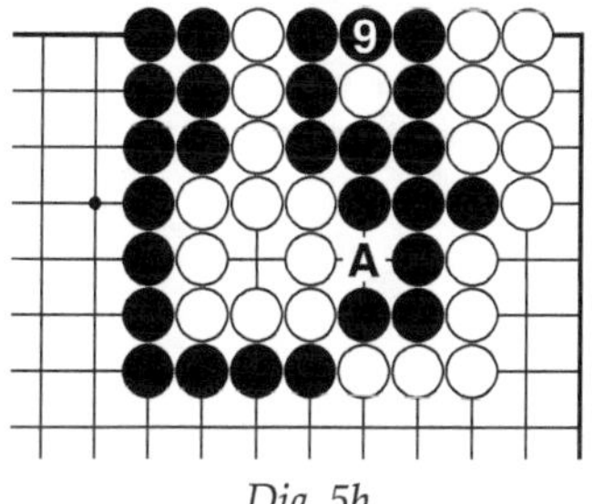


*Dia. 5b*

Der Unterschied zwischen den beiden Kämpfen in Diagramm 3 entsteht durch die Eigenschaften Großer Augen. Im Kampf vom Typ 5 (in Dia. 3 links) kann Schwarz alle Innenfreiheiten bis auf eine und ebenso alle Augenfreiheiten bis auf eine zusetzen. Damit sind zwei Freiheiten für Weiß unerreichbar. Doch vom kleinsten Großen Auge, dem Vier-Punkt-Auge, bleiben immer noch drei Freiheiten, nachdem Schwarz mit 10 geschlagen hat. Also hat Schwarz genügend Zeit, um mit 12 die Innenfreiheit zu besetzen und zu gewinnen.

Dies ist in einem Kampf vom Typ 6, wie in Diagramm 3 rechts, nicht der Fall. Wenn Schwarz mit 9 schlägt, so hat er nicht genügend Freiheiten, um die Innenfreiheit zu besetzen, und damit ergibt sich ein Seki.

Meine Empfehlung ist, die jeweils rechte Seite in Diagramm 1 und Diagramm 3 zusammen als einen Typ zu betrachten (Typ 6). Doch wenn Sie möchten, können Sie auch den Typ 4 allgemeiner fassen, so dass Große und Kleine Augen gleicher Größe darunter fallen, und somit nur Diagramm 3 (rechts) als Typ 6 ansehen. Solange Sie beim Auslesen des Wettlaufs das richtige Ergebnis erhalten, spielt das keine Rolle.

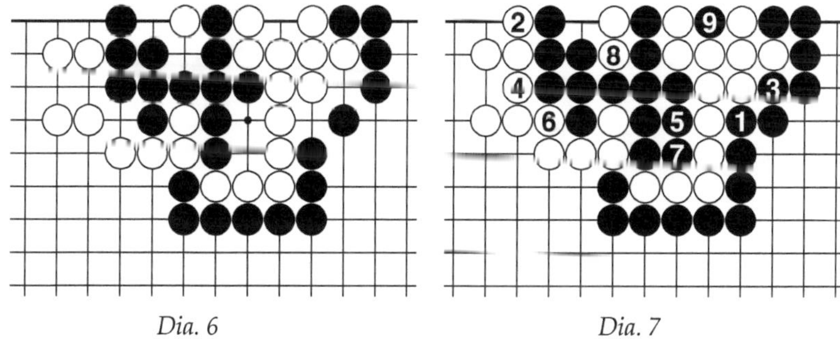


*Dia. 6* *Dia. 7*

Diagramm 6 zeigt einen Kampf vom Typ 6 mit dem größtmöglichen Unterschied bei der Größe der Augen. Schwarz hat das größtmögliche Kleine Auge, ein Drei-Punkt-Auge, und Weiß hat das kleinstmögliche Auge, ein Ein-Punkt-Auge. Können Sie den Status dieses Kampfes auslesen?

Diagramm 7: Ist Schwarz am Zug, so hat er gerade genug Freiheiten, um die Innenfreiheiten zu füllen und Weiß in Atari zu setzen.

Diagramm 8: Ist Weiß am Zug, so erreicht er Seki.

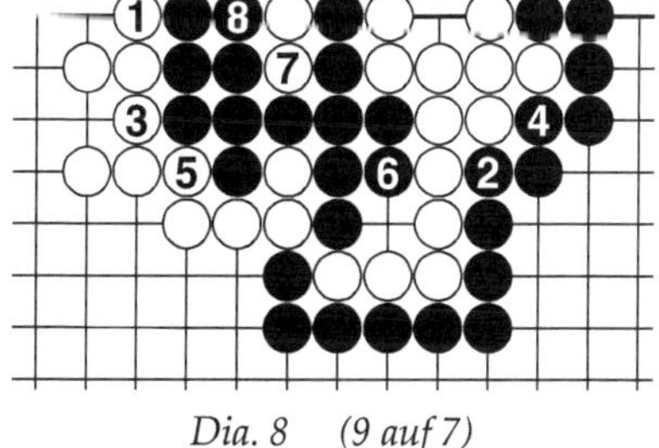


*Dia. 8 (9 auf 7)*

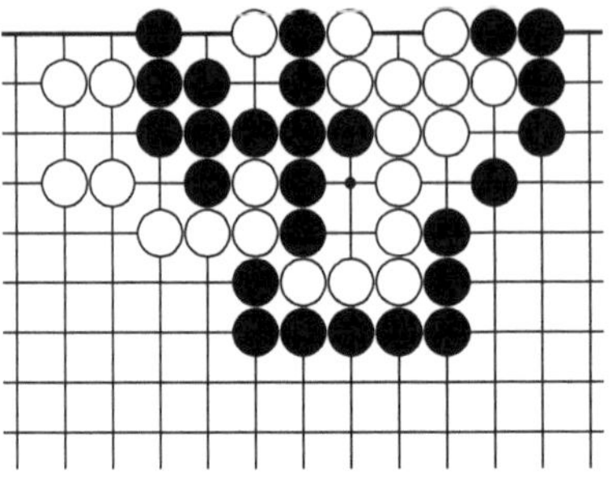

Nochmals Dia. 6

Gehen wir nochmals zu Diagramm 6 zurück und zählen die Freiheiten. Schwarz ist der Favorit, da er über mehr exklusive Freiheiten verfügt (nicht wegen des größeren Auges). Er zählt drei Außenfreiheiten und zwei im Auge, macht zusammen fünf. Weiß zählt zwei Außenfreiheiten, eine im Auge und zwei Innenfreiheiten, macht ebenfalls fünf. Die Freiheitenzahl ist die gleiche, somit ist die Stellung unentschieden. Schwarz kann töten, Weiß kann Seki erreichen. In Kämpfen vom Typ 6 zählen alle Innenfreiheiten für den Außenseiter, genau wie bei Typ 4, in dem beide ein Großes Auge gleicher Größe haben. Und das ist ein deutlicher Unterschied zu einem Kampf vom Typ 5, in dem eine Seite ein Großes und die andere ein kleineres Auge hat.

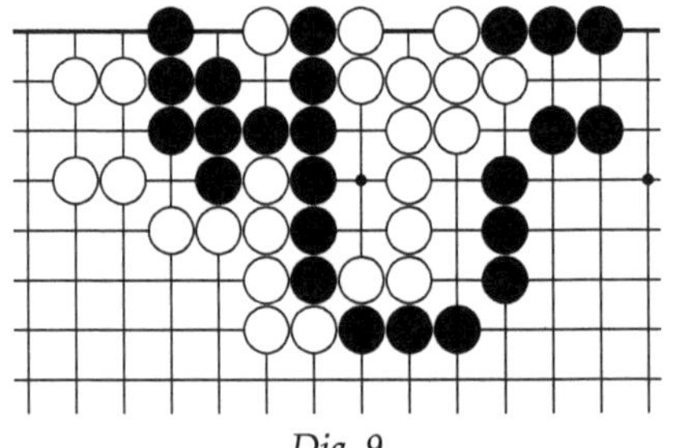

Dia. 9

In Diagramm 9 sind die Augen genauso groß wie in Diagramm 6, nur haben wir eine andere Anzahl von Innen- und Außenfreiheiten. Wäre das in einem Kampf „Großes Auge gegen kleineres Auge" der Fall, so könnte Schwarz fernbleiben, da er in dem Wettlauf einen komfortablen Vorsprung hätte. Doch hier liegen die Dinge anders: In dieser Stellung zählt Schwarz die Innenfreiheiten, und zwar nicht weil er Favorit in einem Kampf vom Typ 5 wäre, sondern weil er der Außenseiter in einem Kampf vom Typ 6 ist. Weiß ist der Favorit und lebt bedingungslos.

Auch wenn Schwarz am Zug ist (Diagramm 10, 11), kann er Weiß nicht töten. Die Stellung ist Seki.

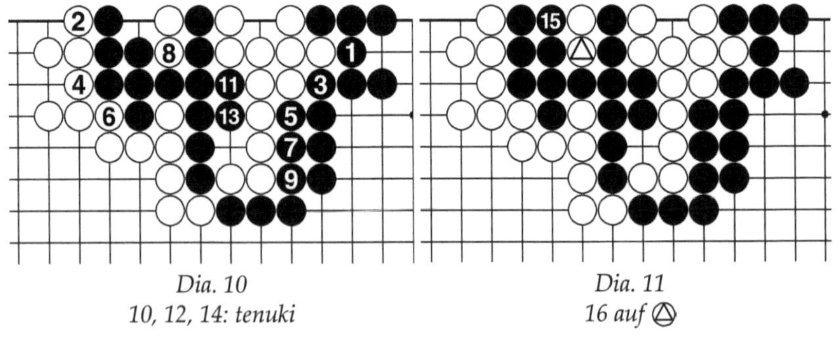


Dia. 10
10, 12, 14: tenuki

Dia. 11
16 auf △

Diagramm 12: Wenn Weiß am Zug ist, kann er genauso wenig töten. Die Stellung ist Seki. Der Status von Diagramm 9 ist: Weiß ist der Favorit, da er mehr exklusive Freiheiten hat (6 zu 5), aber er hat nicht genügend Freiheiten, um Schwarz zu töten. Weiß hat sechs Freiheiten und Schwarz acht. Die Stellung ist entschieden.

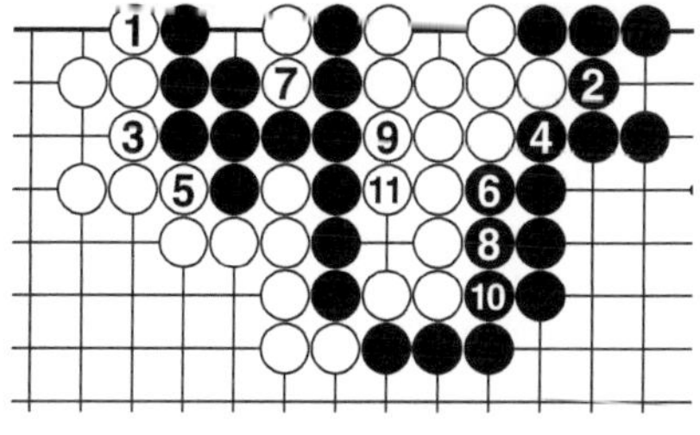


*Dia. 12*

## Zusammenfassung Typ 6: Kleines Auge gegen Kleines Auge

Dieser Kampf gleicht Typ 4. Die Seite mit mehr exklusiven Freiheiten ist Favorit. Alle Innenfreiheiten zählen für den Außenseiter, keine für den Favorit. Ist die Freiheitenzahl gleich, so ist die Stellung unentschieden: Der Favorit kann töten, der Außenseiter kann Seki erreichen. Eine Innenfreiheit genügt, um ein Seki zu ermöglichen.

## Zusammenfassung der Typen

### Typ 1: Keine oder eine Innenfreiheit

Jede Seite zählt die eigenen Außenfreiheiten und die Innenfreiheit, falls vorhanden. Bei gleicher Anzahl ist die Stellung unentschieden und wer am Zug ist, gewinnt. Seki ist nicht möglich

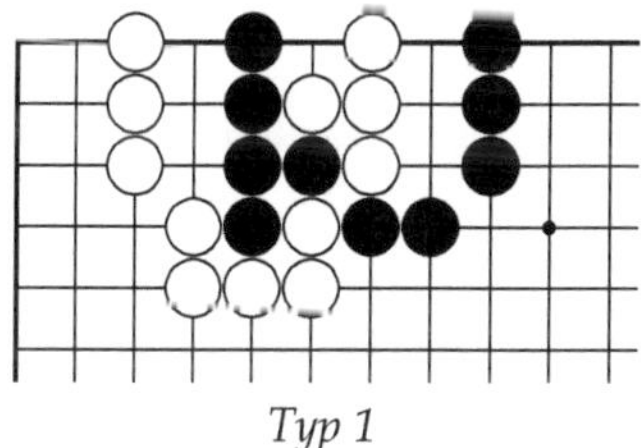

*Typ 1*

### Typ 2: Zwei oder mehr Innenfreiheiten

Die Seite mit mehr Außenfreiheiten ist der Favorit und zählt die eigenen Außenfreiheiten und eine Innenfreiheit für sich. Der Außenseiter zählt für sich alle eigenen Außenfreiheiten und alle Innenfreiheiten. Bei gleicher Anzahl ist die Stellung unentschieden: Der Favorit kann töten, der Außenseiter kann Seki erreichen.

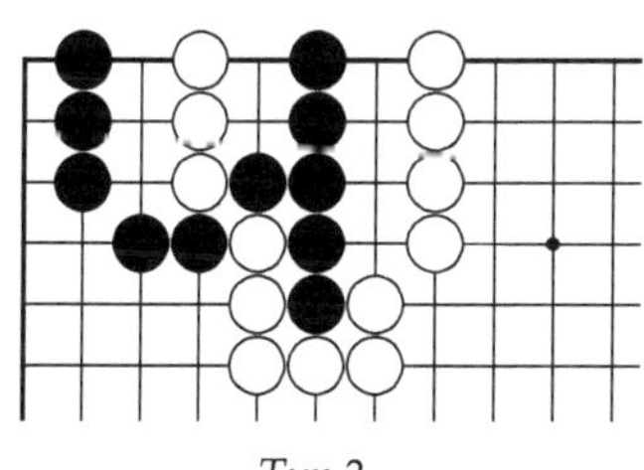

*Typ 2*

### Typ 3: Ein Auge gegen kein Auge

Die Seite mit dem Auge ist der Favorit und zählt alle Innenfreiheiten, der Außenseiter keine. Bei gleicher Anzahl ist die Stellung unentschieden und wer am Zug ist, gewinnt. Seki ist nicht möglich. Große Augen haben mehr Freiheiten, als sie Punkte umschließen.

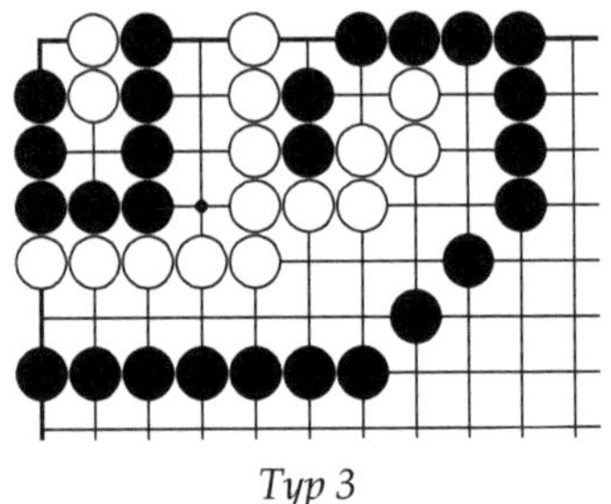

*Typ 3*

### Typ 4: Großes Auge gegen gleich großes Auge

Die Seite mit mehr exklusiven Freiheiten ist Favorit. Alle Innenfreiheiten zählen für den Außenseiter, keine für den Favorit. Bei gleicher Freiheitenzahl ist die Stellung unentschieden: Der Favorit kann töten, der Außenseiter kann Seki erreichen. Eine Innenfreiheit genügt, um ein Seki zu ermöglichen.

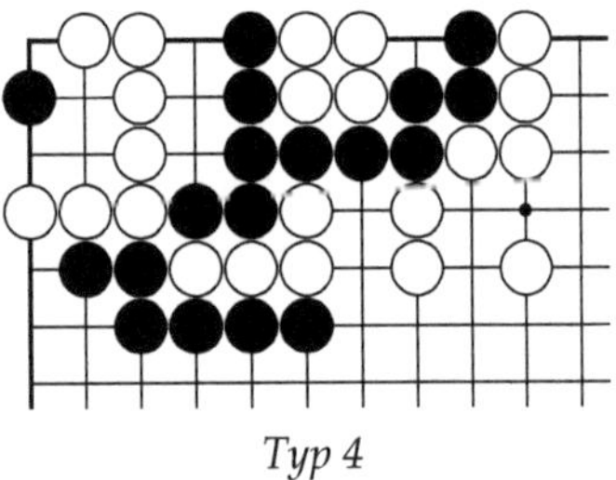

*Typ 4*

### Typ 5: Großes Auge gegen kleineres Auge

Dieser Kampf gleicht Typ 3. Die Seite mit dem Großen Auge ist Favorit und zählt alle Innenfreiheiten, der Außenseiter keine. Bei gleicher Anzahl ist die Stellung unentschieden und wer am Zug ist, gewinnt. Ein Seki ist jedoch möglich, falls es innere Annäherungszüge gibt.

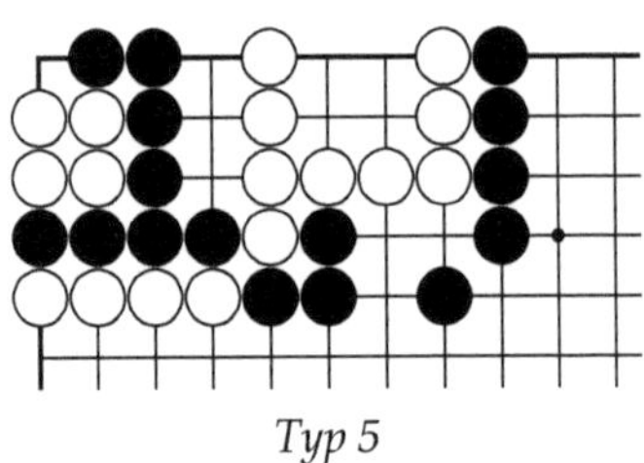

*Typ 5*

### Typ 6: Kleines Auge gegen Kleines Auge

Dieser Kampf gleicht Typ 4. Die Seite mit mehr exklusiven Freiheiten ist Favorit. Alle Innenfreiheiten zählen für den Außenseiter, keine für den Favorit. Ist die Freiheitenzahl gleich, so ist die Stellung unentschieden: Der Favorit kann töten, der Außenseiter kann Seki erreichen. Eine Innenfreiheit genügt, um ein Seki zu ermöglichen.

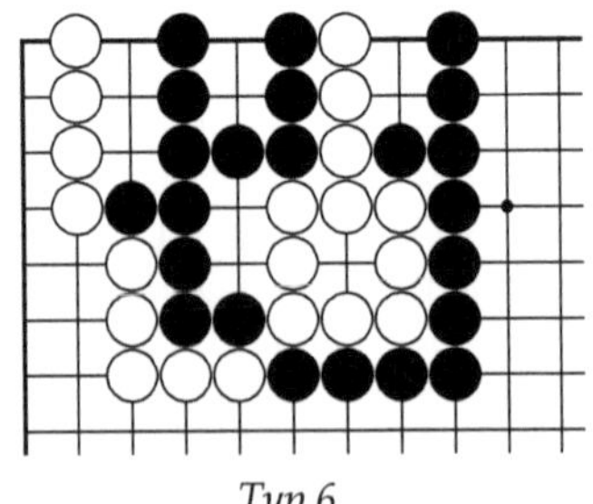

*Typ 6*

### Das Schwache Auge: Weniger Freiheiten als gewöhnlich

Nachdem Schwarz die weißen Steine in seinem Auge geschlagen hat, kann Weiß dort selbst ein Auge hineinbauen, wenn Schwarz das nicht verhindert. Auf jeden Fall hat Schwarz weniger Freiheiten, als man erwarten würde. In diesem Beispiel ist das schwarze Auge nur drei Freiheiten wert, nicht sieben (12–5). Vergleichen Sie dieses Diagramm mit dem zum Kampf vom Typ 3 in dieser Zusammenfassung.

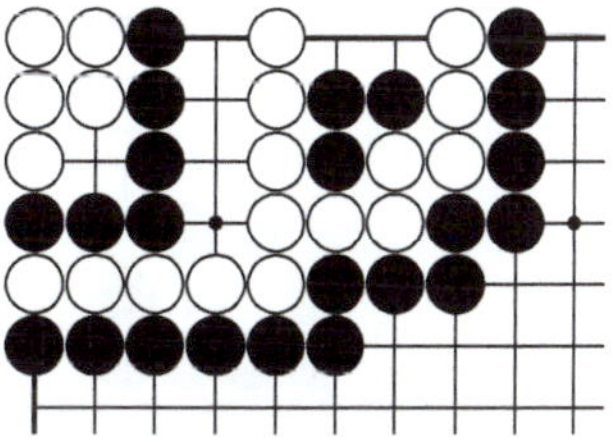

*Schwaches Auge*

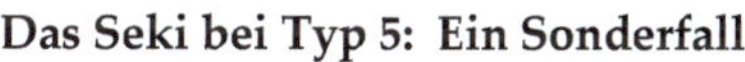

### Das Seki bei Typ 5: Ein Sonderfall

Anders als beim Typ 3 kann beim Kampf vom Typ 5 ein Seki entstehen, wenn es Innenfreiheiten gibt, die einen Annäherungszug erfordern.

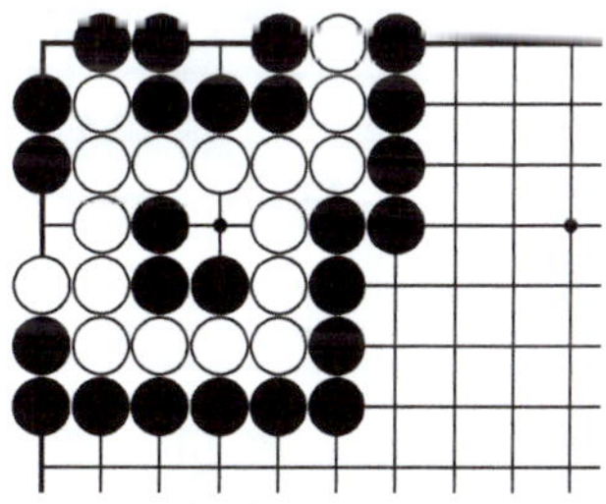

*Seki bei Typ 5*

Kämpfe mit gerader Typennummer (Typ 2, 4 und 6) sind eher chancengleich; beispielsweise haben beide Seiten ein Auge gleicher Größe. Die Kämpfe mit ungerader Typennummer (Typ 1, 3 und 5) sind eher ungleich; beispielsweise hat eine Seite ein Auge und die andere nicht. In den „fairen“ Kämpfen ist ein Seki möglich, und die Innenfreiheiten schützen den Außenseiter. In den „ungleichen“ Kämpfen hat der Favorit den Zusatzvorteil, dass ihm alle Innenfreiheiten zugesprochen werden. Der Außenseiter zählt gar keine Innenfreiheiten, außer in Kämpfen vom Typ 1a.

Die Eigenschaften der sechs Typen sind in der folgenden Tabelle zusammengefasst.

| | Favorit | Seki? | Innenfreiheiten | | Ergebnis |
|---|---|---|---|---|---|
| | | | Favorit | Außenseiter | |
| 1 | mehr exkl. Freiheiten | nein | alle | alle | Tod / Tod |
| 2 | mehr exkl. Freiheiten | ja | eine | alle | Tod / Seki |
| 3 | Auge | nein | alle | keine | Tod / Tod |
| 4 | mehr exkl. Freiheiten | ja | keine | alle | Tod / Seki |
| 5 | Größeres Auge | nein (ja) | alle | keine | Tod / Tod (Seki) |
| 6 | mehr exkl. Freiheiten | ja | keine | alle | Tod / Seki |

# 2. Alles ist relativ!

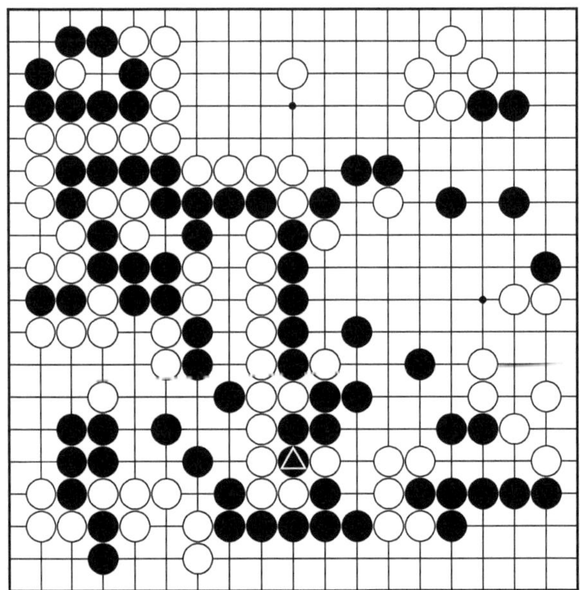

*Figur 1*

Figur 1 zeigt eine Amateurpartie. Das Thema ist der Wettlauf zwischen der langen augenlosen Reihe von weißen Steinen und der einäugigen schwarzen Gruppe links von ihr.

Wie viele Züge benötigt Weiß, um die schwarze Gruppe zu fangen?

Weiß 1 in Diagramm 1 ist Atari, also muss Schwarz mit 2 die drei weißen Steine schlagen (s. Figur 1; hier sind diese Steine bereits entfernt). Danach hat Schwarz einen Drei-Punkte-Augenraum und eine weitere Freiheit. Weiß wird nun auf den Mittelpunkt des schwarzen Auges setzen, um zwei Augen zu verhindern. Nachdem Weiß 1 mit Schwarz 2 beantwortet wurde, zählen wir diesen Austausch nicht mit. Weiß benötigt vier Züge (A, B, C und D), um die schwarze Gruppe zu fangen.

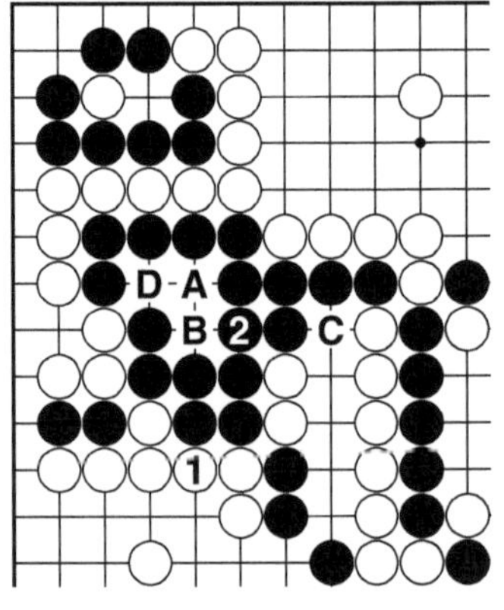


*Dia. 1*

Wie viele Freiheiten besitzt die weiße Gruppe? Auf den ersten Blick könnte man denken, dass die lange weiße Steinreihe sieben Freiheiten hat. Allerdings muss

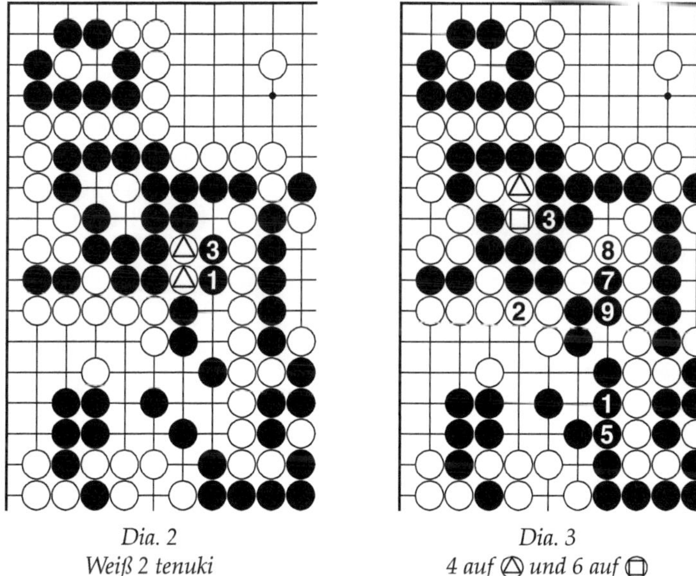

*Dia. 2*
*Weiß 2 tenuki*

*Dia. 3*
*4 auf △ und 6 auf □*

Weiß auf C in Diagramm 1 spielen, also hat Weiß eher sechs Freiheiten. Das ist immer noch reichlich. Und tatsächlich hatte Weiß die Situation in der Brettmitte stehen gelassen, um oben rechts Gebiet zu nehmen. Und sie war auch ferngeblieben, als Schwarz dann den markierten Schnitt in Figur 1 spielte.

Später endete Weiß in Nachhand und jetzt ist Schwarz in Figur 1 am Zug. Wie viele Freiheiten hat die weiße Gruppe wirklich?

Falls Schwarz die beiden markierten weißen Steine wie in Diagramm 2 fangen kann, ist der Wettlauf beendet. Also muss Weiß das Atari beantworten.

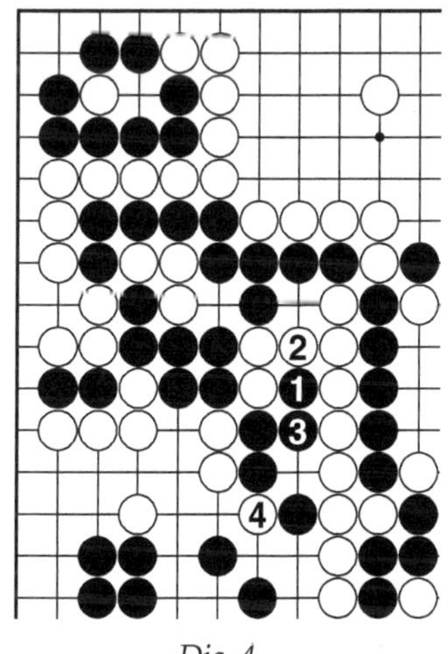

*Dia. 4*

Diagramm 3: Schwarz kann den Wettlauf tatsächlich gewinnen. Das bedeutet, dass die Stellung in Figur 1 unentschieden ist. Beide haben vier Freiheiten. Weiß kann die Freiheiten für die Züge 7 und 8 genauso wenig für sich zählen wie Schwarz die für 2 und 3.

Schauen Sie sich Figur 1 nochmals an. Denken Sie nicht, dass Weiß sieben oder auch nur sechs Freiheiten hätte. Schwarz benötigt effektiv nur vier Züge, um die weißen Steine zu fangen. Und jede Variante (etwa in Diagramm 3 nicht auf 8 zu verbinden) ist schlechter für Weiß.

Was dann tatsächlich in der Partie geschah, war tragisch und doch lehrreich. Schwarz hatte es eilig, mit 1 in Diagramm 4 die beiden weißen Steine in Atari zu setzen.

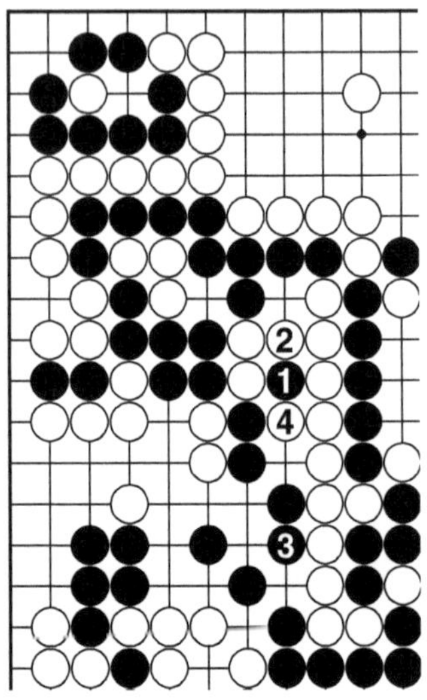
Dia. 5

Doch das war einer der schlimmsten Züge, die er in dieser Lage hätte machen können. Nach Weiß 2 und Schwarz 3 war Weiß 4 eine böse Überraschung. Die Partie war zu Ende. Das Atari auf 1 war zu hastig gewesen.

Diagramm 5: Doch selbst wenn Schwarz zurückzieht und auf 3 verteidigt, schlägt Weiß auf 4 und macht ein Auge. Und nun ist das Ergebnis Seki, weil der Kampf jetzt nicht mehr vom Typ 3 ist (ein Auge gegen keins), sondern vom Typ 6 (Kleines Auge gegen Kleines Auge).

Betrachten Sie nochmals Figur 1 und sprechen Sie nach: „Weiß hat vier Freiheiten".

Nehmen wir weiter an, dass Schwarz tatsächlich auf 1 in Diagramm 3 gespielt und so den Wettlauf gewonnen hat, indem er Weiß auf drei Freiheiten beschränken konnte, gegenüber vier für Schwarz. Nachdem diese Stellung entschieden ist, sollte Weiß jetzt fernbleiben. Die Position in Diagramm 6 ist konstruiert, um das Thema dieses Kapitels zu verdeutlichen. Nach dem weißen Atari auf 1 verbindet Schwarz auf 2, weil er darauf vertraut, dass seine sechs Freiheiten gegen die „drei" weißen in der Brettmitte ausreichen. Doch hier macht Schwarz einen Fehler. In der Tat hat Weiß drei Freiheiten im Kampf gegen die schwarze Gruppe links, weil er auf eine Innenfreiheit spielen und das Atari auf die zwei Steine beantworten muss (s. Diagramm 3). Doch die Freiheitenzahl der weißen Gruppe ist keine absolute Zahl. Sie hängt vom aktuellen Kampf ab, in der Tat hat Weiß gegen die schwarze Gruppe zur Rechten sechs Freiheiten. Die schwarze Verbindung auf 2 in Diagramm 6 ist fatal; Weiß gewinnt den Wettlauf, wie Diagramm 7 zeigt.

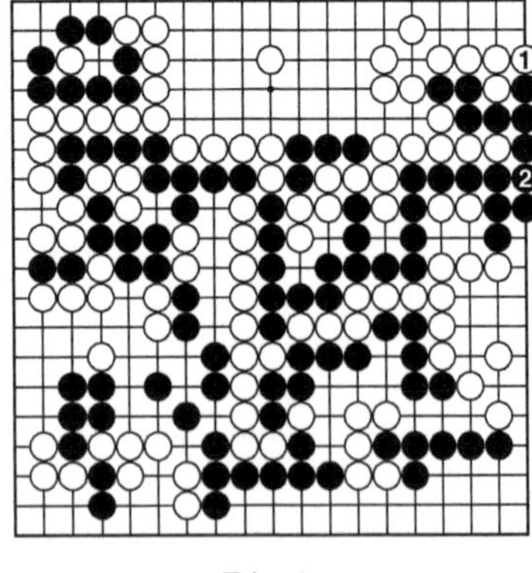
Dia. 6

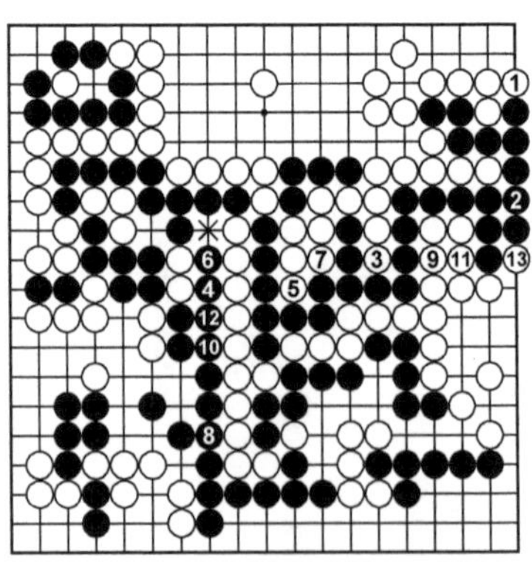
Dia. 7

Beachten Sie: Nachdem Schwarz mit 4 die beiden Steine in Atari setzt, bindet Weiß sie nicht an. Auch wenn Schwarz sie mit 6 schlägt, diese Steine sind für den Kampf auf der rechten Seite unbedeutend. Außerdem muss Weiß die Freiheit bei X nicht besetzen.

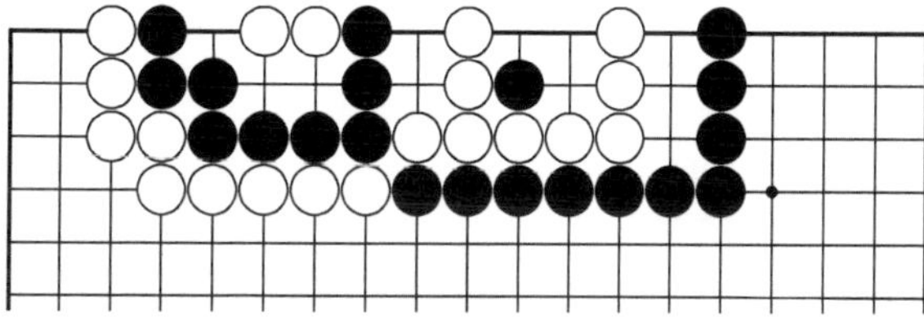

*Dia. 8*

Schauen wir ein weiteres Beispiel an. Diagramm 8 zeigt einen einfachen Kampf vom Typ 5, den Sie leicht auslesen können sollten. Schwarz hat das größere Auge und zählt deshalb die Innenfreiheiten. Er zählt sechs Freiheiten für sein Auge und zwei innen, macht acht. Weiß zählt vier Freiheiten fürs Auge, drei außen und keine innen, macht sieben. Die Stellung ist entschieden: Weiß ist tot.

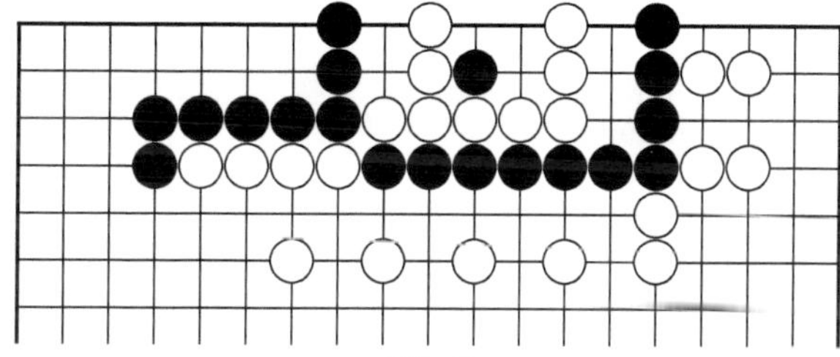

*Dia. 9*

Diagramm 9 zeigt nun einen einfachen Kampf vom Typ 3, der Ihnen ebenfalls keine Probleme bereiten sollte. Schwarz hat acht Freiheiten. Weiß zählt vier Freiheiten für sein Auge, zwei Außen- und drei Innenfreiheiten, macht neun. Die Stellung ist entschieden: Schwarz ist tot. Wenn wir Diagramm 8 und Diagramm 9 vergleichen, dann ist die weiße Gruppe die gleiche, nicht jedoch ihre Freiheitenzahl, denn die hängt von der Situation ab.

Schauen wir zum Schluss Diagramm 10 an, eine Kombination von Diagramm 8 und 9. Wie ist der Status dieser Stellung?

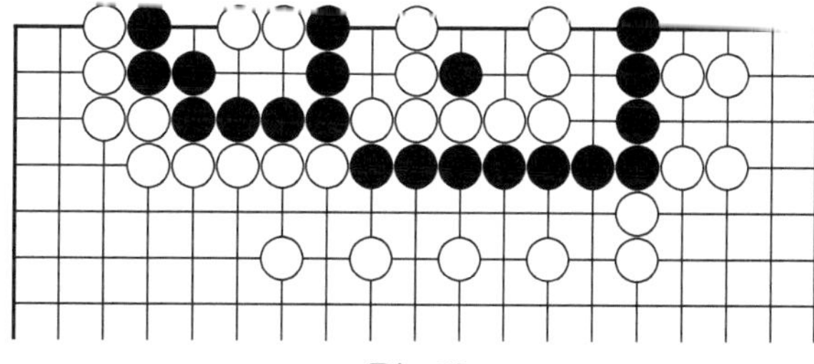

*Dia. 10*

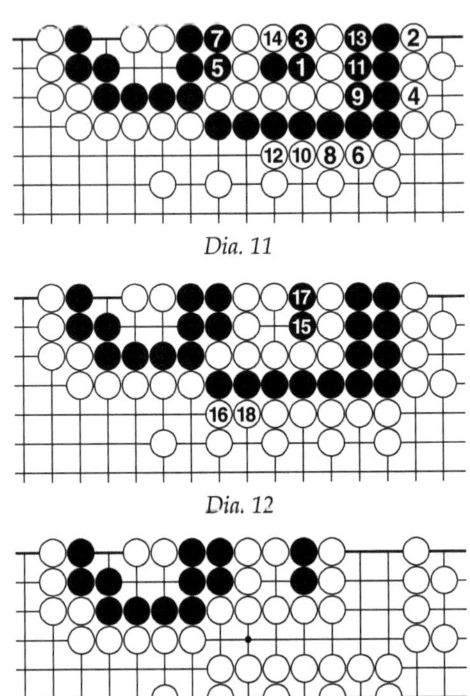

Dia. 11

Dia. 12

Dia. 13

Wie in Diagramm 11 und 12 zu sehen ist, fängt Weiß die schwarzen Steine rechts, selbst wenn Schwarz am Zug ist.

Und da die weißen Steine damit leben, sind die schwarzen Steine links ebenfalls tot, wie Diagramm 13 zeigt.

Beachten Sie, dass Schwarz in Diagramm 11 auf 5 und 7 spielen muss, um die weißen Steine fangen zu können. Und obwohl diese Schnittpunkte in Diagramm 8 Innenfreiheiten im Kampf auf der linken Seite darstellen, so sind dieselben Punkte in Diagramm 10 bezogen auf den Kampf rechts Außenfreiheiten. Die Bewertung von Diagramm 8 setzt voraus, dass die schwarzen Steine zur Rechten lebendig sind. Wenn sie abgeschnitten und eingeschlossen werden wie in Diagramm 10, so kann Schwarz sich nicht länger zurücklehnen und wegen seines großen Auges diese Innenfreiheiten beanspruchen. Er muss die weißen Steine tatsächlich vom Brett nehmen. Die Stellung in Diagramm 10 ist entschieden: Alle schwarzen Steine sind tot.

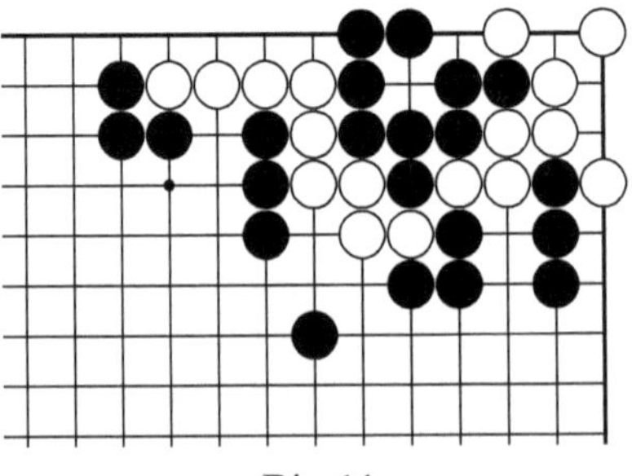

Dia. 14

Diagramm 14: Welchen Status hat dieser Kampf?

Die schwarze Gruppe am oberen Rand ist zwischen zwei weißen Gruppen eingeklemmt, die ebenso abgeschnitten und umschlossen sind. Die weißen Steine links haben recht viele Freiheiten. Die schwarzen in der Mitte haben lediglich drei physische Freiheiten, aber sie haben ein Auge, und Weiß muss mit Sicherheit Annäherungszüge machen, um sie zu fangen. Außerdem könnte Weiß ein Auge in der Ecke bauen. Zunächst wollen wir nur den Kampf der schwarzen und weißen Steine in der Ecke betrachten. Was geschieht, wenn Weiß am Zug ist?

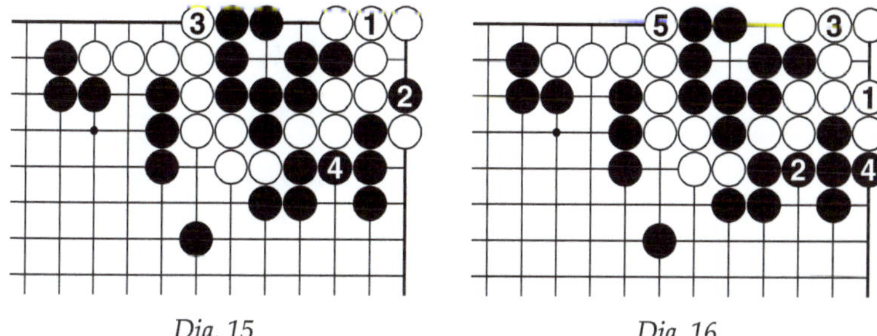

Dia. 15 Dia. 16

Verbinden auf 1 in Diagramm 15 funktioniert nicht. Schwarz 2 verhindert, dass Weiß ein Auge bekommt. Nach 4 kann Weiß die schwarzen Steine nicht in Atari setzen. Weiß ist tot.

Weiß macht mit 1 in Diagramm 16 ein Auge. Nach 4 ergibt sich rechts ein Seki, doch es ist ein „vorübergehendes Seki". Auch wenn Weiß auf 5 spielt, so kann er sich doch nicht von der rechten Seite annähern. Also kann Schwarz die weißen Steine links fangen, wann es ihm passt. Obwohl sie sechs Freiheiten haben, können sie keine zwei Augen bilden, und damit kann Weiß nicht verhindern, dass er gefangen wird. Dadurch wird das Seki aufgehoben, und alle weißen Steine sind tot.

Da Weiß selbst dann stirbt, wenn er am Zug ist, ist Diagramm 14 entschieden: Weiß ist tot.

## Eine Leserfrage

Ich möchte Steve Bailey dafür danken, dass er mir die interessante Stellung in Diagramm 17 zugeschickt und nachgefragt hat, wie meine Regeln zum Zählen von Freiheiten hier anzuwenden sind. Schauen wir uns zunächst seine Bemerkungen an:

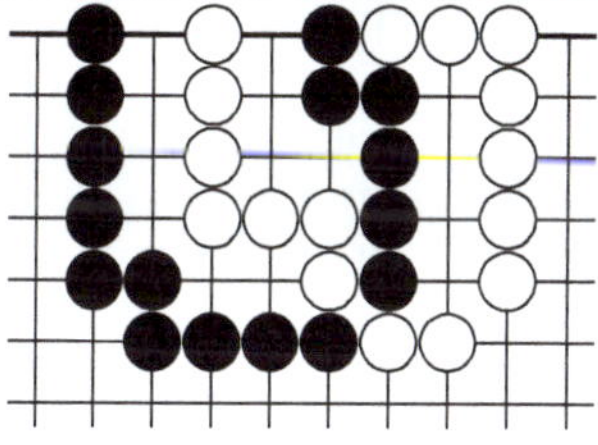

Dia. 17

„Man könnte Diagramm 17 ansehen als ‚kein Auge gegen kein Auge mit vielen Innenfreiheiten', also einen Kampf vom Typ 2. Schwarz hat vier Außenfreiheiten und ist Außenseiter. Weiß hat sechs Außenfreiheiten und ist Favorit. Es gibt vier Freiheiten zwischen den Gruppen.

Weiß bekommt 6+1, macht sieben Freiheiten. Schwarz bekommt 4+4, macht acht Freiheiten. Somit ist es entschieden, und Schwarz lebt in Seki. Nur dass das hier nicht stimmt, weil eine der Innenfreiheiten nicht geteilt wird, sie gehört Weiß allein. Somit kommt das Seki nicht zustande. Diagramm 18 zeigt eine mögliche Zugfolge, wenn Weiß am Zug ist."

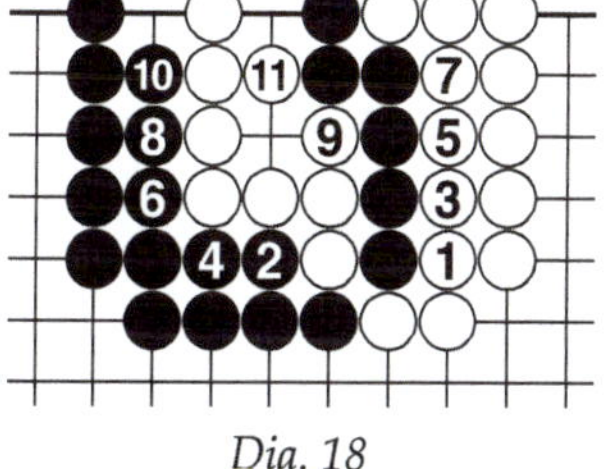

Dia. 18

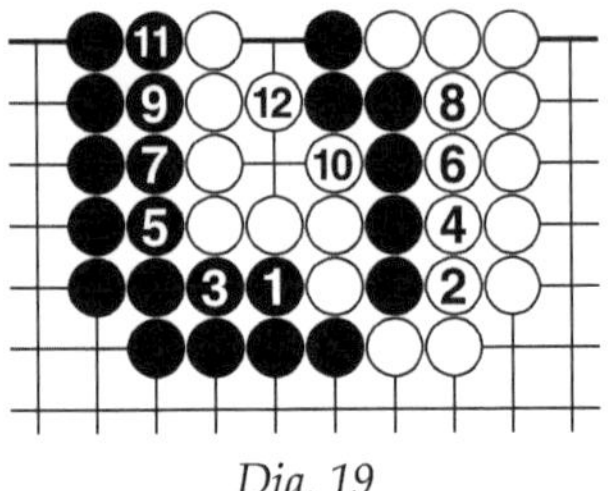

*Dia. 19*

„Nachdem wir das jetzt wissen: Was passiert, wenn Schwarz beginnt wie in Diagramm 19? Er stirbt trotzdem. Vielleicht müsste man Diagramm 17 so zählen: Schwarz ist Außenseiter und hat vier Außenfreiheiten; Weiß ist Favorit und hat sieben exklusive Freiheiten (6 außen und 1 ‚innen'). Drei Freiheiten sind gemeinsam. Weiß bekommt 7+1, macht acht Freiheiten. Schwarz bekommt 4+3, macht sieben Freiheiten. Also ist es entschieden: Schwarz ist tot."

Meine eigene Analyse der Situation ist allerdings deutlich anders. Die Regeln, die ich in Kapitel 1 formuliere, sind nur auf Stellungen anwendbar, in denen der Typ des Kampfes bereits feststeht und in denen es keine Züge mehr gibt, mit denen Freiheiten hinzugewonnen oder dem Gegner genommen werden können. Mein Ansatz bei Diagramm 17 ist, einige Züge vorwegzunehmen, bis die Stellung eindeutig und leicht auszulesen ist, mithin einem der sechs Typen zugeordnet werden kann.

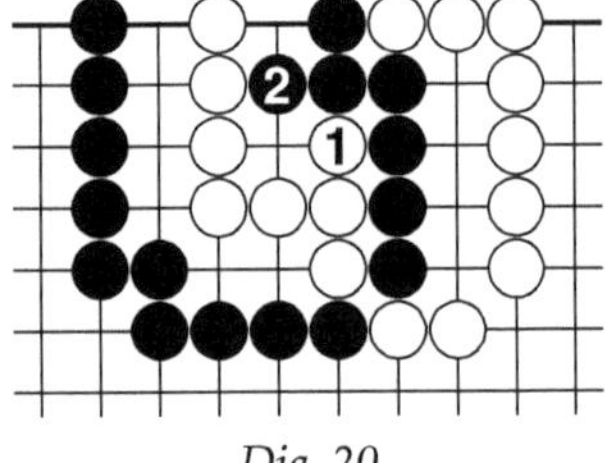

*Dia. 20*

Zunächst ist zu bemerken, dass Weiß ein Auge androhen kann. Nachdem es ja Innenfreiheiten gibt, dürfte das von Vorteil sein. Nehmen wir deshalb an, dass Schwarz das Auge verhindern will. Nach dem Austausch Weiß 1 gegen Schwarz 2 in Diagramm 20 ist die Stellung eindeutig. Es ist ein Kampf vom Typ 2, und Weiß liegt mit sieben zu sechs vorne. Weiß kann also fernbleiben und wird trotzdem gewinnen.

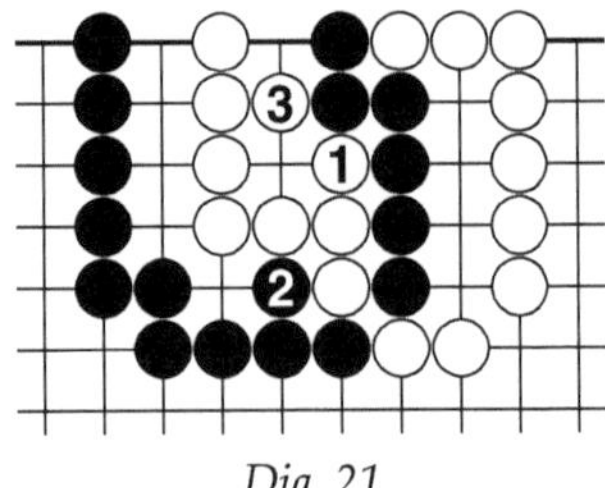

*Dia. 21*

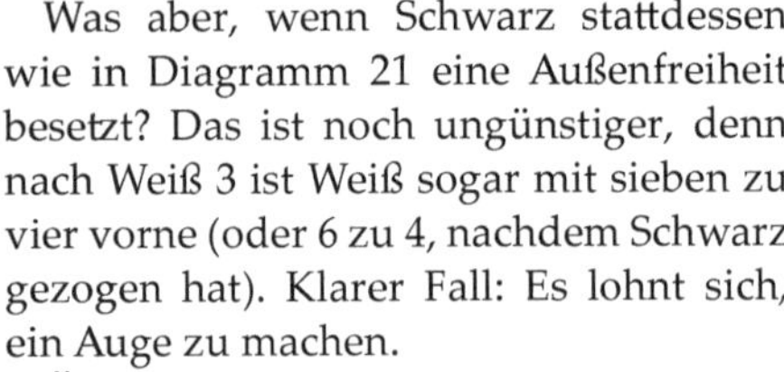

Was aber, wenn Schwarz stattdessen wie in Diagramm 21 eine Außenfreiheit besetzt? Das ist noch ungünstiger, denn nach Weiß 3 ist Weiß sogar mit sieben zu vier vorne (oder 6 zu 4, nachdem Schwarz gezogen hat). Klarer Fall: Es lohnt sich, ein Auge zu machen.

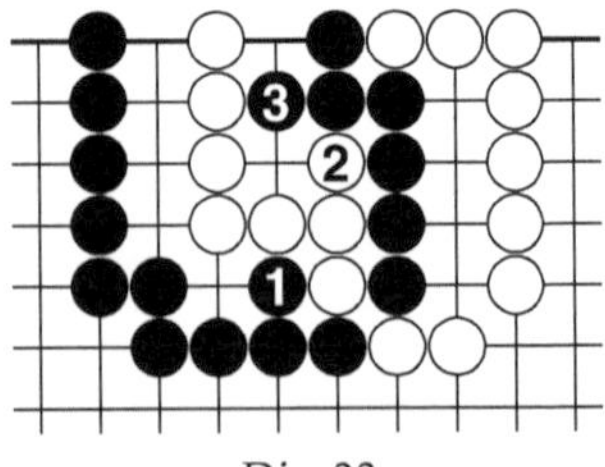

*Dia. 22*

Überlegen wir als Nächstes, was passiert, wenn Schwarz am Zug ist. Besetzt Schwarz eine Außenfreiheit, so kann Weiß genau wie vorher ein Auge androhen. Da er in Diagramm 20 einen Zug voraus war, gewinnt er auch, wenn Schwarz am Zug ist, wie in Diagramm 22 zu sehen. Nach Schwarz 3 steht es sechs zu sechs und Weiß ist dran, damit gewinnt Weiß.

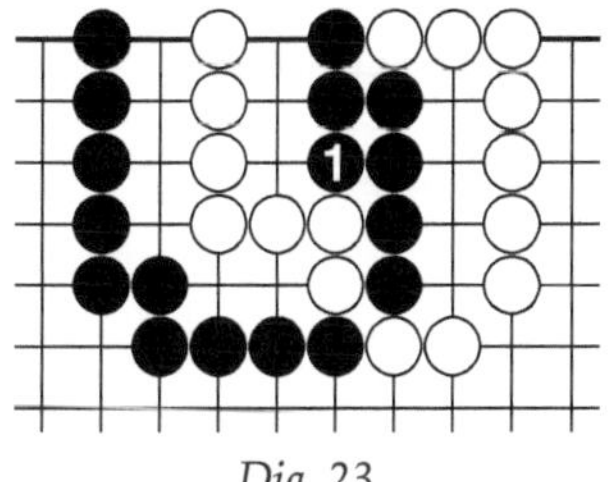

*Dia. 23*

Nachdem Schwarz durch einen Zug außen nicht gewinnen kann: Was ist, wenn er die Drohung entschärft, ein Auge zu machen? Nach Schwarz 1 in Diagramm 23 ist die Stellung einfach auszulesen. Sieben zu sieben mit Weiß am Zug: Weiß gewinnt. Alles in Allem: Auch wenn Schwarz am Zug ist, verliert er. Ist also Weiß am Zug, so kann er fernbleiben und gewinnt dennoch. Es ist entschieden: Schwarz ist tot.

Um Diagramm 17 zu analysieren, lesen Sie jede Variante einige Züge weit, bis die Stellung eindeutig geworden ist. Verwenden Sie dann meine Regeln zum Zählen der Freiheiten, um den Status des Kampfes zu bestimmen. Weitere Beispiele finden Sie in Kapitel 5 und Kapitel 6.

**Merke:**

Die Freiheitenzahl einer Gruppe ist die Anzahl der benötigten Züge, um sie zu fangen. Diese Zahl ist nicht absolut, sondern hängt von dem jeweiligen Kampf ab.

# 3. Abzähltraining – Die Grundlagen

Es folgen einige einfache Übungsaufgaben zu Wettläufen. Sie sollten in der Lage sein, sie auf Anhieb zu lösen. Es geht lediglich darum, den Typ des Kampfes zu ermitteln und Freiheiten zu zählen. Achten Sie auf Annäherungszüge und Vorhandzüge, doch darüber hinaus müssen keine raffinierten Züge gefunden werden.

### Wie ist der Status dieser Positionen?

Betrachten Sie immer beide Varianten: Schwarz am Zug und Weiß am Zug.

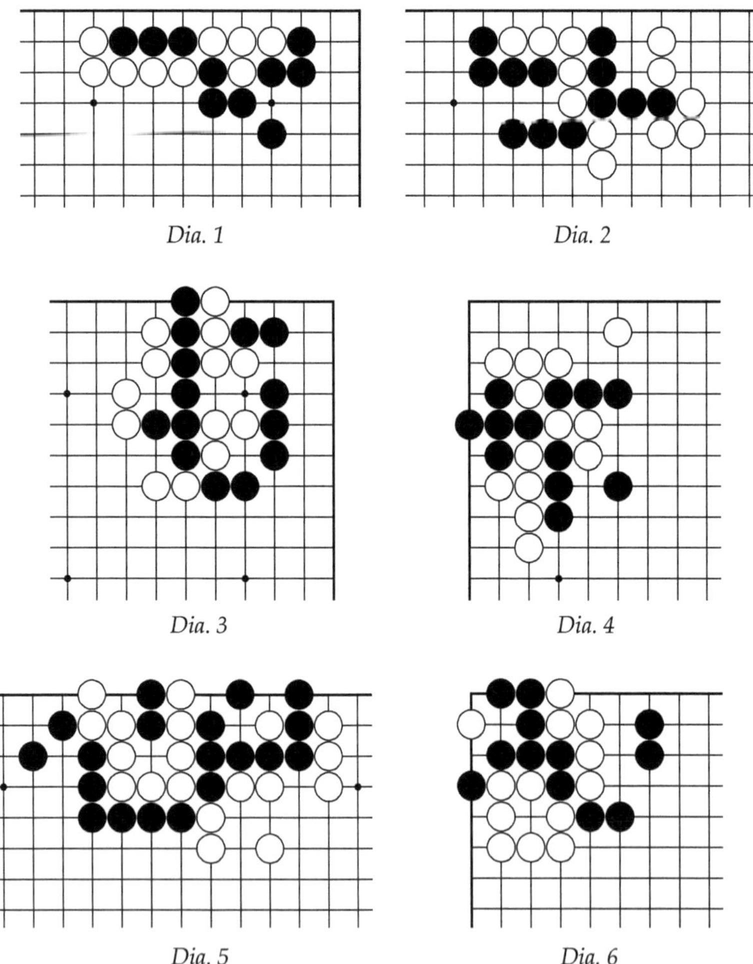

*Dia. 1*

*Dia. 2*

*Dia. 3*

*Dia. 4*

*Dia. 5*

*Dia. 6*

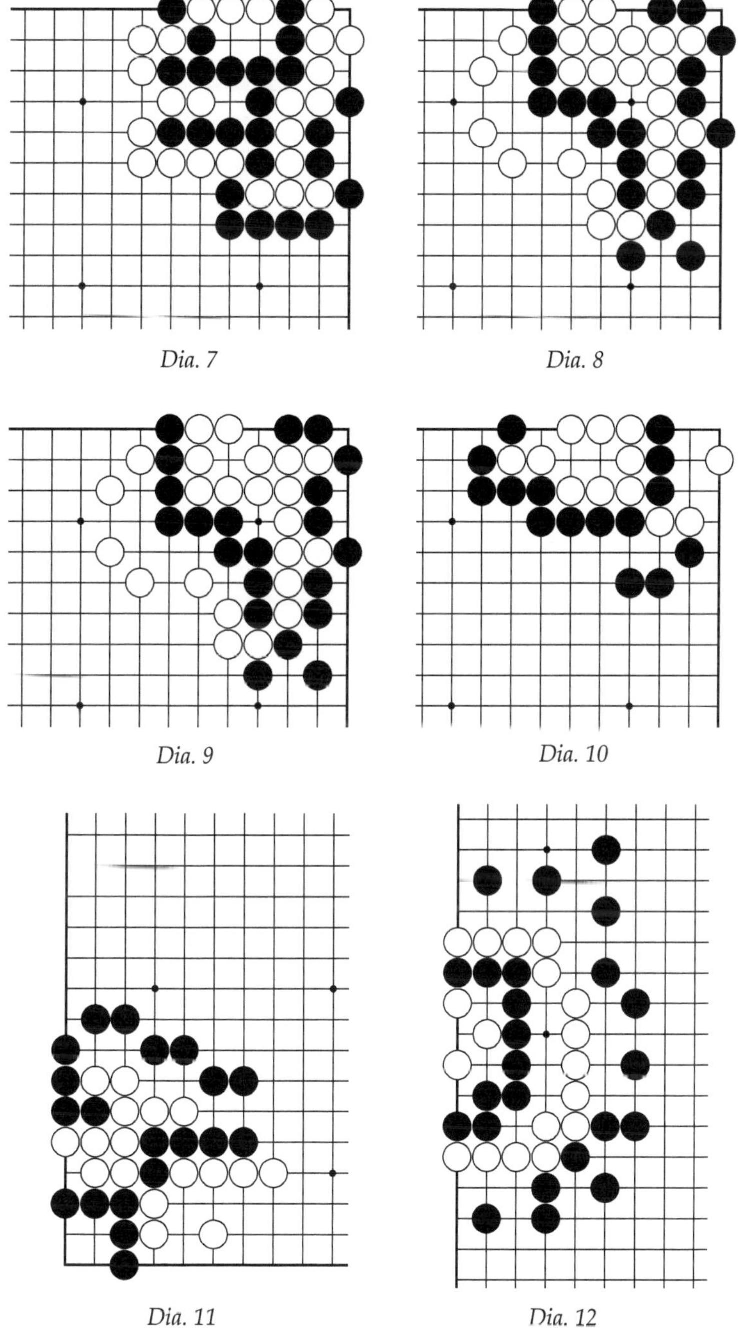

Dia. 7

Dia. 8

Dia. 9

Dia. 10

Dia. 11

Dia. 12

## Lösungen

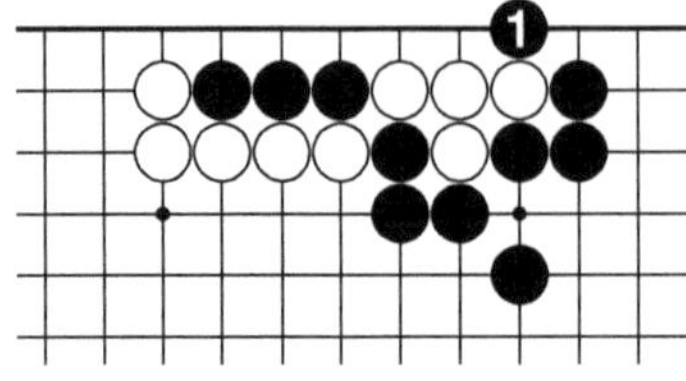

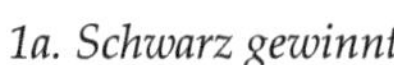

*1a. Schwarz gewinnt*

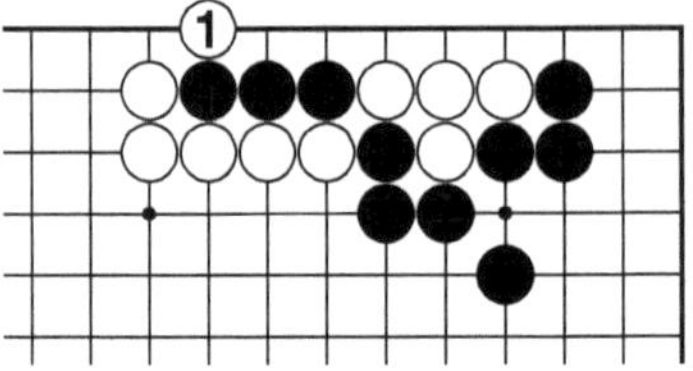

*1b. Weiß gewinnt*

### Lösung 1

Schwarz und Weiß haben beide drei Freiheiten. Wer am Zug ist, gewinnt. Spielt Schwarz zuerst, so kann er die vier weißen Steine fangen. Spielt Weiß zuerst, so kann er die drei schwarzen Steine fangen.

So lange es einfach ums Zählen geht, sind die Freiheiten alle gleichwertig und können deshalb in beliebiger Reihenfolge besetzt werden. In einer Partie hingegen ist es am besten, von außen zu spielen (also von den lebenden Steinen her). Denn falls Ihr Gegner in dieser lokalen Position eine Ko-Drohung spielt, Sie sich für das Ko entscheiden und statt einer Antwort auf die Ko-Drohung den Wettlauf verloren geben, so können Sie den Verlust klein halten.

### Lösung 2

Schwarz und Weiß haben beide vier Freiheiten. Wer am Zug ist, gewinnt.

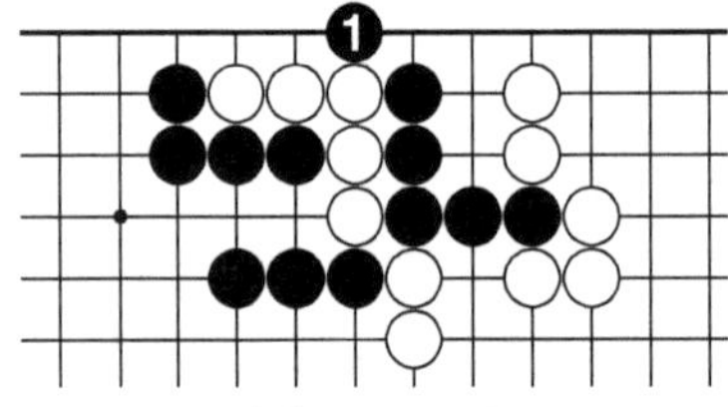

*2a. Schwarz gewinnt*

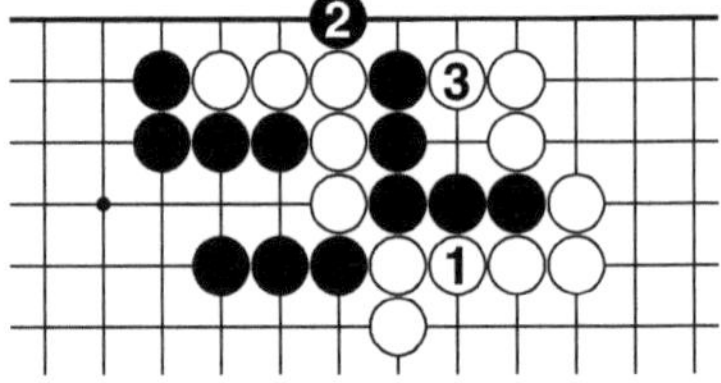

*2b. Weiß gewinnt*

### Lösung 3

Schwarz und Weiß haben beide drei Freiheiten. Wer am Zug ist, gewinnt. Die weiße Bambusverbindung zählt null Freiheiten: Schwarz kann in Vorhand hineinstoßen und Weiß muss verbinden.

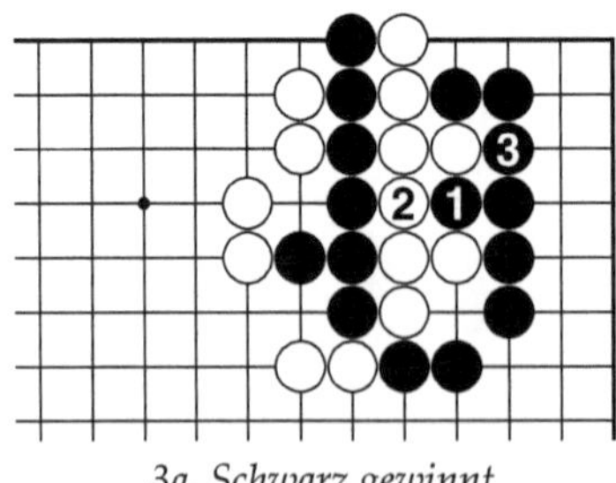

*3a. Schwarz gewinnt*

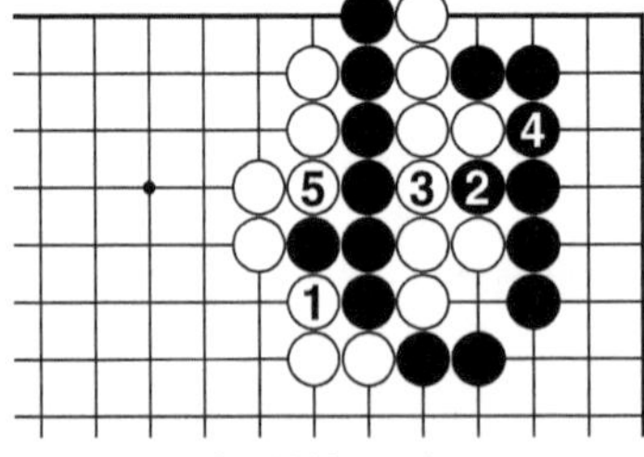

*3b. Weiß gewinnt*

**Lösung 4**

Der Kampf ist unentschieden. Wer am Zug ist, gewinnt. Weiß hat drei Freiheiten. Schwarz hat zwei physische Freiheiten, doch wenn Weiß eine von ihnen besetzt, ist er selbst in Atari. Weiß muss also zuerst einen Annäherungszug spielen. Das vermehrt die schwarzen Freiheiten auf drei.

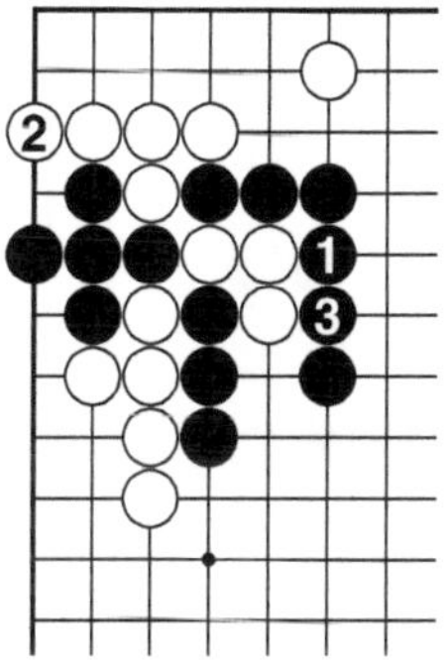

*4a. Schwarz gewinnt*

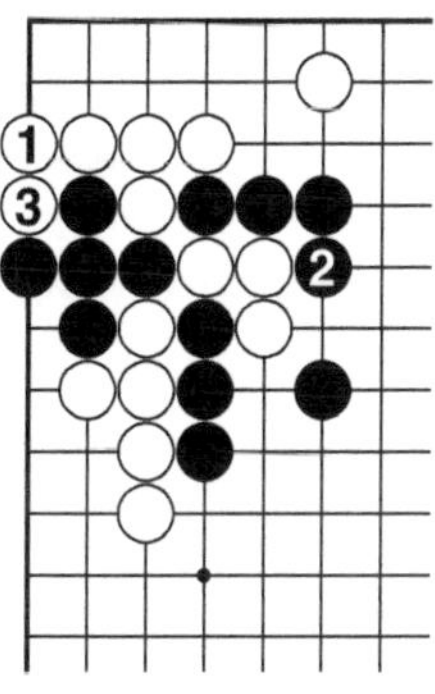

*4b. Weiß gewinnt*

**Lösung 5**

Die Stellung ist entschieden. Schwarz ist tot. Beide Seiten sollten fernbleiben. Weiß ist der Favorit, weil er ein Großes (Vier-Punkt-) Auge hat, Schwarz hingegen nur ein Kleines (Drei-Punkt-)Auge. Deshalb zählt Weiß die Innenfreiheit für sich und Schwarz nicht. Weiß hat eine Außenfreiheit, drei Freiheiten in seinem Auge (5–2) und eine Innenfreiheit, macht zusammen fünf. Nachdem Weiß fünf zu vier vorn liegt, ist Schwarz bedingungslos tot. Selbst wenn Schwarz am Zug ist, gewinnt Weiß.

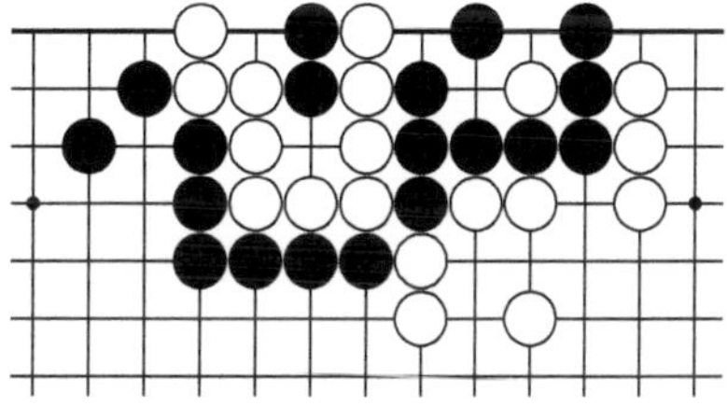

*5. Schwarz verliert*

**Lösung 6**

Weiß hat vier Freiheiten. Etwas schwerer zu sehen ist die Tatsache, dass die schwarzen Steine ebenfalls vier Freiheiten haben. Weiß muss den Stein auf der ersten Linie schlagen, damit er beim Zusetzen der schwarzen Freiheiten nicht selbst in Atari gerät. Der Kampf ist unentschieden. Wer am Zug ist, gewinnt.

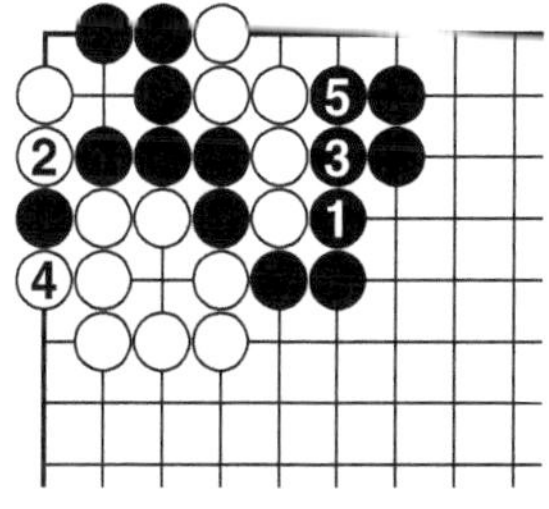

*6a. Schwarz gewinnt*

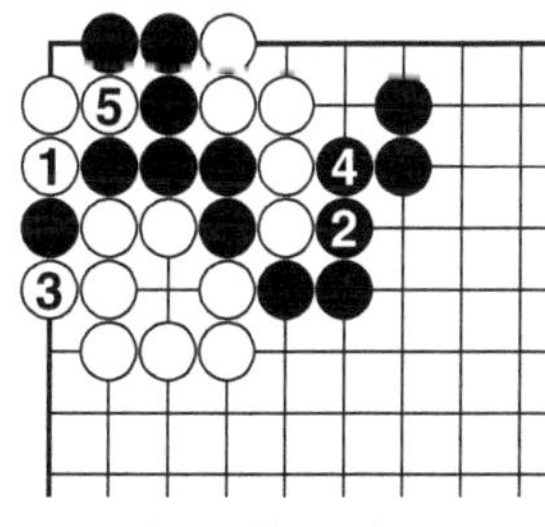

*6b. Weiß gewinnt*

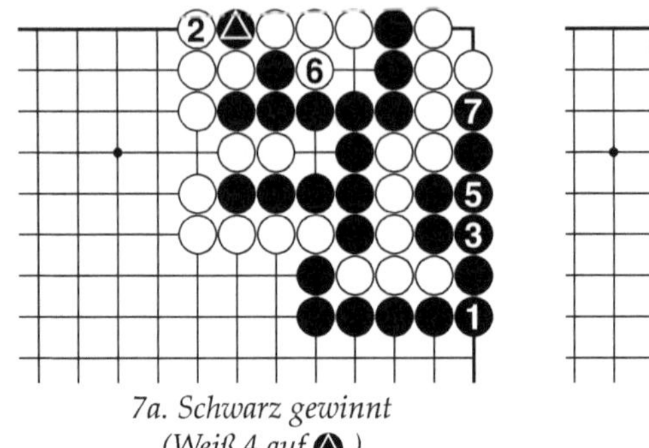


*7a. Schwarz gewinnt*
*(Weiß 4 auf ▲ )*

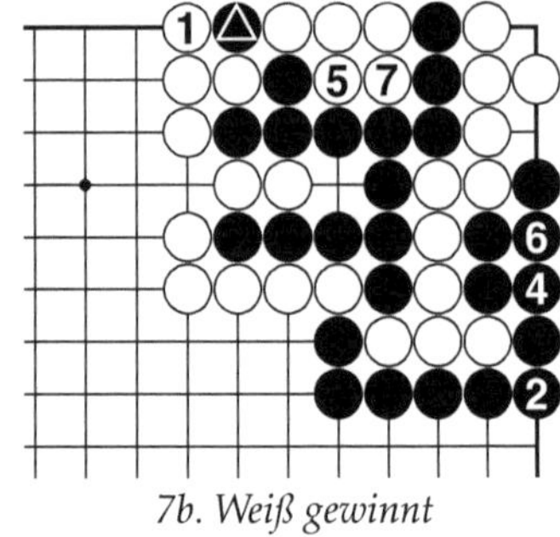


*7b. Weiß gewinnt*
*(Weiß 3 auf ▲ )*

**Lösung 7**

Schwarz hat fünf Freiheiten. Weiß muss den Stein auf der ersten Linie schlagen und anschließend entweder dort oder auf der vierten Linie verbinden, um nicht selbst in Atari zu geraten. Schwarz muss zunächst drei mal verbinden, bevor er die physischen Freiheiten von Weiß besetzen kann, und Weiß hat somit ebenfalls fünf Freiheiten. Dieser Kampf ist unentschieden: Wer am Zug ist, gewinnt.

**Lösung 8**

Weiß hat keine Chance, Schwarz 2 ist bereits Atari. Weiß hatte in Problem 8 nur zwei Freiheiten. Der Kampf ist entschieden: Weiß ist tot.

**Lösung 9**

Diesmal hat Weiß ein Auge. Dadurch ist Schwarz gezwungen, vier Annäherungszüge (Verbindungen auf der ersten Linie) zu machen. Außerdem zählt die Freiheit auf dem Hoshi exklusiv für Weiß. Wir zählen sieben Freiheiten für Weiß und sechs für Schwarz. Selbst wenn Schwarz am Zug ist, stirbt er. Der Kampf ist entschieden: Schwarz ist tot. Ist Schwarz am Zug, dann sollte er fernbleiben. Das gilt genau so für Weiß.

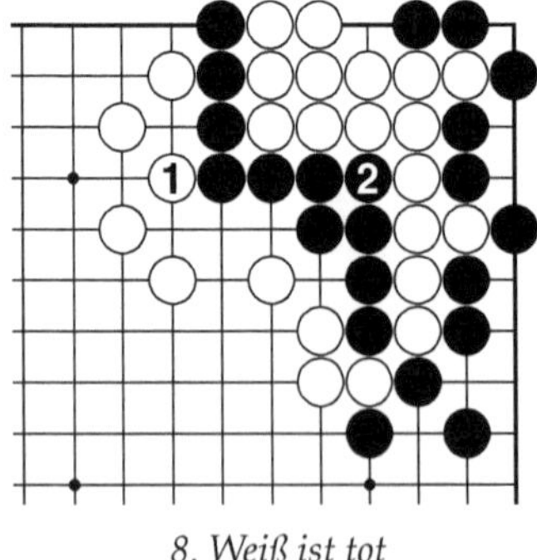


*8. Weiß ist tot*

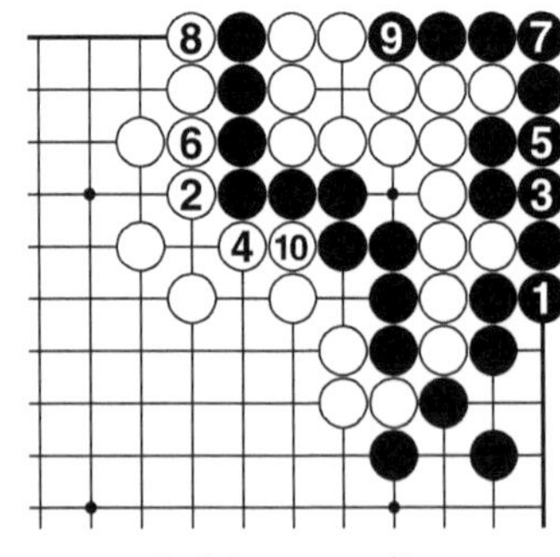


*9. Schwarz verliert*

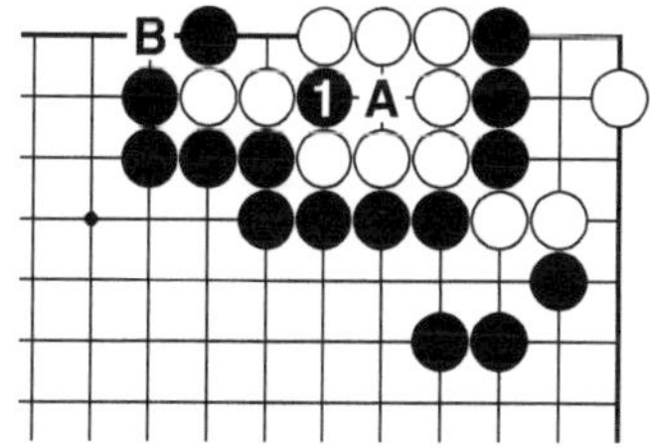

*10a. Schwarz gewinnt*

*10b. Fehler*

**Lösung 10**

Schwarz hat drei Freiheiten. Er muss die sieben weißen Steine mit drei Zügen fangen, um seine drei Steine in der Ecke zu retten. Mit 1 in Diagramm 10a besetzt Schwarz eine Freiheit und droht, zwei Steine zu schlagen, falls Weiß eine schwarze Freiheit in der Ecke besetzt. Falls Weiß aber auf A antwortet, geht Schwarz mit B im Wettlauf in Führung.

Diagramm 10b zeigt einen Fehler: Sich hier auf 1 anzunähern, ist zu langsam. Schwarz benötigt noch immer drei Züge, um die wichtigen weißen Steine zu fangen. Weiß ignoriert Schwarz 3, weil es nur Atari auf zwei unbedeutende Steine ist und nicht auf die Schnittsteine. Weiß 4 fängt die drei schwarzen Steine in der Ecke.

Diagramm 10c: Die Stellung ist unentschieden. Ist Weiß am Zug ist, so gewinnt er.

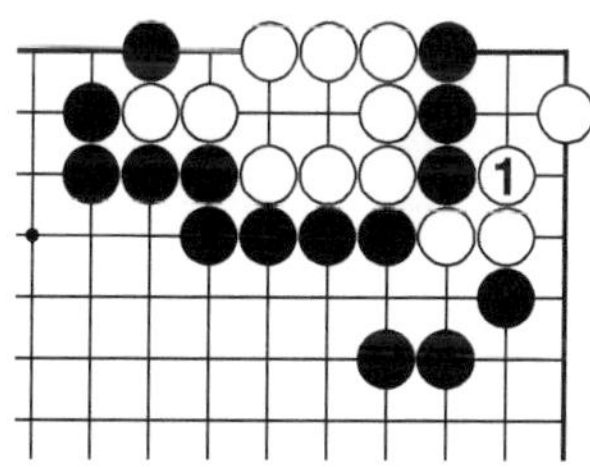

*10c. Weiß gewinnt*

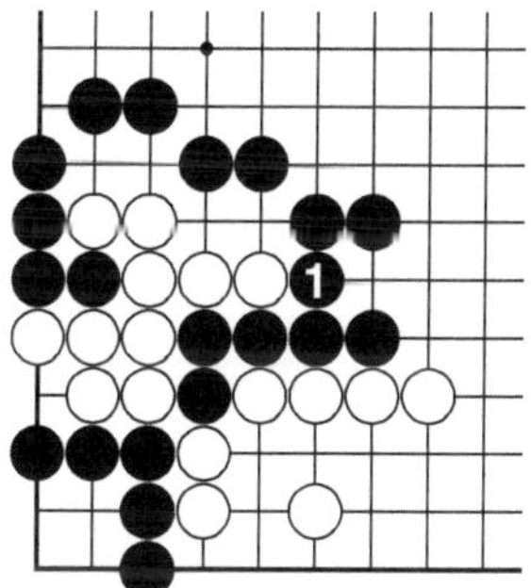

*11a. Schwarz gewinnt*

**Lösung 11**

Weiß hat fünf Freiheiten. Die Innenfreiheit zählt für Schwarz, da er ein Auge besitzt. Schwarz hat eine Außenfreiheit. Für gewöhnlich hat ein Vier-Punkt-Auge fünf Freiheiten, doch dies ist ein Schwaches Auge, da beide 2-1-Punkte unbesetzt sind. Es ist nur drei Freiheiten wert. Nach Freiheiten steht es fünf zu fünf. Die Stellung ist unentschieden.

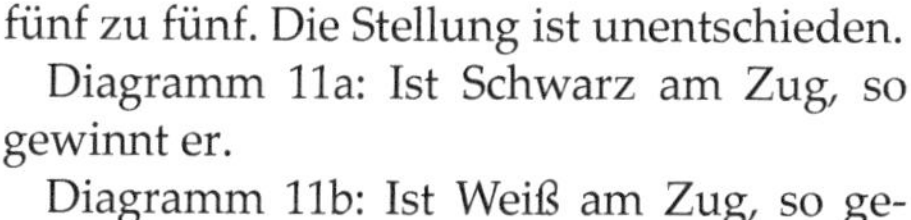

Diagramm 11a: Ist Schwarz am Zug, so gewinnt er.

Diagramm 11b: Ist Weiß am Zug, so gewinnt er um eine Freiheit. Mit Schwarz 4 ins eigene Auge zu setzen, würde Freiheiten kosten.

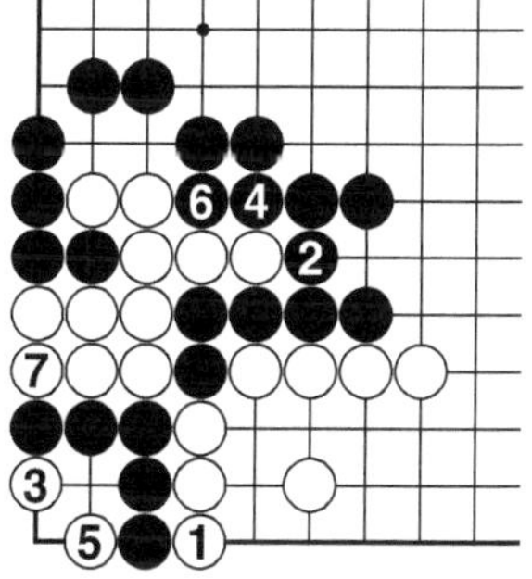

*11b. Weiß gewinnt*

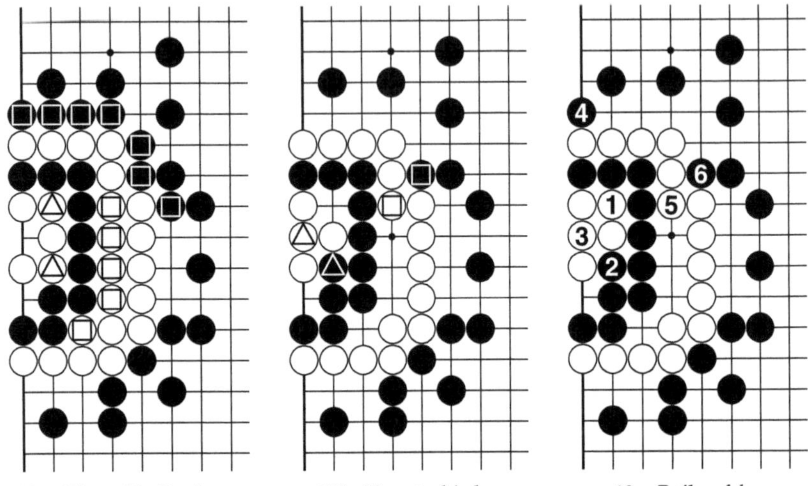


*12a. Die weiße Drohung* *12b. Unentschieden* *12c. Reihenfolge*

**Lösung 12**

Diagramm 12a: Weiß droht, im Inneren des schwarzen Augenraums selbst ein Auge zu bauen. Wenn wir für jede Seite sieben Züge ergänzen (markiert), dann sehen wir, dass Schwarz zurückliegt. Somit muss Schwarz etwas gegen diesen Plan unternehmen. Beachten Sie, dass Weiß erst die Innenfreiheiten besetzen muss, bevor er die mit △ markierten Steine ins schwarze Auge setzen kann, weil Schwarz durch das Schlagen der fünf weißen Steine eine lebendige Augenform erhält.

Diagramm 12b: Um das Abzählen zu vereinfachen, nehmen wir an, dass Schwarz mit ▲ einen Stein in sein eigenes Auge setzen wird, womit er es zu einem Sechs-Punkt-Auge verkleinert. Weiß wird auf △ verbinden müssen, damit er fortfahren kann, den Augenraum aufzufüllen. Alle Innenfreiheiten gehören Schwarz, so dass wir auch den Austausch ■ gegen □ annehmen können. Jetzt ist die Stellung leicht auszuzählen, es steht zwölf zu zwölf. Wer am Zug ist, gewinnt.

Diagramm 12c: Sie müssen bei der Reihenfolge der Züge ein wenig Acht geben. Weiß 1 besetzt einen der vitalen Punkte, doch das ist nicht sofort notwendig. Mit 1 auf 5 eine Innenfreiheit zu besetzen, ist genauso gut, und falls Schwarz mit einem Zug auf 1 oder 2 ins eigene Auge antwortet, dann verbindet Weiß einfach auf 3. Unmittelbar nach Weiß 1 muss Schwarz noch nicht auf 2 spielen, aber er muss es tun, bevor ihm die Innenfreiheiten ausgehen. Deshalb ist diese Zugreihenfolge die einfachste für die Betrachtung.

Hebt Schwarz diesen Zug jedoch für später auf, dann bietet er Weiß die Gelegenheit, einen Fehler zu machen, indem er dort zu früh setzt.

Würde Weiß mit 1 auf 3 spielen, bevor Schwarz ins eigene Auge gesetzt hat, so wäre das ein furchtbarer Fehler. Danach ist es für Weiß unmöglich, Schwarz zu töten. Lokal ist der Augenraum Seki, aber die weißen Steine außen herum sterben.

# 4. Wettläufe mit Ko

In diesem Kapitel werden wir Wettläufe betrachten, die ein Ko einbeziehen. Die Diskussion baut auf den Grundlagen auf, die in Kapitel 1 dargestellt wurden, daher sollten Sie diese gut verstanden haben, bevor Sie dieses Kapitel beginnen. Wenn Sie möchten, können Sie auch dieses Kapitel vorerst überspringen und später zurückkommen.

Schwächere Spieler fürchten sich oft vor Ko und gehen davon aus, einen Ko-Kampf gegen einen stärkeren Gegner zu verlieren. Doch das ist eine sehr negative Einstellung, so werden Sie nicht stärker werden. Wenn Sie die einfachen Prinzipien in diesem Kapitel verstanden haben, dann sollte es so weit sein, dass Ihre Ko-Kämpfe erfolgreicher ablaufen, und Sie werden rasch Fortschritte machen.

Mit ein wenig Verständnis und Selbstvertrauen werden Sie außerdem beginnen, an Ko-Kämpfen Spaß zu haben. Sie machen das Spiel wirklich interessanter. Die Furcht entsteht aus Unkenntnis. Erkenntnisse werden Ihnen helfen, die Furcht abzulegen.

Dieses Buch erhebt nicht den Anspruch, das gesamte Thema Ko abzuhandeln. Wir werden nicht den Wert eines Ko-Kampfes betrachten, und auch nicht die Größe oder die Reihenfolge von Ko-Drohungen. Wenn Sie in einer Partie ein Ko auskämpfen, dann sollten Sie froh sein es zu verlieren, falls Sie eine hinreichend große Ko-Drohung gespielt haben, die ignoriert wird. Das sollte einen vernünftigen Tausch zur Folge haben. Falls Ihre Ko-Drohung nicht die ausreichende Größe hat, dann könnten Sie in der Bilanz ein wenig einbüßen. Hier interessieren wir uns lediglich vom lokalen Standpunkt für den Ko-Kampf, indem wir die Freiheiten des Wettlaufs abzählen und beurteilen, ob die Stellung entschieden oder unentschieden ist, und wenn das Ergebnis Ko ist, um welche Art Ko es sich handelt.

Einige der hier gezeigten Zugfolgen weichen von der Reihenfolge ab, die in Partien korrekt wäre. Sie sollen das Abzählen der Freiheiten und die Feststellung des Ergebnisses erleichtern. An den entsprechenden Stellen wird später nochmals an diesen Umstand erinnert.

Das Thema Ko ist nicht einfach, aber wir werden uns ihm nähern, indem wir zahlreiche einfache Beispiele untersuchen – zwar nicht jede mögliche Kombination, aber ausreichend viele, um einige Grundprinzipien und Richtlinien abzuleiten, damit wir den jeweiligen Status grob einschätzen können.

Wir werden die verschiedenen Typen von Kämpfen betrachten, die in Kapitel 1 aufgeführt sind, allerdings in leicht veränderter Reihenfolge (1, 2, 3, 6, 4, 5). Zum Glück verhalten sich einige von ihnen in recht ähnlicher Weise. Wettläufe, die ein Ko einbeziehen, können eingeteilt werden in solche mit einem Ko um Außenfreiheiten einer Seite und solche mit einem Ko um Innenfreiheiten.

## Typ 1 mit Ko um eine Außenfreiheit

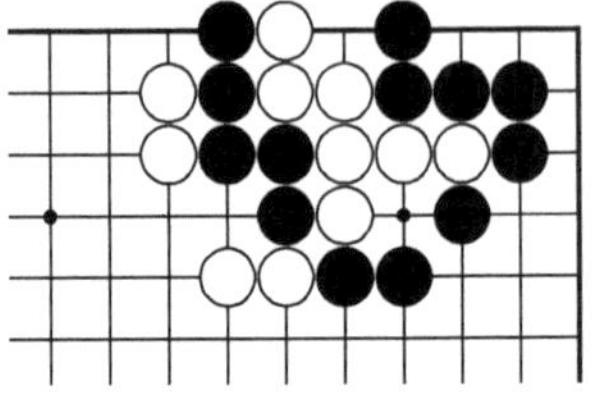
*Dia. 1*

Diagramm 1 zeigt einen einfachen Kampf vom Typ 1 zu Vergleichszwecken. Wettläufe dieses Typs haben wir eingehend in Kapitel 1 untersucht. Es gibt keine Innenfreiheiten. Beide Seiten haben gleich viele Außenfreiheiten. Wer am Zug ist, gewinnt bedingungslos. Ein Seki kann nicht eintreten.

Diagramm 2 ist recht ähnlich, aber nun gibt es ein Ko um eine weiße Außenfreiheit. Schwarz hat noch immer zwei Außenfreiheiten und Weiß hat zwei physische Freiheiten: eine ganze und eine in Ko. Nun, welche Auswirkung hat das Ko auf die Freiheitenzahl?

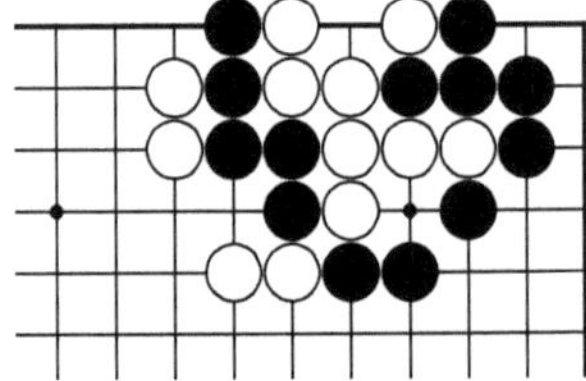
*Dia. 2*

Ist Weiß am Zug wie in Diagramm 3, so gewinnt er bedingungslos. Das ist genau wie in Diagramm 1.

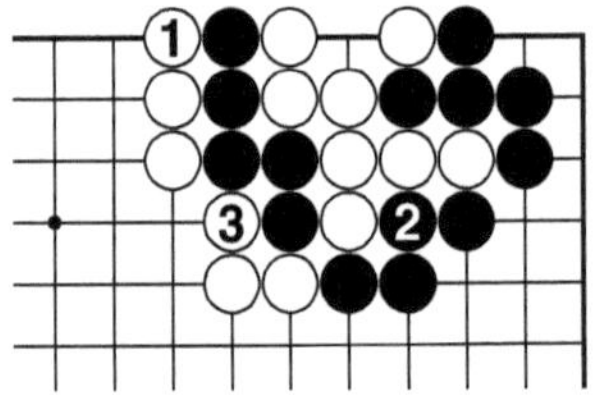
*Dia. 3*

Ist Schwarz am Zug wie in Diagramm 4, so schlägt sein Zug Schwarz 3 nicht nur den Ko-Stein, sondern gleich auch die sieben anderen weißen Steine, damit gewinnt er bedingungslos. Es ist nicht nötig, sich auf einen Ko-Kampf einzulassen. Eigentlich ist das Ko lediglich eine Illusion in diesem Sonderfall, der im Grunde genau gleich verläuft wie Diagramm 1.

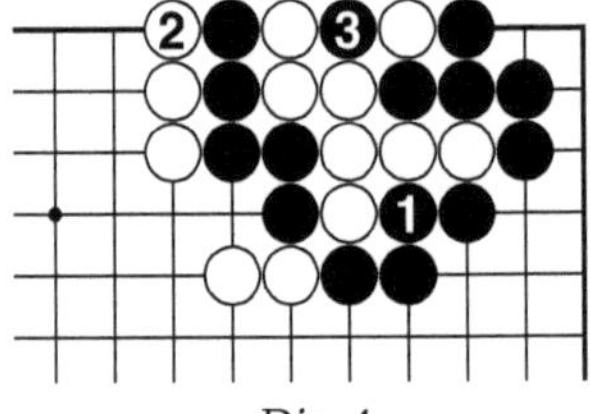
*Dia. 4*

In einem einfachen Kampf vom Typ 1 mit Ko ist das Ko völlig bedeutungslos, weil Annäherung und Atari von der entgegengesetzten Seite möglich sind.

**In einem Kampf vom Typ 1 (ohne Innenfreiheiten) mit einem Ko um eine Außenfreiheit zählt man das Ko einfach als eine Freiheit.**

Nun, das war nicht schwer, aber darum heißen die Kämpfe vom Typ 1 ja auch „Einfache Kämpfe“.

## Typ 1a mit Ko um eine Außenfreiheit

Beim Kampf vom Typ 1a kommt erstmals eine Innenfreiheit vor, sehen wir uns das also einmal an. Zunächst betrachten wir Diagramm 5 zum Vergleich.

Hier haben Schwarz und Weiß gleich viele Außenfreiheiten, und es gibt eine

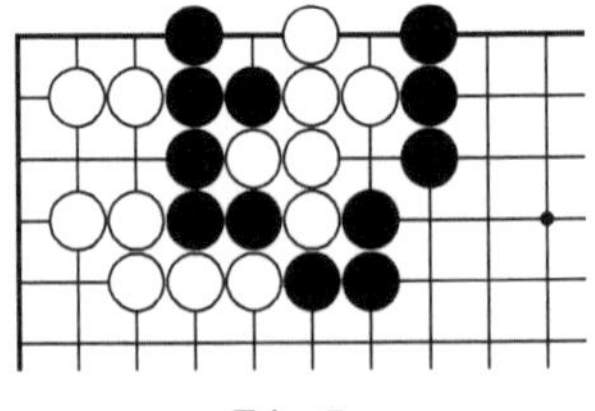
*Dia. 5*

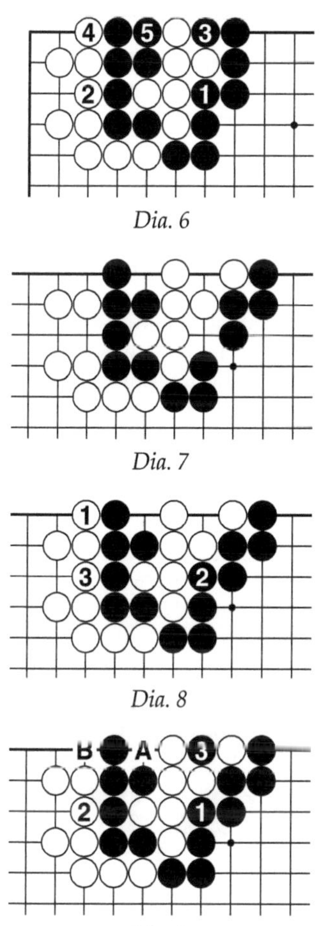

*Dia. 6*

*Dia. 7*

*Dia. 8*

*Dia. 9*

Innenfreiheit. Sie zählt für beide Seiten, und es steht drei zu drei. Wer am Zug ist, gewinnt bedingungslos, ein Seki kann nicht eintreten. Die einzige Schwierigkeit: Sie müssen daran denken, die Außenfreiheiten zuerst zu besetzen und die Innenfreiheit bis zum Schluss aufzuheben.

Wenn beispielsweise Schwarz in Diagramm 6 am Zug ist, dann muss er mit den Außenfreiheiten (1 und 3) beginnen. Danach schlägt Schwarz die weißen Steine in Nachhand, und Weiß bekommt Vorhand für seinen Zug 6 an anderer Stelle. Würde Schwarz mit dem Besetzen der Innenfreiheit beginnen, dann würde er nicht nur Weiß, sondern auch sich selbst eine Freiheit wegnehmen. Im Ergebnis gewinnt dann Weiß.

Wenn es nun also ein Ko um eine Außenfreiheit gibt, ist die Lage dann die gleiche? Schauen Sie sich Diagramm 7 an.

Ist Weiß am Zug (Diagramm 8), so gewinnt er bedingungslos. Das ist genau so wie in der Stellung ohne Ko, jedoch…

Ist Schwarz am Zug (Diagramm 9), so ist das Ergebnis nicht dasselbe wie in Diagramm 6. Nach Weiß 2 wäre Schwarz 3 auf A Selbstmord, und so schlägt er stattdessen das Ko und setzt so Weiß in Atari. Falls Weiß fortfährt, mit 4 auf B die schwarzen Freiheiten zu besetzen, so kann Schwarz die weißen Steine schlagen, indem er die letzte Freiheit auf A nimmt. Wenn Schwarz das Ko mit 3 schlägt, kann Weiß natürlich nicht sofort mit 4 zurückschlagen.

Doch wenn er wie in Diagramm 10 eine Ko-Drohung spielt und Schwarz antwortet, dann kann er das Ko zurückschlagen. So bekommt er zwei Freiheiten gegen die zwei schwarzen Freiheiten und droht somit, durch einen Zug auf A zu gewinnen. Vergleichen Sie dieses Situation mit Diagramm 11, in dem

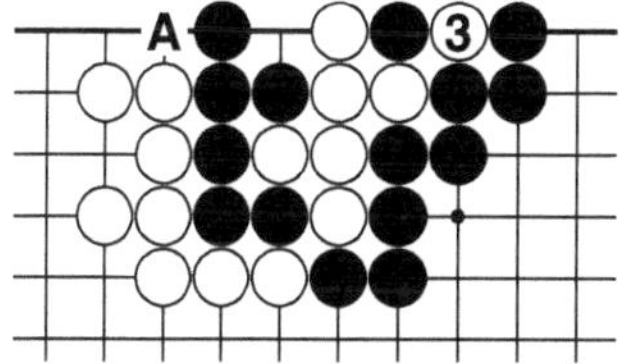

*Dia. 10: 1 Ko-Drohung, 2 Antwort*

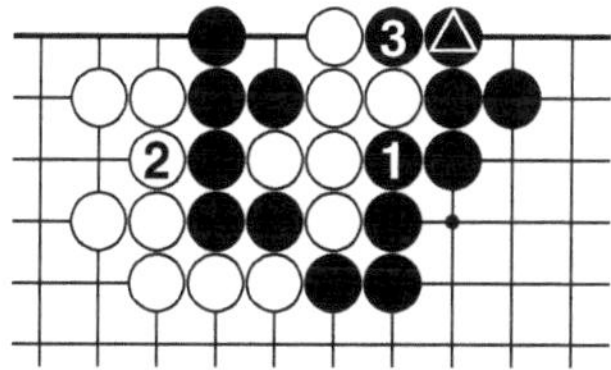

*Dia. 11: 4, 5 tenuki*

Schwarz solide mit dem markierten Stein zum Rand gestreckt hat, wodurch ein Kampf vom Typ 1a ohne Ko entsteht. In diesem Fall machen Tenukizüge mit 4 und 5 für den Wettlauf keinen Unterschied. Weiß hat keine lokale Fortsetzung und wird bedingungslos gefangen.

Der Wettlauf in Diagramm 7 ist nicht symmetrisch: Ist Weiß am Zug, so gewinnt er bedingungslos, mit Schwarz am Zug ist das Ergebnis Ko. Somit ist das Ko günstig für Weiß.

Wir können diesen Vorteil durch die Formulierung zum Ausdruck bringen, Schwarz habe in Diagramm 7 drei Freiheiten und Weiß habe „drei plus" (3+) Freiheiten. Weiß ist keine ganze Freiheit voraus: Stünde es drei zu vier, dann wäre Schwarz bedingungslos tot. Aber drei zu drei steht es in dieser Situation auch nicht. Das Ko ist für Weiß zwischen einer und zwei Freiheiten wert. Sagen wir, dass das Ko Schwarz zwingt, einen „halben" Annäherungszug zu machen.

Ebenso wichtig ist es, das Endergebnis des Wettlaufs zu betrachten. In Diagramm 5 (ein Kampf ohne Ko) haben beide drei Freiheiten. Ist Schwarz am Zug (Diagramm 6), so fängt er die weißen Steine in Nachhand, und Weiß hat Vorhand, um woanders weiterzuspielen. Schwarz investiert lokal einen Zug mehr als Weiß.

In einer Partie sollte man einen Kampf nicht ausspielen, bis eine Seite die gegnerischen Steine vom Brett nimmt. Sobald der Status entschieden ist, sollte der Verlierer fernbleiben, um das Potenzial zu bewahren. Nachdem Schwarz also in Diagramm 6 auf 1 gespielt hat, sollte Weiß eigentlich mit 2 woanders spielen. Die Züge in Diagramm 6 sind nur zum Abzählen abgebildet, sie zeigen keine Partiezüge.

Im Diagramm 7 hat Schwarz drei Freiheiten gegenüber drei plus von Weiß, kann aber gewinnen, wenn er am Zug ist und dann mit 5 in Diagramm 12 eine weiße Ko-Drohung ignoriert. Schwarz investiert dann lokal zwei Züge mehr als Weiß. Weiß bekommt zwei Züge (4 und 6) an anderer Stelle, etwa eine Ko-Drohung und ihre Fortsetzung.

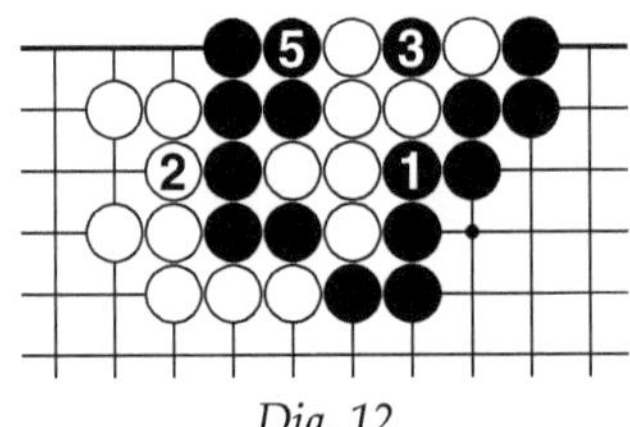


*Dia. 12*
*Weiß 4: Ko-Drohung*

Falls Schwarz im lokalen Kampf eine Freiheit zurückliegt, so bekommt er durch das Ko eine Möglichkeit aufzuholen, allerdings um den Preis, dass er an anderer Stelle einen Zug in Rückstand gerät. Genauso könnte Weiß den Wettlauf gewinnen, indem er eine Ko-Drohung spielt, die von Schwarz beantwortet wird, dann das Ko zurückschlägt und anschließend die schwarze Ko-Drohung ignoriert. In diesem Fall gewinnt Weiß den Wettlauf in Nachhand, und Schwarz bekommt zwei Züge an anderer Stelle. Obwohl wir das „Plus" verwenden, wenn wir die Freiheiten abzählen, um den Status des Kampfes zu ermitteln, so muss sich diese „halbe" Freiheit doch irgendwann in einem „ganzen" Zug materialisieren.

**Um ein direktes Ko zu gewinnen, müssen Sie Ihrem Gegner einen zusätzlichen Zug an anderer Stelle gewähren, zusätzlich zur Vorhand.**

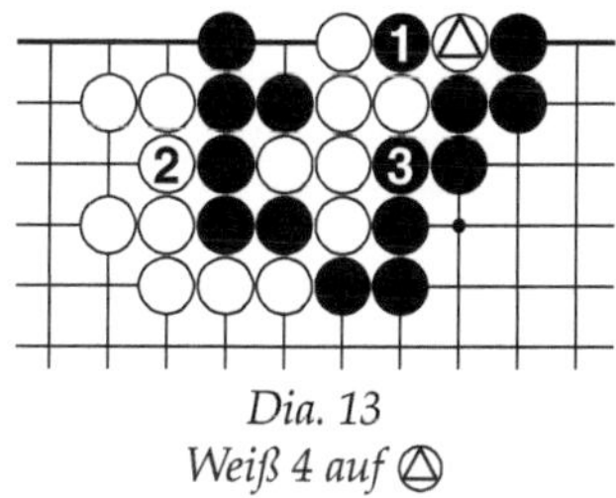


*Dia. 13*
*Weiß 4 auf* △

Die Zugfolge in Diagramm 9 ist die richtige. Es ist wichtig, das Ko bis zum Schluss aufzuheben. Schlägt Schwarz mit 1 in Diagramm 13 das Ko zuerst, so schlägt es Weiß mit 4 zurück, nachdem Schwarz die Weißen mit 3 in Atari gesetzt hat. Nun muss Schwarz eine Ko-Drohung spielen, bevor er das Ko zurückschlagen kann.

Das Ergebnis in Diagramm 9 und in Diagramm 13 ist gleichermaßen Ko, doch es ist besser für Schwarz, das Ko bis zum Schluss stehen zu lassen, damit Weiß die erste Ko-Drohung spielen muss. Stellen Sie sich vor, dass der Wettlauf viele Steine umfasst und keine Seite über große Ko-Drohungen verfügt. In diesem Fall würde Schwarz in Diagramm 9 gewinnen, indem er die weiße Ko-Drohung ignoriert. Und in Diagramm 13 würde Schwarz verlieren, obwohl er am Zug ist, weil er die erste Ko-Drohung spielen muss und Weiß die Möglichkeit hat, sie zu ignorieren und den Wettlauf zu gewinnen.

**Heben Sie das Ko bis zum Schluss auf.**

Ein Ko, bei dem Sie als Erster schlagen und alle gegnerischen Steine in Atari setzen, so dass Ihr Gegner die erste Ko-Drohung spielen muss, ist besser für Sie als der umgekehrte Fall (Ihr Gegner schlägt als Erster und Sie müssen eine Ko-Drohung spielen).

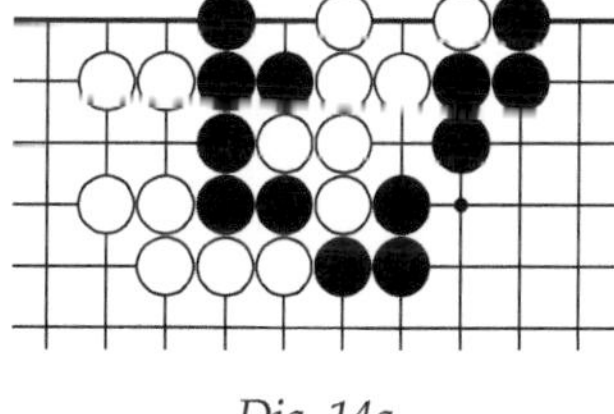

*Dia. 14a*

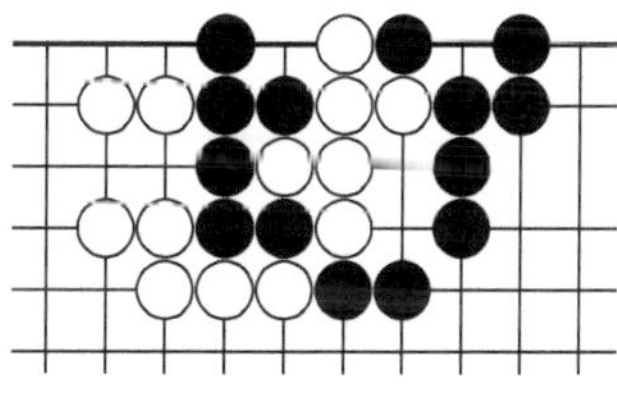

*Dia. 14b*

Vergleichen Sie diese beiden Positionen in Diagramm 14a und 14b. Die schwarze Gruppe ist dieselbe, auch hat Weiß in beiden Fällen drei physische Freiheiten, doch der Ko-Status ist ein anderer. In Diagramm 14b hat Weiß eine „ganze" Freiheit mehr, doch das Ko steht anders herum. Ist Weiß am Zug, so gewinnt er in beiden Fällen bedingungslos. Weiß benötigt nur drei Züge, um die schwarzen Steine zu fangen, und Schwarz liegt im Wettlauf zurück.

Wenn allerdings Schwarz am Zug ist, dann führt Diagramm 14a zu einem Ko, das Schwarz als Erster schlägt, während Diagramm 14b zu einem Ko führt, das Weiß als Erster schlägt.

Aus der Sicht von Schwarz ist Diagramm 14a günstiger als Diagramm 14b. Schwarz besitzt in beiden Fällen gleich viele Freiheiten, aber Weiß hat in Diagramm 14b effektiv mehr als in Diagramm 14a. Wenn wir also in Diagramm 14a gesagt haben, Weiß hätte 3+ Freiheiten, dann könnten wir in Diagramm 14b sagen, Weiß hätte 3++ (oder 4–). Er hat drei ganze Freiheiten und kann fast eine ganze zusätzliche dazu gewinnen, wenn er das Ko schlägt.

- **Ein Ko, das Sie als Erster schlagen, ist für Sie günstiger, da Ihr Gegner die erste Ko-Drohung spielen muss.**
- **Ein Ko um eine Außenfreiheit zu schlagen ist weniger wert als das Besetzen einer „ganzen" Außenfreiheit.**
- **Zählen Sie „1+" Freiheiten für ein offenes Ko um eine Außenfreiheit (Diagramm 14a).**
- **Zählen Sie „1–" Freiheiten für ein geschlossenes Ko um eine Außenfreiheit (Diagramm 14b).**

Stellen Sie sich das Ko vor wie eine „halb unerreichbare" Freiheit. In einem Kampf vom Typ 1 ohne Innenfreiheiten zählt das Ko einfach nur als eine Freiheit. Wenn das Ko in Verbindung mit anderen unerreichbaren Freiheiten auftritt, wie der letzten Innenfreiheit oder der letzten Freiheit im Auge, so ist ein offenes Ko zwischen 1 und 2 Freiheiten wert, das heißt eine Freiheit und ein halber Annäherungszug. Ein geschlossenes Ko ist auch etwas wert – etwas weniger als eine Freiheit.

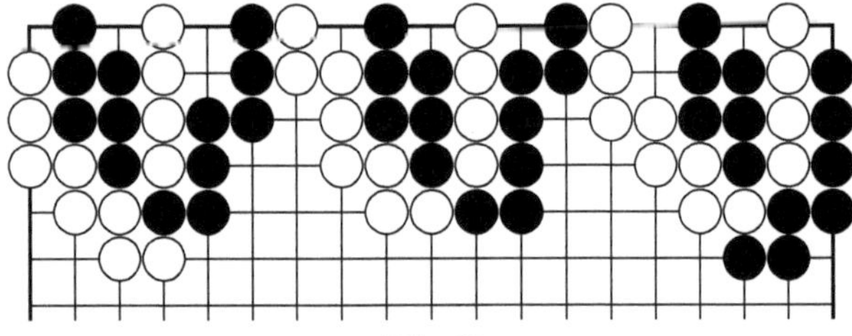

*Dia. 15*

In Diagramm 15 sehen wir drei herkömmliche Kämpfe vom Typ 1a zum Vergleich. Betrachten wir die Freiheiten aus der Sicht von Schwarz. Links steht es 2 für Schwarz zu 3 für Weiß. In der Mitte steht es 2 zu 2. Das ist unentschieden: wer am Zug ist, gewinnt. Rechts steht es 3 für Schwarz zu 2 für Weiß. Das ist entschieden: Weiß ist tot.

Den unentschiedenen Kampf in der Mitte kann Schwarz gewinnen, indem er einen Stein mehr investiert als Weiß. Wenn er am Zug ist, spielt Schwarz einmal, und Weiß bleibt fern, weil der Kampf nun entschieden ist. Rechts kann Schwarz gewinnen, indem er null Steine mehr investiert als Weiß. Anders gesagt: Schwarz muss nicht mehr spielen, um zu gewinnen, er ist bereits Sieger. Schwarz sollte fernbleiben. Wenn Weiß einen Stein setzt, dann sollte Schwarz antworten, um die Freiheitenzahl gleich zu halten.

Bei gleich vielen Freiheiten ist die Stellung unentschieden und wer am Zug ist, gewinnt. Wenn sich die Freiheitenzahl um eins verändert, dann wird aus einer unentschiedenen Stellung eine entschiedene. Hat Weiß eine Freiheit mehr oder weniger als Schwarz, so ist die Stellung entschieden: er tötet oder stirbt selbst. Wenn es kein Ko gibt, dann ist der Wettlauf wie ein Sandwich: er erlaubt eine unentschiedene Stellung zwischen zwei entschiedenen.

Mit einem Ko jedoch sieht die Sache anders aus. Die Diagramme 16–19 zeigen eine Folge von Wettläufen, in der sich die Freiheitendifferenz von Mal zu Mal verändert.

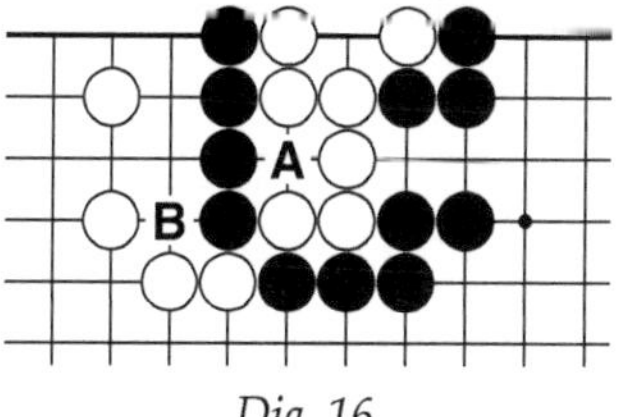

Dia. 16

Diagramm 16: Diese Stellung ist entschieden. Auch wenn Weiß am Zug ist, gewinnt Schwarz bedingungslos. Schwarz hat fünf physische Freiheiten gegenüber drei weißen (mit dem Wert 3+). Somit hat Schwarz die Zeit, die Innenfreiheit zu besetzen und ein Ko zu vermeiden. Das Besetzen der Innenfreiheit verringert allerdings auch die Freiheitenzahl von Schwarz, deshalb ist das Abzählen in diesem Fall ein wenig kompliziert. Der beste Ansatz ist, die Freiheitenzahlen stufenweise abzuschätzen und dem Ergebnis entsprechend weiter vorzugehen, wie im Folgenden beschrieben.

Ermitteln Sie zuerst den Typ des Kampfes und legen Sie fest, wer Favorit ist. In Diagramm 16 ist Schwarz der Favorit, weil er mehr Außenfreiheiten besitzt. Als Nächstes entscheiden Sie, ob es notwendig ist, das Ko zu kämpfen. Dafür gibt es zwei Möglichkeiten. Wählen Sie eine aus, die Ihnen zusagt.

1) Machen Sie im Geist den Austausch Schwarz A gegen Weiß B.

Obwohl das nicht die beste Reihenfolge darstellt, um einen Wettlauf in einer Partie zu behandeln, vereinfacht es die Freiheitenbilanz und damit die Statusbeurteilung des Wettlaufs. Ohne Innenfreiheit spielt das Ko keine Rolle, es zählt wie eine Freiheit. Nach dem Austausch A–B steht es somit 3 für Schwarz gegen 2 für Weiß. Damit ist der Kampf entschieden. Selbst wenn Weiß am Zug ist, gewinnt Schwarz bedingungslos, ohne das Ko spielen zu müssen.

2) Oder Sie zählen stattdessen zwei Freiheiten für das Ko. Nehmen Sie an, dass Schwarz es schlägt und danach deckt, während Weiß zwei schwarze Außenfreiheiten besetzt. Danach erhalten wir einen einfachen Kampf vom Typ 1a ohne Ko, der leicht auszulesen ist. Wieder kommen wir zu dem Ergebnis, dass Weiß bedingungslos tot ist.

Somit muss Schwarz zum Gewinnen in Diagramm 16 keinen Stein mehr investieren als Weiß, sondern erreicht sein Ziel, indem er fernbleibt. Falls Weiß zieht, antwortet Schwarz, um die Freiheitenbilanz ausgeglichen zu halten.

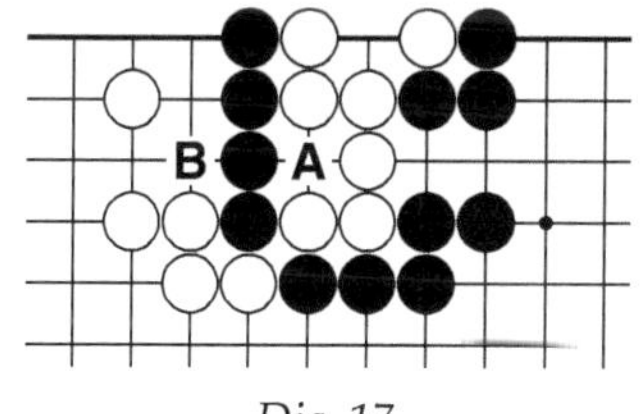

Dia. 17

Diagramm 17: Schwarz hat eine Freiheit weniger, bleibt aber Favorit, weil er über mehr Außenfreiheiten verfügt.

1) Machen Sie im Geist den Austausch Schwarz A gegen Weiß B, und zählen Sie das Ko als eine Freiheit, um das Abzählen zu vereinfachen. Das Ergebnis ist ausgeglichen, damit ist die Stellung unentschieden. Das bedeutet, dass Schwarz nur gewinnt, wenn er am Zug ist. Falls Weiß am Zug ist, verliert Schwarz: In diesem Fall wäre es keine gute Idee, die Innenfreiheit zu besetzen.

2) Oder Sie nehmen stattdessen an, dass Schwarz zwei Züge investiert, um das Ko zu schlagen und dann zu decken, während Weiß zwei schwarze Außenfreiheiten besetzt. Wir erhalten dasselbe Ergebnis: Die Stellung ist unentschieden. Wir haben also herausgefunden: Schwarz kann nur dann

bedingungslos gewinnen, wenn er am Zug ist. Ist Weiß am Zug, so muss Schwarz das Ko spielen.

Zählen wir also die Freiheiten in Diagramm 17. Ist Schwarz am Zug, so gewinnt er bedingungslos. Er hat genügend Zeit, um die Innenfreiheit zu besetzen und dann alle weißen Steine zu fangen, indem er das Ko schlägt. Am einfachsten zählt man das, indem man annimmt, dass Schwarz auf A spielt, und diese Freiheit entsprechend nicht für Schwarz gelten lässt. Somit zählt Schwarz lediglich seine drei Außenfreiheiten. Weiß hat ebenfalls drei Freiheiten, weil das Ko als nur eine Freiheit zählt, falls Schwarz die Innenfreiheit besetzt, um einen Kampf vom Typ 1 herbeizuführen. Damit haben wir drei zu drei, und Schwarz gewinnt, wenn er am Zug ist.

Ist Weiß in Diagramm 17 am Zug, so muss Schwarz das Ko spielen. Nachdem Weiß ihm eine Außenfreiheit genommen hat, verliert Schwarz den Wettlauf, falls er auf die Innenfreiheit setzt. Schwarz hat nicht genügend Freiheiten, um die Innenfreiheit vor dem Ko zu besetzen. Deshalb zählen wir in diesem Fall die Innenfreiheit für Schwarz und die Freiheit im Ko als 1+ für Weiß. Ist also Weiß am Zug, dann steht es vier für Schwarz gegen drei plus für Weiß. Schwarz hat einen leichten Vorteil, aber Weiß ist am Zug. Wenn Weiß zuerst spielt, so ergibt sich ein Ko, das Schwarz als Erster schlägt. Weiß muss die erste Ko-Drohung spielen. Um das Ko zu gewinnen, muss Schwarz lokal zwei Züge mehr spielen als Weiß, somit bekommt Weiß zwei Züge an anderer Stelle.

Diagramm 18: Die schwarzen Freiheiten wurden erneut um eine verringert. Ist die Stellung nun entschieden? Nein, noch immer nicht. Ist Schwarz am Zug, so kann er noch immer gewinnen, indem er eine Ko-Drohung ignoriert. Weiß gewinnt zwar, wenn er am Zug ist, jedoch kann er sich nicht zurücklehnen und fernbleiben. Die Freiheiten stehen drei für Schwarz gegen drei plus für Weiß. Schwarz ist leicht im Nachteil, aber die Stellung ist nicht entschieden (natürlich ist Diagramm 18 das Ergebnis, wenn Weiß in Diagramm 17 gezogen hat).

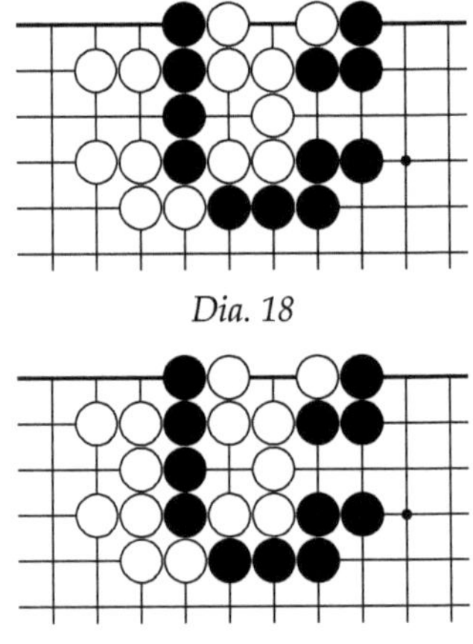
*Dia. 18*

*Dia. 19*

Diagramm 19: Jetzt erreichen wir die entschiedene Stellung am anderen Ende der Folge. Hier gewinnt Weiß bedingungslos, auch wenn Schwarz am Zug ist. Es steht zwei für Schwarz zu drei plus für Weiß. Das Ko ist bedeutungslos, Schwarz ist verloren.

Wir haben damit gesehen: Anders als beim herkömmlichen Kampf vom Typ 1a ohne Ko, der eine unentschiedene Stellung im Sandwich zwischen zwei entschiedenen erlaubt, gibt es in einem Kampf vom Typ 1a mit einem Ko um eine Außenfreiheit zwei unentschiedene Stellungen. Diesmal hat das Sandwich eine doppelte Füllung. Beide unentschiedenen Stellungen münden in ein Ko, doch das eine ist für Schwarz günstiger als das andere.

**Ein Kampf vom Typ 1a mit einem Ko um eine Außenfreiheit hat zwei unentschiedene Fälle. Somit wird die Stellung durch das Besetzen einer Freiheit nicht unbedingt entschieden.**

## Typ 1 mit Ko um eine Innenfreiheit

In Diagramm 20 haben beide zwei Außenfreiheiten, weiterhin gibt es eine Innenfreiheit in Ko, die im Moment Schwarz gehört. Das Ergebnis ist leicht auszulesen:

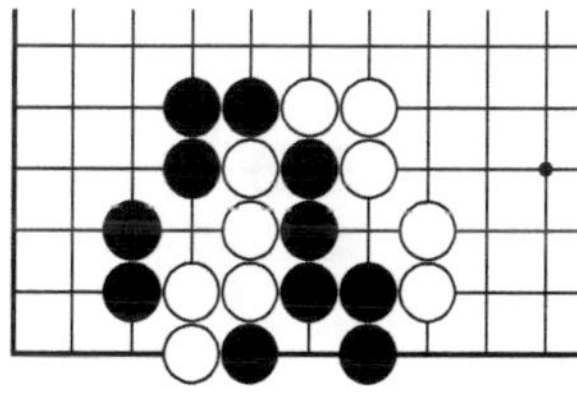

*Dia. 20*

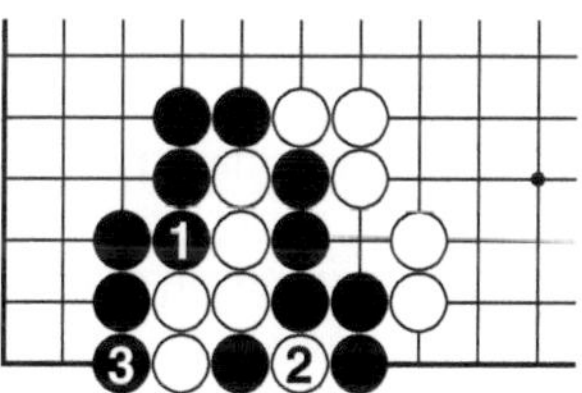


*Dia. 21*

Ist Schwarz am Zug (Diagramm 21), so gewinnt er bedingungslos. Das Ko spielt keine Rolle.

Ist Weiß am Zug (Diagramm 22), so erreicht er ein direktes Ko, das er als erster schlägt. Somit ist Diagramm 20 unentschieden.

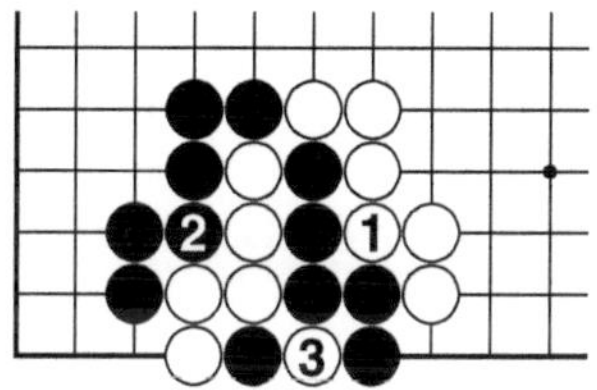


*Dia. 22*

Wer am Zug ist, gewinnt etwas. Die Stellung ist allerdings nicht symmetrisch. Wenn Schwarz am Zug ist, bekommt er ein besseres Ergebnis als Weiß am Zug.

Deshalb ist in Diagramm 20 Schwarz der Favorit. Wenn es ein Ko um eine Innenfreiheit gibt, dann gewinnen Sie durch Schlagen des Ko eine Freiheit dazu und verringern gleichzeitig die Ihres Gegners. Das ist ein Unterschied zu einem Ko um eine Außenfreiheit, von dem nur eine Seite betroffen ist. Dennoch ist Schlagen des Ko weniger wert als das Besetzen einer exklusiven Freiheit.

Wie sollen wir die Freiheiten in Diagramm 20 abzählen? Die Außenfreiheiten machen keine Probleme, aber wie zählen wir die Freiheiten in dem inneren Ko? Wir könnten Weiß einen Anteil der Freiheit für das Ko zusprechen und Schwarz einen größeren Anteil, doch das wird ziemlich kompliziert. Als einfache praktische Faustregel schlage ich vor:

**Zählen Sie „null plus" Freiheiten für ein Inneres Ko.**

Das bedeutet: Schwarz zählt zwei Außenfreiheiten plus ein bisschen für das offene Ko, also zusammen zwei plus. Weiß zählt zwei Freiheiten. Durch das für ihn günstige Ko hat Schwarz einen kleinen Vorsprung bei den Freiheiten. Doch Schwarz ist nicht um eine ganze Freiheit vorne, und deshalb ist die Stellung nicht entschieden.

**Gibt es ein Ko um eine Innenfreiheit und die Anzahl der Außenfreiheiten ist gleich, so ist es günstiger, wenn das Ko für den Gegner zum Schlagen offen ist.**

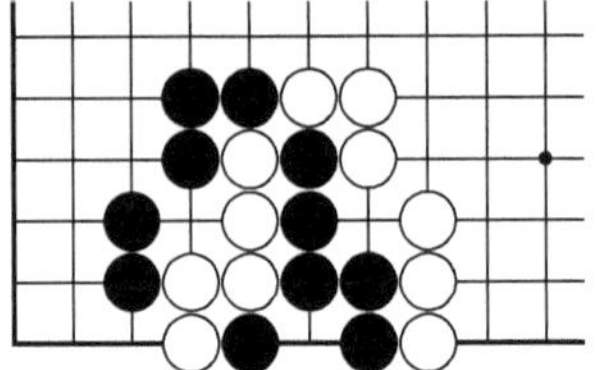

*Dia. 23*

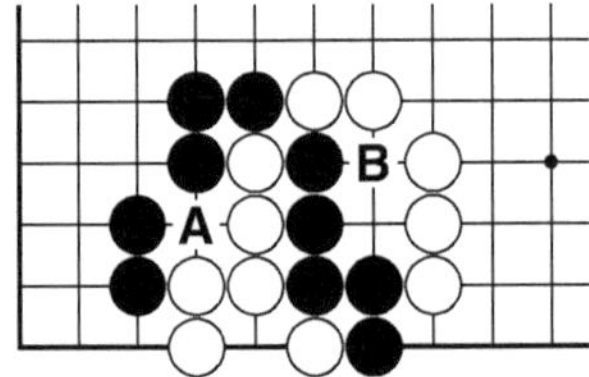


*Dia. 24*

In einem solchen Kampf, bei dem ein Ko um die einzige Innenfreiheit besteht, gibt es zwei unentschiedene Stellungen. Die eine ist Diagramm 20; die andere ist in Diagramm 23 gezeigt, hier hat Schwarz eine Freiheit weniger. Weiß hat noch immer zwei Freiheiten und Schwarz hat eins plus. Weiß kann nicht fernbleiben und bedingungslos gewinnen. Ist Schwarz am Zug, so bekommt er ein Ko. Hat Schwarz eine Freiheit mehr als in Diagramm 20, so ist der Kampf entschieden. Und hat Weiß eine Freiheit mehr als in Diagramm 23, so ist der Kampf ebenso entschieden.

Diagramm 24: Verglichen mit Diagramm 20 hat Schwarz eine zusätzliche Außenfreiheit, doch das Ko um die Innenfreiheit steht diesmal andersherum, es ist günstig für Weiß. Ist Diagramm 24 besser oder schlechter für Schwarz als Diagramm 20? Falls Schwarz am Zug ist, gewinnt er in beiden Fällen durch Annähern von der Gegenseite. Spielt Weiß zuerst, so ist das Ergebnis in beiden Fällen ein direktes Ko, nur schlägt Schwarz es in Diagramm 24 als Erster, wohingegen in Diagramm 20 Weiß zuerst das Ko schlägt.

**Eine ganze Außenfreiheit ist mehr wert als der Unterschied zwischen einem offenen und einem geschlossenen Ko.**

Aus diesem Grund ist es richtig, dass Weiß mit 1 in Diagramm 22 eine Außenfreiheit besetzt. Das ist mehr wert, als das Ko zu schlagen. Wenn Weiß zuerst das Ko schlägt, so ist das Ergebnis ein Ko, das Schwarz als Erster schlägt, nicht Weiß. Durch das Schlagen des inneren Ko kommt Weiß nicht in den vollen Besitz der Freiheit, und Schwarz hat die Möglichkeit, das Ko später zurückzuschlagen.

Mein Ratschlag zum Auszählen dieses Typs ist, in Gedanken die Außenfreiheiten paarweise auszustreichen, bis eine Seite nur noch zwei physische Freiheiten übrig hat. Dann ist der nächste Zug ein Atari.

Wir können in Diagramm 24 vom Austausch A gegen B ausgehen, wer auch immer am Zug ist. Damit ist der Kampf sehr viel einfacher zu bewerten. Wenn Schwarz dann am Zug ist, so besetzt er eine Außenfreiheit und Weiß ist gefangen. Ist Weiß am Zug, dann besetzt er eine Außenfreiheit und Schwarz ist in Atari, kann also den Ko-Kampf nicht vermeiden. Er würde gern eine weiße Außenfreiheit besetzen und bedingungslos gewinnen. Aber da er in Atari steht, muss er das Ko schlagen, um sich eine Freiheit zu verschaffen. Wenn das wiederum kein Atari gegen Weiß wäre, dann könnte Weiß ihn „von hinten" überwältigen, indem er die letzte Außenfreiheit besetzte. Doch in diesem Fall ist Weiß in Atari.

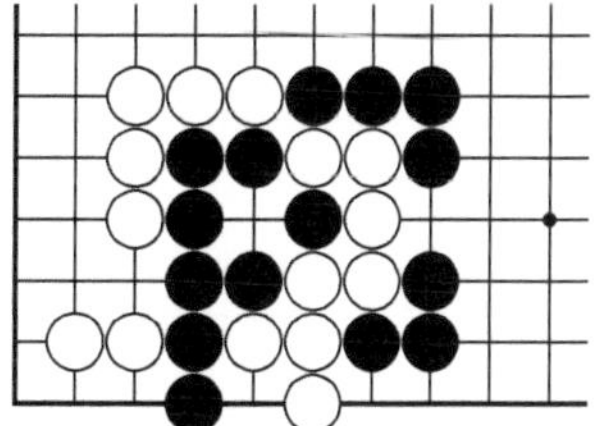
Dia. 25

In Diagramm 25 gibt es eine ganze Innenfreiheit und eine gemeinsame in Ko. Ist das nun ein Kampf vom Typ 1a oder vom Typ 2? Das bedeutet einen großen Unterschied, da letzterer ein Seki zulässt, der erstere nicht.

Nach der vorigen Betrachtung erwarten wir, dass Schwarz bei den Freiheiten leicht im Vorteil ist. Schwarz ist somit der Favorit.

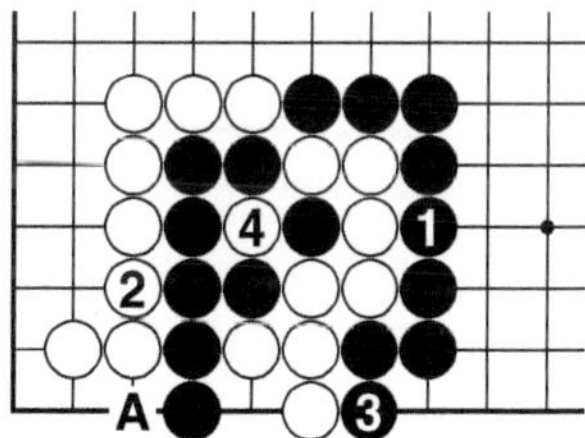

Dia. 26a

Diagramm 26a: Ist Schwarz am Zug, so bekommt er ein günstiges Ko. Zwar schlägt es Weiß als Erster und Schwarz muss eine Ko-Drohung finden, weil er keinen lokalen Zug hat. Er kann die letzte weiße Freiheit, die innere, nicht besetzen, weil das seine eigenen Freiheiten ebenfalls verringert: es wäre Selbst-Atari. Doch Weiß 4 ist noch kein Atari für Schwarz. Weiß muss einen Annäherungszug auf A machen, damit das Ko direkt wird, und somit kann Schwarz das Ko zurückschlagen.

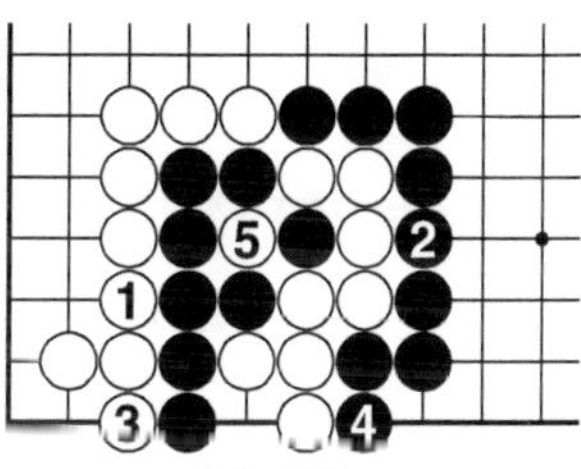
Dia. 26b

Diagramm 26b: Ist Weiß am Zug, so bekommt er ein direktes Ko, das er als erster schlägt. Auch hier ist es wieder entscheidend, das Ko zum Schluss aufzuheben. Wenn Weiß das Ko früher schlägt, dann bekommt er ein schlechteres Ergebnis: Es entsteht stattdessen ein direktes Ko, das Schwarz als erster schlägt.

Somit ist Diagramm 25 ein Kampf vom Typ 1a. Durch das offene Ko liegt Schwarz bei den Freiheiten leicht vorn, doch die Stellung ist unentschieden. Ein Seki ist ausgeschlossen, denn sobald die Außenfreiheiten besetzt sind, setzt das Schlagen des Ko die andere Seite in Atari. In dieser Stellung gibt es keine zwei ganzen Innenfreiheiten.

In einer Partie wird Schwarz keine Eile haben, die Freiheiten mit den Zügen 1 – 4 in Diagramm 26 zu füllen, weil er bei Zug 5 stecken bleibt. Anstatt erst eine Ko-Drohung zu spielen und das Ko dann zurückzuschlagen, um Weiß in Atari zu setzen, würde Schwarz lieber das Ko schlagen und gewinnen, nachdem Weiß den Annäherungszug auf A gespielt hat. Sind die weißen Steine erst geschlagen, so wird ein weißer Zug auf A fast wertlos (ein kleiner Endspielzug).

In einer Partie hängt die beste Zugfolge vom Wert des Ko und der Bilanz der Ko-Drohungen ab. Üblicherweise würden beide Spieler es vorziehen, in dieser Partiephase fernzubleiben. Solche Stellungen haben die Tendenz, stehengelassen zu werden. Doch das übersteigt den Umfang dieses Buches, in dem wir lediglich die Freiheiten in lokalen Kämpfen zählen und den Typ eines resultierenden Ko bewerten – ohne uns darum zu kümmern, wie der Ko-Kampf korrekt durchzuführen ist.

Will Weiß ein einzügiges Annäherungs-Ko gewinnen, dann muss er Schwarz ein Tenuki mehr zugestehen als in einem direkten Ko.

- **Um einen unentschiedenen Kampf zu gewinnen, der kein Ko beinhaltet, müssen Sie in Nachhand schlagen und somit Ihrem Gegner Vorhand geben, um woanders zu spielen.**
- **Um ein direktes Ko zu gewinnen, müssen Sie Ihrem Gegner zwei Züge woanders zugestehen.**
- **Um ein n-zügiges Annäherungs-Ko zu gewinnen, müssen Sie ihm n+2 Züge woanders plus die Vorhand zugestehen. Ist der Kampf entschieden, so können Sie am Ende selbst fernbleiben.**

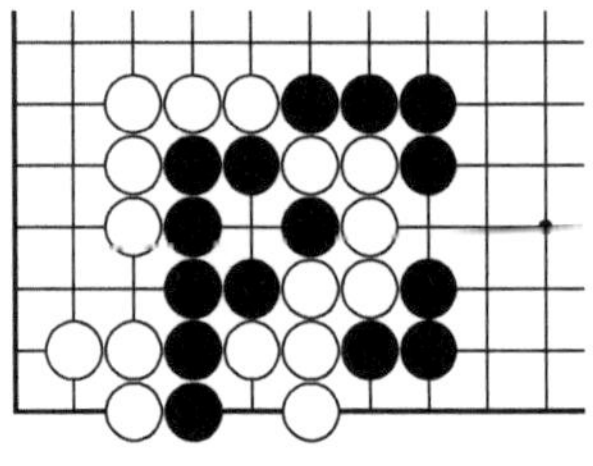
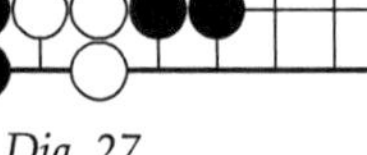

*Dia. 27*

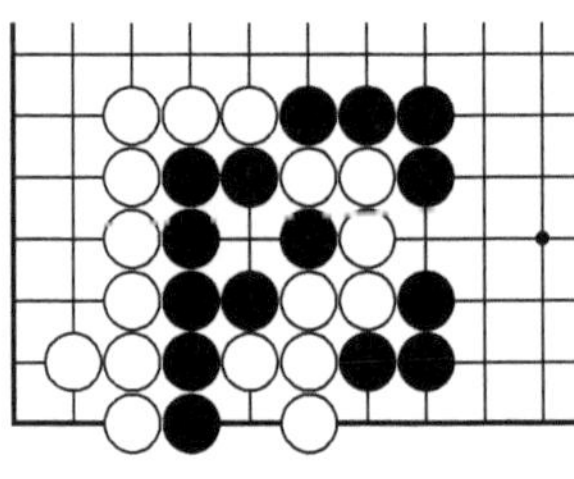

*Dia. 28*

Diagramm 27: Gegenüber Diagramm 25 hat Schwarz eine Außenfreiheit weniger. Diese Stellung ist zwar auch unentschieden, jedoch hat Weiß jetzt den Vorteil auf seiner Seite.

Diagramm 28: Schwarz hat jetzt noch eine Außenfreiheit weniger. Nachdem Diagramm 25 und 27 beide unentschieden waren, ist Diagramm 28 nun für Weiß gewonnen? Nein, auch hier ist noch nichts entschieden. Ist Schwarz am Zug, so kann Weiß die Innenfreiheit nicht besetzen und muss das Ko spielen. Es ist günstig für Weiß, denn Schwarz muss einen Annäherungszug spielen, bevor er es beenden kann. Um es zu gewinnen, muss Schwarz lokal drei Züge mehr investieren als Weiß, was dreimal Tenuki bedeutet. Wenn Schwarz also keine Außenfreiheit hätte, eine ganze Innenfreiheit und eine in Ko, dann bräuchte Weiß drei Außenfreiheiten, damit die Stellung entschieden ist.

Diagramm 29: Schwarz hat jetzt eine Außenfreiheit mehr als in Diagramm 25, also eine Veränderung in die andere Richtung als in den Diagrammen 27 und 28. Ist das nun entschieden?

Die Antwort ist Nein. Ist Weiß am Zug, so wird Schwarz die Innenfreiheit nicht zusetzen können, sondern das Ko kämpfen müssen. Schwarz benötigt noch eine Außenfreiheit mehr, um den Kampf bedingungslos durch Zusetzen der Innenfreiheit gewinnen zu können.

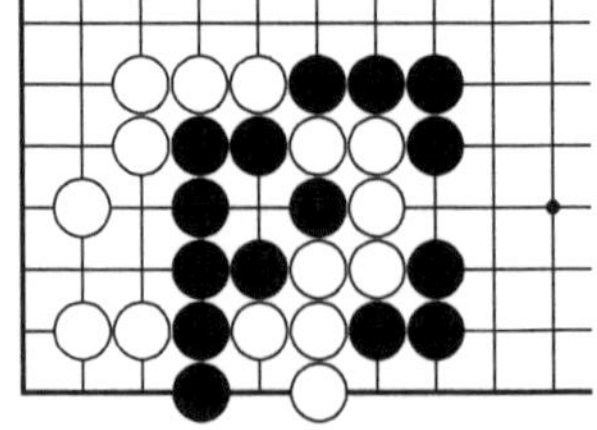

*Dia. 29*

Somit entstehen in einem solchen Kampf (mit einer ganzen Innenfreiheit und einer in Ko) vier unentschiedene Stellungen (Diagramme 29, 25, 27 und 28), denn um fernbleiben und dem Gegner den Vortritt lassen zu können, muss man in die Lage kommen, die Innenfreiheit ohne ein Selbst-Atari besetzen zu können. Diese vier unentschiedenen Stellungen bilden eine Folge von Ko-Kämpfen, die sich schrittweise insofern unterscheiden, wer das Ko zuerst schlägt (oder wer die erste Ko-Drohung spielen muss) und ob es ein direktes oder ein Annäherungs-Ko ist.

Wie zuvor gesagt, hilft es nicht weiter, wenn man in so komplizierten Stellungen exakte Freiheitenzahlen angeben wollte. Ziehen Sie einfach paarweise Außenfreiheiten ab, bis sie eine Stellung erreichen, die ausgelesen werden kann. Ein gewisser Einblick in die verschiedenen möglichen Ergebnisse wird Ihnen helfen, die richtige Antwort zu finden.

## Typ 2 mit Ko um eine Außenfreiheit

Diagramm 1 zeigt einen Kampf vom Typ 2 mit Ko um eine Außenfreiheit. Bei einem einfachen Wettlauf ohne Ko eröffnen zwei Innenfreiheiten die Möglichkeit für ein Seki, wie wir in Kapitel 1 gesehen haben. Wer also ist hier der Favorit?

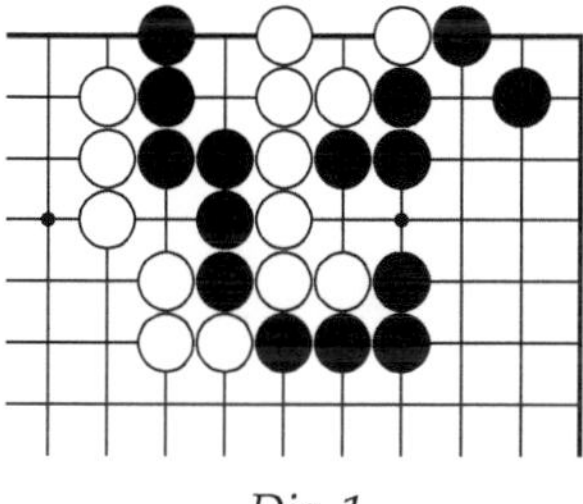

*Dia. 1*

Schwarz verfügt über zwei Außenfreiheiten, Weiß hat eine ganze und eine in Ko. Wie zuvor gesehen, ist eine solche Freiheit mit einem offenen Ko ein wenig mehr wert als eine Freiheit. Also hat Weiß zwei plus exklusive Freiheiten, womit er Favorit ist.

Das ist ein wichtiger Aspekt. Nach allem, was wir über herkömmliche Kämpfe vom Typ 2 wissen, würden wir erwarten, dass Weiß sicher ist und Schwarz je nach Freiheitenbilanz stirbt oder Seki erreicht. Vorderhand hat Weiß lediglich drei plus Freiheiten (1 außen, 1+ in Ko und 1 als Favoritenbonus), während Schwarz vier besitzt. Lebt Schwarz damit sicher in Seki? Wir wollen das untersuchen.

Ist Weiß am Zug (Diagramm 2), dann droht Weiß 3 ein Atari im nächsten Zug an, Schwarz muss also das Ko schlagen. Jetzt hat Weiß nicht genug Freiheiten, um eine Innenfreiheit zu füllen und Schwarz in Atari zu setzen – er hat keinen lokalen Zug und spielt deshalb woanders. Falls Schwarz diesen Zug nun ignoriert und das Ko mit 6 deckt, ergibt sich ein Seki. Damit wird klar, dass Schwarz zwei Züge benötigt, um die Ko-Freiheit zuzusetzen (Schlagen und Verbinden).

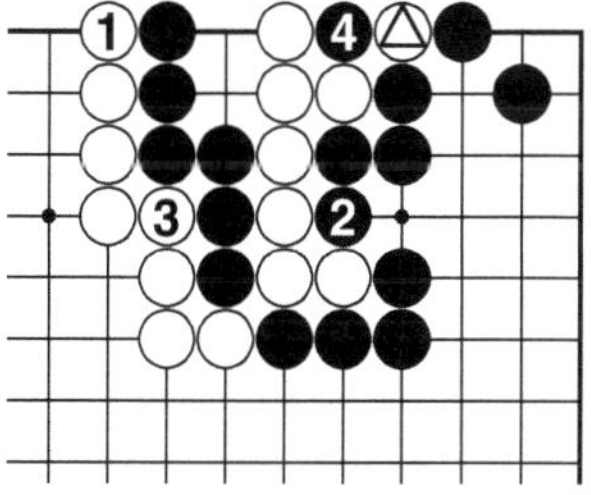


*Dia. 2*
*Weiß 5: Ko-Drohung;*
*Schwarz 6 auf* △

Falls Schwarz die weiße Ko-Drohung beantwortet, kann Weiß das Ko mit 1 in Diagramm 3 zurückschlagen. Jetzt muss Schwarz eine Ko-Drohung finden, bevor er das Ko wieder schlagen kann. Ignoriert Weiß nun diese Ko-Drohung, dann kann er auf A spielen und den Wettlauf gewinnen. Das Ko in Diagramm 3 ist ein „Hanami-Ko" für Weiß: Spaß ohne Risiko. Ignoriert Schwarz eine Ko-Drohung, so kann er das Ko decken, um Seki zu erreichen: Beide leben. Wenn Weiß eine Ko-Drohung ignoriert, so kann er die schwarzen Steine fangen.

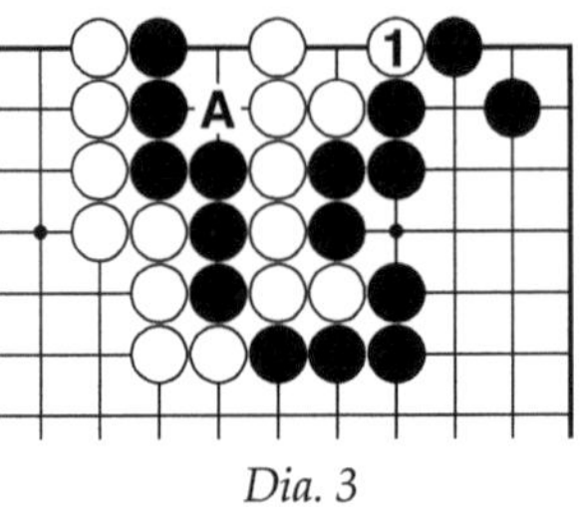


Dia. 3

Was passiert, wenn Schwarz in Diagramm 1 am Zug ist? In Diagramm 4 besetzt Schwarz zunächst die ganze Freiheit und schlägt dann mit 3 das Ko. Falls Weiß nun mit 4 auf A spielt, kann Schwarz das Ko decken und erreicht ein Nachhand-Seki. Stattdessen könnte Weiß sich aber dazu entscheiden, A wegzulassen und mit 4 fernzubleiben. Jetzt hat Schwarz die Wahl: Das Ko zu decken ist Vorhand. Weiß muss nun die Außenfreiheit auf A besetzen, um Seki zu erreichen. Schwarz hat aber auch die Option, mit B eine Innenfreiheit zu besetzen.

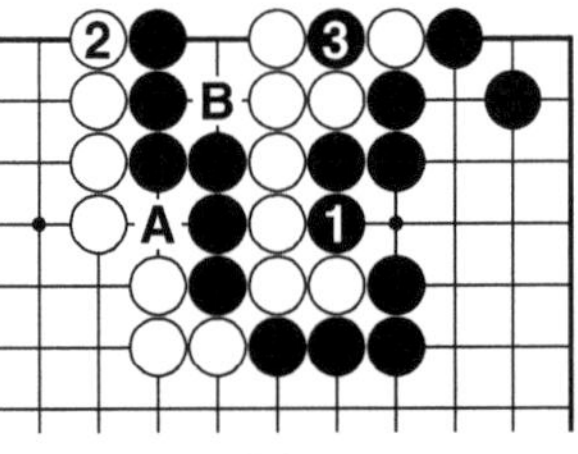


Dia. 4

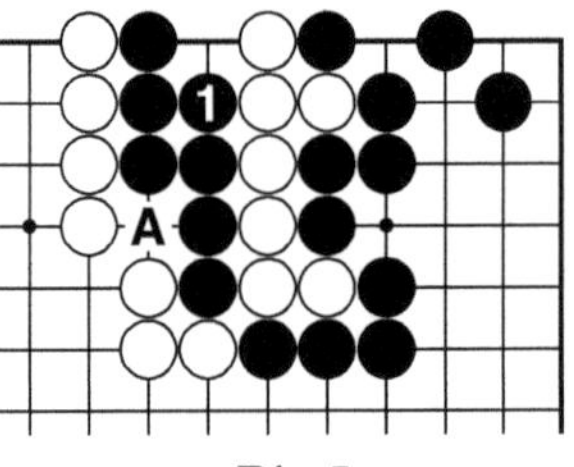


Dia. 5

Doch wenn er das mit 1 in Diagramm 5 tut und Weiß in Atari setzt, so schlägt Weiß sofort das Ko, so dass Schwarz eine Ko-Drohung spielen muss. Und falls Weiß diese ignoriert, kann er den Kampf durch Besetzen der Außenfreiheit bei A gewinnen.

Damit Schwarz also die weißen Steine fangen kann, muss er lokal drei Züge mehr investieren als Weiß. Mit dem Ko ist das zwar möglich, könnte aber unvorteilhaft sein, nachdem Weiß drei Züge woanders bekommt; es ist ein Annäherungs-Ko. Und im Vergleich mit dem Seki gewinnt Schwarz ja nur den doppelten Wert der weißen Steine.

Somit ist es heikel für Schwarz, auf 1 in Diagramm 5 zu spielen, da er sich sofort selbst in Nachteil bringt. Und genau aus diesem Grund, weil Schwarz ja sicherlich kein ungünstiges Ko beginnen will, dürfte Weiß sich nach 3 in Diagramm 4 durchaus zum Fernbleiben entschließen.

In Diagramm 6 hat Schwarz mehr Außenfreiheiten und ist damit Favorit, in Ko

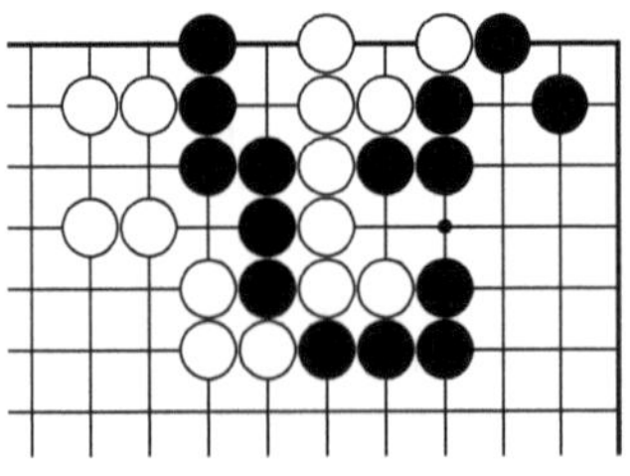

Dia. 6

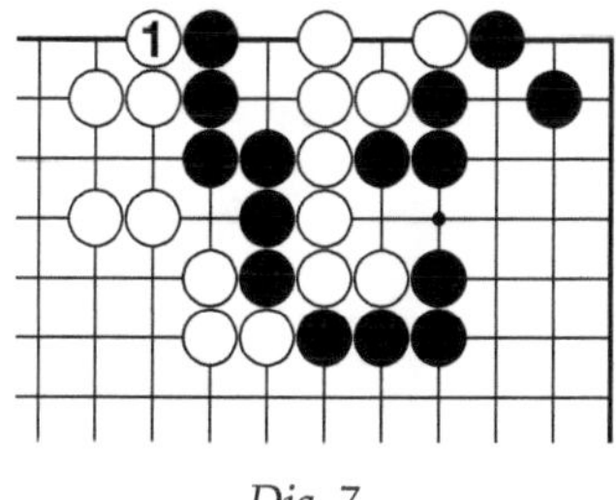


*Dia. 7*

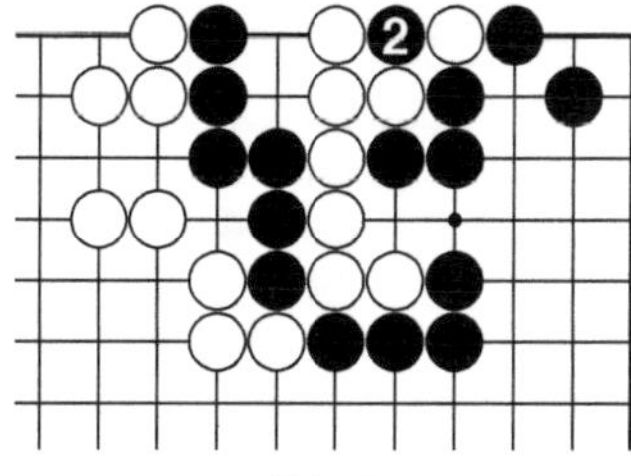


*Dia. 7a*
*W3: Ko-Drohung; S4 deckt*

steht eine Freiheit des Außenseiters. Vorderhand steht es vier für Schwarz zu vier plus für Weiß. Wird das nun ein Seki oder kann Schwarz töten?

Schauen wir uns zunächst an, was passiert, wenn Weiß am Zug ist. Er besetzt mit 1 in Diagramm 7 eine schwarze Freiheit. Jetzt muss Schwarz sich entscheiden, er hat drei Möglichkeiten. Erstens könnte er versuchen, Weiß zu töten. Dazu muss er erst eine Außenfreiheit und dann eine Innenfreiheit besetzen. Das endet allerdings als Selbstmord und ist somit keine Option.

Die zweite Möglichkeit wäre, Weiß 1 zu ignorieren, fernzubleiben und dann das Ko zu kämpfen. Jedoch ist das nun ein ungünstiges Ko für Schwarz, denn Weiß ist Favorit geworden.

Die dritte (und wohl vernünftigste) Möglichkeit ist der Versuch, das Ko zu verbinden und so ein Seki zu erreichen (Diagramm 7a). In diesem Fall sollte Schwarz das Ko sofort schlagen, statt eine Außenfreiheit zu besetzen. Heben Sie das Ko dann bis zum Schluss auf, wenn Sie die gegnerische Gruppe durch Schlagen des Ko in Atari setzen und dann das Ko durch Schlagen der gegnerischen Steine beenden können. Das ist jedoch hier nicht der Fall.

Dies ist eine der Ausnahmen zum Sprichwort „Hebe das Ko bis zum Schluss auf." Vielen Go-Spielern ist völlig unbekannt, dass es diese Ausnahme gibt, aber es ist tatsächlich so. Und es ist nicht einmal die einzige, wie wir später sehen werden.

Nachdem Weiß auf 1 in Diagramm 7 gespielt hat, sollte Schwarz nicht mehr damit rechnen, dass er Weiß töten kann. (Er könnte es dann versuchen, wenn er über Ko-Drohungen im Überfluss verfügt und auch bereit ist, seine eigenen Steine in einem ungünstigen Ko-Kampf aufs Spiel zu setzen.) Seine Absicht ist, Seki zu erreichen und sicherzustellen, dass Weiß keine Möglichkeit mehr hat, ein Ko um das Leben der Schwarzen zu kämpfen. Zu diesem Zweck möchte Schwarz das Ko gewinnen und verbinden – also am besten so früh wie möglich. Und warum ist es das Beste, das Ko am Anfang zu schlagen? Weil Schwarz die weißen Außenfreiheiten als lokale Ko-Drohungen nutzen kann.

**Es gibt Ausnahmen zum Sprichwort „Hebe das Ko bis zum Schluss auf."**

Falls nun aber in Diagramm 6 Schwarz am Zug ist und Weiß töten will, dann muss er zuerst eine Außenfreiheit besetzen und dann eine der Innenfreiheiten. Wenn Schwarz töten will, so hat er keine Zeit, das Ko zu schlagen und zu decken, bevor er die Innenfreiheit besetzt; das würde Seki bedeuten. Andererseits ist es riskant, die Innenfreiheit zu nehmen, während das Ko noch offen ist: So

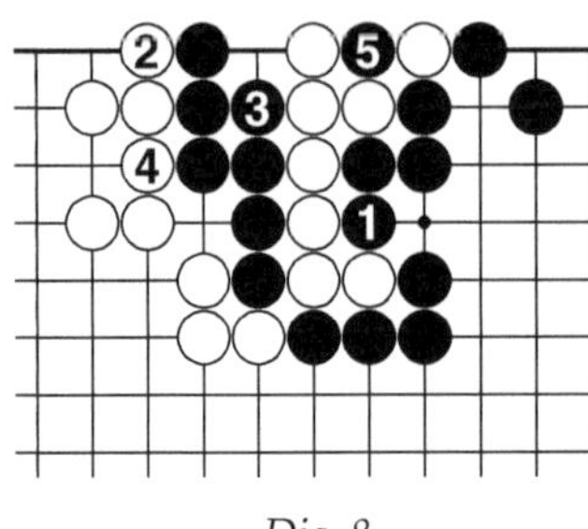

*Dia. 8*

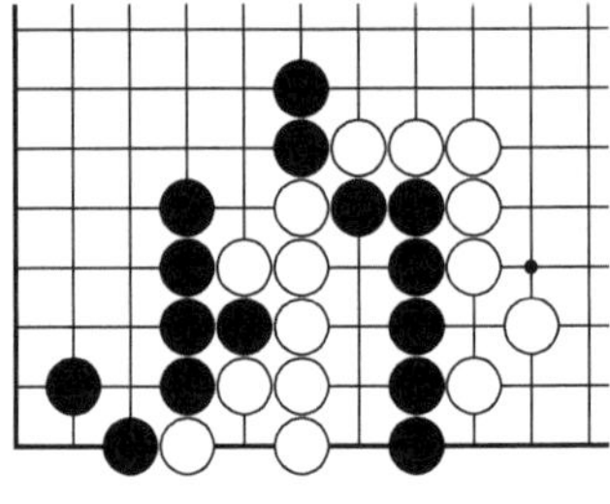

*Dia. 9*

wird die Seki-Option zerstört und es entsteht ein Kampf auf Leben und Tod. Es ist ein direktes Ko, und falls Weiß mehr Ko-Drohungen haben sollte, könnte Schwarz sterben. Das bedeutet: Selbst wenn Schwarz in Diagramm 8 am Zug ist, wird er sich wohl mit Seki zufrieden geben. Der riskante Zug ist der auf die Innenfreiheit (Schwarz 3). Schwarz muss sich das vorher sorgfältig überlegen. Es ist sicherer, das Ko zu schlagen und dann zu decken, so dass zwei Innenfreiheiten für ein Seki verbleiben.

Diagramm 9: Schwarz besitzt zwei Außenfreiheiten. Weiß hat zwei plus Außenfreiheiten und ist damit Favorit. Es gibt viele Innenfreiheiten, so dass in einem herkömmlichen Kampf vom Typ 2 der Favorit nicht töten könnte und das Ergebnis Seki wäre. Auch hier wird wahrscheinlich ein Seki herauskommen. Theoretisch könnte Weiß alles daransetzen zu töten und zwei Innenfreiheiten besetzen. Doch wenn Schwarz dann das Ko deckt, bleibt es bei einem Seki und die zwei weißen Züge waren umsonst.

Und selbst wenn Weiß in Diagramm 9 gewinnt, so bekommt er lediglich den doppelten Gegenwert der schwarzen Steine und muss Schwarz dafür vier Züge an anderer Stelle zugestehen; es handelt sich um ein zweizügiges Annäherungs-Ko. Wenn später alle Außenfreiheiten besetzt sind, dann ist das wahrscheinlichste Ergebnis, dass eine Seite das Ko schlägt und deckt und somit ein Seki entsteht. Die Stellung ist praktisch entschieden, und keine Seite hat es eilig, hier zu spielen.

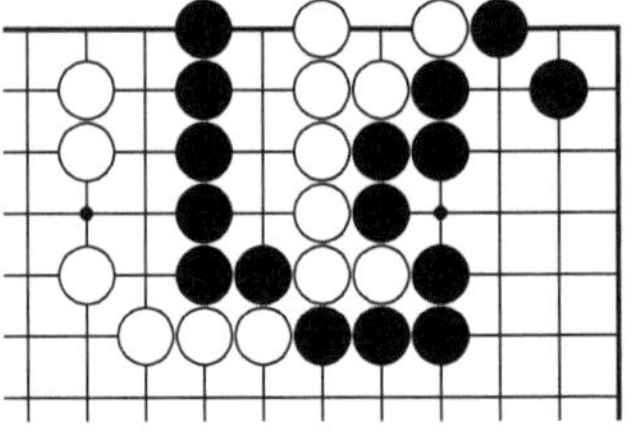

*Dia. 10*

In Diagramm 10 hat Schwarz fünf Außenfreiheiten und ist Favorit. In einem herkömmlichen Kampf vom Typ 2 zählt der Favorit eine Innenfreiheit für sich, und so hätte Schwarz sechs gegenüber fünf plus für Weiß. Genügt das, um Weiß zu töten? Mit der bisherigen Zählweise lässt sich das nicht entscheiden. Spielen wir ein paar Züge aus und erarbeiten eine bessere Zählweise für die Freiheiten.

*Dia. 11*

Diagramm 11: Schwarz kann Weiß bedingungslos töten, indem er alle Innenfreiheiten besetzt; das Ko spielt keine

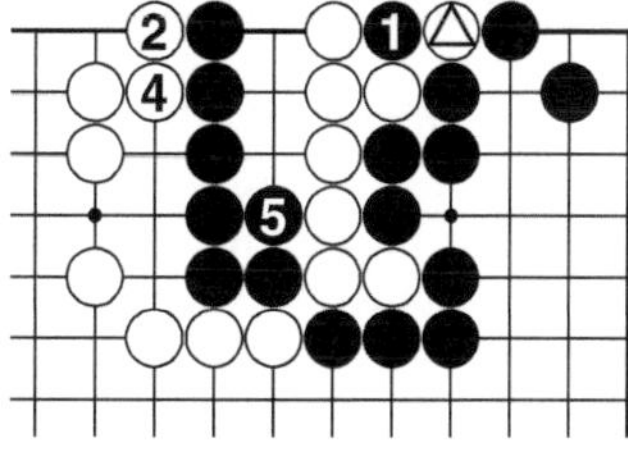


*Dia. 12*
*Schwarz 3 deckt das Ko auf* △

Rolle. Diese Zugfolge ist hier nur wiedergegeben, um das Abzählen zu verdeutlichen. So ist das Ergebnis leicht zu erkennen, aber das ist mitnichten die optimale Spielweise in einer Partie.

Wenn wir zum Nachzählen Diagramm 12 anschauen, dann sehen wir, dass Schwarz auch Zeit hätte, das Ko zu schlagen und dann zu decken. Nach Weiß 4 handelt es sich um einen herkömmlichen Kampf vom Typ 2. Schwarz gewinnt. Es nützt Weiß nichts, wenn er eine Ko-Drohung spielt und das Ko zurückschlägt. Schwarz kann einfach die Innenfreiheiten als Ko-Drohungen zusetzen, so wie in Diagramm 11. Das Ko ist bedeutungslos.

Wenn wir nochmals Diagramm 10 anschauen, dann sehen wir, dass Schwarz nicht in der Lage ist, sowohl eine Innenfreiheit als auch das Ko bis zum Schluss aufzuheben. Wir haben die Wahl zwischen zwei Zählweisen (entsprechend Diagramm 11 und 12):

1. Eine Möglichkeit ist, dem Favorit die übliche Innenfreiheit abzuziehen und zu sagen, dass Schwarz nur die fünf Außenfreiheiten zählt. Und weil Schwarz von hinten angreift, spielt das Ko keine Rolle und zählt lediglich als eine Freiheit. Es steht fünf zu fünf, und Schwarz ist am Zug, somit gewinnt er.

2. Die andere Möglichkeit ist, das Ko mit zwei Freiheiten zu zählen (Schlagen und Verbinden), wie in Diagramm 12. In diesem Fall zählen wir eine Innenfreiheit für Schwarz. Somit steht es sechs zu sechs, Schwarz ist am Zug und gewinnt. Suchen Sie sich eine Methode aus. Wichtig ist, dass das richtige Ergebnis herauskommt: Schwarz am Zug gewinnt bedingungslos.

Ist Weiß in Diagramm 10 am Zug, so ergibt sich Diagramm 13. Jetzt hat der Favorit (Schwarz) nicht genügend Freiheiten, um bedingungslos zu fangen, und das Ergebnis wird wahrscheinlich Seki sein.

Falls Schwarz die Weißen tatsächlich fangen will, dann muss er alle Innenfreiheiten besetzen bis auf eine, dann das Ko schlagen und es gewinnen, indem er eine weiße Ko-Drohung unbeantwortet lässt. Obwohl es sich um ein für Schwarz günstiges Ko handelt (denn Weiß muss die erste Ko-Drohung spielen), riskiert Schwarz das Überleben seiner eigenen Gruppe. Deshalb muss Schwarz sicher sein, dass er eine weiße Ko-Drohung ignorieren will und das Ko so gewinnen kann, bevor er sich zu diesem Plan entschließt.

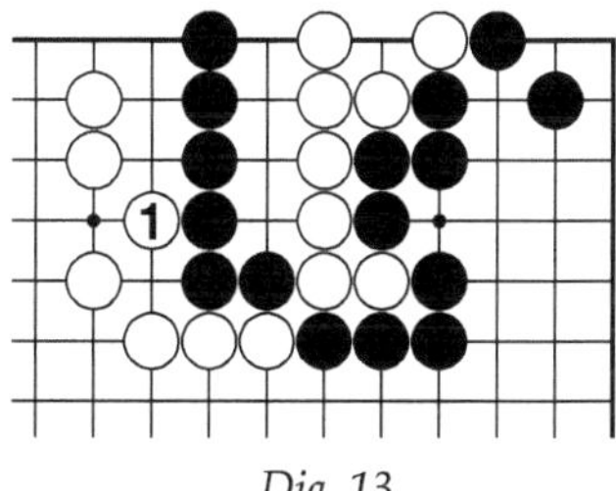


*Dia. 13*

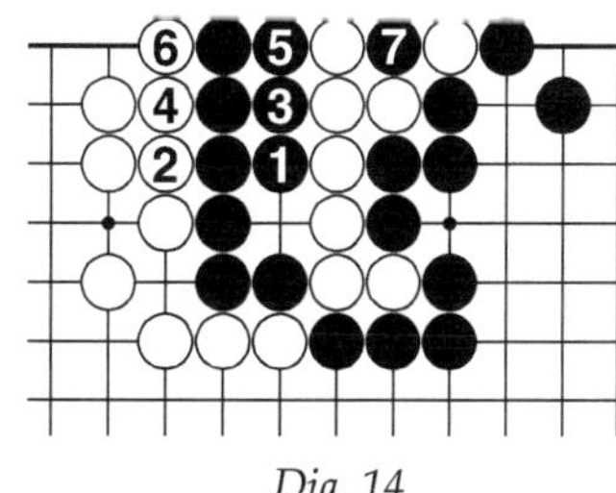


*Dia. 14*

Weiß kann nicht damit rechnen, dass er die Schwarzen fängt. Selbst wenn Weiß die Außenfreiheiten besetzt, während Schwarz ein ums andere Mal fernbleibt, kann Schwarz zu jedem Zeitpunkt das Ko schlagen und decken, so dass die Stellung als Seki endet. Ein vernünftiges Ergebnis für beide entsteht, wenn sie die Stellung bis zum späten Endspiel stehen lassen und einer von beiden schließlich das Ko deckt, was zum Seki führt.

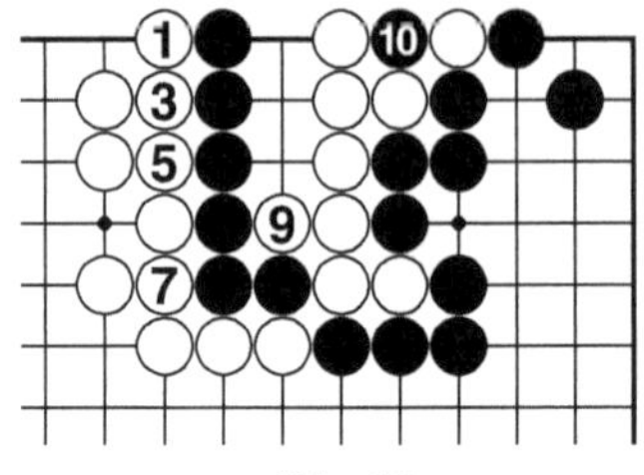

*Dia. 15*
*2, 4, 6, 8: tenuki*

## Typ 2 mit Ko um eine Innenfreiheit

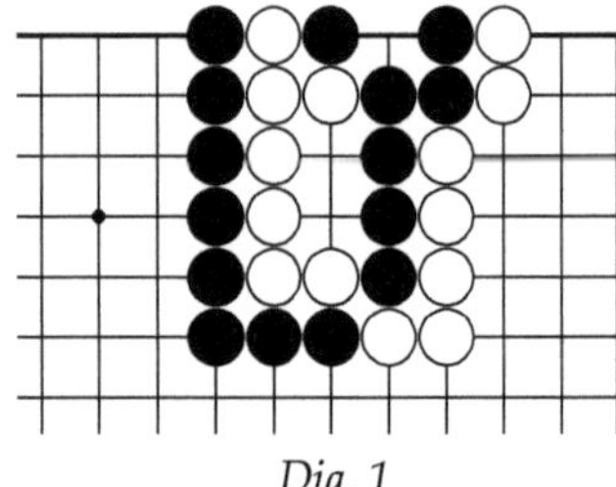

*Dia. 1*

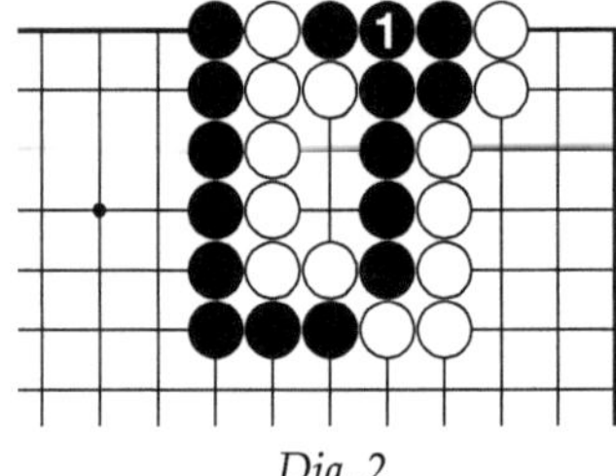

*Dia. 2*

In Diagramm 1 sehen wir zwei ganze Innenfreiheiten und eine in Ko. Nachdem es keine Außenfreiheiten gibt, ist keine Seite als Favorit zu bezeichnen. Wie ist der Status dieses Kampfes?

Wenn Schwarz wie in Diagramm 2 das Ko deckt, erzeugt er ein Seki in Nachhand. Er könnte es also vorziehen, stattdessen woanders zu spielen. Falls Weiß das Ko schlägt und anschließend deckt, so ergibt sich ein Nachhand-Seki für Weiß.

Diagramm 3: Schwarz hat die Möglichkeit, durch Besetzen einer Innenfreiheit ein direktes Ko zu erzeugen, doch dann kann Weiß es als erster schlagen, so dass Schwarz die erste Ko-Drohung spielen muss.

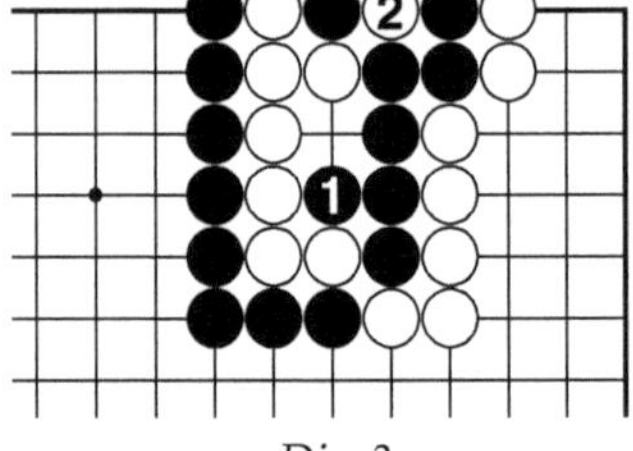

*Dia. 3*

In Diagramm 1 hat es Schwarz weder eilig, das Ko in Nachhand zu decken noch eine Innenfreiheit zu besetzen und ein unvorteilhaftes Ko zu beginnen. Und Weiß kommt in dieselbe Lage, falls Schwarz fernbleibt und ihm die Gelegenheit für den ersten Zug in der lokalen Situation gibt. Es ist zu vermuten, dass beide Spieler die Stellung bis spät ins kleine Endspiel stehen lassen, doch sie müssen sich der Gefahr eines Ko-Kampfes bewusst bleiben, falls die Balance der Ko-Drohungen einmal auf eine Seite kippt. Das wahrscheinlichste Ergebnis jedoch ist Seki.

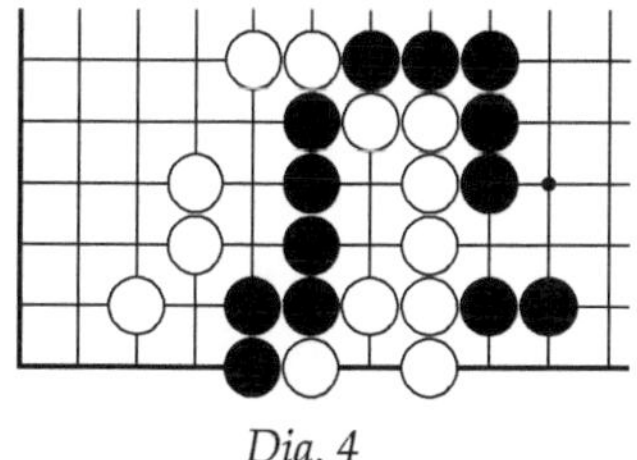

Dia. 4

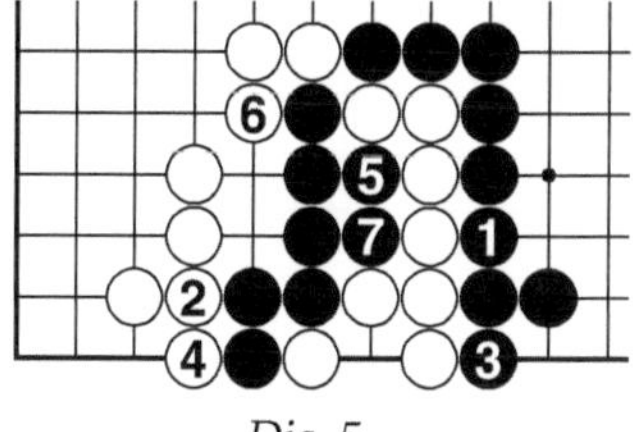


Dia. 5

In Diagramm 4 sehen wir wieder zwei ganze Innenfreiheiten und eine in Ko. Aber diesmal ist Schwarz mit fünf Außenfreiheiten gegen zwei für Weiß Favorit. Kann Schwarz töten? In einem herkömmlichen Kampf vom Typ 2 ohne Ko würde Schwarz eine Innenfreiheit für sich zählen, also insgesamt sechs. Weiß zählt seine zwei Außenfreiheiten und alle Innenfreiheiten.

Wenn Schwarz am Zug ist (Diagramm 5), so gewinnt er bedingungslos, indem er zunächst die weißen Außenfreiheiten besetzt und dann die Innenfreiheiten, womit er Weiß in Atari setzt. Entscheidende Voraussetzung ist hier, dass Schwarz nach dem Zug 7 noch immer zwei Außenfreiheiten hat, so dass er sich nicht selbst in Atari bringt. Das Ko spielt somit keine Rolle. Es ist gleichwertig mit einer Innenfreiheit, die für Weiß zählt. Wenn Schwarz mit 5 und 7 auf die Innenfreiheiten setzt, bleibt für ihn keine Innenfreiheit mehr übrig. Somit kann Schwarz hier, im Gegensatz zu einem Kampf vom Typ 2 ohne Ko, keine Innenfreiheit für sich zählen. in Diagramm 4 ist die Freiheitenbilanz somit fünf zu fünf: eine unentschiedene Stellung, in der Schwarz am Zug gewinnt.

Diagramm 6: Durch Hinzufügen des markierten weißen Steins hat Schwarz nun eine Freiheit weniger. Das ist das Gleiche, als wäre Weiß in Diagramm 4 am Zug gewesen. Falls Schwarz versuchen will, Weiß zu töten, dann kann er nach 5 nicht die ganze Innenfreiheit auf A besetzen, wie er es in Diagramm 5 getan hat. Vielmehr muss er jetzt das Ko schlagen, wodurch er vorübergehend eine Freiheit gewinnt und Weiß eine wegnimmt.

Diagramm 7: Nachdem Weiß eine Ko-Drohung gespielt hat, die von Schwarz beantwortet wird, kann Weiß das Ko mit 1 in Diagramm 7 zurückschlagen. Aber es handelt sich nicht um ein direktes Ko: Schwarz ist nicht in Atari. Um den Kampf zu gewinnen, muss Weiß eine schwarze Ko-Drohung ignorieren und einen Annäherungszug auf A machen. Sobald Weiß dann das Ko bei 1 wieder schlägt, ist Schwarz in Atari. Es ist ein einzügiges Annäherungs-Ko für Weiß. Für Schwarz ist es ein direktes Ko: Er setzt Weiß jedes Mal in Atari, wenn er das Ko schlägt, damit ist es ein für Schwarz günstiges Ko.

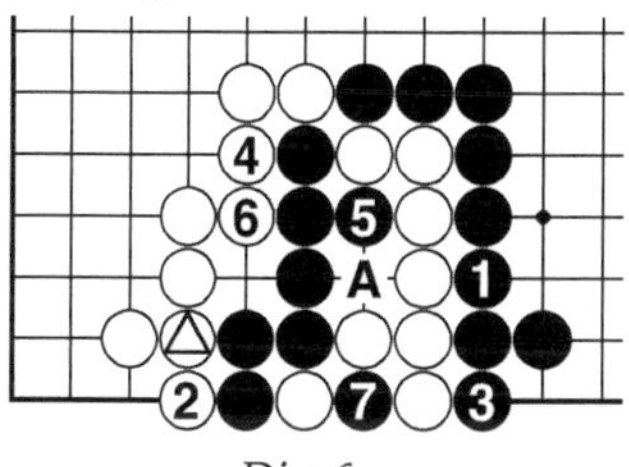


Dia. 6

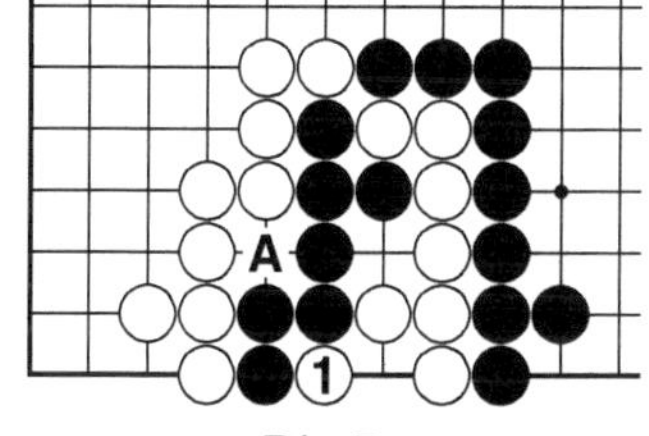


Dia. 7

Anstatt mit 5 in Diagramm 6 auf eine Innenfreiheit zu setzen, kann Schwarz mit 1 in Diagramm 8 das Ko schlagen und es decken, um ein Seki in Vorhand zu erreichen. Die Innenfreiheit zu nehmen, ist für Schwarz ein wenig riskant, obwohl das resultierende Ko für ihn günstig ist, weil dadurch ein Kampf auf Leben und Tod entsteht. Mit 1 hier das Ko zu schlagen, ist weniger riskant. Somit muss Schwarz entscheiden, ob er einen Ko-Kampf riskieren möchte oder mit Seki zufrieden ist: Er hat die Wahl.

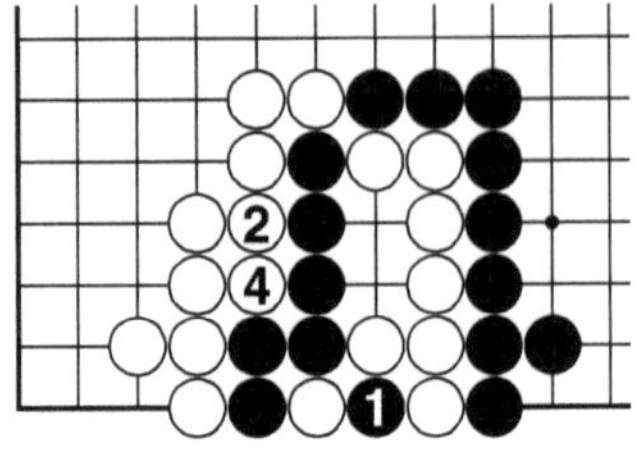

*Dia. 8*
*Schwarz 3 deckt das Ko*

Eine dritte Möglichkeit ist natürlich, die Weißen überhaupt nicht fangen zu wollen. Schwarz kann anderswo spielen und Weiß die Gelegenheit geben, ein unvorteilhaftes Ko zu beginnen. Weiß wird voraussichtlich ein Seki anstreben.

Diagramm 9: Im Vergleich zu Diagramm 4 sind vier schwarze Freiheiten zugesetzt – doch noch immer ist die Stellung nicht entschieden! Falls Schwarz jetzt mit 1 eine Außenfreiheit besetzt, kann Weiß zum ersten Mal durch Decken des Ko ein Seki erreichen. Und wenn er möchte, kann Weiß natürlich woanders spielen und Schwarz ein ungünstiges Ko starten lassen. Schwarz ist nicht Favorit, da er gegenüber den zwei weißen Außenfreiheiten nur eine hat; er sollte also nicht davon ausgehen, dass er Weiß töten kann.

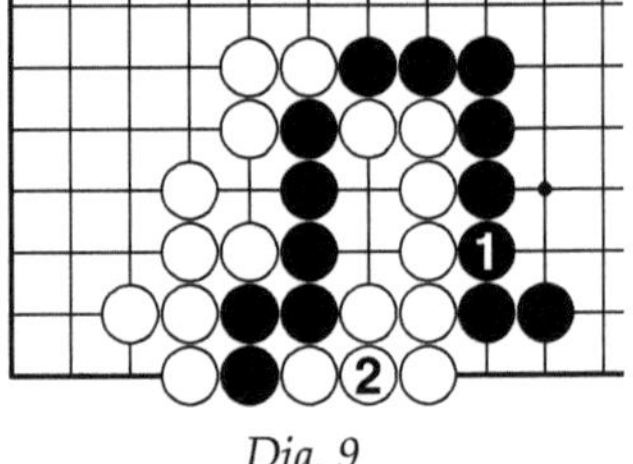

*Dia. 9*

Wenn Schwarz wirklich alles daransetzen wollte, Weiß zu töten, dann müsste er verhindern, dass Weiß das Ko deckt. Das bedeutet, dass er es mit einem Zug auf 2 in Diagramm 9 selbst schlagen und ein dreizügiges Annäherungs-Ko gewinnen müsste, was nahezu unmöglich ist. Um es zu gewinnen, müsste Schwarz seinem Gegner zusätzlich zur Vorhand weitere fünf Züge woanders gewähren. Und solange es zwei Innenfreiheiten gibt, muss Weiß die letzte schwarze Außenfreiheit nicht besetzen, denn Schlagen und Decken des Ko garantiert Seki. Und außerdem: Nachdem Schwarz eine Innenfreiheit besetzt hat, könnte Weiß das Ko kämpfen und gewinnen, so dass die schwarzen Annäherungszüge so gut wie wertlos würden.

Das einschlägige japanische Sprichwort zu Annäherungszügen besagt: Einer ist möglich, zwei sind unwahrscheinlich und drei sind ein Traum.

Wie viele Innenfreiheiten gibt es hier in Diagramm 10?

Es ist eine ganze und eine in Ko. Aber ist das nun ein Kampf vom Typ 1a mit

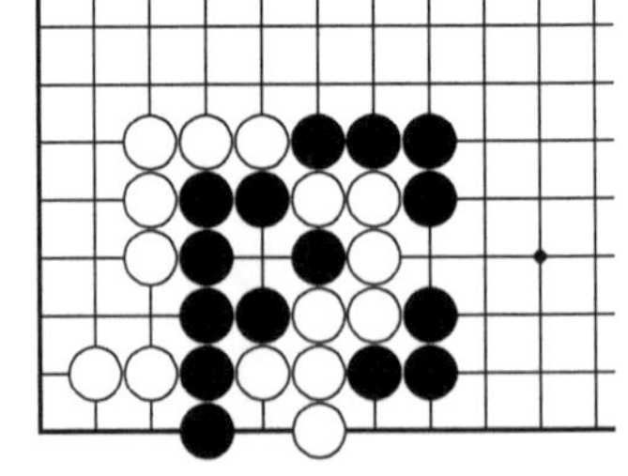

*Dia. 10*

einer Innenfreiheit oder eher ein Kampf vom Typ 2 mit zwei Innenfreiheiten? Das macht einen großen Unterschied, denn bei ersterem gibt es kein Seki, während es bei letzterem möglich ist.

Stellungen dieser Art haben wir bereits im Abschnitt über Ko bei Typ 1a untersucht. Es entsteht kein Seki, weil es weniger als zwei Innenfreiheiten gibt. Es ist wichtig, das zu erkennen.

## Typ 3 mit Ko um eine Außenfreiheit

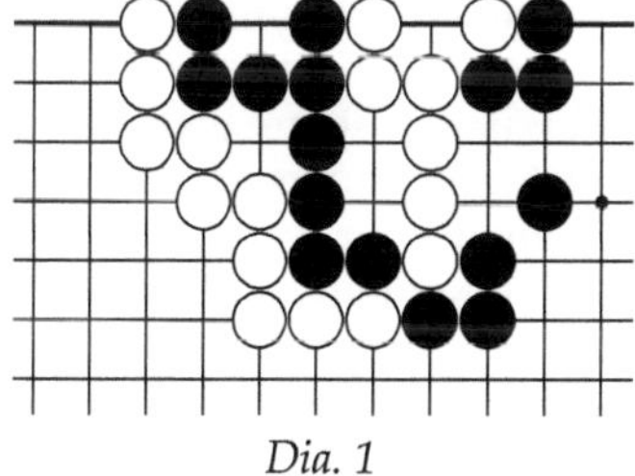

*Dia. 1*

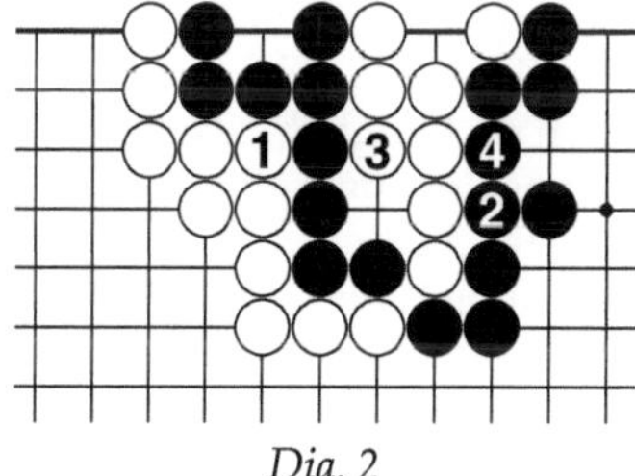


*Dia. 2*

Diagramm 1: Schwarz hat ein Auge, Weiß nicht. Deshalb zählen alle Innenfreiheiten für Schwarz, keine für Weiß. Wollte Weiß gewinnen, so müsste er alle Innenfreiheiten besetzen. Ein Seki ist nicht möglich. Schwarz hat vier Freiheiten, Weiß hat zwei und das Ko. Es ist nicht schwierig, das Ergebnis auszulesen: Die Stellung ist entschieden.

Diagramm 2: Auch wenn Weiß am Zug ist, endet er nach Schwarz 4 in Freiheitsnot. Um die letzte Innenfreiheit gefahrlos besetzen zu können, benötigt Weiß zwei Außenfreiheiten. Selbst wenn wir das Ko als eins plus zählen, genügt das nicht. Weiß kann Schwarz niemals in Atari setzen, aber Schwarz tut das jedes Mal, wenn er das Ko schlägt. Dies ist ein Ko, das Schwarz nicht verlieren kann. Es ist nicht einmal ein Hanami-Ko, eigentlich ist das Ko sogar bedeutungslos. In Diagramm 1 steht es vier für Schwarz zu drei plus für Weiß, doch Weiß kann nicht gewinnen. Weiß würde vier zu vier benötigen, damit die Stellung unentschieden wird. Doch hier ist vier zu drei plus nicht besser als vier zu drei. Das Ko hilft Weiß nicht weiter.

Hier in Diagramm 3 hat Weiß eine zusätzliche Außenfreiheit. Wie ist der Status jetzt? Sie sollten es leicht auslesen können. Ist Schwarz am Zug, so gewinnt er genau wie in Diagramm 2. Ist Weiß am Zug, dann besetzt er die schwarze Außenfreiheit und alle Innenfreiheiten, womit er Schwarz in Atari setzt. Diesmal gewinnt Weiß bedingungslos, und auch hier spielt das Ko keine Rolle.

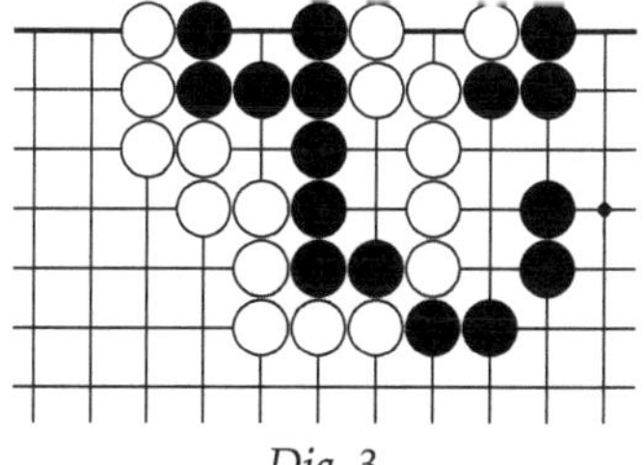

*Dia. 3*

Somit steht in Diagramm 3 die Freiheitenbilanz vier zu vier (plus). Die

Stellung ist unentschieden, und wer am Zug ist, gewinnt bedingungslos.

In Diagramm 4 ist eine weitere schwarze Freiheit gefüllt, was die Balance zum Vorteil von Weiß verschiebt. Es steht nun drei zu vier (plus). Die Stellung ist entschieden. Weiß gewinnt bedingungslos. Selbst wenn Schwarz am Zug ist, verliert er. Und wieder ist das Ko bedeutungslos.

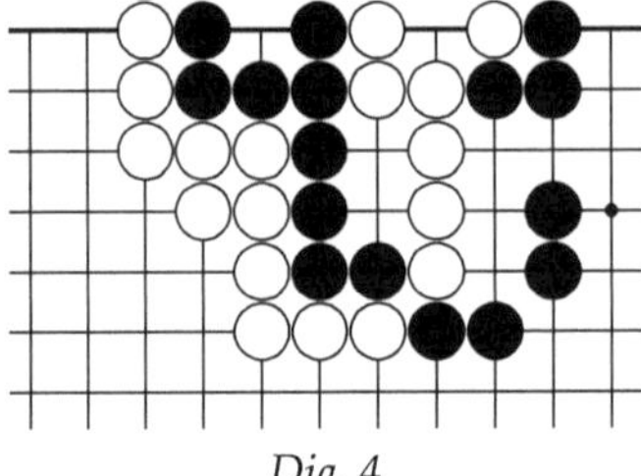

*Dia. 4*

**In einem Kampf vom Typ 3 ist die Seite mit dem Auge Favorit. Er zählt alle Innenfreiheiten für sich. Hat der Außenseiter ein Ko um eine Außenfreiheit, so zählt es lediglich als eine Freiheit. Seki ist nicht möglich. Es geht bedingungslos um Leben und Tod; das Ko ist bedeutungslos. Es gibt nur eine unentschiedene Stellung. Eine Freiheit mehr oder weniger führt zur Entscheidung. Alles ist genau wie in einem herkömmlichen Kampf vom Typ 3.**

Das war jedoch der einfache Fall. Schauen wir uns nun einige kompliziertere Stellungen an.

In Diagramm 5 befindet sich das Ko um eine Außenfreiheit beim Favorit. Dieses Ko muss Weiß auskämpfen. Er kann sich nicht von hinten annähern und das Ko bis zum Schluss aufheben, weil er am Schluss ins Auge setzen muss. Das Ko zählt etwas mehr als eine Freiheit, somit ist der Stand fünf plus für Schwarz zu fünf für Weiß.

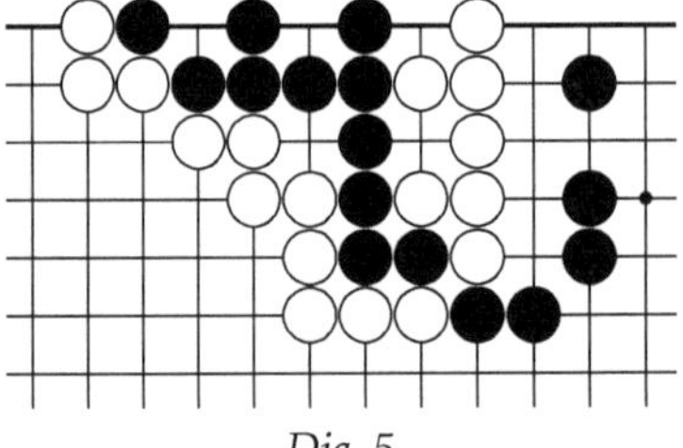

*Dia. 5*

Ist Schwarz am Zug (Diagramm 6), so gewinnt er bedingungslos.

Ist Weiß am Zug (Diagramm 7), so besetzt er zuerst die Außenfreiheit, dann alle Innenfreiheiten und schlägt schließlich das Ko, womit er Schwarz in Atari setzt. Spielt Schwarz nun eine Ko-Drohung, die von Weiß beantwortet wird, so kann Schwarz den Kampf gewinnen: Er schlägt das Ko zurück und ignoriert die weiße Ko-Drohung, um eine Außenfreiheit auf A zu füllen, was Weiß in Atari setzt. Somit ist Diagramm 7 ein direktes Ko, das Weiß als Erster schlägt. Weiß sollte das Ko bis zum Schluss aufheben.

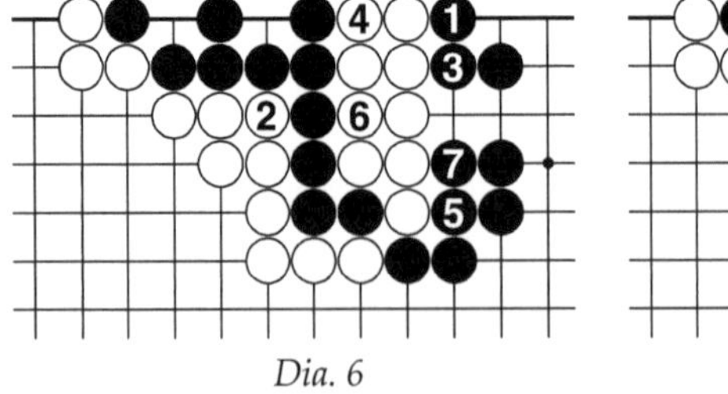

*Dia. 6*

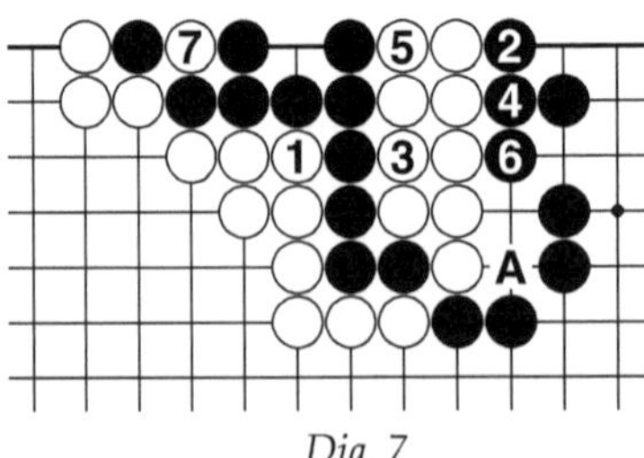


*Dia. 7*

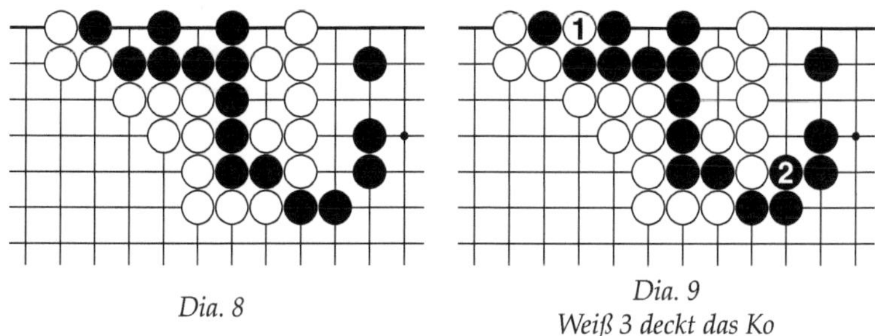

Dia. 8

Dia. 9
Weiß 3 deckt das Ko

Hier in Diagramm 8 hat Schwarz eine Freiheit weniger, womit sich die Bilanz um eins zugunsten von Weiß verschiebt.

Ist Weiß nun am Zug (Diagramm 9), kann er es sich leisten, zwei Züge zum Schlagen und Decken des Ko zu investieren, womit er bedingungslos gewinnt. Die einzige Hoffnung für Schwarz ist, statt dem Besetzen der Außenfreiheit das Ko zu kämpfen. Indem Weiß das Ko sofort mit 1 schlägt, anstatt es bis zum Schluss aufzuheben, erhält er sich lokale Ko-Drohungen. Er kann als Ko-Drohung einfach eine Innenfreiheit (denn das ist eine schwarze Freiheit) besetzen, womit er eine weitere Möglichkeit bekommt, das Ko zu schlagen und anschließend zu decken. Schwarz muss antworten, indem er eine weiße Freiheit besetzt, sonst fällt er im Kampf zurück.

Der einzige Weg für Schwarz, das Ko aufzulösen, ist das Fangen aller weißen Steine. Es nützt Schwarz nichts, das Ko zu decken. Er hat das Ziel, es offen zu halten, um sich eine Freiheit zu bewahren. Schwarz muss vier Ko-Drohungen an anderer Stelle spielen, die Weiß beantworten kann, weil er mit den Innenfreiheiten zwei lokale Ko-Drohungen hat. Am Ende muss Schwarz eine weiße Ko-Drohung (an anderem Ort) ignorieren, um einen Annäherungszug zu machen. Damit Schwarz den Wettlauf gewinnen kann, muss er Weiß drei Züge woanders zugestehen.

**Wenn Sie genügend Freiheiten haben, um das Ko zu decken und bedingungslos zu gewinnen, dann ist es besser, das Ko sofort zu schlagen.**

Heben Sie das Ko nur dann bis zum Schluss auf, wenn Sie es auskämpfen müssen.

In Diagramm 10 sind die Freiheitenzahlen genau wie in Diagramm 5 (5+ zu 5), doch Schwarz hat einen 3-Punkt-Augenraum. Macht das einen Unterschied? Ist Schwarz am Zug, so gewinnt er. Was also passiert, wenn Weiß am Zug ist?

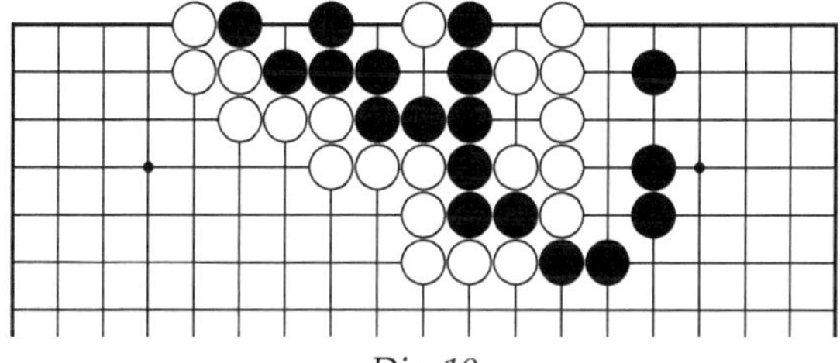

Dia. 10

Diagramm 11: Die Züge 1 bis 7 sind genau wie in Diagramm 7 bis auf die Tatsache, dass Schwarz keine lokale Ko-Drohung hat. Mit 8 schlägt er die zwei weißen Steine. Wenn Weiß wieder hineinsetzt, um eine Freiheit zu besetzen, kann Schwarz das Ko schlagen. Im Ergebnis muss Weiß die erste Ko-Drohung spielen. Somit wird das Ko wegen des größeren Auges günstiger für Schwarz. Ein Zwei-Punkt-Auge würde nichts ändern, weil Schwarz nach dem Schlagen eines einzelnen Steins immer noch in Atari wäre. Doch ein Drei-Punkt-Auge bringt den Unterschied, auch wenn es ein kleines Auge ist.

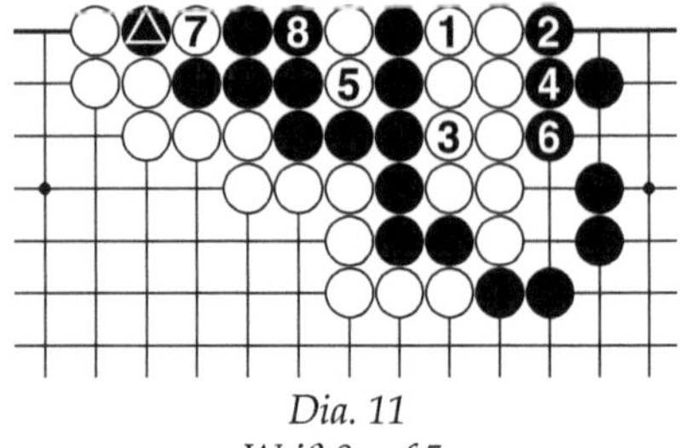

*Dia. 11*
*Weiß 9 auf 5;*
*Schwarz 10 schlägt das Ko auf ▲*

Diagramm 12: Wie sieht es aus, wenn Schwarz einen Fünf-Punkt-Augenraum hat? Die Freiheitenbilanz ist sechs plus für Schwarz zu sechs für Weiß, also genau so wie in Diagramm 5 und Diagramm 10.

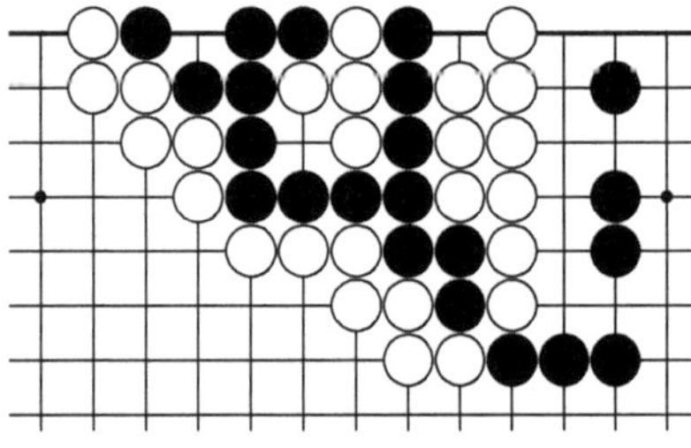

*Dia. 12*

Nachdem Weiß mit 1 in Diagramm 13 eine schwarze Freiheit besetzt hat, schlägt er mit 3 das Ko und setzt Schwarz in Atari. Schwarz schlägt mit 4 vier weiße Steine. Schwarz könnte zu diesem Zeitpunkt auch das Ko kämpfen, zumal er die Führung erringen könnte, wenn er die weiße Ko-Drohung ignorieren und eine Außenfreiheit besetzen kann. Doch da er sich in Atari befindet, könnte Weiß seine Steine vom Brett nehmen, indem er eine Ko-Drohung ignoriert. Schauen wir also der Einfachheit halber, was in der nächsten Phase geschieht.

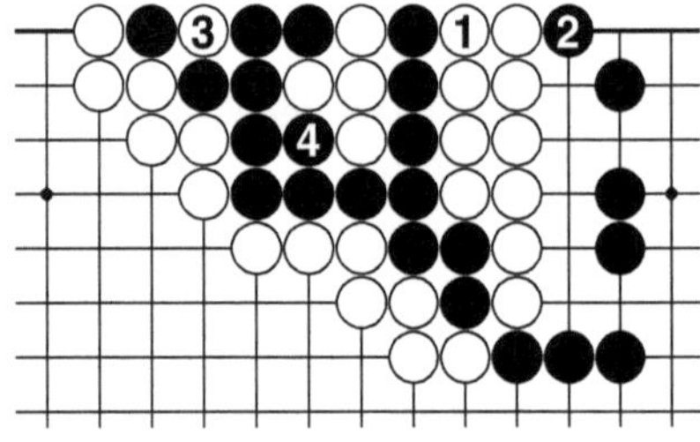

*Dia. 13*

Diagramm 14: Weiß muss mit 1 ins Auge setzen, danach füllen beide Seiten weiter Freiheiten. Wichtig ist hier, dass Schwarz mit 2 nicht das Ko schlagen sollte. Tut er es doch, so füllt Weiß mit 3

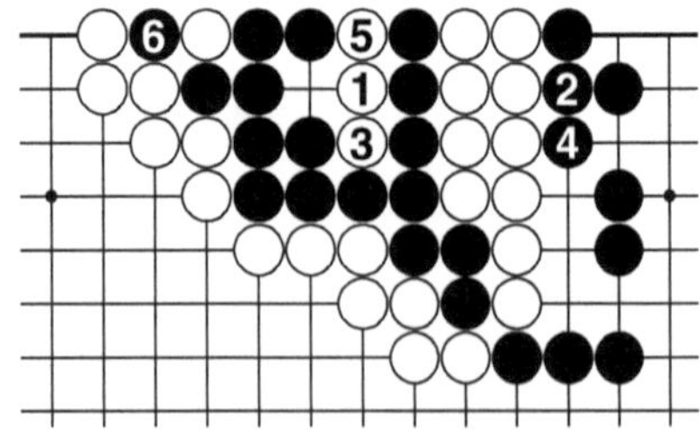

*Dia. 14*
*Weiß 7: Ko-Drohung; Schwarz 8: tenuki*

einfach eine Freiheit im Auge, was als lokale Ko-Drohung wirkt. Schwarz sollte das Ko bis zum Schluss aufheben. Nachdem Weiß mit 5 das Auge fast aufgefüllt und Schwarz in Atari gesetzt hat, schlägt Schwarz mit 6 das Ko. Jetzt hat Weiß keinen lokalen Zug: Er kann keinen Stein mehr ins schwarze Auge setzen, muss also eine Ko-Drohung spielen. Falls Schwarz sie ignoriert, geht er in Führung, indem er eine Außenfreiheit besetzt, und gewinnt so den Wettlauf.

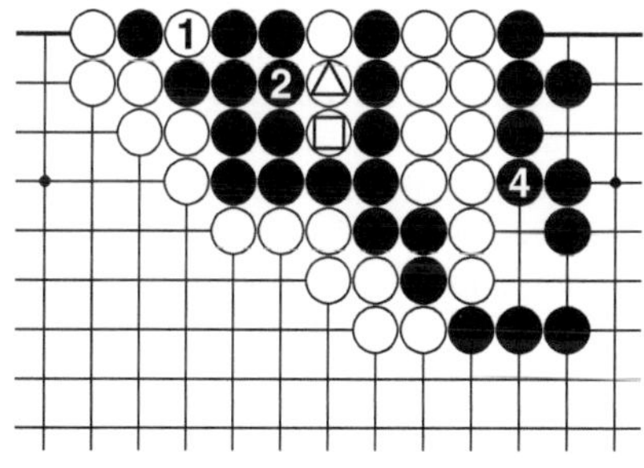

Dia. 15

*Weiß 3 auf △; Weiß 5 auf □; Schwarz 6 schlägt das Ko*

Falls er sie aber beantwortet, dann schlägt Weiß das Ko mit 1 in Diagramm 15 und Schwarz schlägt mit 2 (angenommen, dass er in dieser Phase nicht das Ko kämpft). Beide besetzen Freiheiten, und wenn Weiß 5 ihn in Atari setzt, so schlägt Schwarz mit 6 wiederum das Ko. Und wieder muss Weiß eine Ko-Drohung spielen. Falls Schwarz antwortet, so dass Weiß das Ko zurückschlagen kann, wiederholt sich der ganze Prozess beim nächsten Mal, wenn Weiß das Auge fast aufgefüllt hat. Somit benötigt der Außenseiter umso mehr Ko-Drohungen, je größer das Auge ist. Der Favorit hat mehrere lokale Ko-Drohungen. Jedes Mal wenn Schwarz in Atari ist, schlägt er das Ko, und Weiß muss eine Ko-Drohung spielen. Und jedes Mal, wenn Weiß das Ko schlägt und Schwarz in Atari setzt, schlägt Schwarz die Steine in seinem Auge heraus und fährt mit der nächsten Phase des Kampfes fort. Es ist ein Fehler, wenn Weiß das Ko vorher schlägt. Schwarz kann einfach eine Freiheit besetzen und muss dann später keine Ko-Drohung spielen.

## Typ 3 mit Ko um eine Innenfreiheit

Diagramm 1: Schwarz und Weiß haben beide drei exklusive Freiheiten und eine ist in Ko, zurzeit offen für Schwarz.

Diagramm 2: Ist Schwarz am Zug, so besetzt er die weißen Freiheiten von außen und gewinnt bedingungslos. Das Ko spielt keine Rolle.

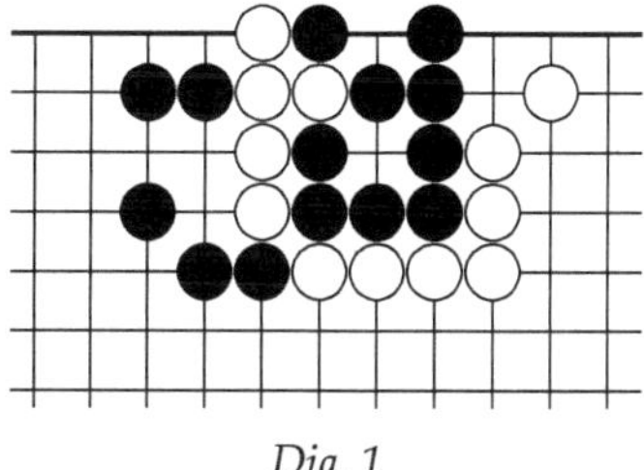

Dia. 1

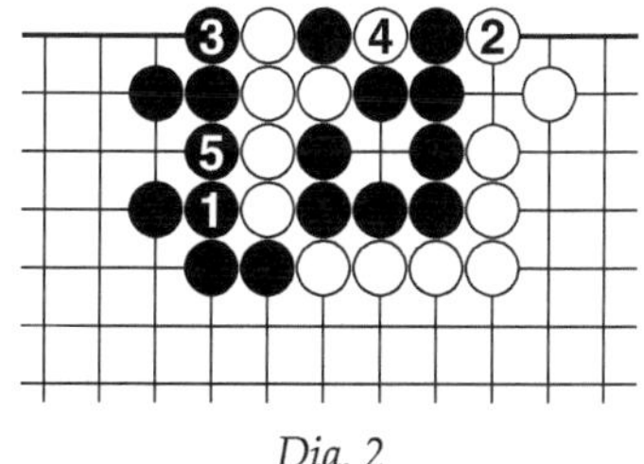

Dia. 2

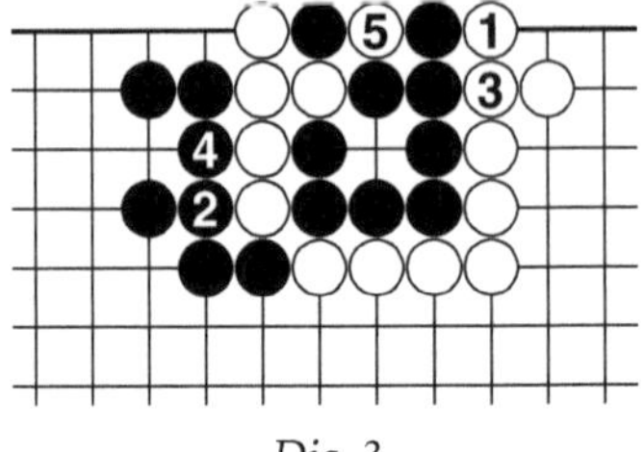

*Dia. 3*

Diagramm 3: Ist Weiß am Zug, dann ergibt sich ein direktes Ko, das Weiß als Erster schlägt (sofern er das Ko bis zum Schluss aufhebt).

Wenn man also die Freiheiten in Diagramm 1 zählt, dann hat Schwarz bei gleicher Anzahl exklusiver Freiheiten einen leichten Vorteil durch das offene Ko. Wir können das mit drei plus für Schwarz und drei für Weiß zählen. Ziehen Sie in einem komplizierteren Kampf mit mehr Außenfreiheiten auf beiden Seiten jeweils die gleiche Anzahl Außenfreiheiten ab, bis eine Seite nur noch zwei Freiheiten besitzt.

Besetzen Sie in Diagramm 1 in Ihrer Vorstellung je eine Freiheit auf jeder Seite. Danach ist das Ergebnis leicht auszulesen. Ist Schwarz am Zug, dann setzt er Weiß in Atari, und Weiß kann auch durch Schlagen des Ko nicht dem Tod entrinnen. Ist Weiß am Zug, so besetzt er die letzte schwarze Außenfreiheit und muss danach das Ko kämpfen.

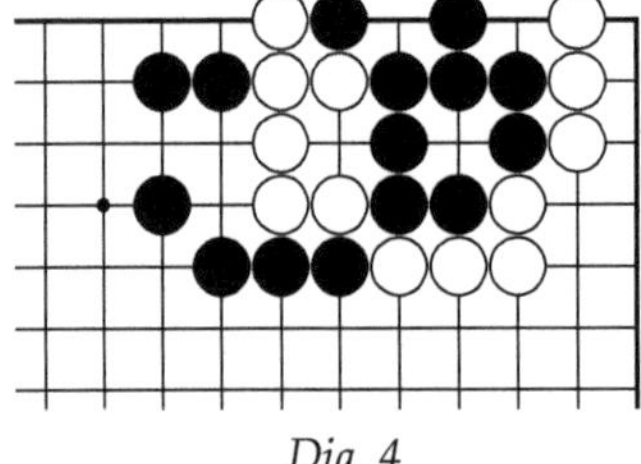
*Dia. 4*

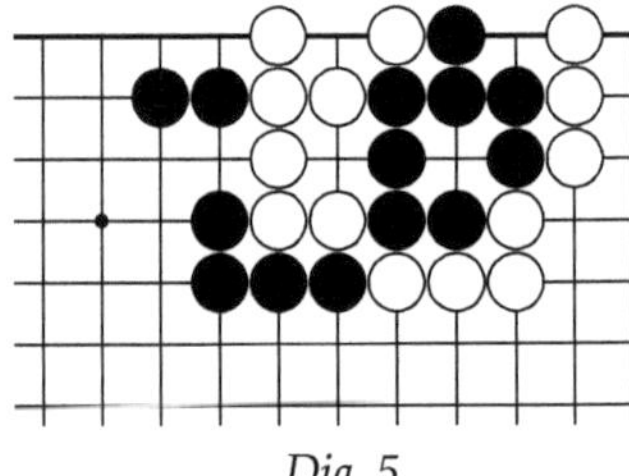
*Dia. 5*

In Diagramm 4 gibt es eine ganze Innenfreiheit. Sie zählt ausschließlich für die Seite mit dem Auge, genau wie in einem herkömmlichen Kampf vom Typ 3. Beide haben drei exklusive Freiheiten, eine ist in Ko. Letztendlich ist das Ergebnis dasselbe wie in Diagramm 1. Ist Schwarz am Zug, so gewinnt er letzten Endes bedingungslos, weil Weiß das Ko nicht gewinnen kann; er kann Schwarz nie in Atari setzen. Ist hingegen Weiß am Zug, so ergibt sich ein direktes Ko, das er als Erster schlägt.

In Diagramm 5 hat Weiß eine exklusive Freiheit weniger, doch das Ko steht anders herum. Ist das besser oder schlechter für Weiß?

Ist Schwarz am Zug, so gewinnt er letzten Endes bedingungslos, das Ergebnis ist also dasselbe. Ist Weiß am Zug, so ergibt sich ein Ko, das Schwarz als Erster schlägt. Das ist jedoch schlechter für Weiß als Diagramm 4 (Ko, das Weiß als Erster schlägt). Es ist also besser, eine ganze exklusive Freiheit mehr zu haben, als dass das Ko günstig steht.

Wir können das sehen, wenn wir nochmals Diagramm 4 anschauen. Ist Weiß am Zug, so wäre es ein Fehler, das Ko zuerst zu schlagen: Schwarz besetzt eine Außenfreiheit und wir gelangen zu Diagramm 5. In Diagramm 4 sollte Weiß eine schwarze Außenfreiheit besetzen und das Ko bis zum Schluss aufheben.

Für die Freiheitenzahl ist das Ko um die Innenfreiheit weniger wert als eine ganze Außenfreiheit. Wir können die Freiheitenbilanz von Diagramm 4 zählen als drei plus für Schwarz zu drei für Weiß.

In Diagramm 5 ist das offene Ko weniger wert als eine ganze weiße Freiheit, weil Schwarz durch Schlagen des Ko vorübergehend eine Freiheit gewinnt. Somit ist Weiß in diesem Kampf im Nachteil. Und dieser Nachteil ist größer als in Diagramm 4.

In Diagramm 6 ist Schwarz Favorit, da er ein Auge hat, allerdings hat Weiß eine Menge Außenfreiheiten. Schwarz hat vier Freiheiten und das Ko, Weiß ebenfalls. Nachdem die Anzahl der exklusiven Freiheiten gleich und das Ko günstig für Weiß ist, hat er einen Vorteil: Es steht vier plus für Weiß zu vier für Schwarz.

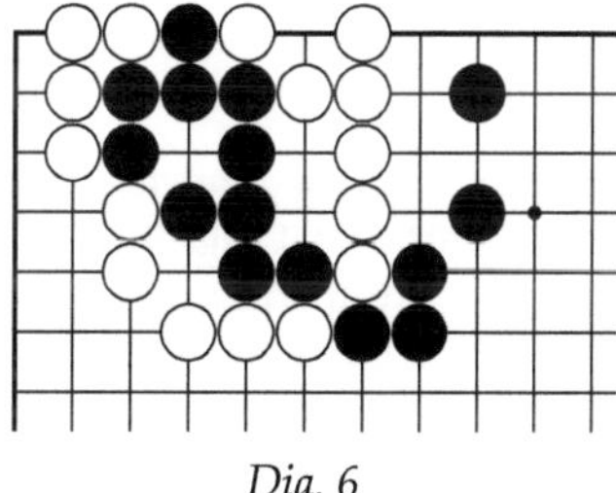

*Dia. 6*

Ist Weiß am Zug (Diagramm 7), so gewinnt er dennoch nicht bedingungslos. Um die schwarzen Steine zu fangen, muss er eine Ko-Drohung ignorieren. Nach Weiß 5 schlägt Schwarz mit 6 das Ko. So gerät Weiß aber nicht in Atari, sondern Schwarz muss einen Annäherungszug auf A machen. Es ist also ein einzügiges Annäherungs-Ko für Schwarz.

Ist Schwarz am Zug (Diagramm 8), so ergibt sich ein direktes Ko, das Schwarz als Erster schlägt.

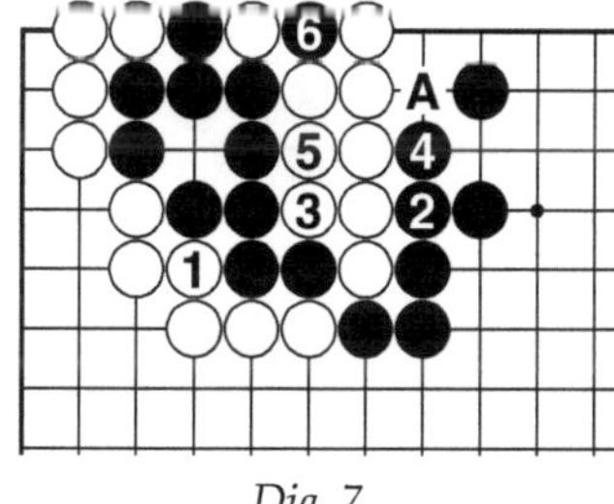


*Dia. 7*

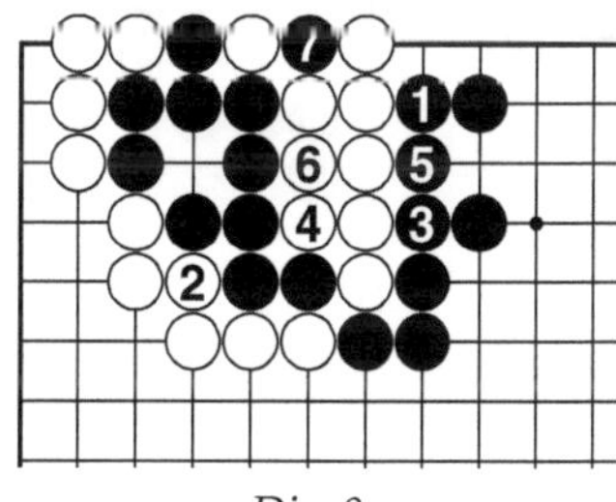


*Dia. 8*

Schauen wir uns wieder eine Folge von Kämpfen an, in der sich die Freiheitenzahlen schrittweise ändern.

In Diagramm 9 hat Schwarz ein Auge, somit zählt die Innenfreiheit für ihn. Allerdings hat Weiß mehr Außenfreiheiten. Ohne Ko würde Weiß einfach bedingungslos gewinnen.

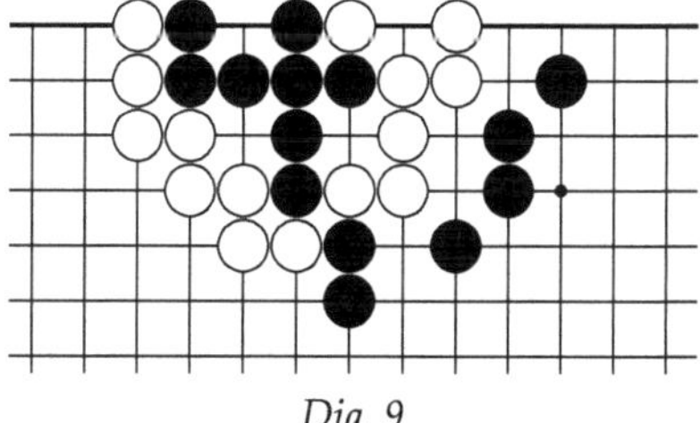

*Dia. 9*

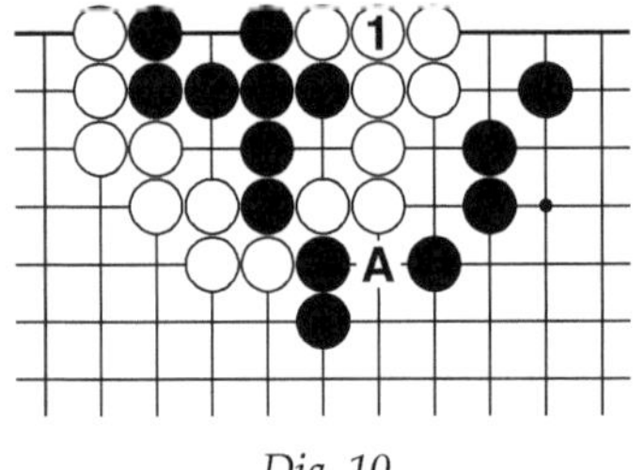


*Dia. 10*

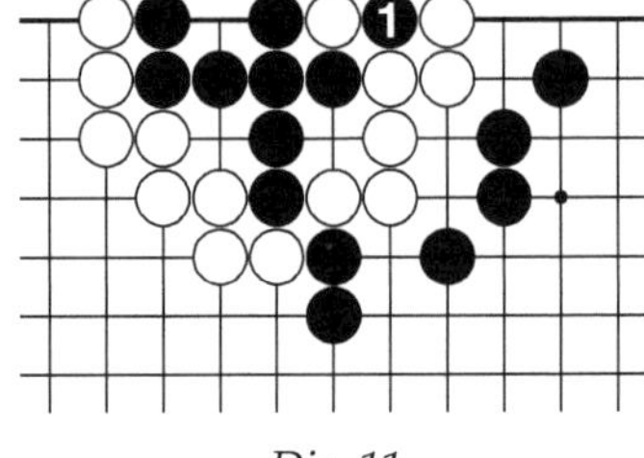


*Dia. 11*

Nachdem Weiß sehr viele Freiheiten hat, schauen wir was passiert, wenn er einfach mit 1 in Diagramm 10 das Ko deckt. Das ist leicht auszuzählen. Weiß liegt mit fünf zu drei vorn, so dass ein schwarzer Zug bei A nicht einmal Vorhand wäre. Spielt Schwarz auf A, so kann Weiß fernbleiben und noch immer gewinnen. Das bedeutet natürlich auch: Ist Schwarz in Diagramm 9 am Zug, dann hilft es ihm nicht, eine Außenfreiheit zu besetzen. Weiß wird antworten, indem er einfach das Ko deckt und bedingungslos gewinnt. Ist Diagramm 9 damit entschieden und Schwarz bedingungslos tot?

Nein, so klar ist das nicht. Schlägt Schwarz das Ko sofort mit 1 (Diagramm 11), dann stirbt er nicht bedingungslos. Es ist eher ein für Schwarz ungünstiges zweizügiges Annäherungs-Ko. Doch dem Weißen ist es ein Dorn im Auge, den er nur schwer loswird. Im Ergebnis ist Schwarz fast tot, aber nicht ganz.

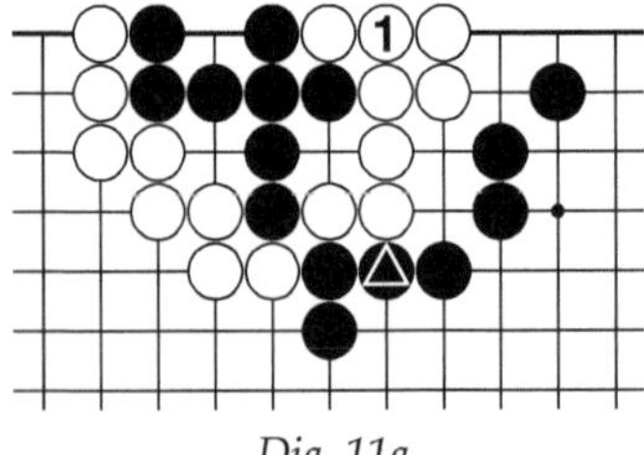


*Dia. 11a*

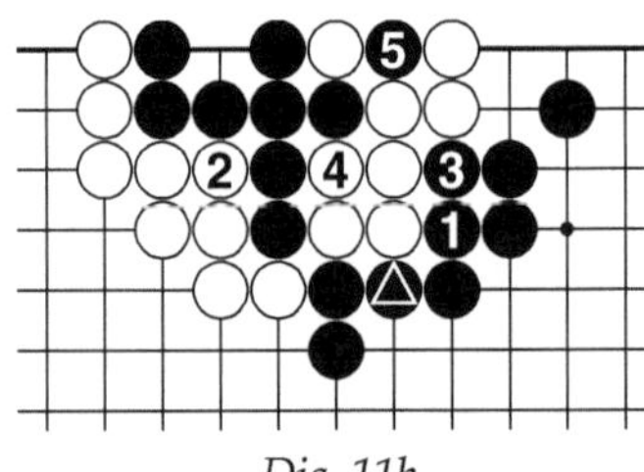


*Dia. 11b*

Hat Weiß wie in Diagramm 11a eine Freiheit weniger, dann kann er noch immer das Ko decken und gewinnen, falls er am Zug ist. Schwarz am Zug hingegen kann das Ko schlagen und ein einzügiges Annäherungs-Ko kämpfen.

Diagramm 11b: Schwarz kann sogar zuerst die weißen Außenfreiheiten besetzen und das Ko bis zum Schluss aufheben, weil Weiß nun nicht mehr genügend Freiheiten hat, um das Ko zu decken (dazu bräuchte er zwei verbleibende Außenfreiheiten, nachdem er alle schwarzen Außenfreiheiten und die Innenfreiheit besetzt hat).

Und mit zwei Außenfreiheiten weniger (Diagramm 12) kann Weiß das Ko in keinem Fall decken.

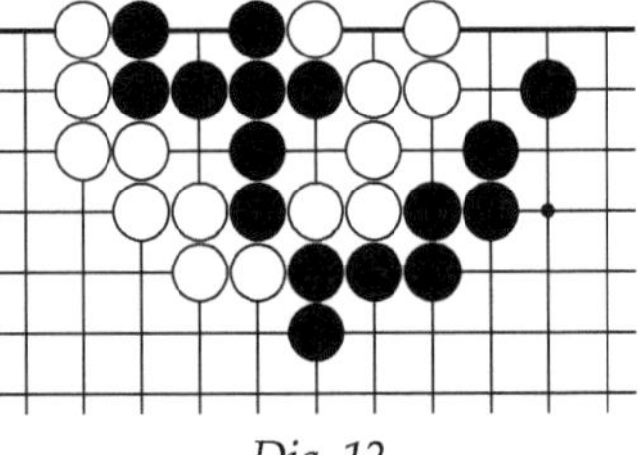

*Dia. 12*

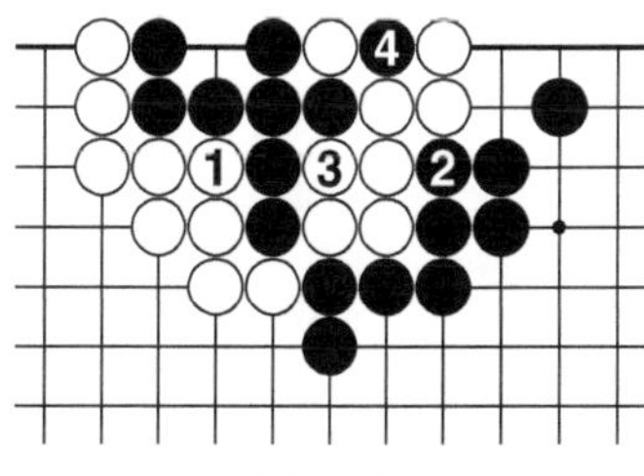

*Dia. 12a*

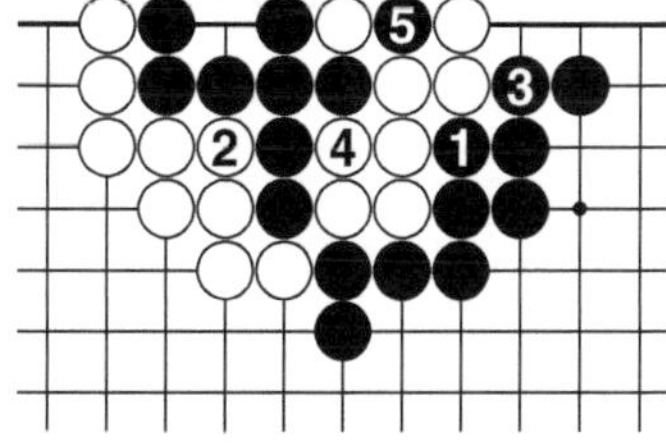

*Dia. 12b*

Deshalb besetzt er stattdessen (Diagramm 12a) erst die schwarze Außen- und die Innenfreiheit. Das Ergebnis ist ein direktes Ko für Weiß und ein einzügiges Annäherungs-Ko für Schwarz. Ist allerdings Schwarz am Zug (Diagramm 12b), so bekommt er ein direktes Ko, das er als Erster schlägt. Die Freiheitenbilanz in Diagramm 12 lautet drei zu drei – plus das Ko. Weiß ist leicht im Vorteil (wie in Diagramm 4).

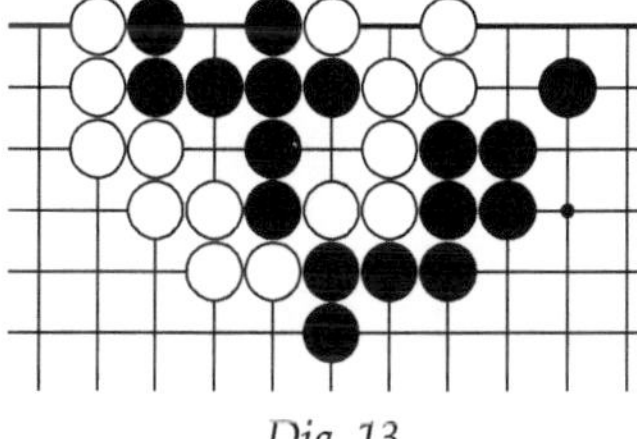
*Dia. 13*

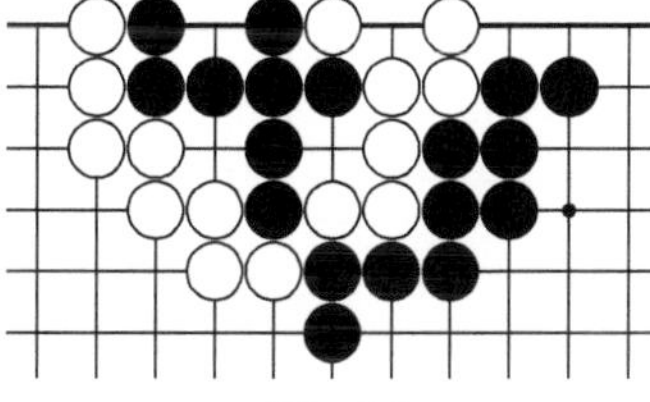
*Dia. 14*

Diagramm 13: Wieder eine weniger. Schwarz hat drei ganze Freiheiten gegenüber zwei von Weiß, aber Weiß profitiert ein wenig von dem offenen Ko. Noch immer kann Weiß ein direktes Ko bekommen, wenn er am Zug ist. Doch dieses Mal ist es für Schwarz ebenfalls ein direktes Ko anstatt eines Annäherungs-Ko. Das ist sein Ertrag aus der um eins besseren Freiheitenbilanz gegenüber Diagramm 12. Ist Schwarz am Zug, so gewinnt er bedingungslos.

Die Stellung in Diagramm 14 schließlich ist entschieden. Schwarz führt mit drei zu eins plus. Das Ko reicht nicht aus, um Weiß zu retten. Auch wenn Weiß am Zug ist, verliert er.

Hier in Diagramm 15 finden Sie ein paar Übungsbeispiele.

Lesen Sie zu jedem dieser Kämpfe den Status aus. In allen Fällen hat Schwarz das Auge. Was passiert, wenn Schwarz am Zug ist? Was passiert, wenn Weiß am Zug ist? Decken Sie in Ihrer Vorstellung zuerst das Ko und schauen Sie, was sich daraus ergibt. So erkennen sie, ob Sie das Ko kämpfen müssen oder nicht. Die Lösungen finden Sie auf Seite 207.

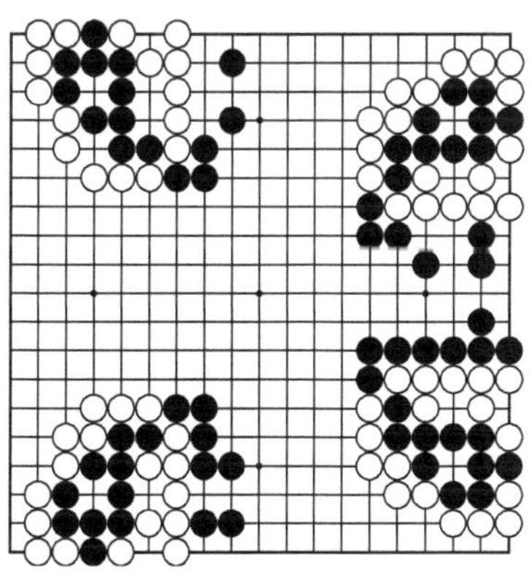
*Dia. 15*

## Typ 6 mit Ko um eine Außenfreiheit

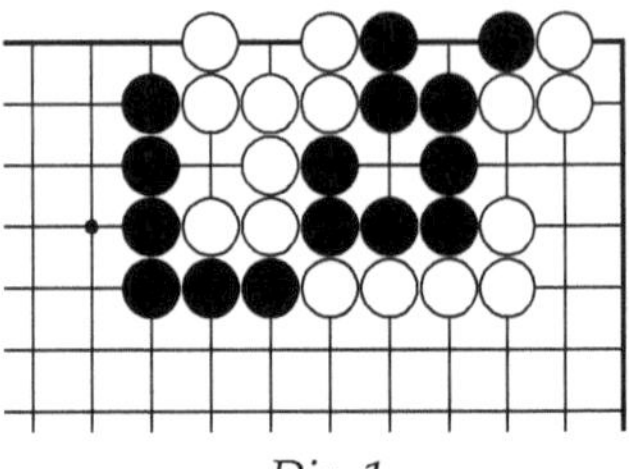

*Dia. 1*

In Diagramm 1 haben beide Seiten je ein Kleines Auge, es gibt keine Innenfreiheiten. Schwarz ist mit drei plus zu drei vorn. Ist Schwarz am Zug, so gewinnt er bedingungslos. Weiß am Zug bekommt ein direktes Ko, das er als Erster schlägt. Seki ist nicht möglich. Wenn keine Innenfreiheiten vorhanden sind, ist die Situation die gleiche wie in einem Kampf vom Typ 1a (ohne Augen, mit einer Innenfreiheit). Auch wenn es in Diagramm 1 keine Innenfreiheit gibt, muss das Ko ausgekämpft werden (so wie bei Typ 1a, nicht wie bei Typ 1). Der Grund dafür ist, dass die letzte Augenfreiheit genauso unzugänglich ist wie eine Innenfreiheit. Das bedeutet, dass Weiß nicht beide, das Ko und die Augenfreiheit, bis zum Schluss aufheben kann.

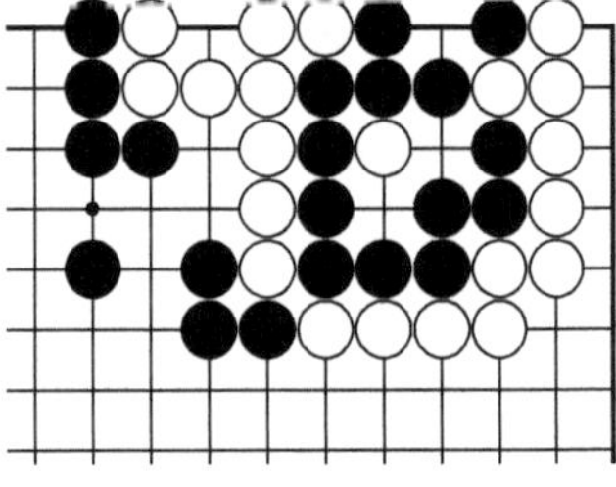

*Dia. 2*

In Diagramm 2 sind die Freiheitenzahlen genau die gleichen wie in Diagramm 1 (3+ zu 3). Doch durch sein größeres Auge hat Schwarz einen leichten Vorteil gegenüber Diagramm 1. Auch wenn das Drei-Punkt-Auge ein Kleines Auge ist und kein Großes, verschafft es Schwarz eine lokale Ko-Drohung. Wenn er am Zug ist, so gewinnt er bedingungslos, genau wie zuvor.

Ist Weiß am Zug (Diagramm 3) und schlägt das Ko mit 3, dann schlägt Schwarz mit 4 zwei Steine. Weiß spielt mit 5 auf 1 zurück ins Auge und Schwarz schlägt mit 6 das Ko zurück. Das Ergebnis ist somit ein Ko, das Schwarz als Erster schlägt, diesmal muss Weiß die erste Ko-Drohung spielen. Es ist ein direktes Ko für beide. Schwarz kann es gewinnen, wenn er eine Ko-Drohung ignoriert und die Freiheit bei A besetzt.

Diagramm 4 ist wie Diagramm 1, nur gibt es jetzt eine Innenfreiheit. Jetzt kann Schwarz am Zug nicht mehr bedingungslos gewinnen.

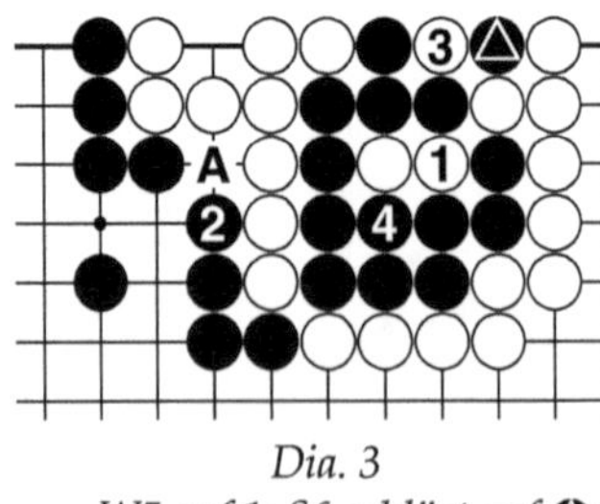


*Dia. 3*
*W5 auf 1; S6 schlägt auf ▲*

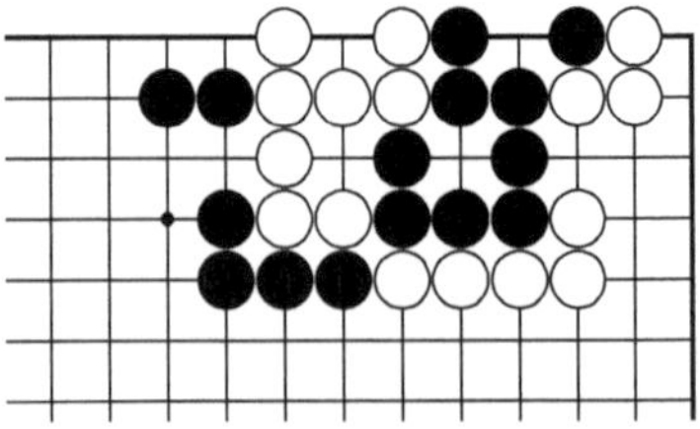

*Dia. 4*

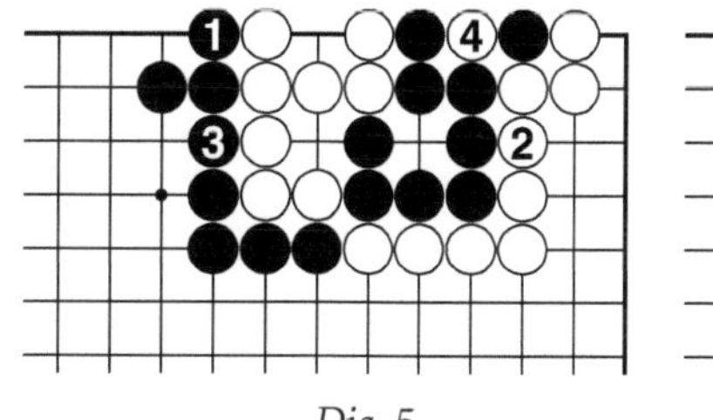


Dia. 5

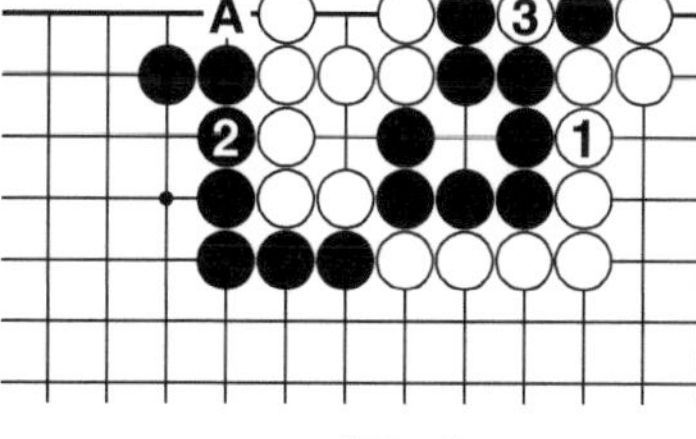


Dia. 6

Ist Schwarz am Zug (Diagramm 5), dann muss Weiß das Ko schlagen und decken, um ein Seki zu erreichen. Sobald Schwarz das Ko schlägt, gewinnt er eine Freiheit, so dass er die Innenfreiheit besetzen und Weiß töten kann. Somit ist das ein Hanami-Ko für Schwarz. Schlimmstenfalls lebt er in Seki, Weiß kann nicht töten. Diese Situation ist die gleiche wie in einem Kampf vom Typ 2 (also ohne Augen und mit zwei Innenfreiheiten). In einem Kampf vom Typ 6 dienen die Augen als Annäherungszüge, und damit genügt eine Innenfreiheit, um ein Seki zu ermöglichen.

Ist Weiß am Zug (Diagramm 6), so ist es ein einzügiges Annäherungs-Hanami-Ko für Schwarz. Dieser muss das Ko zurückschlagen und dann die Freiheit auf A besetzen, um das direkte Hanami-Ko aus Diagramm 5 zu erzeugen. Alternativ kann Schwarz Seki machen, nachdem Weiß mit 3 das Ko geschlagen hat, indem er auf A spielt und Weiß das Ko decken lässt. Weiß kann die schwarzen Steine nur dann fangen, wenn Schwarz mit 4 woanders setzt, zum Beispiel eine Ko-Drohung spielt. Das gibt Weiß die Chance, sie zu ignorieren und die Innenfreiheit zu besetzen, um ein ungünstiges Ko zu bekommen. In Diagramm 4 ist Schwarz der Favorit, da er mehr Außenfreiheiten besitzt.

Hat Weiß eine zusätzliche Freiheit (Diagramm 7), so kann er mit 3 die Innenfreiheit besetzen. Doch dadurch entsteht ein direktes Ko, und er sollte sicherstellen, dass er über genügend Ko-Drohungen verfügt, um zu gewinnen. Der sichere Weg wäre, das Ko zu gewinnen und zum Seki zu decken, anstatt die Innenfreiheit zu nehmen.

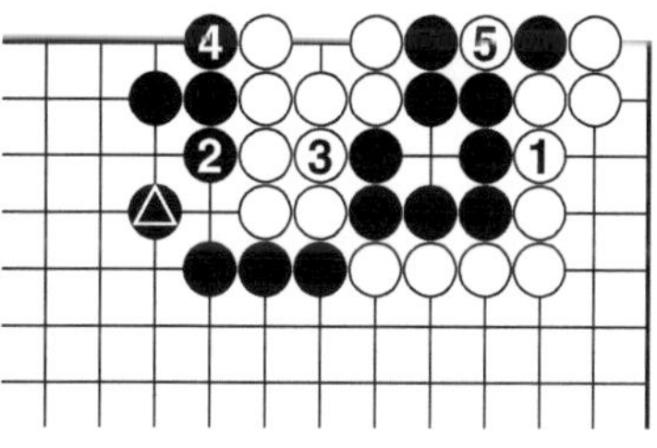


Dia. 7

Bei einer Innenfreiheit ist ein Seki möglich. Wenn sie einmal besetzt ist, dann ist es vorbei: Eine Seite muss sterben.

Beachten Sie die Reihenfolge der weißen Züge. Falls Weiß vorhat, das Ko zu gewinnen und die Schwarzen zu fangen, dann sollte er das Ko bis zum Schluss aufheben, damit Schwarz die erste Ko-Drohung spielen muss. Falls Weiß aber Seki machen will, indem er das Ko schlägt und dann deckt, so sollte er es sofort schlagen, damit er die Außenfreiheit als lokale Ko-Drohung nutzen kann.

## Typ 6 mit Ko um eine Innenfreiheit

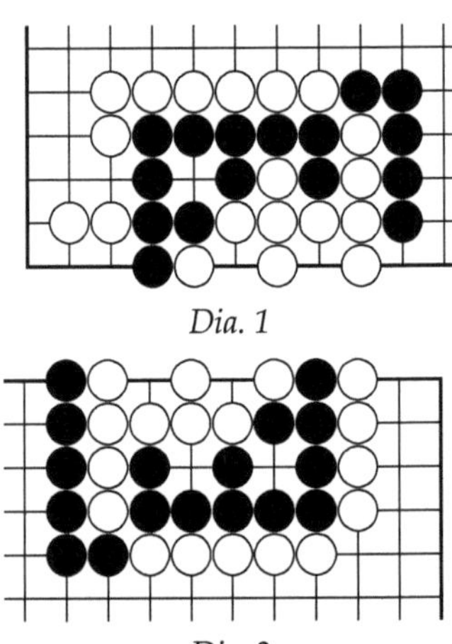

Dia. 1

Dia. 2

In Diagramm 1 ist Schwarz der Favorit. Ohne Innenfreiheit ist es Kampf bis zum Tod: Ein Seki ist nicht möglich. Ist Schwarz am Zug, so bekommt er ein günstiges Ko: Es ist ein einzügiges Annäherungs-Ko für Weiß. Ist hingegen Weiß am Zug, so ist das Ko für ihn besser: es ist direkt, jedoch schlägt Schwarz es als Erster. Wenn wir in Diagramm 1 die Freiheiten abzählen, dann hat Schwarz drei exklusive und das Ko, während Weiß nur zwei exklusive und das Ko für sich zählt. Schwarz ist bei den Freiheiten vorn (drei zu zwei plus). Wenn Schwarz am Zug ist, bekommt er ein besseres Ergebnis als Weiß, wenn dieser am Zug ist.

Mit einer Innenfreiheit wie in Diagramm 2 ist das Ergebnis mit hoher Wahrscheinlichkeit Seki. Wer auch immer die Innenfreiheit besetzt, macht das Seki unmöglich und handelt sich ein ungünstiges Ko ein. Diese Stellung hat nichts Dringliches; keiner der Spieler wird Eile haben, das Ko zu decken oder die Innenfreiheit zu besetzen.

## Typ 4 mit Ko um eine Außenfreiheit des Favoriten

In Diagramm 1 ist Schwarz der Favorit, da er mehr exklusive Freiheiten hat. In einem Kampf vom Typ 4 schützen die Innenfreiheiten den Außenseiter (Weiß), somit ist die Freiheitenbilanz 13+ für Schwarz zu 13 für Weiß. Das Ko ist für Schwarz etwas mehr als eine Freiheit wert. Ist er am Zug, so gewinnt er bedingungslos, genau wie in einem herkömmlichen Kampf vom Typ 4. Mit einem Gleichstand von 13 zu 13 bei den Freiheiten würde Schwarz einen Kampf vom Typ 4 ohne Ko gewinnen, somit ist das Ko hier lediglich ein Bonus. Ist Weiß am Zug, so entsteht Diagramm 2.

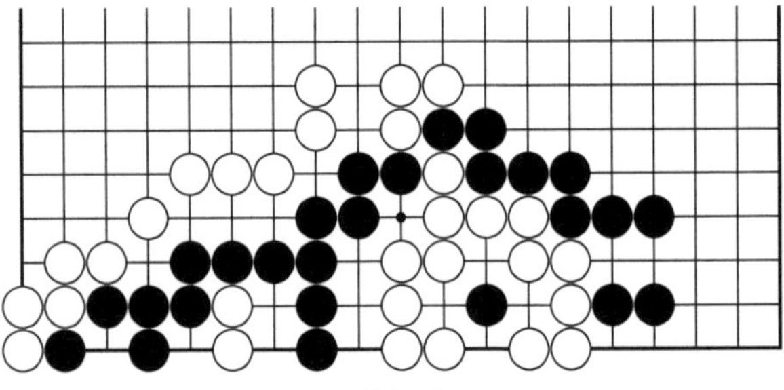

Dia. 1

Schwarz hat auch in Diagramm 2 mehr exklusive Freiheiten und ist damit immer noch Favorit, aber es steht 12+ für Schwarz zu 13 für Weiß. Jetzt könnte man denken, dass Schwarz nicht gewinnen kann, selbst wenn er am Zug ist. Er könnte jetzt fernbleiben und Weiß ein Nachhand-Seki erlauben; Weiß kann Schwarz nicht töten. Aber Schwarz hat eine Möglichkeit, Weiß zu fangen, und sie ist nicht besonders riskant. Durch das Ko kann er bei den Freiheiten aufholen, der Preis ist jedes Mal ein Tenuki für Weiß.

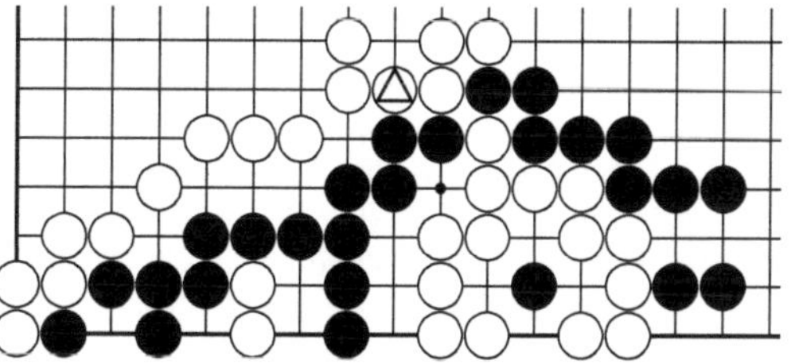

*Dia. 2*

Falls Schwarz die Weißen töten will, muss er die Innenfreiheiten alle selbst besetzen (Diagramm 3). Weiß muss mit 16 das Ko schlagen, damit Schwarz nicht die letzte Innenfreiheit nehmen und ihn in Atari setzen kann, was das Ende wäre. Falls es Schwarz nun schafft, das Ko zurückzuschlagen, dann kann er nach Ignorieren einer weiteren weißen Ko-Drohung den Wettlauf durch Besetzen der Innenfreiheit bedingungslos gewinnen. Schwarz ist nicht in Atari und kann deshalb das Ko in dieser Stellung kämpfen. Falls Weiß jetzt eine schwarze Ko-Drohung ignoriert und das Ko deckt, ist das Ergebnis Seki. Weiß kann das Ko nicht auf andere Weise beseitigen: Besetzen der Innenfreiheit wäre ein Selbst-Atari, und das Schlagen der schwarzen Steine in seinem Auge würde ihn im Wettlauf ins Hintertreffen bringen. Somit hat Schwarz ein Hanami-Ko: Solange eine Innenfreiheit übrig ist, kann er nicht sterben.

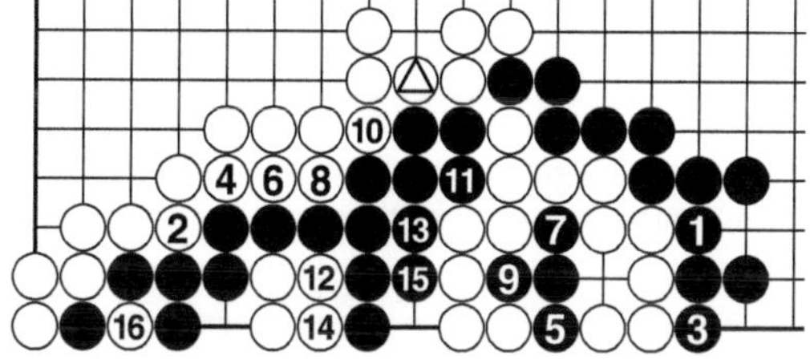

*Dia. 3*

Diagramm 4: Selbst wenn Schwarz die Ko-Drohungen ausgehen sollten, kann er weiter versuchen, Weiß zu töten, statt ihm ein Seki zuzugestehen. Zunächst wäre das Besetzen der Innenfreiheit zwar Selbst-Atari, aber Schwarz kann die Steine in seinem Auge mit 1 schlagen, wonach er dann mit 3 die Innenfreiheit besetzen kann.

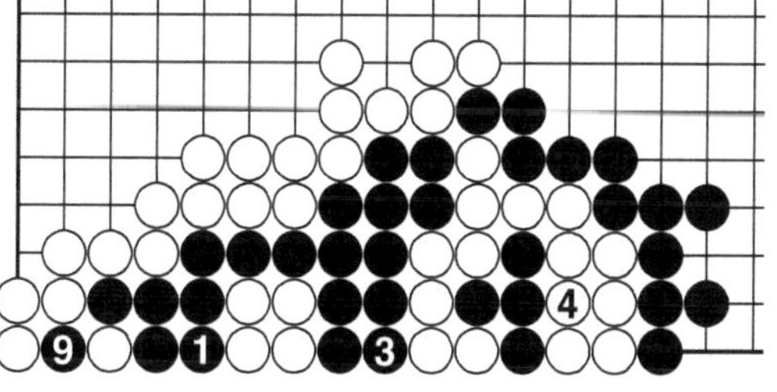

*Dia. 4*
*2, 6, 8 ins schwarze Auge; 5, 7 ins weiße Auge*

In einem Kampf vom Typ 4 ohne Ko würde Schwarz auf diese Weise im Wettlauf zurückgeworfen, weil Weiß nun in den schwarzen Augenraum setzt, bevor Schwarz desgleichen im (gleich großen) weißen Augenraum tun kann. Doch hier hat Schwarz dank dem Ko noch eine bedingte Außenfreiheit. Weiß hat keine Zeit, einen Zug für das Decken des Ko zu investieren, solange Schwarz lokal Freiheiten besetzt. Würde er es dennoch tun, so zählte das Ko mit zwei Freiheiten für Schwarz, was die Freiheitenbilanz auf 13 zu 13 ausgleichen würde. Und das könnte Schwarz gewinnen, wenn er am Zug ist. Deshalb muss Weiß das Ko kämpfen.

Ist die letzte Innenfreiheit erst besetzt, so ist es ein Kampf bis zum Tod; ein Seki ist nicht mehr möglich. Weiß müsste eine schwarze Ko-Drohung abseits der Situation ignorieren, um lokal in Vorteil zu kommen. Dann könnte er entweder das Ko decken oder alle schwarzen Steine schlagen, falls sie in Atari sind. Doch Schwarz hat während dieses Wettlaufs mehrere lokale Ko-Drohungen. Nachdem Weiß das schwarze Auge mit 8 fast gefüllt und Schwarz in Atari gesetzt hat, kann Schwarz mit 9 das Ko schlagen. Es handelt sich um ein direktes Ko für beide. Ignoriert Schwarz die weiße Ko-Drohung, so kann er bedingungslos gewinnen: Er muss nur einen Stein ins weiße Auge setzen und ist im Wettlauf einen Schritt voraus. Somit muss Weiß entweder eine sehr große Ko-Drohung finden – oder sterben.

Falls Schwarz die weiße Ko-Drohung beantwortet und Weiß anschließend mit 1 in Diagramm 4a das Ko zurückschlägt, dann wird Schwarz dem Atari entgehen, indem er die Steine in seinem Auge schlägt.

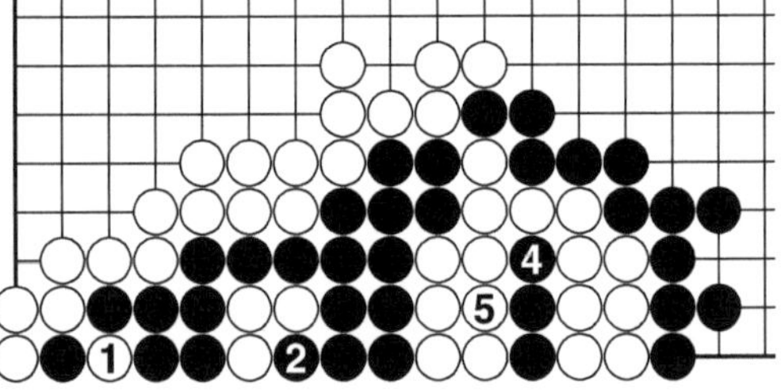

*Dia. 4a*

*3, 7 ins schwarze Auge; 6 ins weiße Auge*

Diagramm 5: Die letzte Stufe ist ein direktes Ko, das Schwarz als Erster schlägt. Bis hierher musste Weiß zwei sehr große Ko-Drohungen spielen, während Schwarz nur lokal gedroht hat. Zum Gewinn muss Schwarz lediglich die letzte weiße Ko-Drohung ignorieren.

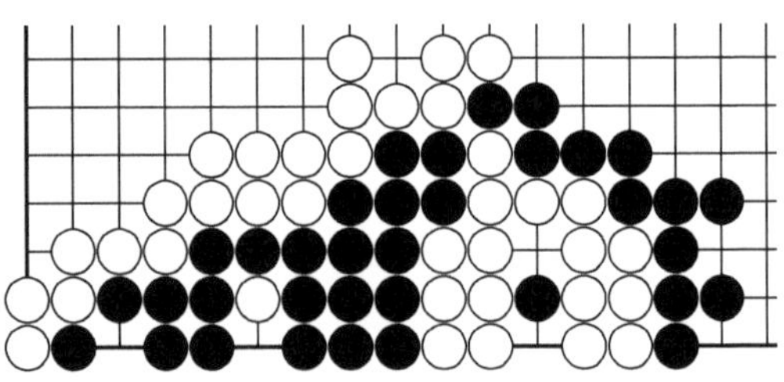

*Dia. 5*

Das alles bedeutet für den Status von Diagramm 2: Ist Schwarz am Zug, so hat er die Wahl, Seki zu machen oder ein günstiges Ko zu kämpfen. Dieses Ko beginnt als ein für Schwarz gefahrloses Hanami-Ko, und auf Wunsch kann er es in ein günstiges Ko umwandeln, bei dem er jedoch seine Gruppe aufs Spiel setzt. Entscheidend ist, ob er die letzte Innenfreiheit besetzt, weil das ein Seki ausschließt. Weiß am Zug hingegen sollte sofort das Ko schlagen und um den Preis eines schwarzen Tenukis decken, denn das garantiert ein Seki.

## Typ 4 mit Ko um eine Außenfreiheit des Außenseiters

Diesmal (Diagramm 6) geht das Ko um eine Außenfreiheit des Außenseiters. Schwarz führt 13 zu 12+. Ist Schwarz am Zug, dann ist Weiß so gut wie tot. Schwarz versucht, das Ko zu schlagen und dann zu decken. Nachdem beide zweimal gezogen haben, ergibt sich ein einfacher Kampf vom Typ 4 ohne Ko mit einer Freiheitenbilanz von 11 zu 11 und Schwarz am Zug. Die einzige Hoffnung für Weiß ist, das Ko zu kämpfen und offen zu halten, damit Schwarz es nicht decken kann. Jedoch: Alle weißen Freiheiten sind schwarze Ko-Drohungen, deshalb ist dies für Weiß ein Annäherungs-Ko mit einer riesigen Zahl von Annäherungszügen. Dieses Ko bietet Weiß praktisch keine Möglichkeit zum Überleben.

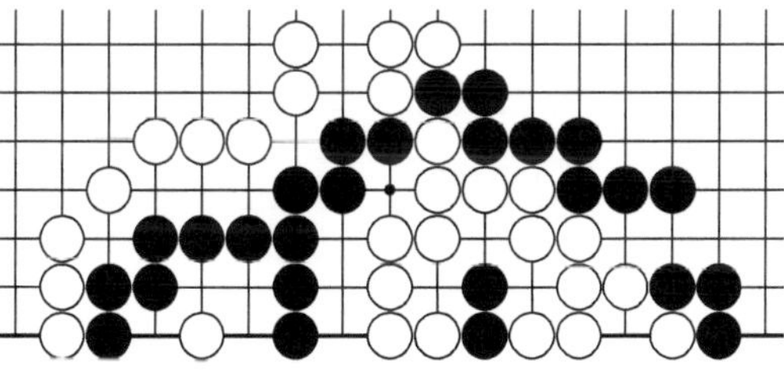

*Dia. 6*

Ist Weiß am Zug, so ergibt sich Diagramm 7, es steht jetzt 12 zu 12+ gegen Schwarz. Ist Weiß jetzt sicher? Nun, Schwarz hat eine Freiheit zu wenig, um das Ko zu schlagen und dann zu verbinden. Wenn er also Weiß töten will, so muss er alle Innenfreiheiten selbst besetzen und das Ko kämpfen. Doch wie Sie sich wohl auch gedacht haben, ist das keine gute Idee. Schauen wir uns das an.

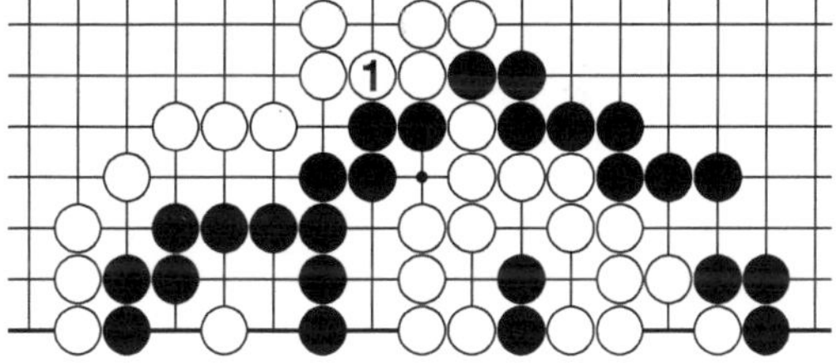

*Dia. 7*

Nachdem Schwarz bis 13 in Diagramm 8 alle Innenfreiheiten besetzt hat, bleibt ihm nur noch, das

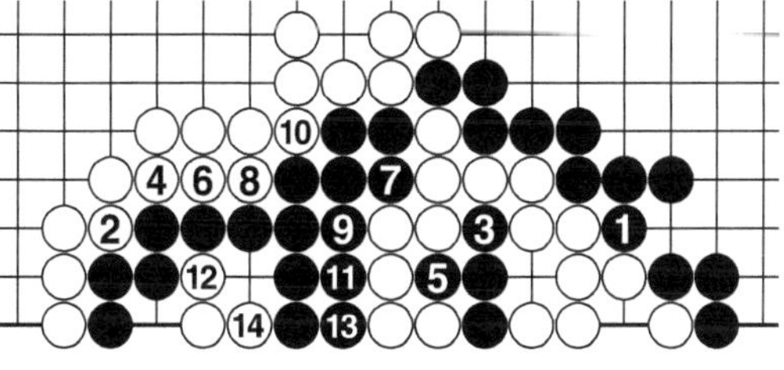

*Dia. 8*

Ko zu schlagen, obwohl er es lieber bis zum Schluss aufheben würde, denn der frühe Zeitpunkt ist nachteilig. Jedes Mal, wenn Schwarz das weiße Auge fast gefüllt hat und Weiß in Atari setzt, kann Weiß das Ko zurückschlagen. Tatsächlich hat sich Schwarz durch das Besetzen der letzten Innenfreiheit mit 13 selbst in Nachteil gebracht. Plötzlich ist er selbst der Außenseiter geworden und hat zugelassen, dass Weiß mit dem Ko zum Favorit wird. Die Stellung entwickelt sich in Richtung von Diagramm 4 mit vertauschten Farben. Nun hat Weiß lokale Ko-Drohungen, während Schwarz große Ko-Drohungen woanders finden muss. Somit wird es sehr riskant für Schwarz, wenn er Weiß töten will. Es wäre besser, anstatt 1 fernzubleiben und die Innenfreiheiten offen zu lassen, so dass Weiß ein Seki in Nachhand erreichen kann.

Das Endergebnis (Diagramm 9) wäre ein direktes Ko, das Weiß als Erster schlägt. Doch um bis hierher zu kommen, müsste Schwarz einige Ko-Drohungen woanders auf dem Brett gefunden haben, während Weiß lokale Ko-Drohungen gespielt hat.

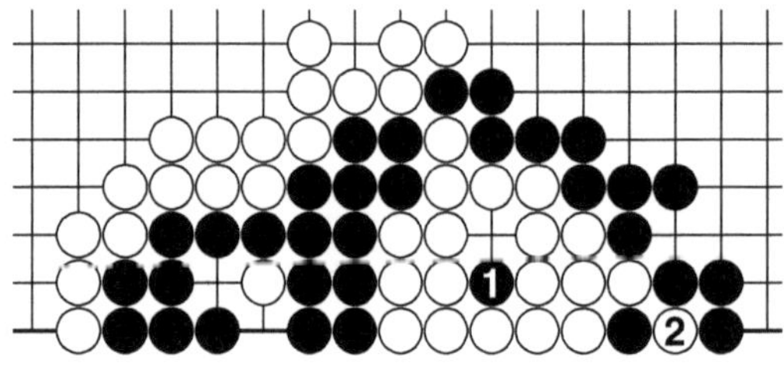

*Dia. 9*

## Typ 4 mit Ko um eine Innenfreiheit

Schwarz ist in Diagramm 1 vorn. Ist er am Zug, so kann er einfach das Ko decken. Das tötet Weiß bedingungslos.

Schwarz hat in Diagramm 2 eine Freiheit weniger als in Diagramm 1 und kann Schwarz nicht mehr durch Decken des Ko töten. Das Decken des Ko sichert Schwarz lediglich ein Seki in Vorhand (Weiß muss mit dem Besetzen einer schwarzen Freiheit antworten, um nicht zu verlieren). Doch Schwarz kann diesen Zug als Ko-Drohung für später aufheben und jetzt

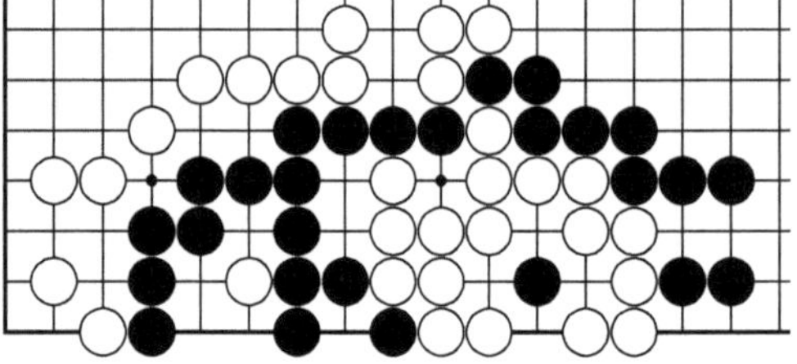
*Dia. 1*

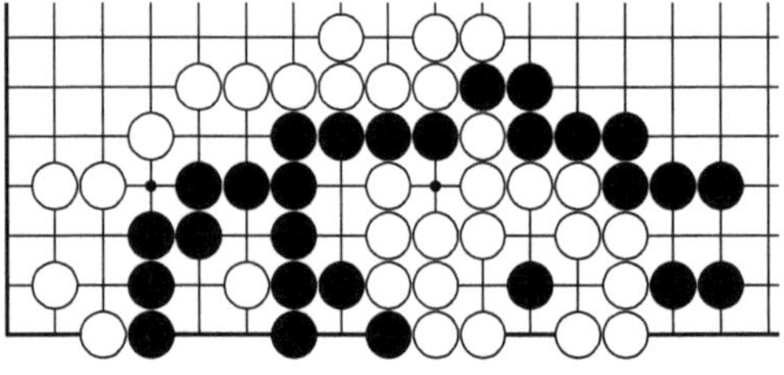
*Dia. 2*

einfach fernbleiben. Für Weiß ist es schier unmöglich, Schwarz zu töten. Will Schwarz umgekehrt die Weißen töten, so muss er alle Innenfreiheiten besetzen und dann das Ko kämpfen. Es ist zwar ein günstiges Ko für Schwarz (einzügiges Annäherungs-Ko für Weiß), doch Schwarz bringt sich selbst in Gefahr. Somit ist das Ergebnis mit hoher Wahrscheinlichkeit Seki.

## Typ 5 mit Ko

Grundsätzlich verhält sich dieser Typ gleich wie Typ 3 mit Ko. Alle Innenfreiheiten gehören der Seite mit dem größeren Auge (dem Favorit). Und weil der Favorit auf jeden Fall ein Großes Auge hat, während er bei Typ 3 auch ein Kleines haben könnte, verfügt er mit Sicherheit über lokale Ko-Drohungen. Dadurch wird das entstehende Ko günstiger für den Favorit.

Ein Partiebeispiel für einen Kampf vom Typ 5 mit Ko um eine Innenfreiheit wird in Kapitel 7 gezeigt. Die Stellung wird durch einen Annäherungszug bei den Innenfreiheiten noch etwas komplizierter.

## Stellungen mit zwei Ko

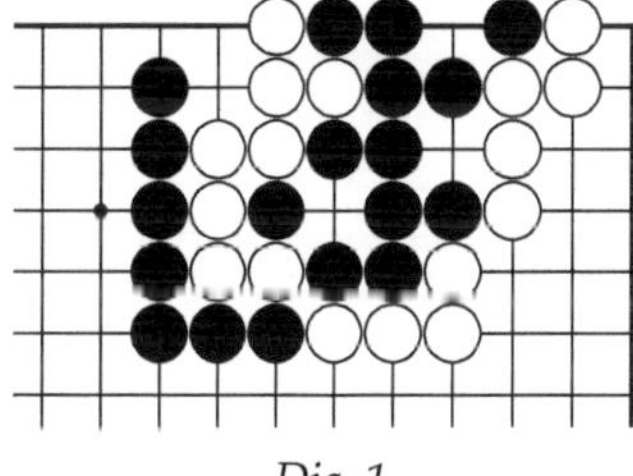

*Dia. 1*

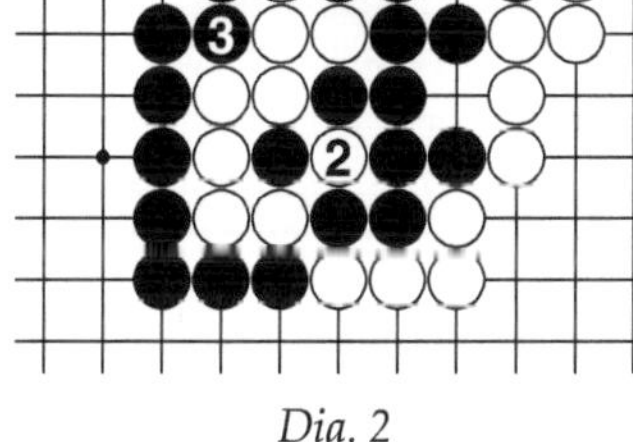

*Dia. 2*

Diagramm 1 zeigt einen Kampf vom Typ 1/1a mit zwei Ko: Eins um eine Außen- und eins um eine Innenfreiheit. Wie ist der Status?

Ist Schwarz am Zug (Diagramm 2), so gewinnt er bedingungslos.

Diagramm 3: Weiß am Zug bekommt ein direktes Ko, das er als Erster schlägt. Das äußere Ko spielt keine Rolle; es zählt einfach wie eine Freiheit. Somit ist Diagramm 1 gleichwertig mit Diagramm 20 auf Seite 75.

In Diagramm 4 hat Weiß eine Außenfreiheit mehr als in Diagramm 1. Wie ist der Status jetzt?

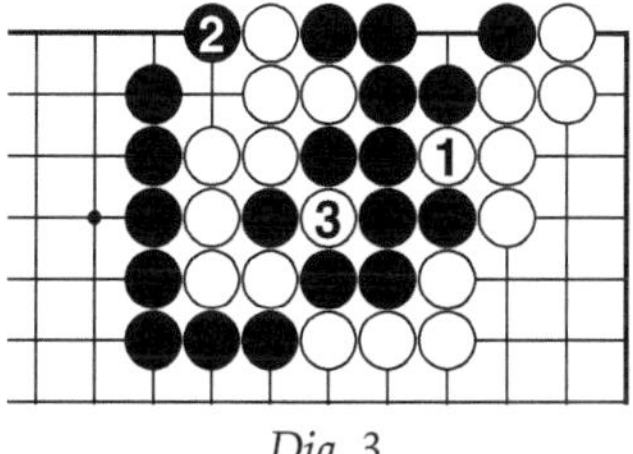

*Dia. 3*

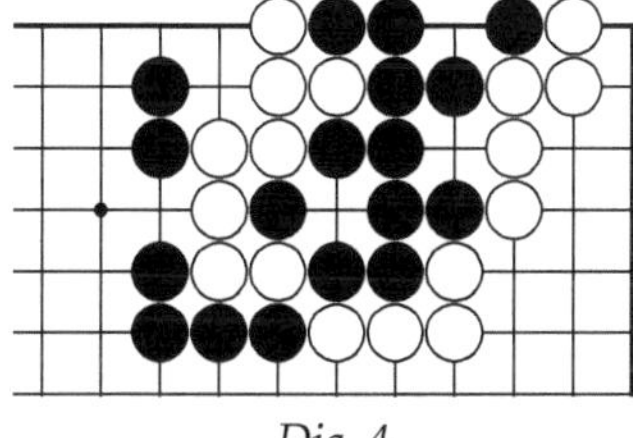

*Dia. 4*

Ist Schwarz am Zug, so ist das Ergebnis Ko. Schlägt Weiß das innere Ko, dann setzt er Schwarz in Atari.

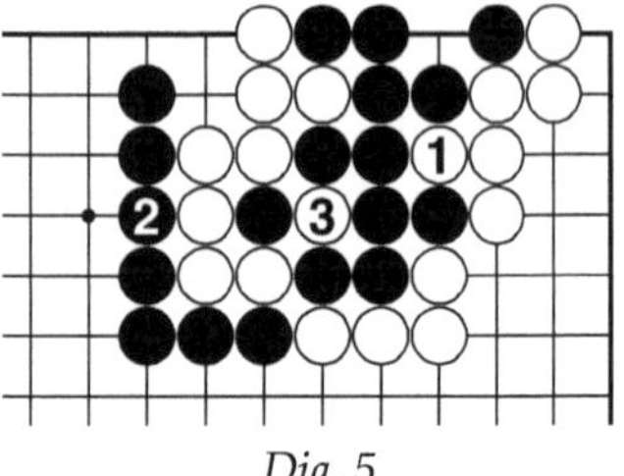

*Dia. 5*

Ist Weiß am Zug (Diagramm 5), so ist das Ergebnis ein Doppel-Ko: Schwarz ist tot, und zwar praktisch bedingungslos. Falls Schwarz das innere Ko kämpft und zurückschlagen kann, so kann Weiß einfach das äußere Ko schlagen. Welches Ko Schwarz auch nimmt, Weiß nimmt das andere. Schwarz kann dem Tod nicht entrinnen.

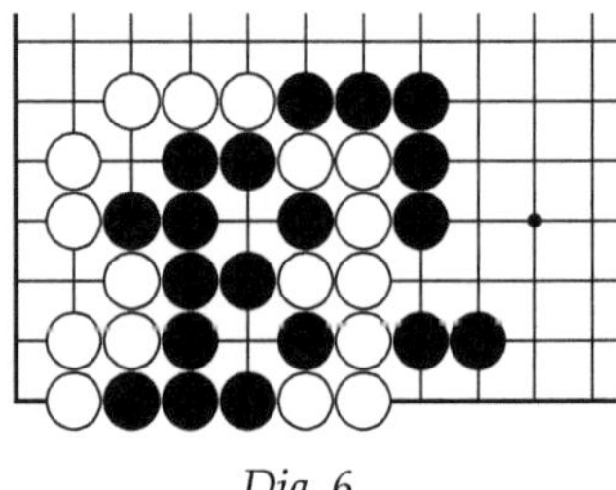

*Dia. 6*

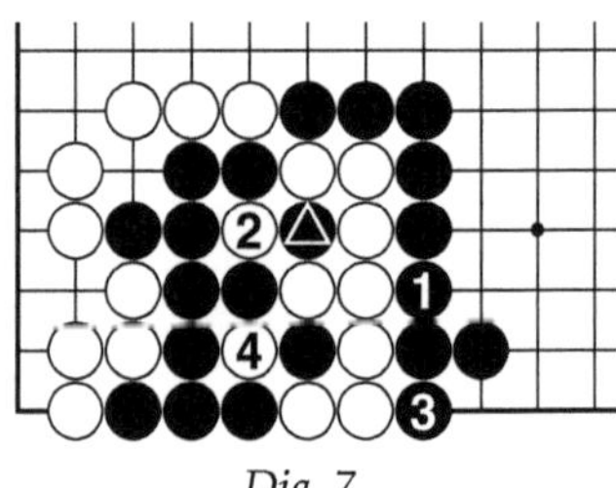

*Dia. 7*
*Schwarz 5 auf* ▲

In Diagramm 6 gibt es zwei Ko um eine Innenfreiheit. Wie ist der Status?

Ist Schwarz am Zug (Diagramm 7), so gewinnt er. Weiß stirbt in Doppel-Ko. Schwarz 1 ist Atari, somit muss Weiß eines der Ko schlagen. Schwarz 3 ist wieder Atari, also muss Weiß auch das andere Ko schlagen, was Schwarz in Atari setzt. Doch Schwarz kann nun das erste Ko mit 5 zurückschlagen. Wenn Weiß eine Ko-Drohung spielt und dieses Ko zurückschlägt, so schlägt Schwarz einfach das andere Ko.

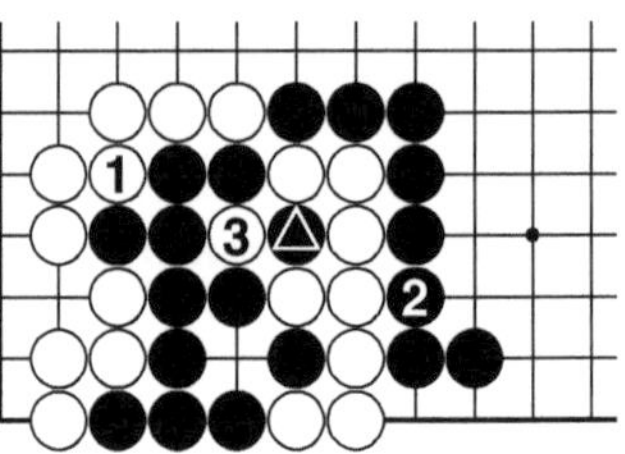

*Dia. 8*

Ist Weiß am Zug (Diagramm 8), dann ist er der Sieger. Diesmal stirbt Schwarz in Doppel-Ko. Auch wenn Schwarz das Ko nach Weiß 3 kämpft und zurückschlägt, dann nimmt Weiß einfach das andere Ko.

Diagramm 9: In einer Stellung ohne Außenfreiheiten, mit zwei ganzen Innenfreiheiten und zwei Ko um eine Innenfreiheit wird das Ergebnis vermutlich Seki, indem die Ko gedeckt werden. Jede Seite könnte zwar eine Innenfreiheit besetzen und ein ungünstiges Ko beginnen, würde sich aber dadurch selbst in Nachteil bringen.

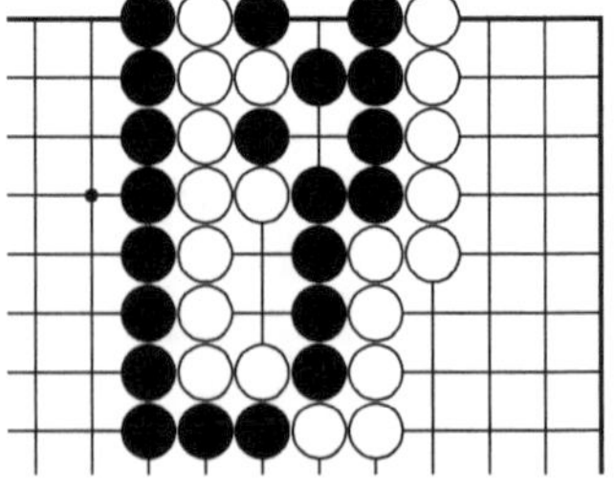

*Dia. 9*

Hier folgt eine kurze Zusammenfassung von Doppel-Ko-Stellungen mit Hilfe einfacher Beispiele.

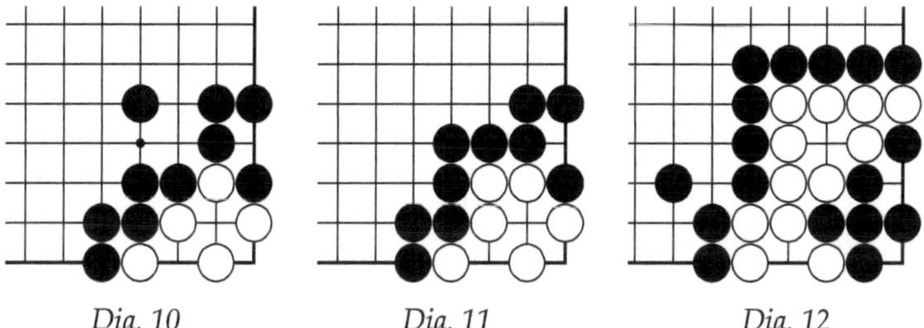

*Dia. 10* *Dia. 11* *Dia. 12*

Diagramm 10: Weiß stirbt in Doppel-Ko. Wenn Weiß schlägt, dann schlägt Schwarz das andere Ko und garantiert, dass das zweite weiße Auge unecht bleibt. Wenn Weiß deckt, dann deckt Schwarz auch. Weiß müsste beide Ko gewinnen können, um zwei Augen zu erreichen.

Diagramm 11: Weiß lebt in Doppel-Ko. Schwarz müsste beide Ko gewinnen können, um ein weißes Auge unecht zu machen. Welches Ko Schwarz auch nimmt, Weiß nimmt das andere. Schlussendlich wird Schwarz ein Ko decken und Weiß das andere, womit er zwei Augen hat.

Diagramm 12: Doppel-Ko-Seki. Beide Seiten haben ein Auge, aber keiner kann den anderen töten. Sobald eine Seite ein Ko schlägt, schlägt der Gegner das andere. Somit leben beide Gruppen in der Ecke. Beachten Sie, dass keine Seite eines der Ko decken darf, das wäre Selbstmord. Die beiden Ko bleiben bis zum Partieende stehen, das Ergebnis ist Seki.

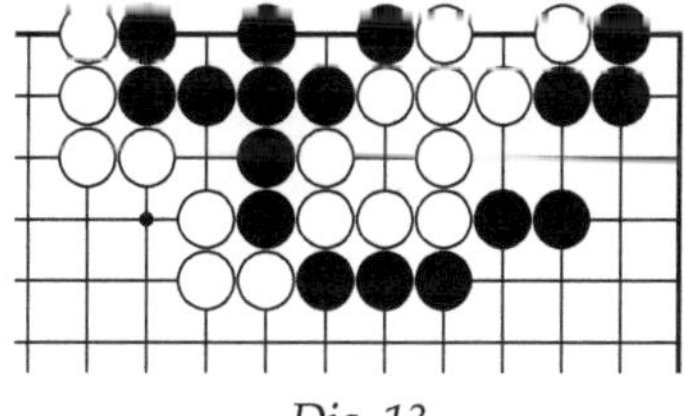

*Dia. 13*

Diagramm 13 zeigt einen Kampf vom Typ 6. Beide Seiten haben ein Auge. Es gibt hier ein Ko um eine weiße Außenfreiheit und eins um die Innenfreiheit. Wie ist der Status dieser Stellung?

Diagramm 14: Weiß am Zug gewinnt. Schwarz 2 ist bedeutungslos. Weiß kann nun fernbleiben, denn Schwarz stirbt in Doppel-Ko. Schwarz sollte mit 2 ebenfalls woanders spielen, denn die Stellung ist bereits entschieden.

Damit sollte klar sein, dass es für Schwarz (am Zug) keine gute Idee ist, die Außenfreiheit zu besetzen (Diagramm 15). Schwarz 3 setzt Weiß in Atari, aber Weiß schlägt mit 4 das andere Ko. Schwarz stirbt in Doppel-Ko.

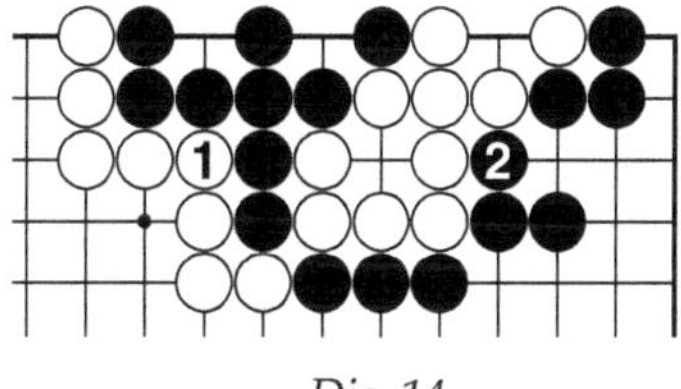

*Dia. 14*

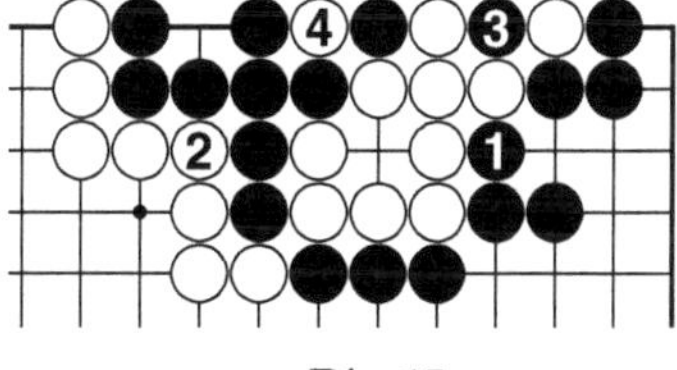

*Dia. 15*

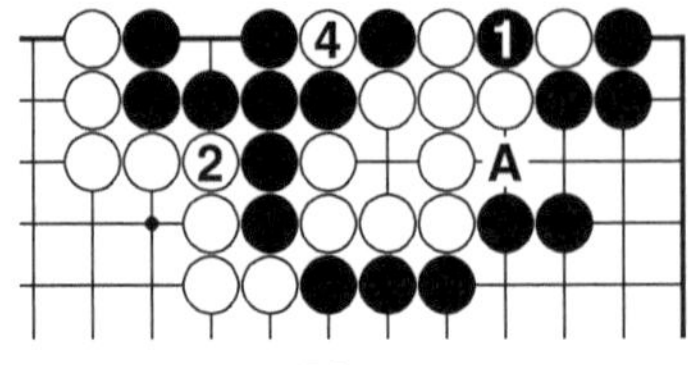


*Dia. 16*
*Weiß 3 deckt das Ko*

Schwarz sollte zuerst das äußere Ko schlagen (Diagramm 16) und mit 3 decken. Wenn Weiß dann mit 4 Atari gibt, kann Schwarz ein einzügiges Annäherungs-Ko spielen. Er muss eine weiße Ko-Drohung ignorieren und einen Zug auf A machen, um ein direktes Ko zu bekommen. Das ist zwar ein für Schwarz ungünstiges Ko, aber besser als in Doppel-Ko zu sterben. Dies ist eine weitere Ausnahme vom Sprichwort „Hebe das Ko bis zum Schluss auf".

## Zusammenfassung: Wettläufe mit Ko

Stellen Sie sich ein Ko vor wie eine „halb unerreichbare Freiheit". Ein äußeres Ko ist etwas mehr wert als eine Freiheit (1+).

In einem Kampf vom Typ 1 ohne Innenfreiheiten hat das Plus keinen Mehrwert: Das Ko zählt lediglich wie eine Freiheit.

Ein Ko in Verbindung mit einer anderen unerreichbaren Freiheit, wie etwa der letzten Innenfreiheit oder der letzten Freiheit im Auge, ist zwischen einer und zwei Freiheiten wert, also eine Freiheit und ein „halber" Annäherungszug. Zählen Sie ein offenes Ko um eine Innenfreiheit als null plus Freiheiten. Ein Ko gibt Ihnen immer die Möglichkeit, lokal in der Freiheitenbilanz aufzuholen. Der Preis dafür ist, an anderer Stelle zurückzustecken.

Wettläufe mit Ko weisen oft mehr als eine unentschiedene Stellung auf. Deshalb werden manche Situationen durch das Besetzen einer Freiheit nicht bedingungslos entschieden.

In einem Kampf vom Typ 3 kann der Favorit wegen der Verbindung eines äußeren Ko mit dem Auge theoretisch ein mehrzügiges Annäherungs-Ko kämpfen: Es erlaubt ihm, lokal mehrere Züge aufzuholen um den Preis, dass er anderswo mehrmals zurücksteckt. Ob sich das in der jeweiligen Situation lohnt, ist eine andere Frage.

Ein hilfreiches Sprichwort sagt: „Hebe das Ko bis zum Schluss auf." Es gibt allerdings Ausnahmen. Heben Sie das Ko bis zum Schluss auf, wenn Sie es durch Schlagen der gegnerischen Steine beenden können. Aber schlagen Sie das Ko gleich, wenn Sie beabsichtigen

- es zu decken und ein Seki zu erreichen (siehe Diagramm 7a hier);
- als Außenseiter in einem Kampf vom Typ 3 ein Annäherungs-Ko zu verhindern (siehe Diagramm 9 hier);
- als Favorit in einem Kampf vom Typ 3 ein Annäherungs-Ko zu kämpfen, um nicht bedingungslos zu sterben (siehe Diagramm 11 hier);
- Tod in Doppel-Ko zu verhindern (siehe Diagramm 16 hier).

In gewissen Stellungen hängt es von Ihrer Zielsetzung ab, ob Sie das Ko gleich oder am Schluss schlagen sollten (siehe Diagramm 7 hier).

Große Augen bergen lokale Ko-Drohungen, so dass jedes Ko für den Besitzer eines Großen Auges günstiger wird. Auch ein Drei-Punkt-Auge enthält eine Ko-Drohung, obwohl es ein Kleines Auge ist.

Eine ganze Innenfreiheit und eine in Ko genügen nicht, um einen Kampf vom Typ 2 zu begründen. Ein Seki ist somit nicht möglich.

Immer wenn ein Seki möglich ist (Typen 2, 4 und 6), dann wird es durch ein Ko noch wahrscheinlicher.

## Lösung von Seite 22

Weiß kann töten, Schwarz kann in Seki leben.

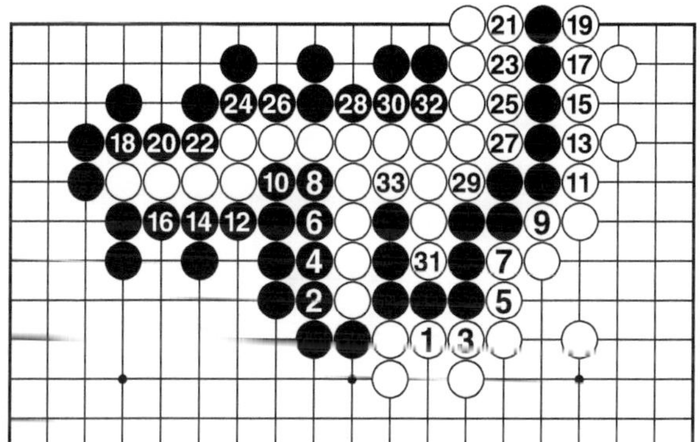

*Dia. 1. Weiß am Zug tötet*

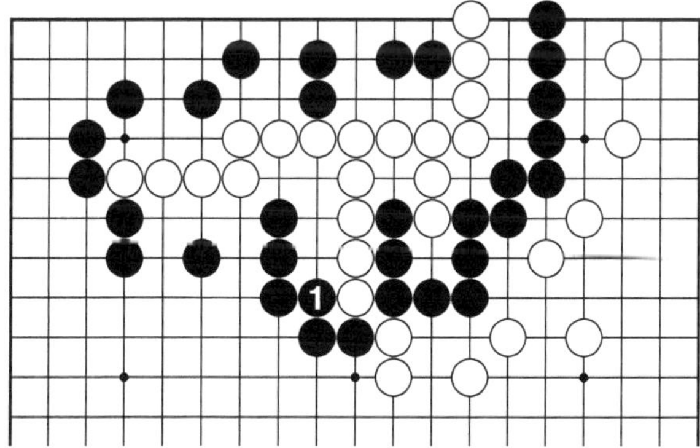

*Dia. 2. Schwarz am Zug lebt.*

# Teil 2: Die Anwendungen

# 5. Kampftaktiken

In den bisherigen Kapiteln haben wir die grundsätzlichen Typen von Kämpfen studiert und jeweils den Status ausgelesen, um zu entscheiden, wer gewinnt. Bis jetzt war es nicht nötig, besonders trickreiche Züge zu finden, wie es in Tesuji- oder Leben-und-Tod-Problemen erforderlich ist. In diesem Abschnitt nun können Sie auf den bisher erworbenen Lesefähigkeiten aufbauen, um zu entscheiden, wo Sie in einer Kampfsituation spielen müssen.

Viele Probleme in Büchern und auch Partien sind schwer zu lösen, weil es zum einen schwierig ist, das Ergebnis zu ermitteln, und zum anderen zu entscheiden, ob es auch erstrebenswert ist. Anstatt also Probleme im Stil „Schwarz am Zug" zu präsentieren, sollen hier zuerst verschiedene mögliche Ergebnispositionen gezeigt werden, so dass Sie selbst herausfinden können, welche günstig sind. Dann wird es leichter sein, den Weg zum Ziel zu finden.

## Der Einwurf

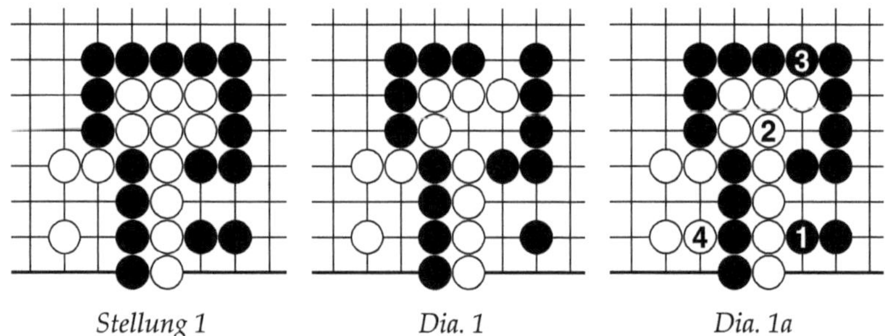

*Stellung 1* *Dia. 1* *Dia. 1a*

Stellung 1 zeigt einen sehr einfachen Kampf, Sie sollten in der Lage sein, ihn sofort auszulesen. In Diagramm 1 sehen wir den Zustand wenige Züge vorher. Schwarz möchte die weißen Freiheiten besetzen, aber welche zuerst?

Spielt Schwarz auf 1 in Diagramm 1a, so antwortet Weiß mit 2. Und nach Schwarz 3 und Weiß 4 ist das Ergebnis leicht zu ermitteln: Schwarz liegt einen Zug zurück.

Der Einwurf auf 1 in Diagramm 1b ist jedoch ein kraftvolles Tesuji. Wenn Weiß nun eine schwarze Außenfreiheit besetzt, verbindet Schwarz mit 3, und das Ergebnis ist schnell ausgelesen. Schwarz ist einen Zug voraus.

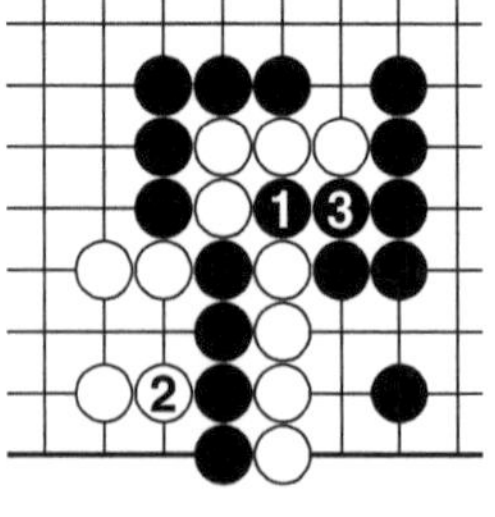

*Dia. 1b*

Schlägt Weiß hingegen mit 2 in Diagramm 1c, so gibt Schwarz mit 3 Atari und zwingt Weiß zu verbinden. Und nun, nach Schwarz 5, bekommen wir als Ergebnis Stellung 1, die Sie bereits ausgelesen haben: Schwarz gewinnt.

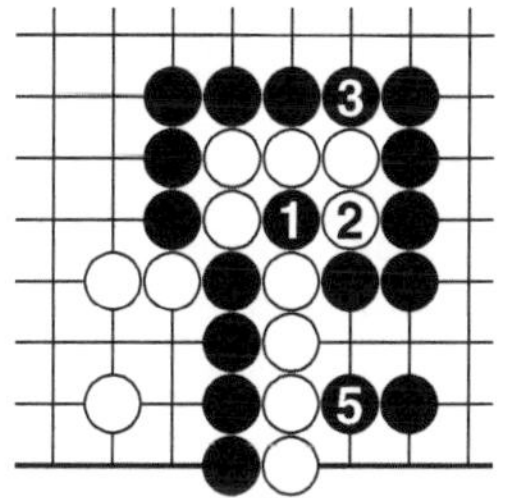

*Dia. 1c (W4 deckt)*

Sie werden viele Beispiele für diese Technik in Übungsbüchern finden. Gleichwohl ist es wichtig zu verstehen, dass es Stellungen gibt, in denen der Einwurf ein schlechter Zug ist. Sie sollten das Tesuji im Sinn haben, die Fortsetzung in Ihrer Vorstellung auslesen und das Ergebnis bewerten. Wenn es funktioniert, schön. Doch wenn nicht, dann lassen Sie es lieber bleiben und suchen stattdessen nach einem anderen Zug.

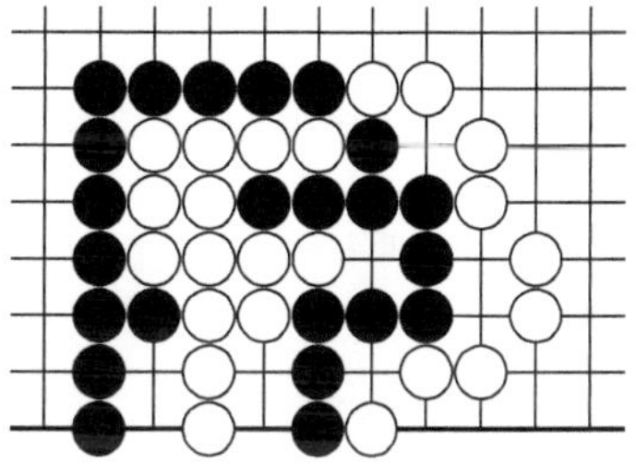
*Stellung 2a*

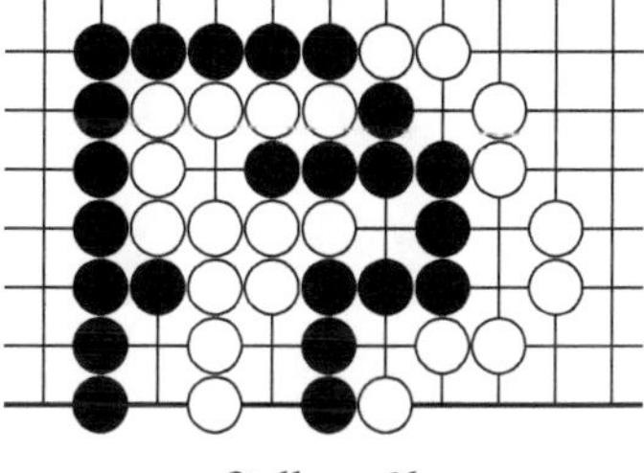
*Stellung 2b*

Die Stellungen 2a und 2b zeigen zwei mögliche Ergebnisse eines Kampfes. Wie ist jeweils der Status? Beide sind Kämpfe vom Typ 2 mit zwei oder mehr Innenfreiheiten. Schwarz hat mehr Außenfreiheiten und ist damit Favorit.

In Stellung 2a ist der Kampf unentschieden: Schwarz am Zug kann töten, und Weiß am Zug lebt in Seki. In Stellung 2b gibt es eine Innenfreiheit mehr. Sie gehört dem Außenseiter, also Weiß. Dieser Kampf ist entschieden: Auch wenn Schwarz am Zug ist, kann er Weiß nicht töten, er lebt in Seki. Von diesen zwei Stellungen ist also 2a für Schwarz günstiger.

Diagramm 2 zeigt denselben Kampf, nur ein paar Züge früher. Schwarz am Zug. Wieder ist der Einwurf das Tesuji, hier 1 in Diagramm 2a. Schwarz 3 ist Atari und zwingt Weiß, mit 4 zu verbinden. Es ergibt sich Stellung 2a. Schwarz ist am Zug; wenn er jetzt also eine Außenfreiheit besetzt, so kann er töten.

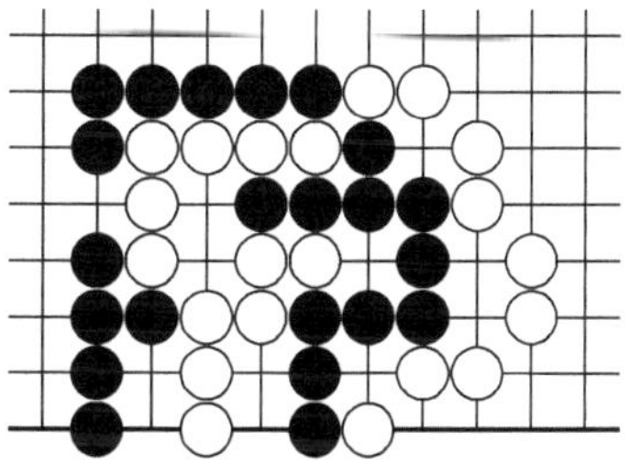
*Dia. 2*

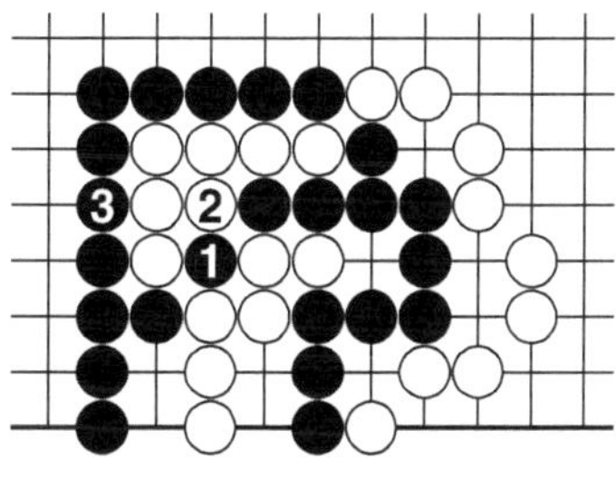

*Dia. 2a (W4 deckt)*

Spielt Schwarz hingegen auf 1 in Diagramm 2b, so erlaubt er Weiß, mit 2 auf dem vitalen Punkt zu verbinden. Dies ist das Ergebnis in Stellung 2b. Auch wenn Schwarz am Zug ist, kann er Weiß nicht töten. Der Kampf ist entschieden: Seki.

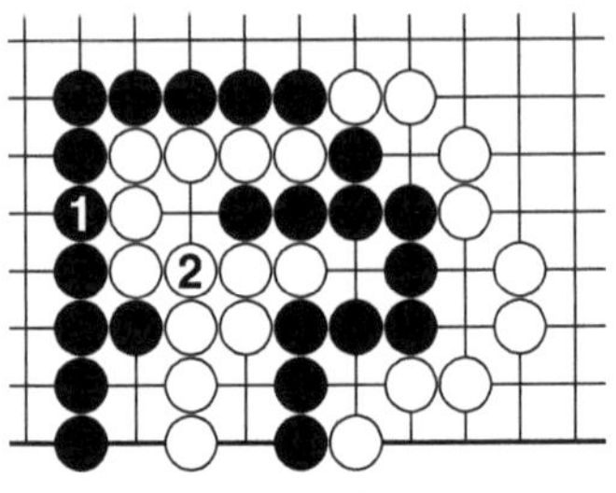

*Dia. 2b*

Bisher war das nicht schwer. Wir kommen nun zu den etwas verzwickteren Positionen, bei denen man auch einmal fehlgehen kann. Bestimmen Sie zunächst jeweils den Status von Stellung 3a und 3b.

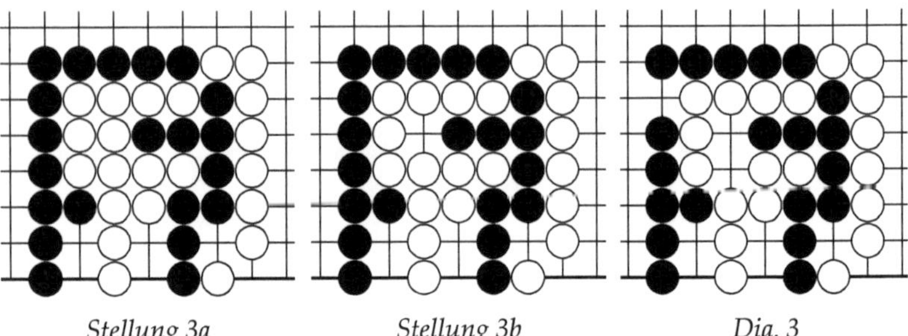
*Stellung 3a* *Stellung 3b* *Dia. 3*

Schauen Sie als Nächstes Diagramm 3 an, Schwarz ist am Zug.

Der Einwurf (Schwarz 1 in Diagramm 3a) ist die instinktive Antwort vieler Spieler, die das Einwurf-Tesuji kennen, ohne es ganz verstanden zu haben. In dieser Stellung funktioniert es nicht.

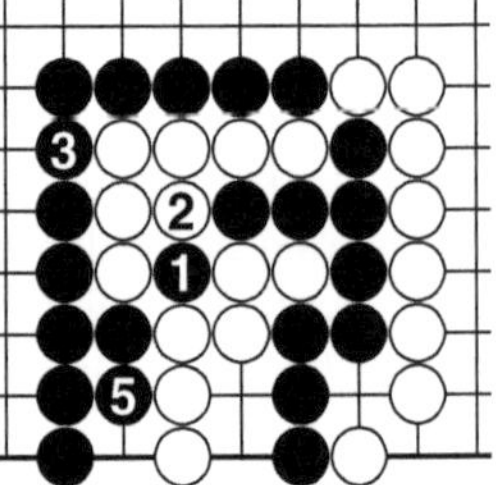

*Dia. 3a (4 deckt)*

Nach dem Einwurf und Atari verbindet Weiß mit 4 auf 1, und das Ergebnis ist das gleiche wie in Stellung 3a. Schwarz muss auf 5 noch einmal zurückkommen, um in Seki zu leben; anderenfalls kann Weiß töten. Seien Sie nicht mit diesem Ergebnis zufrieden – und glauben Sie nicht, dass Leben in Nachhand als Erfolg zu werten ist.

Diagramm 3a ist ein Fehlschlag für Schwarz. Statt einzuwerfen, sollte er einfach mit 1 in Diagramm 3b eine Außenfreiheit besetzen, was Weiß zwingt, auf 2 zu verbinden. Das Ergebnis ist Stellung 3b. Der Kampf ist entschieden. Schwarz lebt bereits in Seki und kann nun Vorhand nehmen.

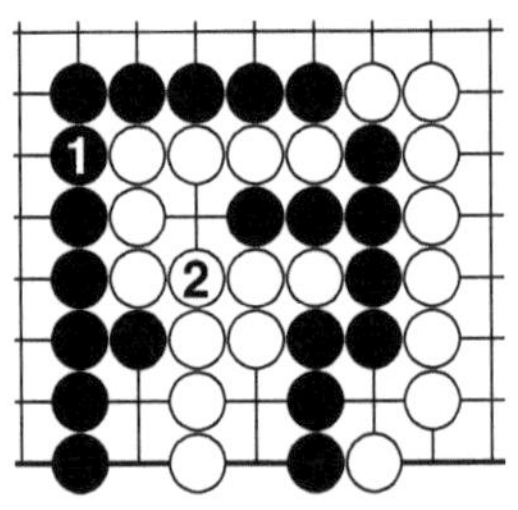

*Dia. 3b*

Nachdem das Einwurf-Tesuji auf wirksame Weise Freiheiten wegnimmt, ist es entscheidend zu wissen, wessen Freiheiten Sie wegnehmen. In Diagramm 3 ist Schwarz der Außenseiter, da er über weniger Außenfreiheiten verfügt. Somit gehören ihm die Innenfreiheiten. Wenn er nun mit 1 in Diagramm 3a einwirft, so verringert er die eigenen Freiheiten, im krassen Gegensatz zu den ersten beiden Stellungen.

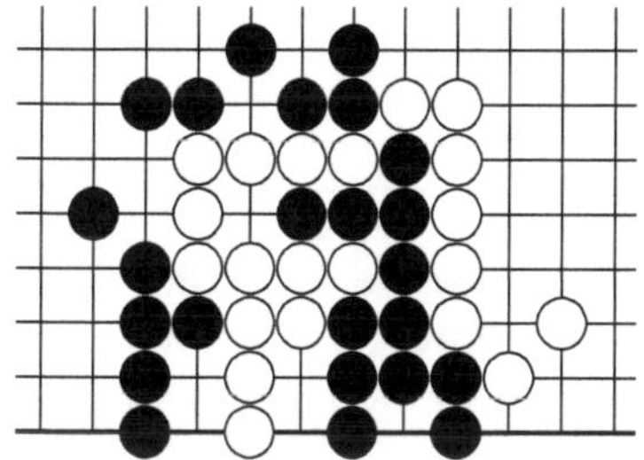

Stellung 4a

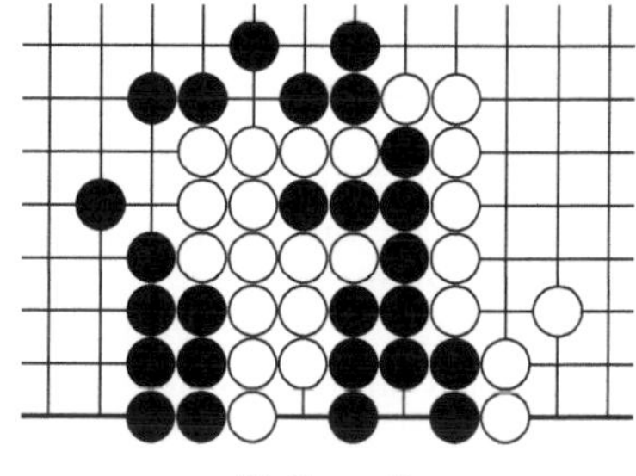

Stellung 4b

Die Stellungen 4a und 4b zeigen zwei mögliche Ausgänge eines Kampfes vom Typ 3, in dem Schwarz ein Auge hat und Weiß nicht. Stellung 4a ist für Schwarz erstrebenswerter, weil er die Innenfreiheiten für sich zählen kann; der Status ist unentschieden. In Diagramm 4b hingegen ist Schwarz tot.

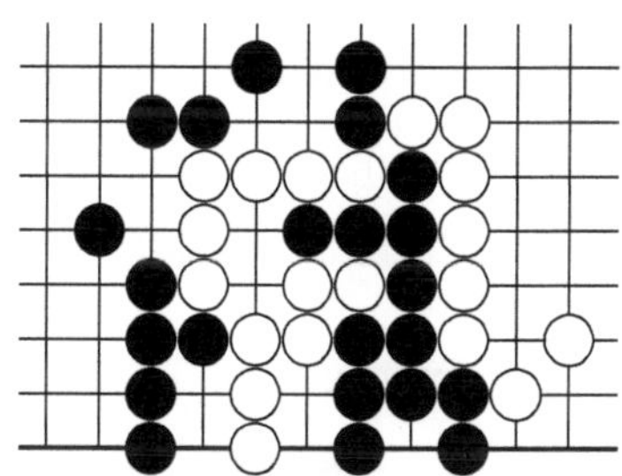

Dia. 4

Diagramm 4 zeigt den Kampf einige Züge zuvor, mit Schwarz am Zug. Denken Sie über den ersten schwarzen Zug nach, bevor Sie weiter lesen.

Wenn Schwarz mit 1 in Diagramm 4a eine Außenfreiheit besetzt und Weiß mit 2 verbindet, dann ist das Ergebnis leicht auszulesen. Die Stellung ist unentschieden und Schwarz gewinnt, weil er jetzt am Zug ist. Der Einwurf auf 1 in Diagramm 4b wäre ein Fehler, weil die Innenfreiheiten in einem Kampf vom Typ 3 der Seite mit dem Auge zugesprochen werden. Damit würde Schwarz sich hier selbst eine Freiheit nehmen.

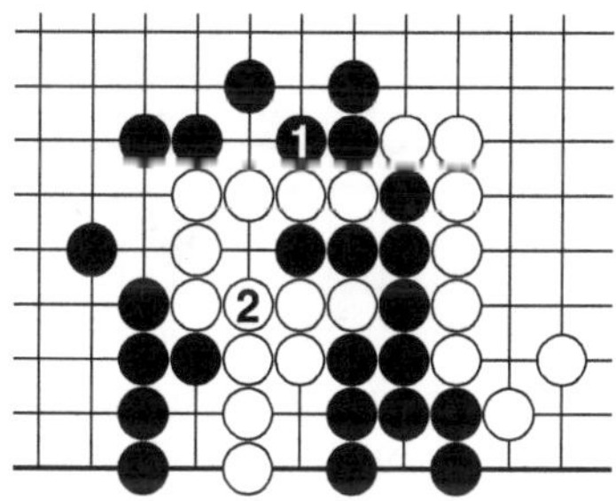

Dia. 4a

Diagramm 4c zeigt die Fortsetzung. Wenn Weiß mit 8 verbindet, entsteht Stellung 4b. Weiß gibt mit 10 Atari und es ist vorbei.

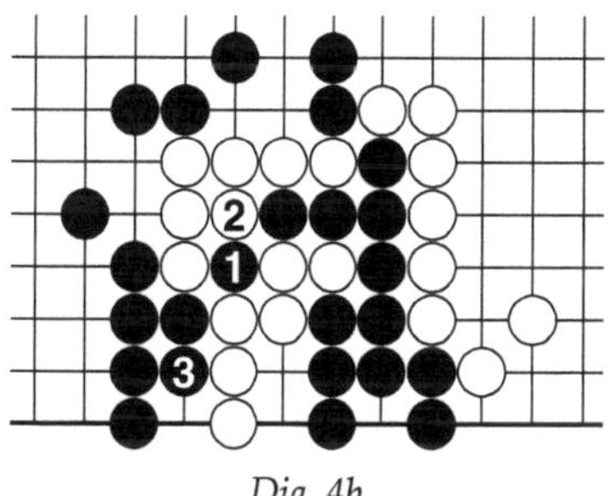

Dia. 4b

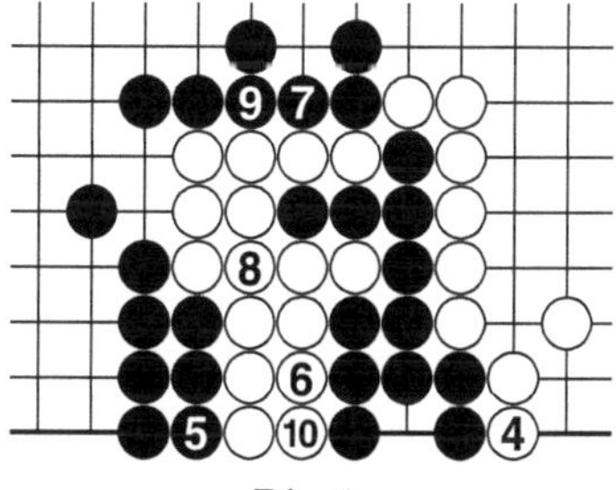

Dia. 4c

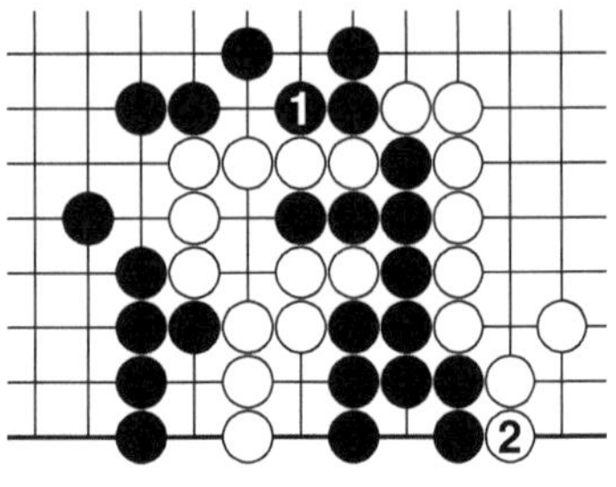

Dia. 4d

Mit Weiß 2 in Diagramm 4a vereinfacht Weiß die Lage. Weiß 2 in Diagramm 4d hingegen lässt Schwarz mehr Möglichkeiten fehlzugehen. Schwarz darf jetzt nicht versuchen, mit einem Einwurf auszunutzen, dass Weiß nicht verbunden hat. Es ist wichtig, dass Schwarz den Einwurf bis zum Ende unterlässt. Weiß kann nicht hoffen, einen Kampf vom Typ 3 zu gewinnen, bis er nicht alle Innenfreiheiten besetzt hat, deshalb muss Schwarz bei einer Innenfreiheit den Einwurf unterlassen.

**Der Weg zum Gewinn:**
Verringern Sie gegnerische Freiheiten, nicht Ihre eigenen. Der Einwurf ist ein Tesuji, das Freiheiten wegnimmt – stellen Sie also sicher, dass es nicht Ihre eigenen sind.

## Ein Auge machen

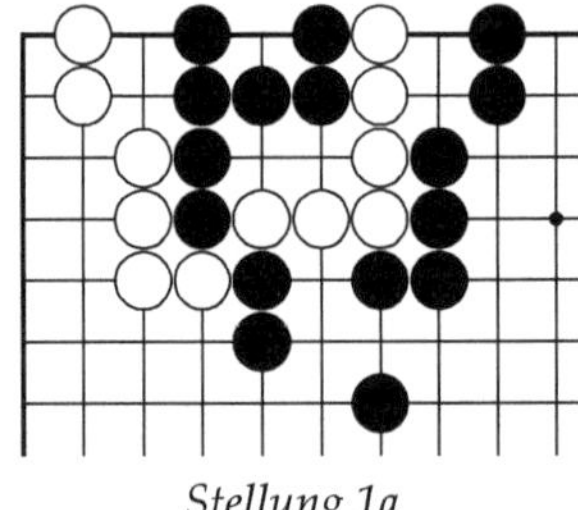

*Stellung 1a*

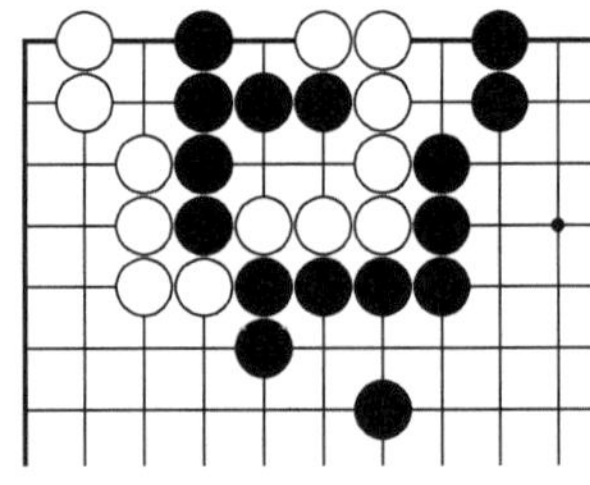

*Stellung 1b*

Schauen wir uns als Nächstes Stellungen an, in denen Sie entscheiden können, welcher Typ Kampf entsteht. Die Frage ist, ob man ein Auge bildet oder nicht.

Die Stellungen 1a und 1b zeigen jeweils eine entschiedene Position, die Sie ohne Weiteres auslesen können sollten. In Stellung 1a ist Weiß tot (es handelt sich um einen Kampf vom Typ 3, und Schwarz ist mit 5 zu 3 Freiheiten vorn). Stellung 1b ist Seki (dies ist ein Kampf vom Typ 2, und keine Seite hat genügend Freiheiten, um die andere zu töten).

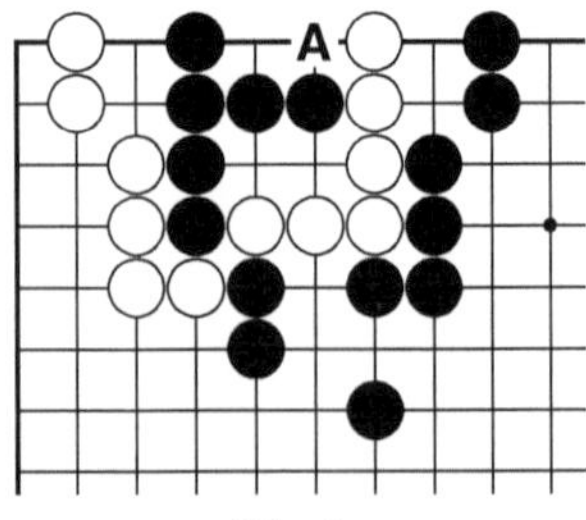


*Dia. 1*

Diagramm 1: Schwarz am Zug. Aus der Betrachtung von Stellung 1a und 1b sollte klar sein, dass Schwarz mit A ein Auge bauen soll, denn das tötet Weiß. Beachten Sie: Falls Weiß jetzt mit dem Besetzen einer schwarzen Außenfreiheit antwortet, dann kann Schwarz fernbleiben. Weiß würde dann sogar in Nachhand sterben.

Wenn Schwarz kein Auge macht und stattdessen mit 1 in Diagramm 1a eine

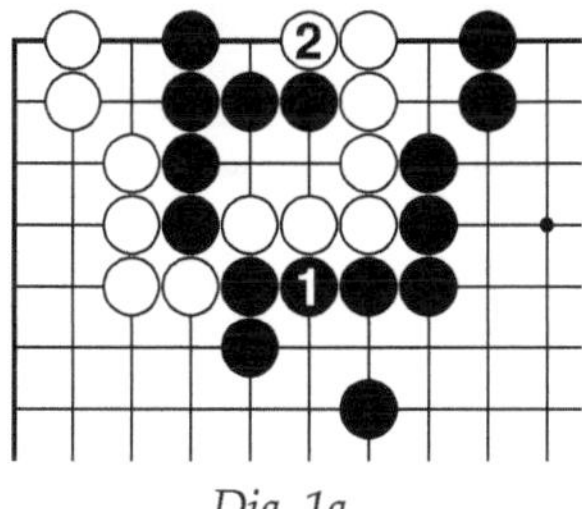
Dia. 1a

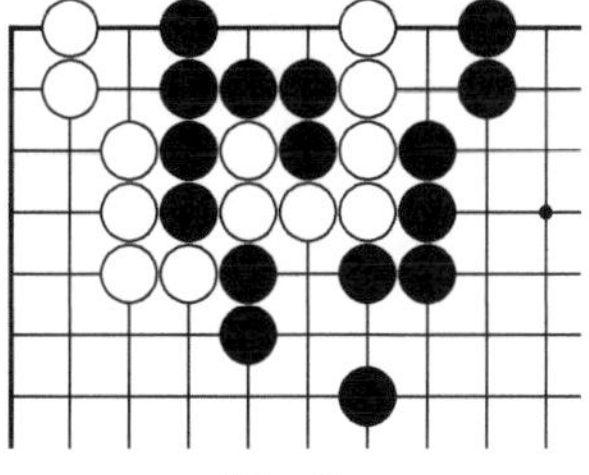
Dia. 2

Außenfreiheit besetzt, so kann Weiß den vitalen Punkt 2 nehmen, so dass keine Seite mehr ein Auge erreichen kann. Das Ergebnis ist Stellung 1b.

Diagramm 2: Schwarz am Zug. Denken Sie kurz nach, bevor Sie mit 1 in Diagramm 2a ein Auge machen. Ein schnelles Abzählen der Freiheiten zeigt: Es steht drei zu drei, und Weiß ist am Zug. In dieser Stellung hat Schwarz durch das Auge keinen Vorteil, verringert aber seine eigenen Freiheiten um eine – und verliert. Stattdessen muss Schwarz wie in Diagramm 2b auf eine Außenfreiheit spielen. Dann gewinnt er.

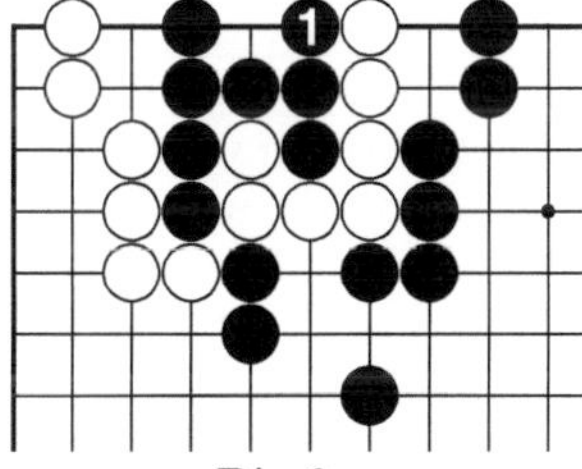
Dia. 2a

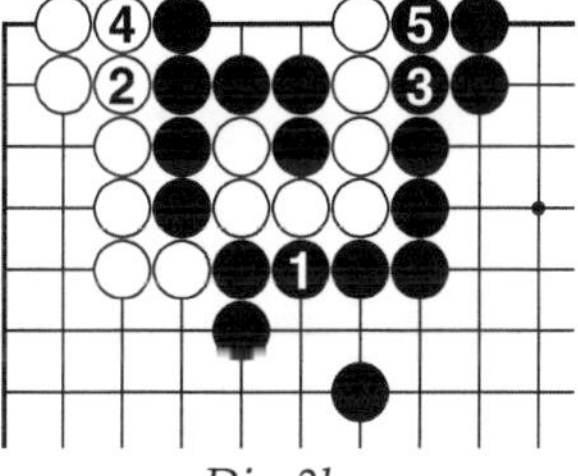
Dia. 2b

Wenn Sie ein Auge bauen, während Ihr Gegner keines hat (und auch keines bekommen kann), dann hat das vier mögliche Auswirkungen:

1. Sie können in den exklusiven Besitz aller Innenfreiheiten kommen.
2. Ihr Gegner kann gezwungen sein, Annäherungszüge zu machen.
3. Ihre eigene Freiheitenzahl kann sich verringern.
4. Sie können nicht mehr in Seki leben.

Hat Ihr Gegner bereits ein Auge und Sie bilden ebenfalls eins, so wird aus einem Kampf vom Typ 3 einer vom Typ 4, 5 oder 6. In diesem Fall gilt:

Sie können in den exklusiven Besitz aller Innenfreiheiten kommen (wenn Ihr Auge das größere ist).

1. Ihr Gegner kann gezwungen sein, Annäherungszüge zu machen.
2. Ihre eigene Freiheitenzahl kann sich verringern.

Diagramm 3: Schwarz am Zug. Schwarz sollte hier auf A spielen. So erwirbt er alle Innenfreiheiten und ist mit vier zu drei vorn.

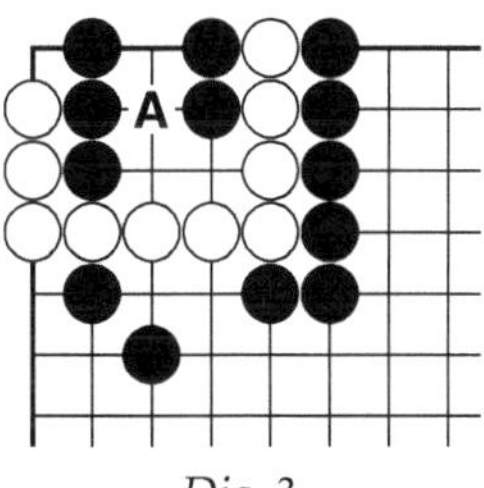

Dia. 3

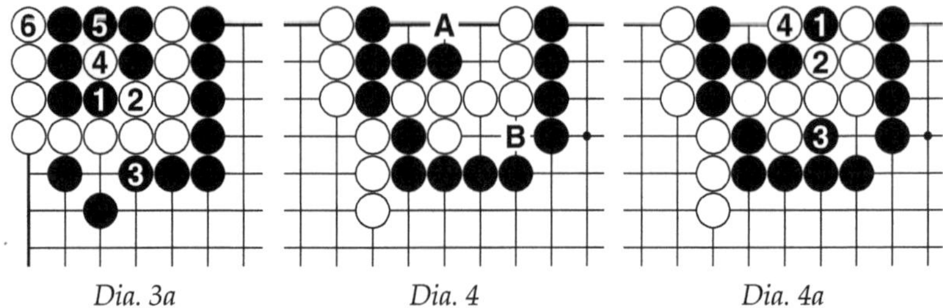


*Dia. 3a* *Dia. 4* *Dia. 4a*

Schwarz 1 in Diagramm 3a ist ein Fehler. Schwarz könnte glauben, dass er so die weißen Freiheiten verringert, doch das ist ein Irrtum. Alle Innenfreiheiten gehören Schwarz, so dass nur er selbst Freiheiten verliert. So gewinnt Weiß.

Diagramm 4: Schwarz am Zug. Die Situation ähnelt Diagramm 3. Schwarz sollte auf A spielen, womit er ein Auge macht und dabei die Zahl der Innenfreiheiten maximiert. Mit B kann er Weiß nicht töten.

Schwarz 1 in Diagramm 4a ist noch schlechter, wie die Fortsetzung zeigt. Zwar stimmt es, dass der Diagonalzug mitunter ein Tesuji ist:

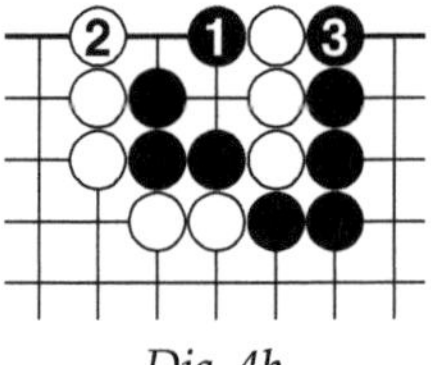

*Dia. 4b*

In Diagramm 4b beispielsweise verhindert der Diagonalzug Schwarz 1, dass Weiß von innen Atari geben kann, so dass er mit Weiß 2 noch einmal von außen spielen muss und verliert. Schwarz 1 in Diagramm 4a jedoch hat diesen Effekt nicht.

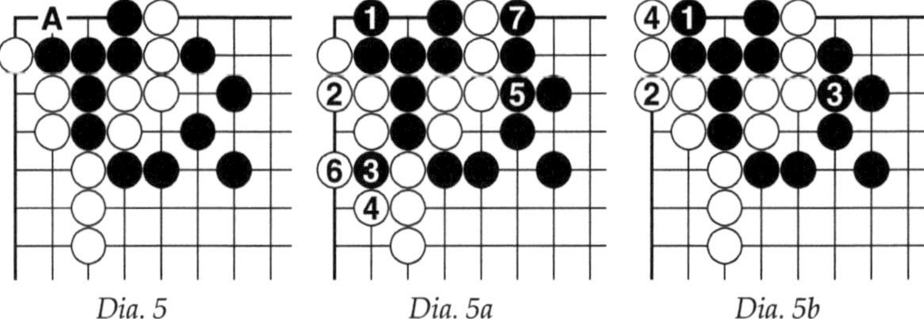


*Dia. 5* *Dia. 5a* *Dia. 5b*

Diagramm 5: Schwarz am Zug. Schwarz scheint in Schwierigkeiten zu sein. Er hat zwei physische Freiheiten gegen drei weiße. Wenn er einfach nur eine weiße Außenfreiheit besetzt, so setzt Weiß ihn einfach in Atari.

Der Schlüsselzug ist, mit Schwarz A ein Auge zu machen. Nachdem dieser Kampf keine Innenfreiheiten aufweist, scheint das zunächst nicht sehr zweckmäßig zu sein.

Jedoch zeigt sich in diesem Fall der zweite mögliche Effekt des Auges: Es zwingt den Gegner zu Annäherungszügen.

Wenn Weiß mit 2 in Diagramm 5a verbindet, schneidet Schwarz mit 3. Das zwingt Weiß zu zwei weiteren Zügen, um den Schnittstein zu fangen, bevor er in der Ecke Atari geben kann. Am Ende gewinnt Schwarz.

Wenn Schwarz den Schnitt weglässt und mit 3 in Diagramm 5b eine Außenfreiheit nimmt, kann Weiß mit 4 Atari geben.

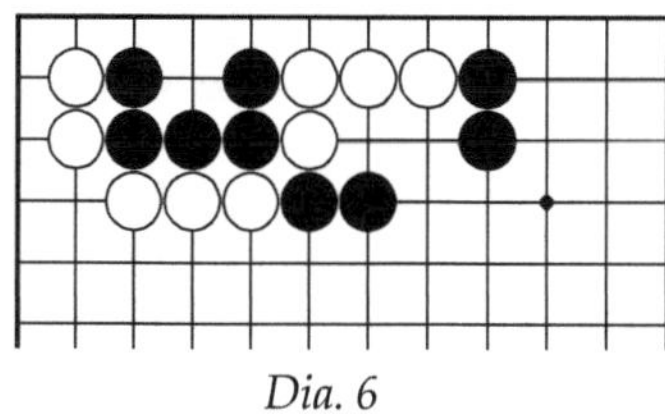

*Dia. 6*

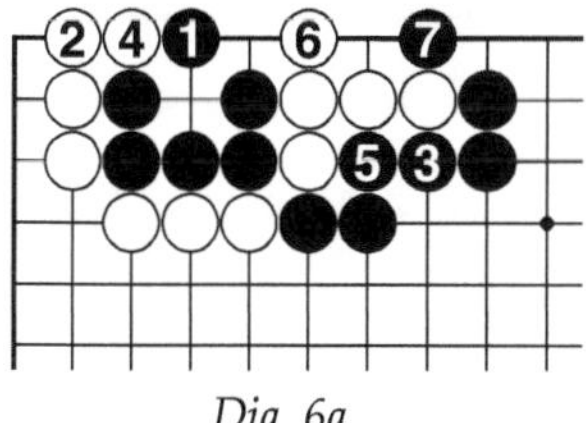

*Dia. 6a*

Diagramm 6: Schwarz am Zug. Schwarz soll mit 1 in Diagramm 6a ein Auge bauen. Das zwingt Weiß zu Annäherungszügen, und Schwarz gewinnt, wie zu sehen ist.

Schwarz 1 in Diagramm 6b verliert genau so wie 1 auf 6 oder auch andere Züge.

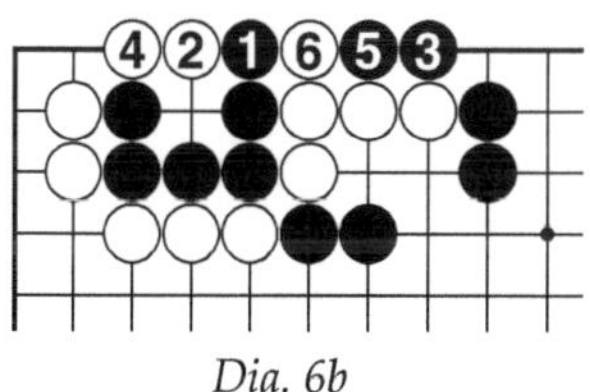

*Dia. 6b*

Diagramm 7: Schwarz am Zug.

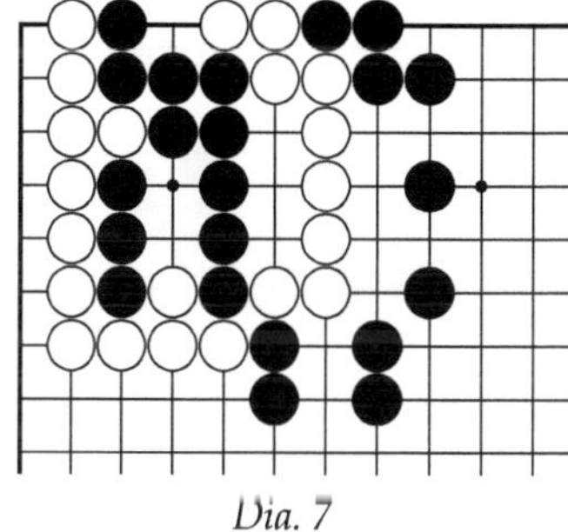

*Dia. 7*

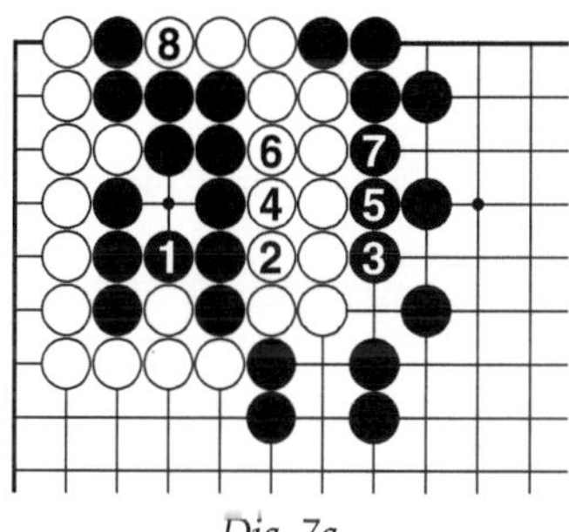

*Dia. 7a*

Es ist verführerisch, mit 1 in Diagramm 7a ein Auge zu machen. Doch ein kurzer Blick auf die Freiheiten zeigt: Es steht jetzt fünf zu fünf, und Weiß ist am Zug. Somit stirbt Schwarz, wie zu sehen.

Schwarz sollte stattdessen wie in Diagramm 7b eine Außenfreiheit besetzen. Schwarz verliert zwar drei Steine, rettet aber den größten Teil seiner Gruppe in ein Seki.

Diagramm 8: Schwarz am Zug. Diese Stellung ist der letzten sehr ähnlich.

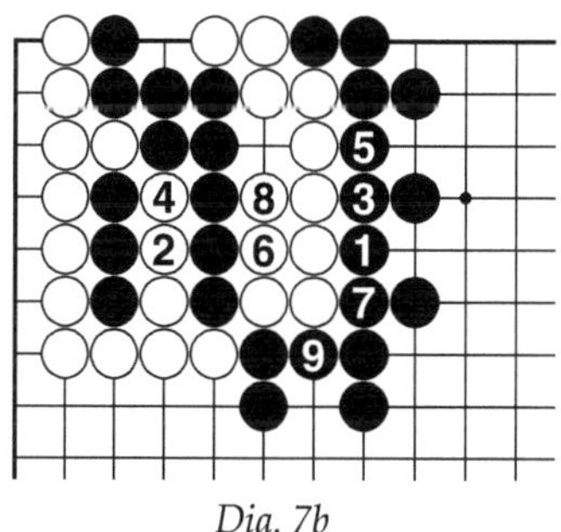

*Dia. 7b*

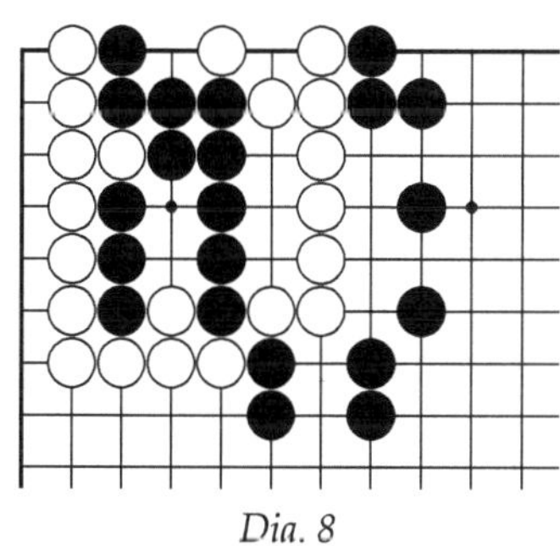

*Dia. 8*

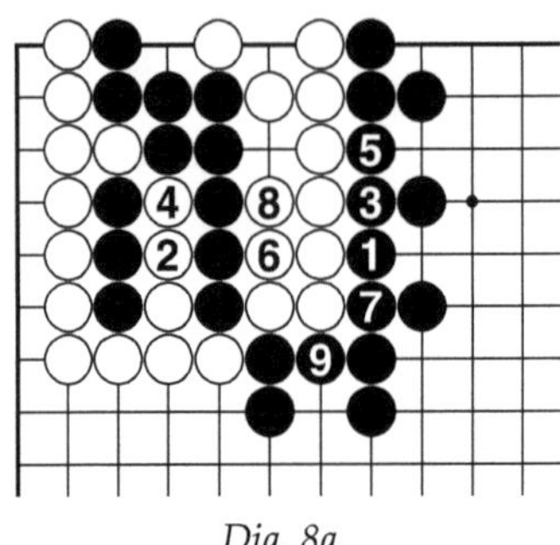

*Dia. 8a*

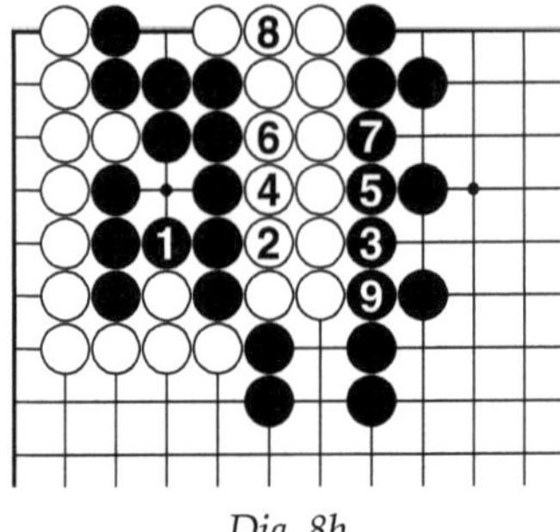

*Dia. 8b*

Obwohl Schwarz mit der Zugfolge 1 bis 9 in Diagramm 8a Seki macht, ist das nicht das Beste, was er erreichen kann.

Schwarz soll in dieser Stellung mit 1 in Diagramm 8b ein Auge bauen. Das zwingt Weiß zu einem Annäherungszug mit 8, so dass Schwarz Zeit hat, mit 9 eine weitere Freiheit zu besetzen. Jetzt wäre es für Weiß Selbstmord, Schwarz in Atari zu setzen, und er muss sterben. Vergleichen Sie dieses Ergebnis mit Diagramm 7a.

In einer Partie kann die Stellung komplizierter sein, etwa wie in Diagramm 8c, wo die drei schwarzen Steine wertvolle Schnittsteine sind. Wenn Weiß sie mit einer Zugfolge wie in Diagramm 8a fangen kann, dann verbindet er seine Gruppen. Schwarz hingegen würde diese drei Schnittsteine gern behalten wie in Diagramm 8b und die weiße untere Gruppe abschneiden.

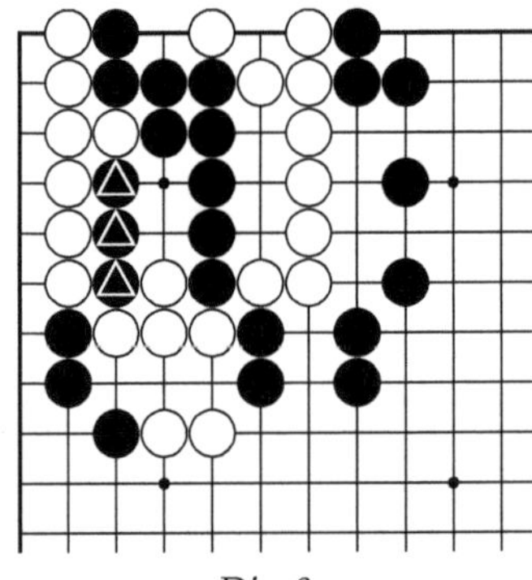

*Dia. 8c*

Den richtigen Zeitpunkt für das Atari auf die drei schwarzen Steine in 8c zu finden, ist schwierig und gehört nicht zu den Themen, die in diesem Buch im Einzelnen erörtert werden sollen. Hierzu spielen viele Faktoren eine Rolle: Wenn Weiß zu früh in der Partie Atari gibt, bevor die Gruppen eingeschlossen sind, dann könnte Schwarz den Angriff auf die untere Gruppe aufgeben und seine Aufmerksamkeit auf etwas anderes richten. Doch wenn Weiß die Stellung zu lange liegen lässt, dann könnte Schwarz die Möglichkeit bekommen, dort als Erster zu spielen und ein Auge zu machen. Am liebsten möchte Weiß dort spielen, solange Schwarz noch immer die untere schwarze Gruppe angreifen will, deshalb mit einem Verbindungszug antwortet und so, zusammen mit der Chance auf ein eigenes Auge, auch noch eine Freiheit verliert. Dennoch muss Weiß bei diesem Atari achtsam sein, da er seiner unteren Gruppe eine Freiheit nimmt.

## Je größer, desto besser

Das Referenzdiagramm zeigt einen einfachen Kampf vom Typ 5, den Sie ohne Weiteres auslesen können sollten. Die Lösung wird später in diesem Abschnitt gezeigt.

Die Stellungen 1a und 1b zeigen zwei sich ähnelnde entschiedene Positionen (beides Kämpfe vom Typ 3), die Sie ebenfalls ohne Weiteres auslesen können sollten.

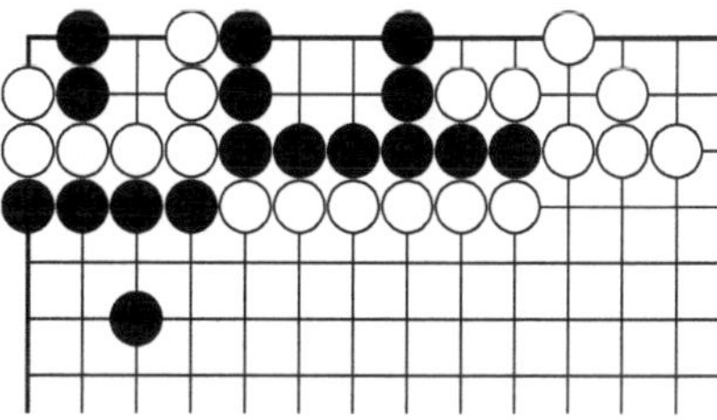

*Referenzdiagramm*

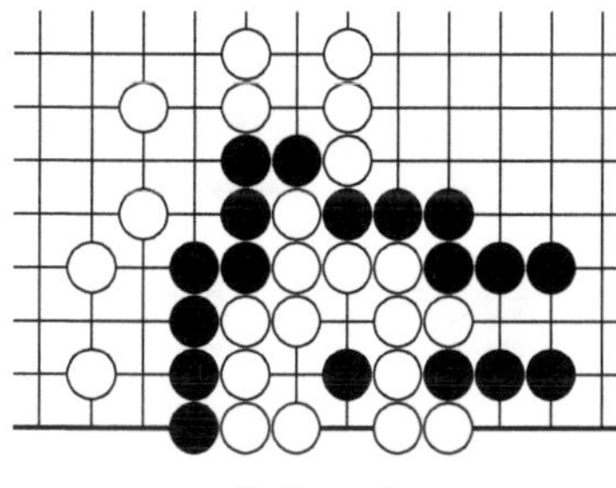

*Stellung 1a*

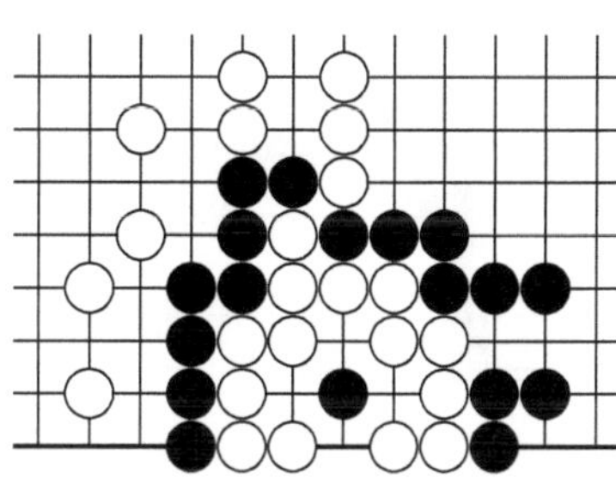

*Stellung 1b*

## Größere Augen schaffen Freiheiten

Diagramm 1a zeigt die Situation zwei Züge zuvor, Schwarz am Zug. Schwarz 1 in Diagramm 1a ist korrekt. Wenn Weiß auf 2 antwortet, so ist das Ergebnis Stellung 1a. Der Kampf ist entschieden: Schwarz ist mit sieben zu sechs vorn, Weiß ist tot.

Sollte Schwarz mit 1 in Diagramm 1b eine Außenfreiheit besetzen, so ist Weiß 2 ein guter Zug. Das Ergebnis ist Stellung 1b. Die Stellung ist entschieden: Schwarz liegt mit sieben zu acht hinten und stirbt. Vergleicht man die Stellungen 1a und 1b, so hat Schwarz jeweils dieselbe Freiheitenzahl. Nur hat Weiß in Stellung 1b zwei mehr, obwohl beide Seiten jeweils dieselbe Anzahl Züge gespielt haben.

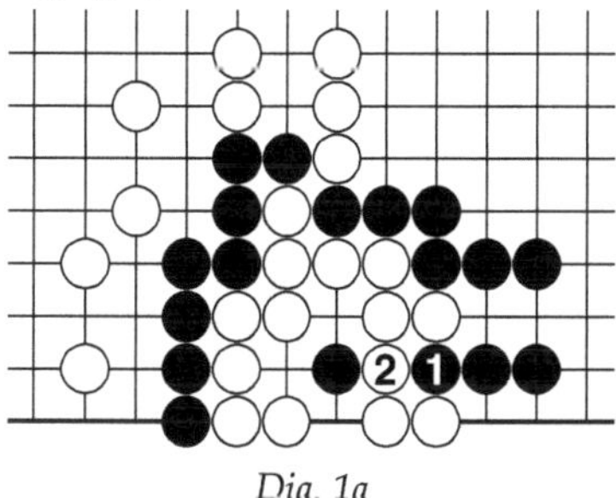


*Dia. 1a*

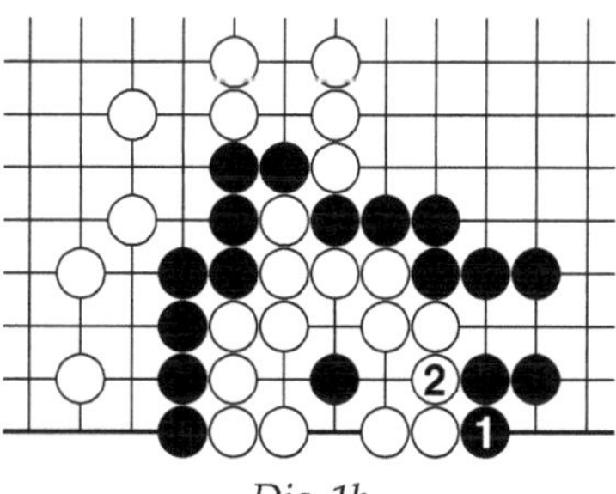


*Dia. 1b*

Der Unterschied entsteht durch die Größe des weißen Auges. Schwarz konnte in Diagramm 1a die Weißen auf ein Vier-Punkt-Auge beschränken, in Diagramm 1b jedoch hat er Weiß ein Fünf-Punkt-Auge zugestanden. Große Augen zählen mehr Freiheiten, als sie Punkte umschließen. Bedenken Sie, dass ein Vier-Punkt-Auge fünf Freiheiten zählt und ein Fünf-Punkt-Auge sogar acht. Obwohl Weiß also in Diagramm 1b eine Außenfreiheit weniger hat als in Diagramm 1a, so hat er doch in seinem größeren Auge drei Freiheiten mehr. Der Nettogewinn beträgt also zwei Freiheiten. Hätte Weiß ein Zwei-Punkt-Auge gehabt und um den Preis einer Außenfreiheit ein Drei-Punkt-Auge gebaut, so hätte er nichts gewonnen, da ein Drei-Punkt-Auge immer noch ein Kleines Auge ist. Die Freiheitenzahl wächst schneller, wenn das Auge groß wird.

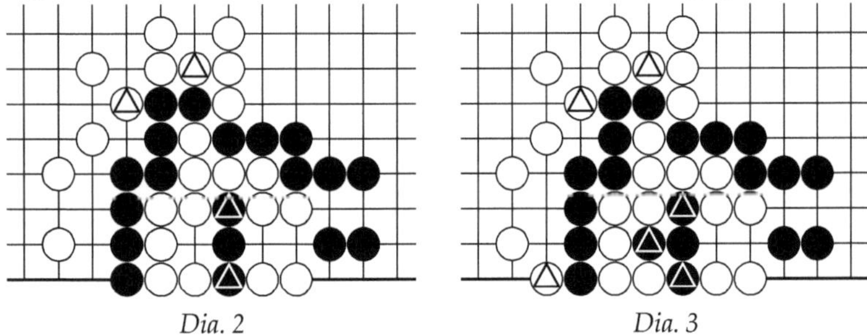

*Dia. 2* *Dia. 3*

Diagramm 2 ähnelt Diagramm 1, aber Schwarz hat zwei Außenfreiheiten weniger und Weiß zwei Freiheiten weniger im Auge – wegen der zusätzlichen schwarzen Steine, die im Auge liegen. Das Ergebnis ist Diagramm 1. Bitte prüfen Sie das selbst nach.

In Diagramm 3 ist noch ein weißer Stein ergänzt, der eine schwarze Außenfreiheit nimmt, und ein weiterer schwarzer Stein im weißen Auge. Man könnte erwarten, dass sich dasselbe ergibt wie in Diagramm 1 und 2, doch das trifft nicht zu. Betrachten Sie diese Stellung, bevor Sie weiter lesen.

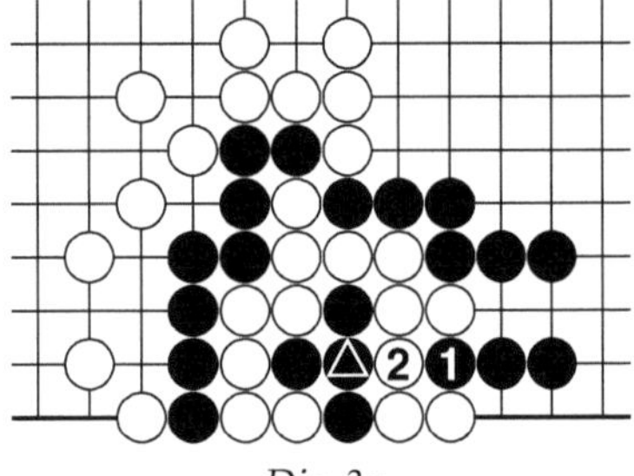


*Dia. 3a*

Spielt Schwarz 1 in Diagramm 3a, so antwortet Weiß mit 2 und schlägt die vier schwarzen Steine. Danach müsste Schwarz auf ▲ spielen, um zwei Augen zu verhindern. Doch zählen wir kurz die Freiheiten nach Weiß 2: Schwarz hat vier Freiheiten. Der leere Vier-Punkt-Augenraum zählt fünf für Weiß, und er hat zwei Außenfreiheiten, macht zusammen sieben. Schwarz liegt weit zurück. Sollte Schwarz mit 3 auf ▲ spielen, so wird Weiß das ignorieren und woanders ziehen. Das ist völlig anders als in Diagramm 1 und 2. Was ist passiert? Wir wollen das untersuchen.

Diagramm 4 ähnelt Diagramm 3, allerdings sind die Farben vertauscht und Weiß hat sechs Außenfreiheiten.

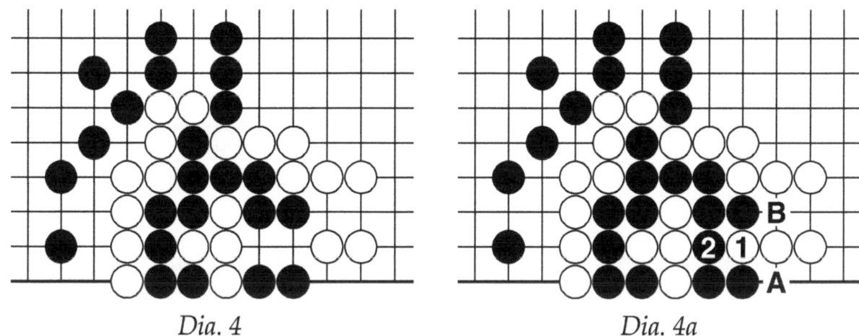


*Dia. 4* *Dia. 4a*

Falls Weiß 1 für 2 in Diagramm 4a abtauscht, dann verliert er mit sechs zu sieben. Weiß ist in dieser Stellung tatsächlich schon bedingungslos tot, aber er muss es Schwarz nicht so leicht machen.

Weiß auf A oder B funktionieren zwar genauso wenig, wenn Schwarz korrekt antwortet, aber Schwarz hat die Möglichkeit fehlzugehen. Falls Schwarz mit 2 schlägt, dann liegt Weiß mit sechs zu sieben zurück, genau wie nach Weiß 1. Schwarz könnte mit 2 auch eine der weißen Außenfreiheiten besetzen und dasselbe Ergebnis erzielen.

Der schwarze Fehltritt ist 2 in Diagramm 4b. Das scheint ein guter Zug zu sein, nachdem das Auge scheinbar größer wird, doch in Wahrheit geht er Weiß geradewegs in die Falle. Weiß 3 ist Atari und Schwarz muss mit 4 schlagen. Im Ergebnis ist Weiß nun mit sechs zu fünf vorn, und wenn er jetzt auf △ spielt, gewinnt er wie durch Zauberhand.

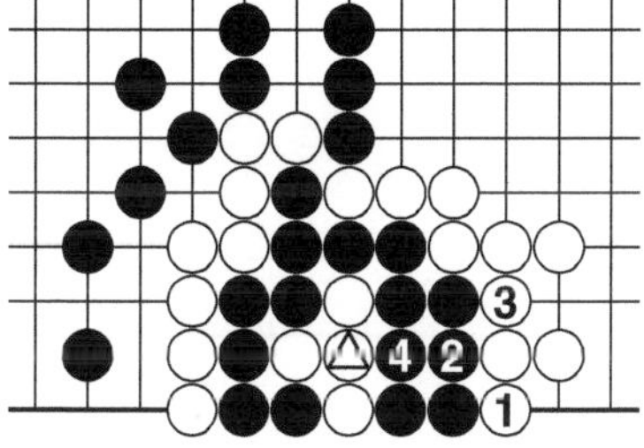


*Dia. 4b*

Wenn wir die Diagramme 4a und 4b vergleichen, dann können wir erkennen, was geschehen ist. Durch den Austausch Schwarz 2 gegen Weiß 3 in Diagramm 4b hat Schwarz glatt zwei Freiheiten verloren. Tatsächlich muss Weiß nach dem Zug Schwarz 2 in Diagramm 4c gar nicht auf 3 antworten. Er kann fernbleiben und dennoch gewinnen, Schwarz stirbt in Nachhand.

Weiß 1 in Diagramm 4a ist also zu sehr geradeheraus; Schwarz muss keine Sekunde über die Antwort nachdenken, sie ist offensichtlich. Weiß 1 in Diagramm 4b eröffnet dem Weißen noch einmal die Chance, sich am eigenen Schopf aus dem Sumpf zu ziehen, insbesondere wenn Schwarz gedankenlos das halb verstandene Sprichwort anwendet, dass „das größere Auge immer gewinnt".

Warum geht Schwarz 2 in Diagramm 4b schief? Der Grund ist, dass dieser Zug das schwarze Auge in Wahrheit nicht vergrößert. Statt die Gebietspunkte zu zählen, die das Auge umschließt, gibt es zur Größenbestimmung die Methode, die Anzahl der Steine abzuzählen, die der Gegner hineinsetzen muss, um es fast aufzufüllen. In Diagramm 4 hat Weiß bereits vier Steine ins schwarze Auge gesetzt, und Schwarz 2 in Diagramm 4b erfordert keine weiße Antwort. Das Vergrößern eines Auges lohnt sich also nur dann, wenn es Ihren Gegner zwingt, weitere Steine hineinzusetzen.

## Machen Sie das gegnerische Auge kleiner als das eigene

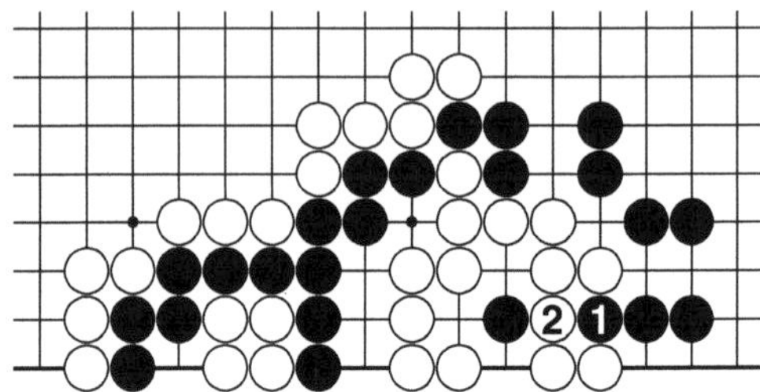

*Dia. 5*

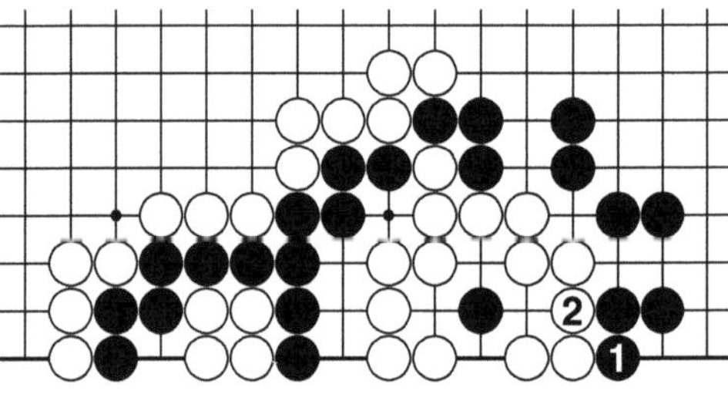

*Dia. 5a*

Schwarz 1 in Diagramm 5 verkleinert das weiße Auge und ist ein guter Zug.

Mit 1 in Diagramm 5a eine Außenfreiheit zu besetzen, ist schlecht. Wie viele Freiheiten gehen so verloren?

Sie sollten in der Lage sein, diese beiden Kämpfe auszulesen. In Diagramm 5 hat Weiß ein Vier-Punkt-Auge und Schwarz ein Fünf-Punkt-Auge (Typ 5). Deshalb bekommt Schwarz die Innenfreiheiten. Es steht acht zu acht, der Kampf ist unentschieden. Schwarz ist am Zug und gewinnt.

In Diagramm 5a hingegen hat Schwarz seinem Gegner ein Fünf-Punkt-Auge zugestanden, so dass beide Seiten über ein Großes Auge der gleichen Größe verfügen. Weiß ist mit 10 zu 4 exklusiven Freiheiten Favorit und lebt bedingungslos. Als Außenseiter bekommt Schwarz zwar die Innenfreiheiten, liegt aber dennoch acht zu zehn zurück. Schwarz ist tot.

Der Unterschied zwischen Diagramm 5 und 5a beträgt zwei Freiheiten. Doch was den Ausgang des Kampfes angeht, so ist der Unterschied, dass Schwarz im einen Fall tötet und im anderen selbst stirbt.

## Machen Sie Ihr Auge größer als das gegnerische

Schwarz 1 in Diagramm 6 vergrößert das schwarze Auge aufs Möglichste. Mit einem Zug gewinnt er drei Freiheiten im Auge und fünf Innenfreiheiten dazu, so dass er den Kampf mit 15 zu 6 gewinnt. Weiß ist tot.

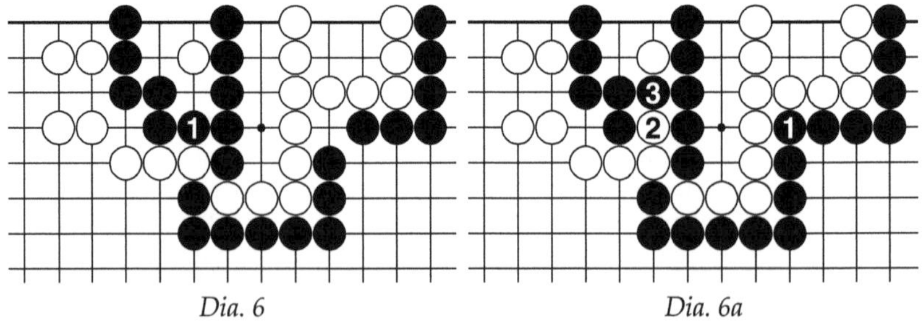

*Dia. 6* *Dia. 6a*

Schwarz 1 in Diagramm 6a verringert die weißen Freiheiten um eine, gibt Weiß aber die Möglichkeit, mit 2 in Vorhand hineinzudrücken. Keine Seite kann töten. Beide haben ein Großes Auge derselben Größe. Schwarz ist mit sieben exklusiven Freiheiten gegenüber fünf für Weiß Favorit, damit kann Weiß nicht töten. Doch Weiß zählt die Innenfreiheiten für sich, so dass auch Schwarz nicht töten kann. Insgesamt stehen die Freiheiten sieben zu zehn gegen Schwarz. Beachten Sie jedoch, dass die zehn Freiheiten für Weiß nur für den Verteidigungsfall gelten. Er kann die Innenfreiheiten nicht zu Angriffszwecken nutzen. Das ist leichter in einem einfachen Kampf vom Typ 2 zu sehen, in dem es keine Augen gibt:

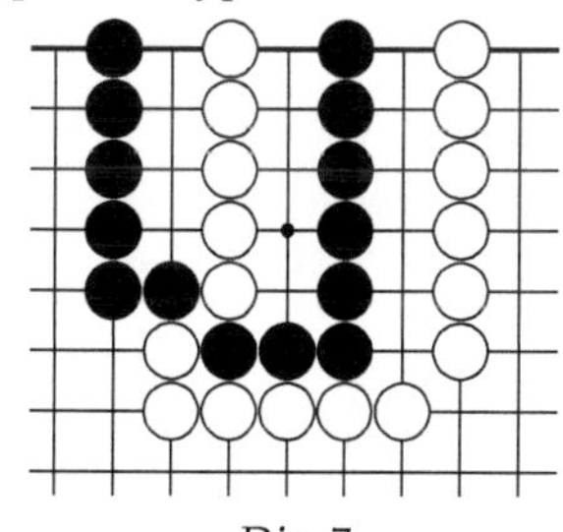
*Dia. 7*

Schwarz ist in Diagramm 7 Favorit, da er über mehr Außenfreiheiten verfügt. Damit lebt er bedingungslos. Kann Schwarz töten? Nein, da er mit sieben zu neun hinten liegt. Selbst wenn Schwarz am Zug ist, kann Weiß einmal fernbleiben und noch immer in Seki leben. Kann Weiß töten, wo er doch neun zu sieben Freiheiten hat? Keineswegs. Die neun weißen Freiheiten zählen nur defensiv.

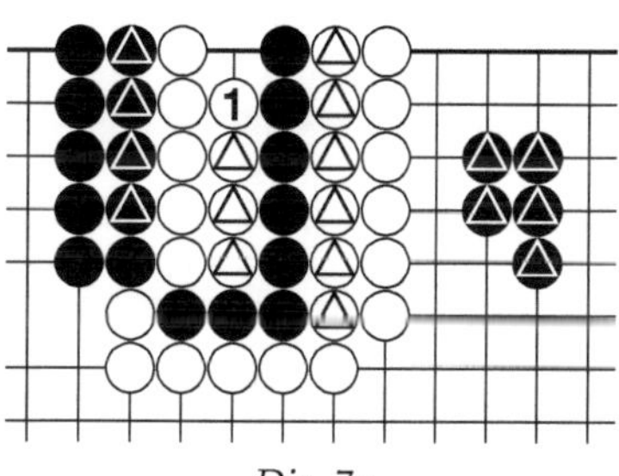
*Dia. 7a*

Diagramm 7a zeigt durch Hinzufügen der gleichen Anzahl markierter Steine, dass Weiß alle Innenfreiheiten besetzen müsste, falls er sich auf die sinnlose Mission einlassen wollte, Schwarz zu töten.

Schwarz kann entspannt fünfmal fernbleiben. Um Schwarz schließlich in Atari zu setzen, müsste Weiß ein Selbst-Atari spielen. Etwas Selbstmörderischeres kann man sich kaum vorstellen. Aus diesem Grund lautete die erste Stellungsbeurteilung „Schwarz lebt bedingungslos". Die einzige Frage ist, ob Schwarz töten kann oder Weiß in Seki lebt. Die Situation in Diagramm 6a ist ähnlich.

Diagramm 8: Schwarz am Zug.

Schwarz soll mit 1 in Diagramm 8a gerade zum Rand herabsteigen, was ihm einen Fünf-Punkt-Augenraum verschafft. Nach Weiß 2 und Schwarz 3 ist die Stellung leicht auszulesen: Schwarz führt.

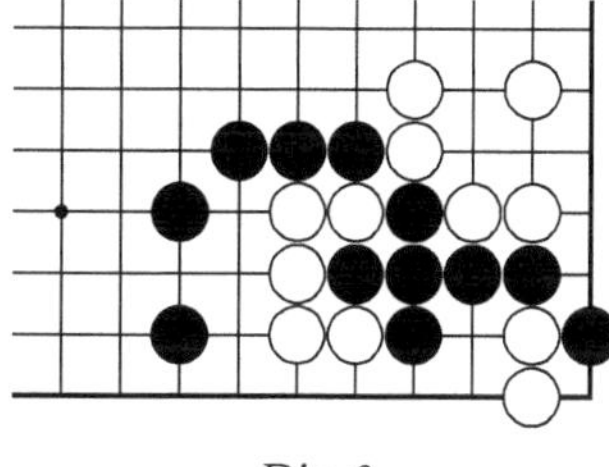
*Dia. 8*

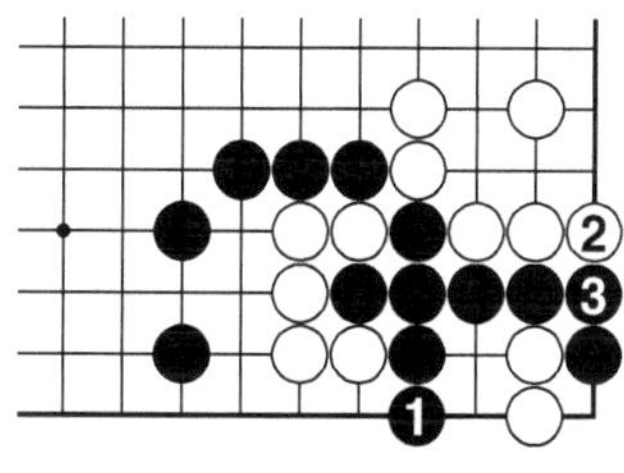
*Dia. 8a*

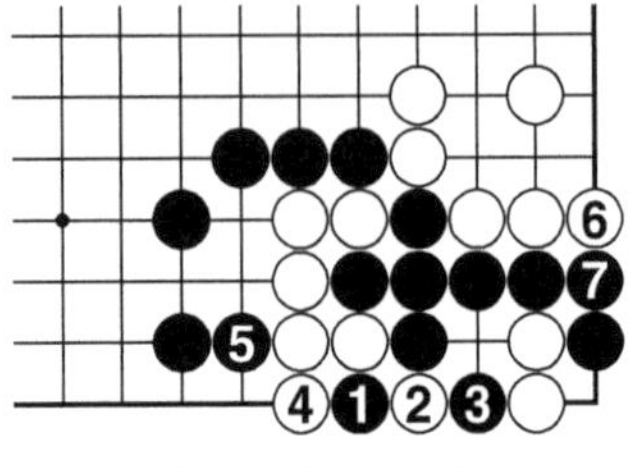

*Dia. 8b (W8 auf 2)*

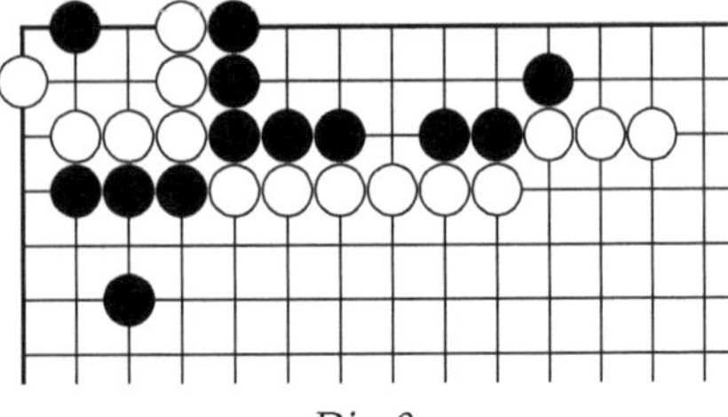

*Dia. 9*

Das schwarze Hane auf 1 in Diagramm 8b ist ein schwerer Fehler. Mit dem Einwurf auf 2 verkleinert Weiß das schwarze Auge und zwingt den Gegner, ein lästiges Ko zu spielen. Die Verbindung mit 5 auf 2 ist nicht gut für Schwarz, denn dann liegt er nach Freiheiten zurück.

Diagramm 9: Schwarz am Zug.

Der erste erwägenswerte Plan ist das offensichtliche Hineindrücken mit Weiß 1 und Schneiden mit 3 in Diagramm 9a. Spielt Schwarz auf 4, um den Schnittstein zu fangen, so fängt Weiß mit 5 und 7 die schwarzen Steine links, wonach die weiße Ecke wieder zum Leben aufersteht.

Schwarz jedoch wird nicht so bereitwillig mitspielen. Er wird vielmehr auf 4 in Diagramm 9b setzen, was die Steine rechts hergibt, aber dafür links zwei Augen macht. Und damit sterben die Weißen in der Ecke.

Wie wäre der Schnitt auf der anderen Seite, also 3 in Diagramm 9c? Wieder ist Schwarz 4 der vitale Punkt. In einer Partie könnten Sie denken, dass Diagramm 9b ein gutes Ergebnis sei, und sich tiefere Analysen ersparen. Doch Diagramm 9b ist nicht das Beste, das Weiß erreichen kann. Er braucht ein wenig Fantasie.

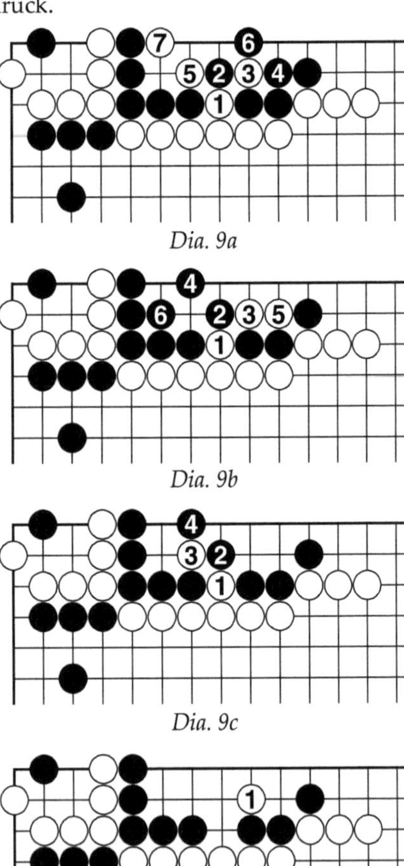

*Dia. 9a*

*Dia. 9b*

*Dia. 9c*

*Dia. 9d*

**Tesuji-Zauber**

Weiß 1 in Diagramm 9d ist ein hervorragendes Tesuji.

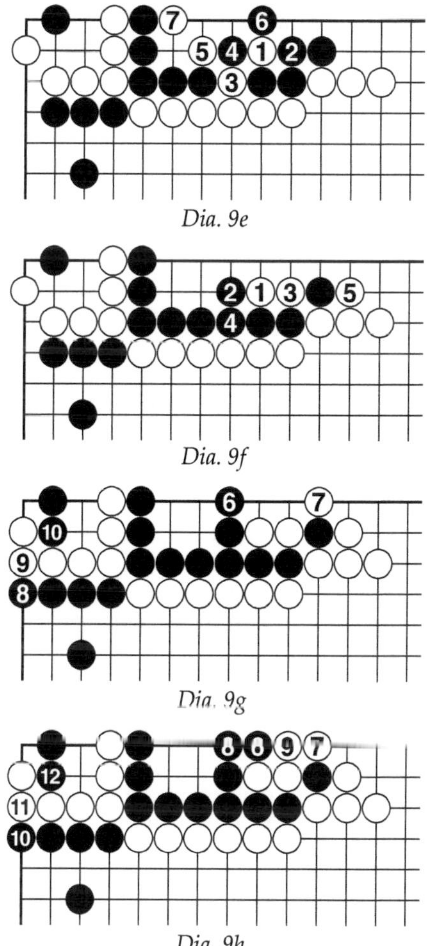
Dia. 9e

Dia. 9f

Dia. 9g

Dia. 9h

Falls Schwarz mit 2 in Diagramm 9e verbindet, so entsteht Diagramm 9a, ganz nach dem Wunsch von Weiß.

Die stärkste schwarze Antwort ist, mit 2 in Diagramm 9f dagegenzustellen, doch hilft das? Weiß gibt mit 3 Atari und zwingt Schwarz, mit 4 zu verbinden. Weiß 3 auf 4 stattdessen führt zu Diagramm 9b, was nicht gut ist. Indem er auf 1 anlegt, ohne mit 3 durchzustoßen, verhindert Weiß, dass Schwarz links zum Leben kommt. Stattdessen entsteht ein Wettlauf. Mit Schwarz 2 auf 4 entsteht nach Weiß 3 und Schwarz 2 dasselbe Ergebnis. Wie soll Schwarz nun nach Weiß 5 weiterspielen?

Schwarz soll mit 6 in Diagramm 9g gerade herabsteigen, womit er das größtmögliche Auge baut. Dies ist der vitale Punkt: Wenn Weiß hier spielen darf, dann verliert Schwarz sofort Freiheiten. Um eine Stellung zu erreichen, die leicht auszulesen ist, nehmen wir an, dass die Züge bis 10 gespielt würden. Nun haben wir das Referenzdiagramm zu Beginn dieses Abschnitts (Seite 117). Es steht sechs zu sechs mit Weiß am Zug, somit gewinnt Weiß.

Das Atari mit 6 in Diagramm 9h verliert gegenüber 6 in Diagramm 9g eine Freiheit: Nach Weiß 7 muss Schwarz dennoch auf 8 spielen, weil Weiß sonst dort einwirft. Letzten Endes hat Schwarz 6 gegen 9 abgetauscht und so eine Freiheit verloren. Die Züge 10 bis 12 sind hier zur Vergleichbarkeit ergänzt.

In Diagramm 9 geht es darum, das Tesuji zu finden und die verschiedenen möglichen Fortsetzungen zu bewerten. Dazu gehört, Züge wie Schwarz 6 in Diagramm 9g zu kennen und den entstehenden Wettlauf auszulesen. Wenn im weißen Auge in der Ecke schon zwei schwarze Steine lägen, so würde das Tesuji für Weiß nicht fruchten, da er den Wettlauf verliert. In diesem Fall wäre die Zugfolge in Diagramm 9b besser als nichts.

**Wie gewinnt man einen Wettlauf?**

Verringern Sie die Freiheiten Ihres Gegners, nicht Ihre eigenen. Ein Einwurf ist ein Tesuji, das Freiheiten wegnimmt, aber achten Sie darauf, dass es nicht Ihre sind.

Oft gewinnt ein Auge den Kampf. Das einzige Auge zu bauen, gewinnt alle Innenfreiheiten und zwingt Ihren Gegner möglicherweise zu Annäherungszügen. Es könnte aber auch Ihre eigenen Freiheiten verringern und zerstört das Sicherheitsnetz, in Seki zu leben. Auch wenn Ihr Gegner bereits ein Auge hat, kann es je nach den Umständen gut oder schlecht sein, ein eigenes zu bauen.

Ein Großes Auge schafft Freiheiten. Machen Sie Ihr Auge so groß wie möglich und das gegnerische kleiner.

## Ko vermeiden – und einfädeln

In vielen Fällen können Sie durch vorsichtige Spielweise verhindern, dass im Wettlauf ein Ko entsteht. In der Partiepraxis jedoch mündet achtloses Spiel des Öfteren in ein unnötiges und gefährliches Ko. Andererseits können Sie zu Zeiten durch geschickte Spielweise ein Ko einfädeln, statt bedingungslos zu sterben. Hier sind nur einige wenige Beispiele, in Büchern zu Go-Problemen werden Sie noch viel mehr finden.

Diagramm 1: Schwarz am Zug.

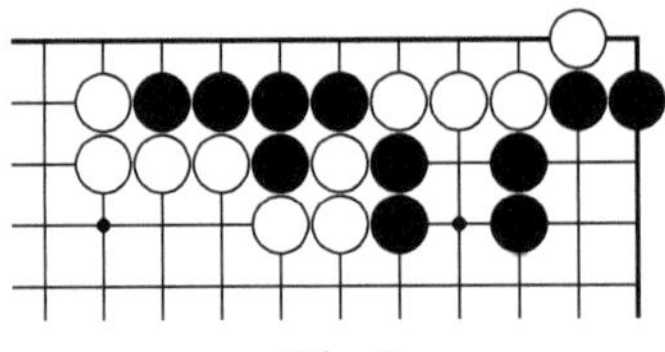

*Dia. 1*

Diagramm 1a: Schwarz und Weiß haben jeweils vier physische Freiheiten, also könnte Ihr erster Gedanke sein, eine weiße Freiheit zu besetzen. Doch nach Schwarz 1 wird Weiß nicht auf A antworten und eine schwarze Freiheit besetzen, da Schwarz einen einfachen Wettlauf um Freiheiten gewinnen würde. Weiß antwortet auch nicht auf 4, weil Schwarz dann mit 2 verbinden und im Vorteil bleiben könnte. Stattdessen wirft Weiß auf 2 ein und erzwingt ein Ko. Es ist kein direktes Ko, weil Weiß einen Annäherungszug auf A machen muss, doch das ist immer noch besser als bedingungslos zu sterben. Für Schwarz ist dieses Ko ein Ärgernis, das mit vorsichtigerer Spielweise vermeidbar war.

Das solide Herabsteigen mit Schwarz 1 in Diagramm 1b ist ein schlauer Zug, den Sie in vielen Go-Problemen finden können. Wenn Sie ihn schon einmal gesehen haben, ist er offensichtlich; doch wenn nicht, dann mag er ziemlich überraschend sein. Dieser Zug nimmt Weiß keine Freiheit. Darüber hinaus

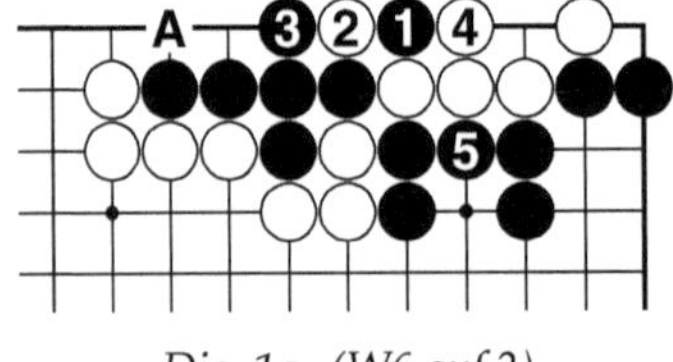


*Dia. 1a (W6 auf 2)*

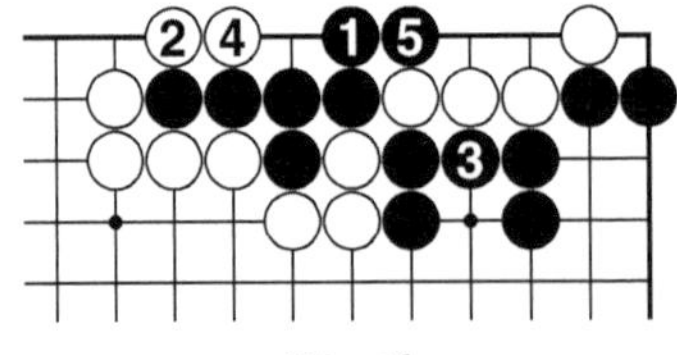


*Dia. 1b*

scheint er noch nicht einmal Schwarz Freiheiten zu verschaffen, was ja genauso gut wäre. Doch in Wahrheit vermehrt er die schwarzen Freiheiten, weil er Weiß zu einem Annäherungszug zwingt. Nach 5 kann Weiß von keiner Seite Atari geben, und deshalb gewinnt Schwarz bedingungslos. Und das ist viel besser, als sich durch Nachlässigkeit ein Ko einzuhandeln.

Diagramm 2: Schwarz am Zug.

Mit Schwarz 1 in Diagramm 2a Atari zu geben, ist schlecht. Statt zu verbinden, was den Kampf verlieren würde, lässt sich Weiß auf 2 zurückfallen und kämpft ein Annäherungs-Ko.

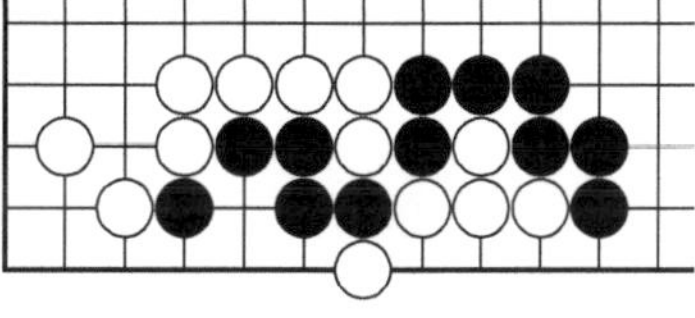

*Dia. 2*

Schwarz soll mit 1 in Diagramm 2b ein Auge bauen. So bekommt Schwarz die Innenfreiheit, nachdem er mit 5 ein weißes Auge verhindert hat. Im Ergebnis gewinnt Schwarz bedingungslos.

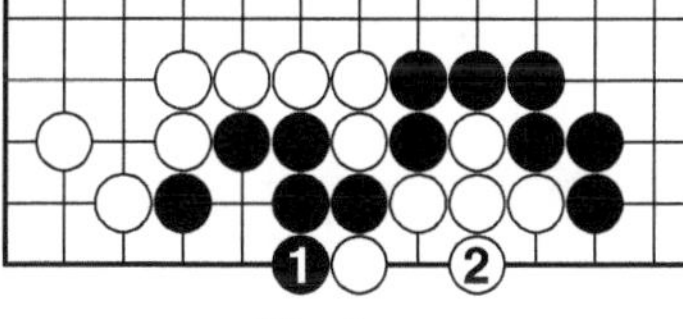

*Dia. 2a*

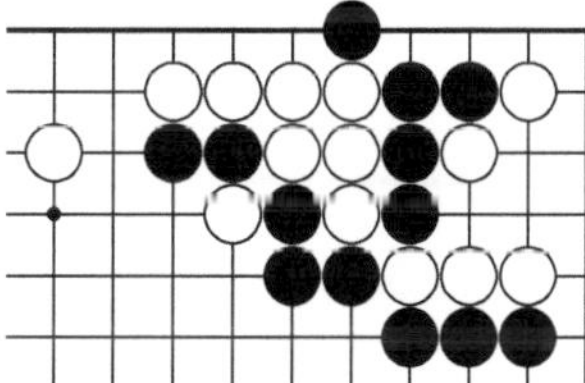

*Dia. 2b*

Diagramm 3: Schwarz am Zug.

Schwarz 1 in Diagramm 3a ist der sichere Zug. Schwarz lebt mit 2 oder mit 3.

Schwarz 1 in Diagramm 3b funktioniert zwar auch, aber Schwarz muss nach Weiß 2 unbedingt mit 3 antworten und darf nicht den weißen Stein schlagen. Und wenn Weiß mit 2 auf 3 spielt, soll Schwarz auf 2 strecken, statt den weißen Stein zu schlagen. Mit Schwarz 1 in Diagramm 3c durchzustoßen ist schlecht. Denn statt mit 3 zu verbinden und Schwarz den Zug auf 2 zu geben, setzt Weiß selbst auf 2 und spielt Ko. Schwarz sollte dieses Ko voraussehen und mit 1 auf 2 oder 3 spielen, um es zu vermeiden.

*Dia. 3*

*Dia. 3a*

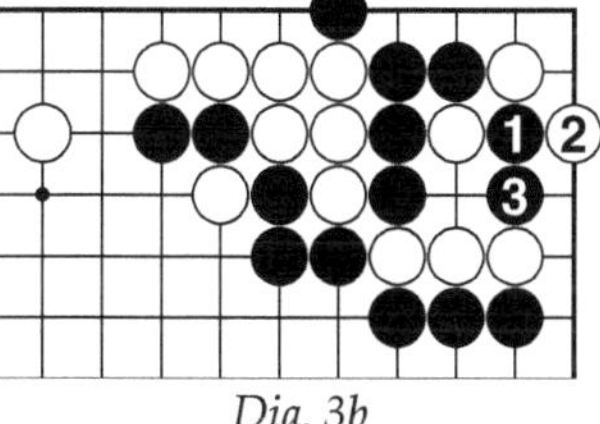

*Dia. 3b*

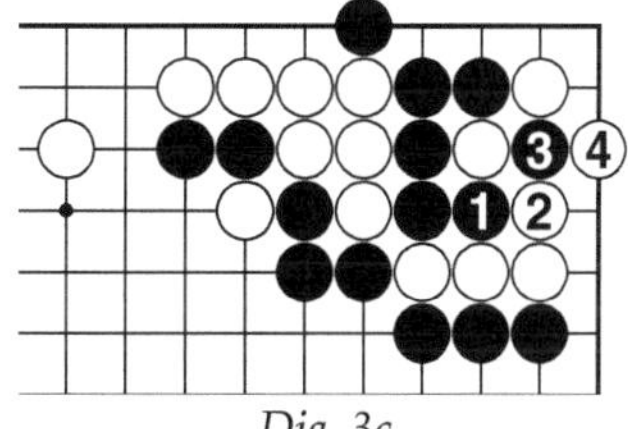

*Dia. 3c*

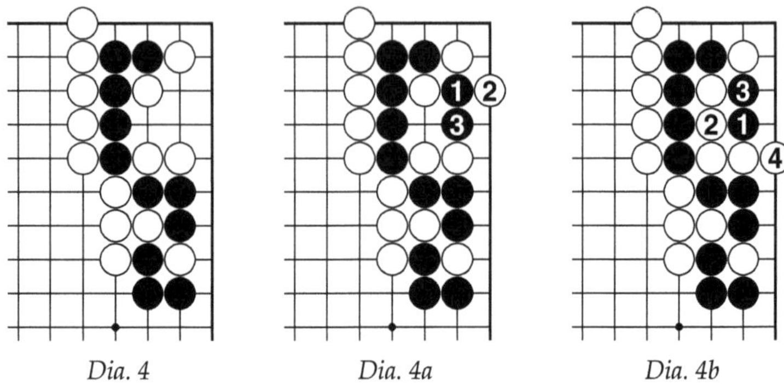

Dia. 4 Dia. 4a Dia. 4b

Diagramm 4: Schwarz am Zug.

Diesmal muss Schwarz mit 1 in Diagramm 4a schneiden und dann strecken.

Schwarz 1 in Diagramm 4b funktioniert nicht. Wegen der Freiheitennot unterscheidet sich diese Stellung von Diagramm 3a.

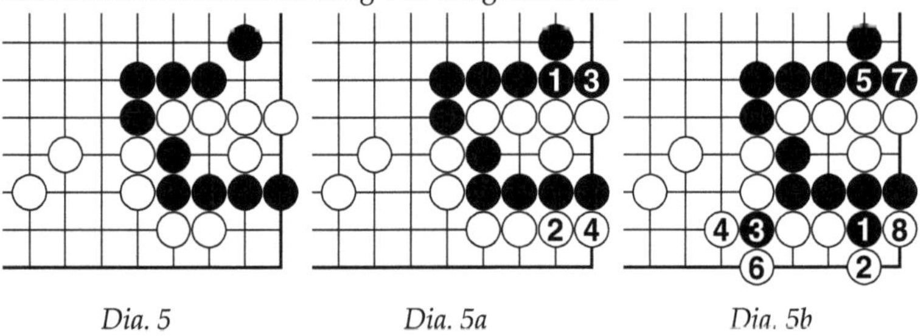

Dia. 5 Dia. 5a Dia. 5b

Diagramm 5: Schwarz am Zug.

Diagramm 5a: Falls beide einfach die Außenfreiheiten besetzen, ergibt sich ein Seki.

In dieser Stellung ist Schwarz 1 in Diagramm 5b ein guter Zug. Obwohl er ein leeres Dreieck bildet und keine physische Freiheit dazugewinnt, ist er effektiv, weil er Weiß zu Annäherungszügen zwingt.

In Diagramm 5a konnte Weiß mit 2 und 4 die schwarzen Außenfreiheiten zusetzen, doch in Diagramm 5b muss Weiß nach 2 und 8 noch ein Annäherungs-Ko kämpfen, um seine Steine in ein Seki zu retten.

Diagramm 6: Schwarz am Zug.

Schwarz 1 in Diagramm 6a ist zu langsam, denn Schwarz muss zu viele Annäherungszüge investieren. Schwarz 1 auf 3 ist nicht gut, weil Weiß einfach fängt.

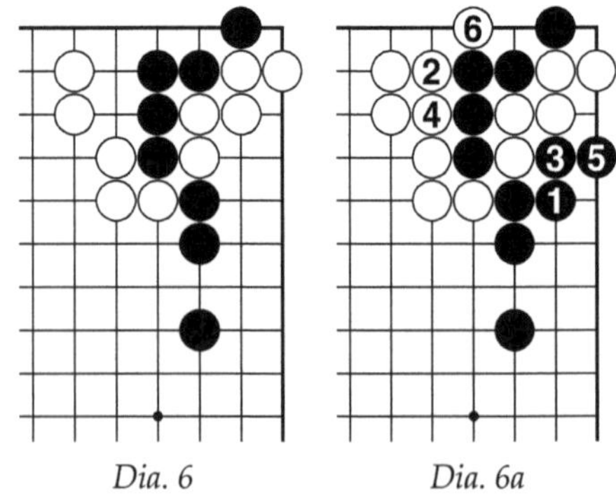

Dia. 6 Dia. 6a

Schwarz 1 in Diagramm 6b funktioniert auch nicht. Weiß 4 ist ein guter Zug, der eine Freiheit gewinnt.

Der Sprung zum Rand auf 1 in Diagramm 6c ist die Lösung. Mit 3 und 5 fädelt Schwarz ein Ko ein. Zwar wäre es schmerzlich für Schwarz, das Ko zu verlieren, und er muss die Ko-Drohungen zählen, aber das Ko bedeutet auch eine große Belastung für Weiß.

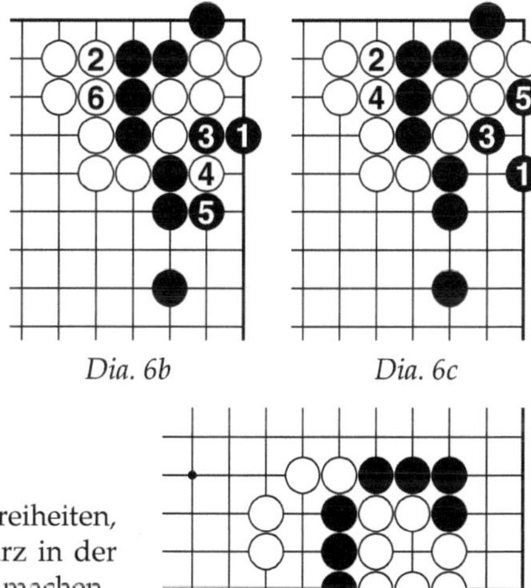

*Dia. 6b* *Dia. 6c*

*Dia. 7*

Diagramm 7: Schwarz am Zug.

Beide haben je drei physische Freiheiten, aber es scheint, als müsste Schwarz in der Ecke noch einen Annäherungszug machen.

Schwarz 1 in Diagramm 7a ist der einzige Zug. Schwarz muss eine Freiheit zusetzen, um nicht zurückzufallen. Weiß 2 ist ein guter Zug (hätte Weiß stattdessen nur eine Freiheit besetzt, dann würde Schwarz gewinnen). Falls Schwarz jetzt auf 3 spielt, dann schneidet Weiß mit 4 und gewinnt den Wettlauf.

Die hängende Verbindung mit Schwarz 3 in Diagramm 7b ist ein schlauer Zug, der das Ko auf 5 vorbereitet.

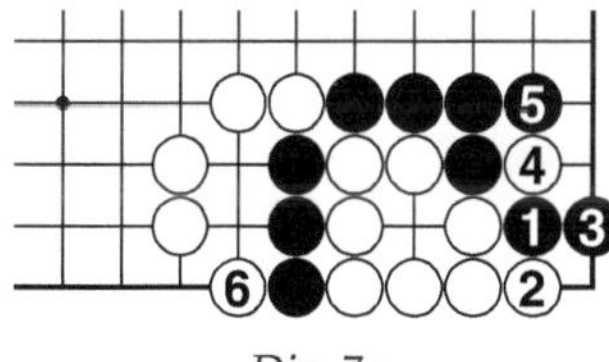

*Dia. 7a*

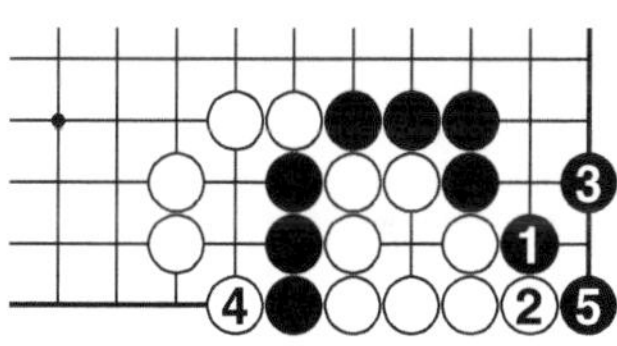

*Dia. 7b*

## **Der Bambus** (von Simon Goss)

Diagramm 1 zeigt die Art Wettlauf, von der dieser Abschnitt handelt. Was geschieht in den Bambusverbindungen?

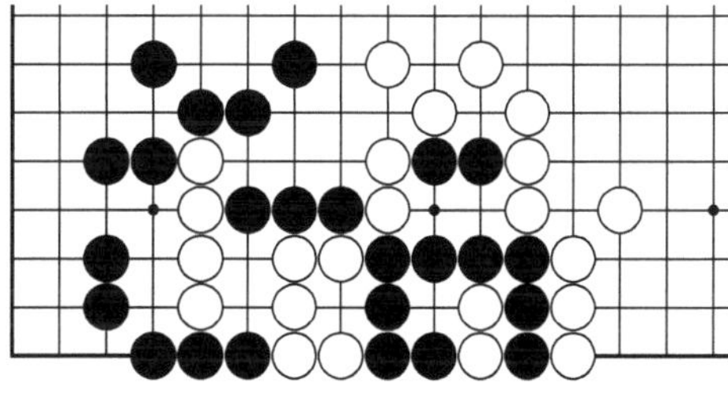

*Dia. 1*

Diagramm 1 ist ein wenig zu kompliziert, um sofort einzutauchen. Beginnen wir mit Diagramm 2, einem einfachen Kampf vom Typ 2, in dem Weiß Favorit ist. Das Ergebnis ist auf einen Blick zu erkennen, doch die Regeln aus Kapitel 1 scheinen die falsche Antwort zu geben. Was ist hier los?

*Dia. 2*

Wenn wir auf A eine Außenfreiheit für Schwarz zählen und auf B eine Innenfreiheit, dann scheint es vier zu drei für Schwarz (den Außenseiter) zu stehen, also sollte er in Seki leben.

In Wahrheit ist Schwarz in Diagramm 2 bedingungslos tot. Auch wenn er am Zug ist, kann er nicht leben. Spielt er zum Beispiel auf 1 in Diagramm 3, so fehlt ihm am Ende eine Freiheit.

*Dia. 3*

Unser Fehler vorhin bestand darin, in der Bambusverbindung zwei Freiheiten für Schwarz zu zählen. Wir dachten, dass die sichtbaren physischen Freiheiten als äußere bzw. innere Freiheiten gezählt werden könnten. In Wahrheit jedoch ist die Bambusverbindung für Schwarz gar nichts wert, weil Weiß die Freiheit mit dem Austausch A gegen B vernichten kann, ohne einen zusätzlichen Zug zu investieren. Im Gegensatz dazu muss Schwarz auf A oder B spielen, um überhaupt eine Freiheit zu gewinnen. In Diagramm 2 steht es somit drei zu zwei für Weiß: Schwarz ist tot.

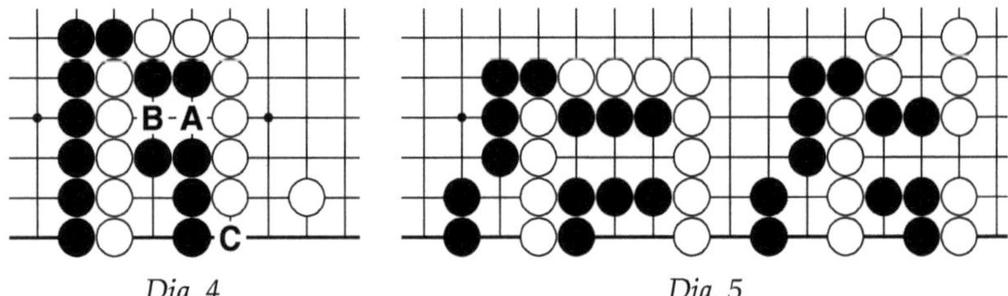


*Dia. 4* *Dia. 5*

In Diagramm 4 sehen wir einen weiteren Kampf vom Typ 2. Diesmal ist Weiß der Außenseiter und zählt alle Innenfreiheiten – schauen wir, wie viele es sind. Schwarz kann mit B töten, weil er so drei Freiheiten gegen die zwei weißen bekommt. Weiß kann Seki erreichen, die beste Variante ist Weiß A, Schwarz B, Weiß C. Wenn Weiß einfach nur auf C spielt, hinterlässt er Schwarz eine Ko-Drohung auf B.

Somit ist Diagramm 4 unentschieden. Wir sollten also in der Lage sein, in Diagramm 4 für beide Seiten dieselbe Freiheitenzahl zu ermitteln. Nachdem wir keine für Schwarz in der Bambusverbindung zählen, hat er zwei Freiheiten, eine außen und eine innen. Damit hat Weiß also ebenfalls zwei, der Bambus trägt also auch für ihn nichts bei.

Die „Keine-Freiheit-Regel" findet weite Anwendung, gilt jedoch nicht immer. In den bisherigen Stellungen war die Bambusverbindung genau zwei Punkte lang, und der Gegner schaute von beiden Seiten hinein. Diagramm 5 zeigt nun Stellungen, in denen eine dieser Bedingungen nicht erfüllt ist.

Beide sind unentschieden, wie Sie selbst auslesen können. Die Drei-Punkt-Verbindung links ist für Schwarz eine Freiheit wert. Die Lücke in der weißen Stellung rechts bedeutet eine Schwachstelle, für deren Behebung Weiß einen Zug investieren muss, und das bedeutet ebenfalls eine Freiheit für Schwarz.

Von hier an beschränken wir uns auf gewöhnliche Zwei-Punkt-Bambusverbindungen, in die der Gegner von beiden Seiten „hineinschaut" (jap. nozoki). Für weitere Betrachtungen müssen wir überlegen, was ein Nozoki auf eine Bambusverbindung genau sein soll.

In Diagramm 6 hat Weiß ein Nozoki von oben mit einem äußeren Stein und eins von unten, mit einem inneren Stein. Wir wollen diese Situation einen „gemischten Bambus" nennen.

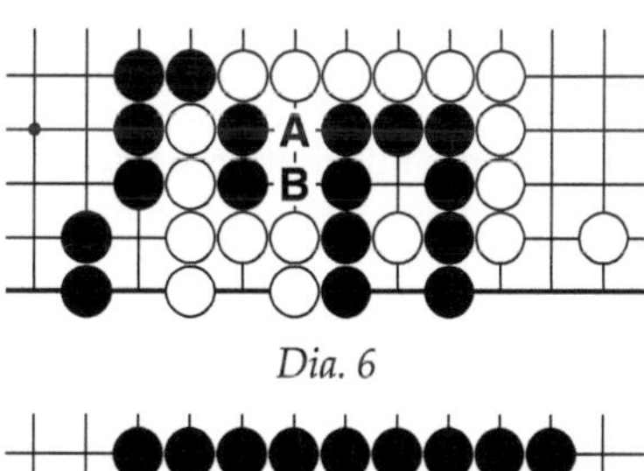


*Dia. 6*

In Diagramm 7 gehen alle Nozokis von inneren Steinen aus, das nennen wir einen „inneren Bambus". Es gibt auch „äußere" Bambusverbindungen, bei denen alle Nozokis von außen kommen.

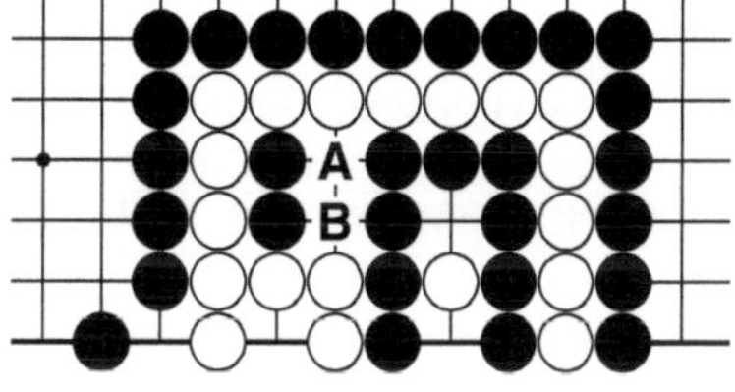


*Dia. 7*

Schließlich kommen noch zwei Spielarten vor, bei denen der eine Nozoki-Stein ein Invasionsstein im gegnerischen Auge ist und der andere entweder ein äußerer oder ein innerer. Diagramm 8 zeigt ein Beispiel.

In dieser Stellung ist A ein sehr wichtiger Punkt. Bekommt Weiß ihn, dann ist sein Fünf-Punkt-Auge mit einem Invasionsstein sieben Freiheiten wert. Spielt Schwarz auf A und Weiß antwortet mit B, dann zählt das weiße Vier-Punkt-Auge mit einem Invasionsstein nur vier Freiheiten, wie bereits auf Seite 120 besprochen.

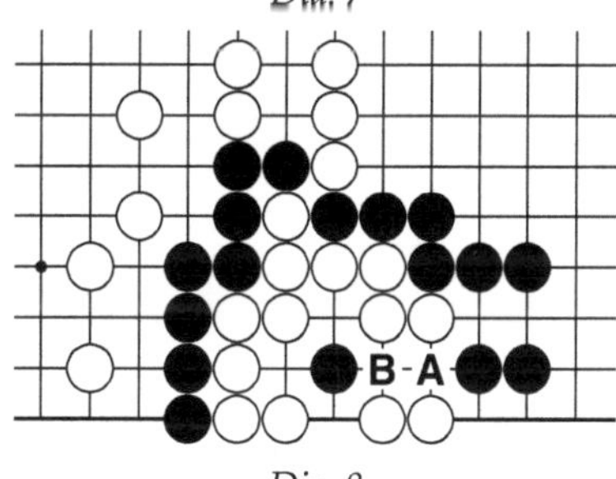


*Dia. 8*

## Innere und gemischte Bambusverbindungen

Diese beiden Typen verhalten sich fast gleich. Die Keine-Freiheit-Regel gibt den Status in beiden Fällen korrekt an. Der einzige wesentliche Unterschied ist, dass der Besitzer einer gemischten Bambusverbindung zwei Optionen haben kann, wie er einen Kampf gewinnt (so er denn gewonnen werden kann), während der Besitzer einer inneren Bambusverbindung sich mit der weniger attraktiven Variante abfinden muss. Die Diagramme 6 und 7 oben illustrierten das.

Diagramm 6 ist unentschieden, denn: jede Seite verfügt über drei exklusive Freiheiten (außen und im Auge), es gibt keine Innenfreiheiten und auch für beide keine im Bambus. Interessant ist hier, auf welchem Weg Schwarz (am Zug) sein Ziel erreicht. Er kann je nach Wunsch zuerst auf die weißen Außenfreiheiten setzen oder auch nicht, doch irgendwann muss er in den Bambus spielen. Die richtige Wahl ist Schwarz B, was Schwarz eine exklusive Freiheit verschafft und somit die Weißen tötet. Schwarz A erreicht lediglich Seki, was zuwenig ist.

Auch für Weiß am Zug gibt es in Diagramm 6 einen richtigen und einen falschen Weg zum Gewinn. Auch hier spielt es keine Rolle, ob er zunächst exklusive Freiheiten besetzt; früher oder später muss er in den Bambus hineinspielen. Wenn er das dann tut, dann soll er es von außen tun: auf A. Weiß B funktioniert auch, ist aber falsch. Der Grund ist, dass Schwarz jetzt jeden weißen Zug zum Gewinn ignorieren und die Antwort als Ko-Drohung aufheben wird. Ist das Ko groß genug (und es müsste zugegebenermaßen in diesem Fall riesig sein), dann könnte Weiß diese Drohung ignorieren wollen, um das Ko zu gewinnen. Und wenn er so spielt, ist sein Verlust nach einem Zug auf B größer als nach einem Zug auf A.

Diagramm 7 ist genau so unentschieden, jede Seite hat zwei Freiheiten. Doch hier bekommt Schwarz mit einem Zug auf A oder B gleichermaßen nur eine Innenfreiheit und muss deshalb mit Seki vorlieb nehmen. Dies ist der wesentliche Unterschied zwischen inneren und gemischten Bambusverbindungen. Das gilt auch für Kämpfe vom Typ 4 (die Diagramme 6 und 7 gehören zum Typ 6). Doch auch im gemischten Fall tritt der Unterschied nur dann auf, wenn es keine weiteren Innenfreiheiten gibt.

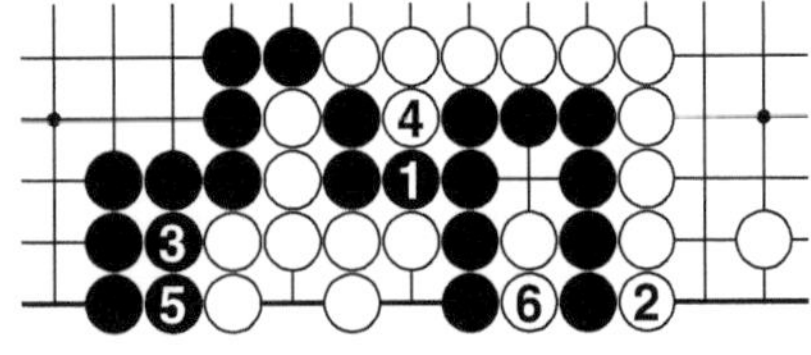

*Dia. 9*

Diagramm 9 zeigt, was bei zusätzlichen Innenfreiheiten passiert. Schwarz 1 ist der richtige Ansatz, um zu töten, doch Weiß wird wegen der bereits vorhandenen Innenfreiheit nicht sterben.

*Dia. 10*

Das Gleiche sehen wir an der Grenze zwischen Kämpfen vom Typ 1a und Typ 2. In Diagramm 10 links haben wir den Fall mit gemischtem Bambus. Schwarz A schafft enttäuschenderweise nur Seki, während Schwarz B tötet. Doch rechts, mit einem inneren Bambus, kann Schwarz nur Seki erreichen, wo er auch spielt.

Nach Betrachtung dieser Beispiele scheint der Besitzer einer gemischten Bambusverbindung gut beraten zu sein, auf den inneren Bambuspunkt (jeweils B) zu spielen – wenn er überhaupt in den Bambus setzt. Das trifft zu in Kämpfen vom Typ 4 oder 6 und an der Grenze zwischen Typ 1a und Typ 2, weil die

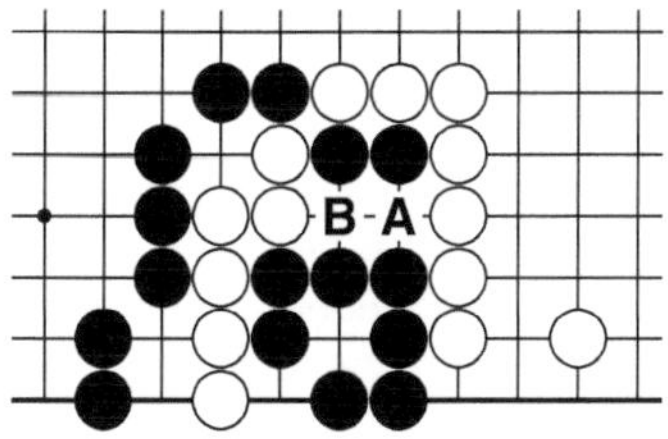

Dia. 11

Innenfreiheiten in diesen Fällen den Außenseiter vor dem Tod schützen. Wenn Sie jedoch in einem Kampf vom Typ 3 oder 5 Favorit sein sollten, so ist es besser, auf den äußeren Punkt eines gemischten Bambus zu spielen.

Diagramm 11 illustriert das für einen Kampf vom Typ 3. Beide Seiten zählen drei Freiheiten: unentschieden.

Der beste Weg zum Gewinn für Schwarz ist, sofort auf A zu spielen, weil er so eine Innenfreiheit erzeugt, die Weiß nicht zum Seki verhilft, aber für Schwarz einen Gebietspunkt darstellt. Beginnt Schwarz auf B, so gibt er diesen Punkt ab. Beginnt er mit einer weißen Außenfreiheit, dann ist A Vorhand für Weiß, und Schwarz verliert wiederum einen Punkt.

Hüten Sie sich jedoch davor, als Außenseiter in Kämpfen vom Typ 3 oder 5 Innenfreiheiten zu erzeugen. Innenfreiheiten zählen in diesen Kämpfen für den Favoriten. Wenn Sie als Außenseiter eine Innenfreiheit erzeugen, so ist das um eine Freiheit schlechter als fernbleiben!

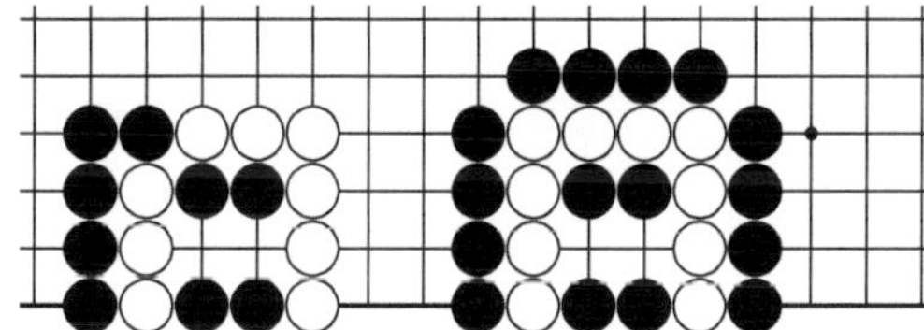
Dia. 12

Diagramm 12 zeigt einen amüsanten „pathologischen" Fall, der bei gemischten und bei inneren Bambusverbindungen gleichermaßen auftreten könnte. In beiden Stellungen besagt die Keine-Freiheit-Regel: keine Freiheit für niemand. Aber das sagt nichts über das Fangen von Gruppen aus, da es dabei um physische Freiheiten geht und nicht um effektive, mit denen Kämpfe abgezählt werden. Da aber beide Seiten gleich viele effektive Freiheiten haben, erwarten wir zumindest, dass diese beiden Kämpfe unentschieden sind.

Überraschenderweise sind beide entschieden. Beim gemischten Bambus links ist Weiß tot, während der innere Bambus rechts ein Seki ist. Es wäre fatal für Schwarz, Atari zu geben, und umgekehrt genau so.

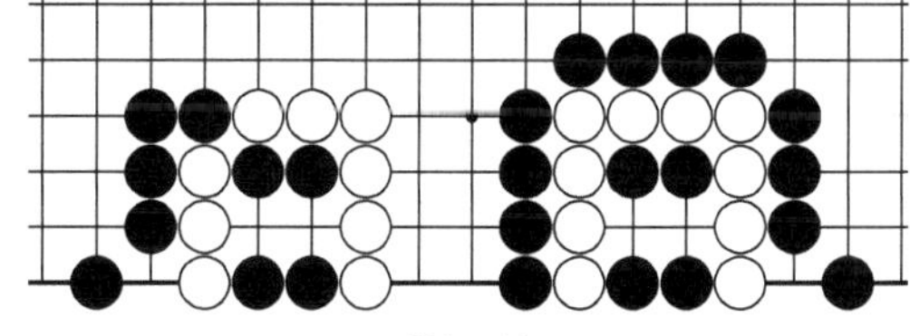
Dia. 13

Es geht noch verrückter. Diagramm 13 ist wie Diagramm 12, nur hat Weiß jeweils eine Außenfreiheit mehr. Effektiv steht es null zu eins, doch diese Kämpfe sind beide unentschieden. Offenbar ist null gleich eins!

Das ist nicht wirklich schlimm. Es bedeutet lediglich: Wenn die Keine-Freiheit-Regel einer Seite gar keine Freiheit zuspricht, so sollten Sie skeptisch sein und die Sache auslesen. Das lohnt sich immer, denn solche Stellungen können interessante Besonderheiten aufweisen.

Eine ist in Diagramm 14 gezeigt. Es ist wieder ein Null-zu-Null-Seki mit inneren Bambusverbindungen. Hier kann Weiß als Ko-Drohung in eine der Bambusverbindungen hineindrücken. Das Ungewöhnliche bei dieser Ko-Drohung ist, dass Schwarz sie nicht beseitigen kann. Denn wenn er in eine der Bambusverbindungen spielt, so fängt Weiß ihn, indem er in die andere hineinstößt. Schwarz kann nicht dagegenstellen, weil ihm die Freiheiten ausgehen.

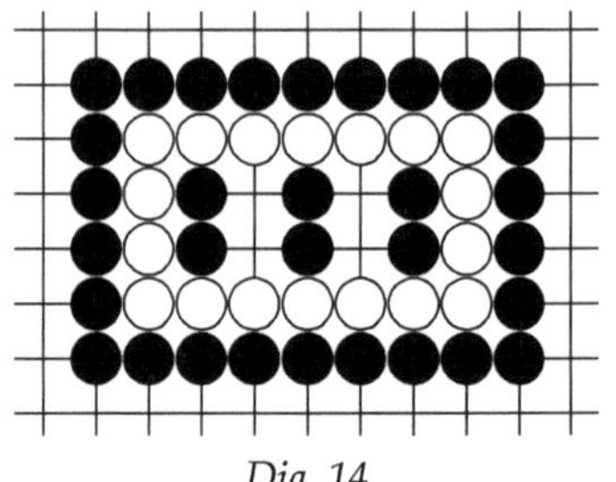

*Dia. 14*

## Äußere Bambusverbindungen

Diagramm 15 zeigt einen sehr einfachen Kampf vom Typ 3 mit einem äußeren Bambus. Nach Anwendung der Keine-Freiheit-Regel zählt Schwarz für sich die Freiheit im Auge und die Innenfreiheit. Weiß zählt lediglich seine zwei Außenfreiheiten.

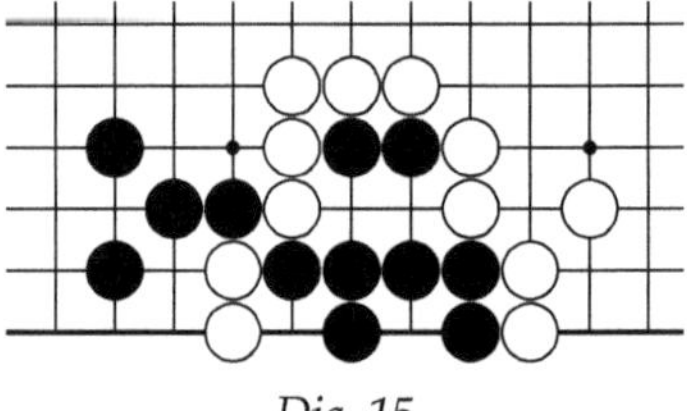

*Dia. 15*

Wegen der Bilanz 2 zu 2 ist der Kampf unentschieden, und tatsächlich kann Schwarz gewinnen, indem er entweder in den Bambus setzt und sich so eine Außenfreiheit verschafft oder aber dem Weißen eine wegnimmt. In diesem Kampf hat Schwarz jedoch noch eine andere Option: Tenuki!

*Dia. 16 ( 1 und 3 tenuki)*

Die beste Antwort für Weiß ist, mit 2 in Diagramm 16 in den Bambus hineinzudrücken. Schwarz kann zwar nicht auf 4 verbinden, doch er kann wieder fernbleiben und dann mit 5 den Großteil seiner Gruppe verteidigen, nachdem Weiß auf 4 gespielt hat. Weiß 2 ist somit nur ein Endspielzug für vier Punkte in Nachhand.

Was ist geschehen? Die Keine-Freiheit-Regel sagt uns, dass der Kampf unentschieden ist, falls Schwarz alle seine Steine retten will. Wenn Schwarz aber bereit ist, zwei Steine herzugeben (den „Schwanz" seiner Gruppe), dann kann er die Punkte im Bambus als Außenfreiheiten für den Rest seiner Gruppe ansehen (den „Körper"). Nennen wir diese Strategie „den Schwanz abwerfen".

„Den Schwanz abzuwerfen" ist nicht nur eine fortgeschrittene Technik, um zusätzliche Endspielpunkte zu ergattern oder eine Ko-Drohung ignorieren zu können (das ist eine weitere Anwendung). Manchmal ist es auch die einzige Möglichkeit, um ernsthafte Schäden im Kampf zu überleben. Schauen Sie einmal, ob Sie nun in der Lage sind, Diagramm 1 auf Seite 127 auszulesen.

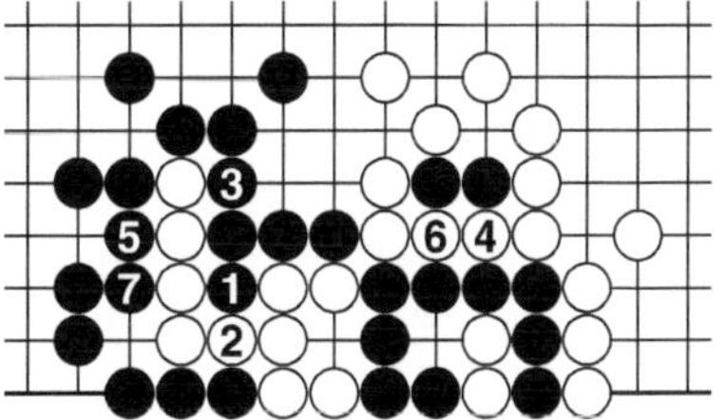
*Dia. 17*

Nach Anwendung der Keine-Freiheit-Regel zählen wir drei Freiheiten für Schwarz, zwei exklusive und eine Innenfreiheit, die ihm als Favorit in diesem Kampf vom Typ 3 gehört. Weiß hat vier Außenfreiheiten und scheint damit zu gewinnen. Aber…

…Schwarz kann den Schwanz abwerfen und den Rest der Gruppe retten, indem er den Wettlauf mit den weißen Steinen gewinnt.

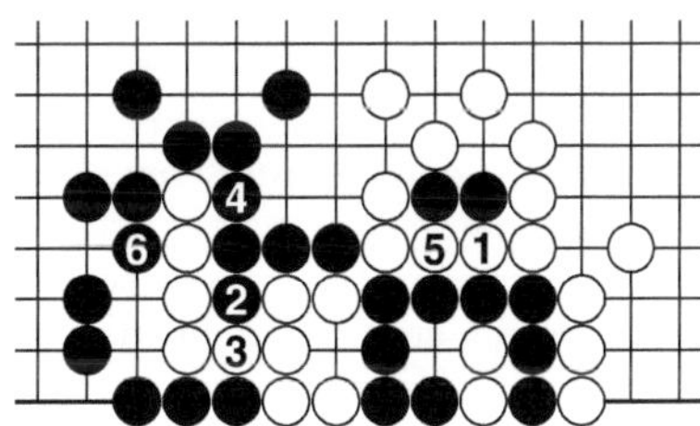
*Dia. 18 (Schwarz tenuki)*

Doch seien Sie aufmerksam. Ein unvorsichtiger Spieler könnte mit Schwarz in Diagramm 18 fernbleiben, weil er sich etwas dachte wie: „Nach der Keine-Freiheit-Regel steht es drei zu vier, und ich bin hinten. Durch Schwanz-Abwerfen bekomme ich zwei Zusatzfreiheiten, es steht fünf zu vier und ich habe schon gewonnen." Der arme Kerl wird es bereuen, wenn Weiß Diagramm 18 spielt.

Den Schwarz abzuwerfen ist keine mechanische Prozedur, um sich gegenüber der ersten Zählung zwei Zusatzfreiheiten zu verschaffen. Wenn Sie sich dazu entschließen, den Schwanz abzuwerfen, so verwerfen Sie auch alle Freiheiten, die dort verortet waren. Auch verlieren Sie jede Augenform im Schwanz, was etwa dem Körper den Zugang zu Innenfreiheiten verwehren kann. Es ist so, als hätte es den Schwanz nie gegeben.

Die korrekte Analyse eines Kampfes mit äußerem Bambus besteht aus zwei getrennten Zählungen: die eine zählt die gesamte Gruppe ab, unter Verwendung der Keine-Freiheit-Regel. Die andere zählt nur den Körper, zwei Zusatzfreiheiten für den Schwanz, streicht aber alle Freiheiten und Augenformen, die im Schwanz verortet sind. Haben sie diese zwei Zählungen durchgeführt, dann kennen Sie die Folgen beider Spielweisen – Abwerfen des Schwanzes und Behalten – und können die geeignete auswählen.

## Eine Übung für den Leser

Ein Bambus unterscheidet sich von einer festen Verbindung darin, dass der Gegner einmal einen Schnitt androhen kann. Dasselbe gilt für die Diagonalverbindung. Vergleichen Sie Diagramm 19 mit Diagramm 2 (Seite 128). Welcher Teil unserer bisherigen Untersuchung kann auf Stellungen mit Diagonalverbindung übertragen werden?

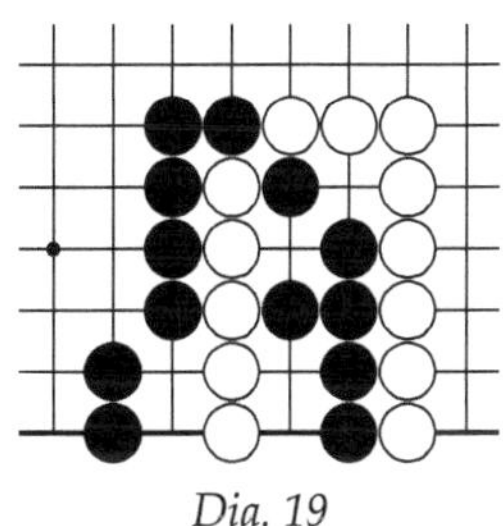
*Dia. 19*

## Zusammenfassung

Falls einer der Steine, der in einen Bambus „hineinspäht", ein Invasionsstein in einem Auge ist, so ist Dagegenstellen oder Durchstoßen meist ein dringender Zug, da die Größe des Auges davon betroffen ist.

Bei inneren und bei gemischten Bambusverbindungen gibt die Keine-Freiheit-Regel den exakten Status wieder. Ausnahme: Wenn eine Seite so bei null Freiheiten endet, müssen Sie die Stellung auslesen.

Drücken Sie von außen in gemischte Bambusverbindungen, um mögliche Opfer klein zu halten.

Wenn Sie in einem Kampf vom Typ 4 oder 6 oder an der Grenze von Typ 1a und 2 eine gemischte Bambusverbindung schließen, achten Sie darauf, dass Sie nicht Seki machen, wo Sie töten können.

Wenn Sie in einem Kampf vom Typ 3 oder 5 als Favorit eine gemischte Bambusverbindung schließen, so erzielt die äußere Verbindung einen Gebietspunkt mehr. Aber machen Sie die äußere Verbindung niemals als Außenseiter!

Bei einer äußeren Bambusverbindung benötigen Sie zwei Zählungen: die eine für den Fall, dass Sie den Schwanz behalten, und die andere, falls Sie ihn abwerfen. Zählen Sie beide einzeln aus, denn es besteht keine feste Beziehung zwischen den Ergebnissen.

## Die Kunst des strategischen Opfers

Figur 1: Weiß ist soeben mit 1 in den rechten Rand invadiert. Schwarz lehnt sich oben mit 2 bis 6 an, um den Angriff Schwarz 8 auf den Invasionsstein vorzubereiten mit der Idee, auf 10 zu schneiden und Weiß einzuschließen. Die weiße Antwort auf 9 kam völlig unerwartet. Schwarz schneidet pflichtgemäß, und die weißen Steine unten rechts scheinen in Schwierigkeiten. Nachdem Weiß mit 17 geschnitten hat: Auf welcher Seite soll Schwarz antworten, A oder B?

Schwarz beschloss, mit 1 in Figur 2 den Schnittstein zu fangen. Weiß lebte darauf mit 2 und 4. Hätte Schwarz diese Gruppe nicht fangen können?

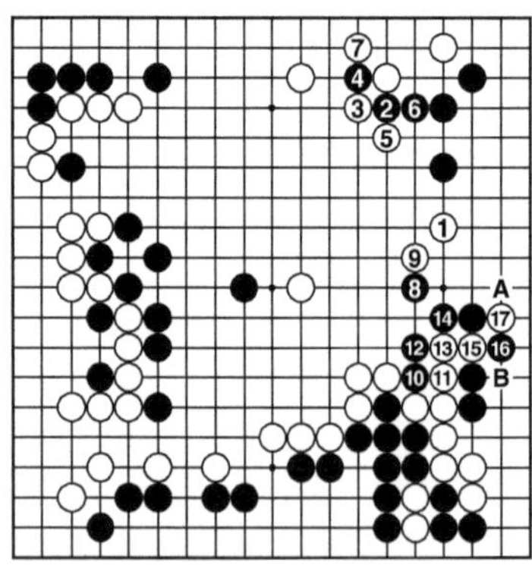


*Figur 1*
*Züge 1–17: 82–98 in der Partie*

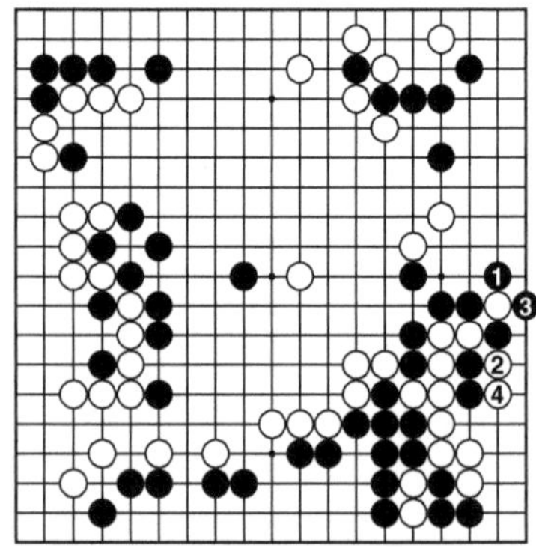

*Figur 2*
*Züge 1–4: 99–102 in der Partie*

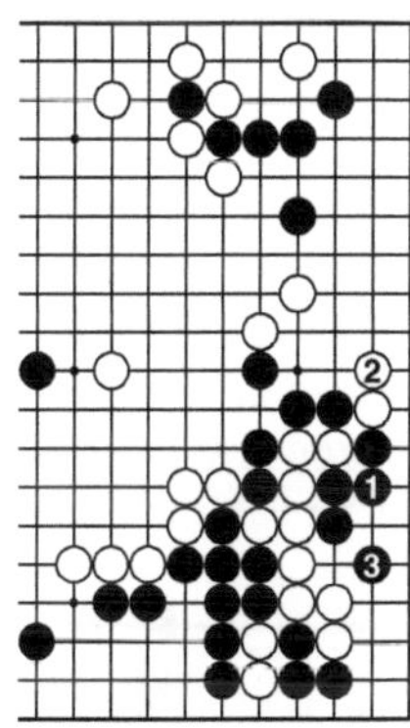

Dia. 1

Mit 1 und 3 in Diagramm 1 gewinnt Schwarz den Wettlauf und fängt die neun weißen Steine. Sie könnten daraus jetzt schließen: Wenn Schwarz das übersehen hat, dann können die Spieler nicht besonders stark sein. Aber in Wahrheit sind beide Profis der Spitzenklasse. Rin Kaiho 9-Dan ist Schwarz, und Weiß ist Lee Changho (Yi Ch'ang-ho, damals 5-Dan). Sie spielten das Finale des dritten Tong Yang Securities Cup, das im September 1991 begann und im Januar 1992 endete. Es ist die dritte Partie im Modus „best of five", und es steht 1 zu 1. Dieses Match war Rins erste Begegnung mit dem damals erst fünfzehnjährigen Lee. Als Rin mit 10 in Figur 1 den Schnitt spielte, rechnete er damit, die weißen Steine zu fangen. Doch nach 17 entschied er sich doch zum Nachgeben. Das Problem ist: Auch wenn Schwarz den Wettlauf gewinnt, ist das Ergebnis nicht unbedingt günstig für ihn.

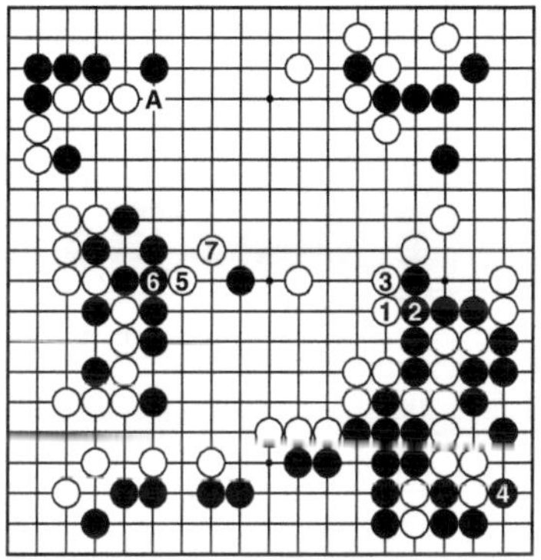


Dia. 2

Rin analysierte die Partie 2002 in seiner Unterrichtsserie auf NHK im japanischen Fernsehen. Er hatte die Fortsetzung in Diagramm 2 ausgelesen: Weiß opfert seine Steine, um dick zu werden. Nach Weiß 7 würde die Partie durch die Antwort auf die Frage entschieden, ob die schwarze Gruppe links leben kann oder nicht. Weiß ist sehr dick im Zentrum, und Weiß A ist Vorhand. Diese Variante ließ Rin nicht viel Grund zur Zuversicht.

Die Partie jedoch folgte Figur 2 und ging dann wie in Figur 3 weiter. Nach Schwarz 31 lag Rin klar vorn und gewann schließlich auch die Partie, obwohl Lee dann die übrigen zwei für sich entschied und den Titel gewann.

In diesem Buch geht es lediglich um das Gewinnen von Wettläufen. Die Kunst des strategischen Opfers übersteigt seinen Rahmen, doch behalten Sie dieses Konzept im Auge.

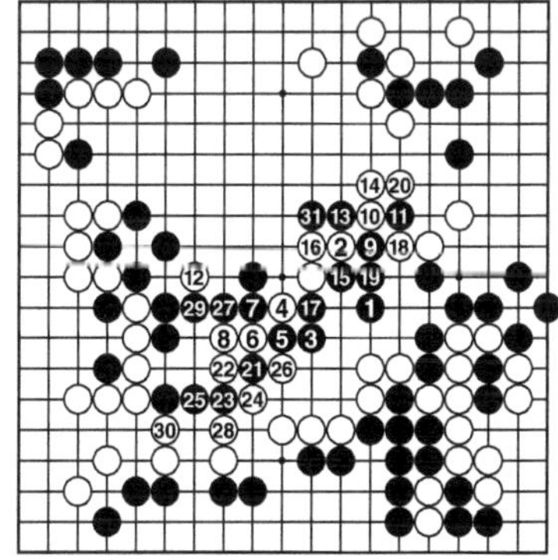

Figur 3
Züge 1–31: 103–133 in der Partie

# 6. Probleme

Hier finden Sie nun Testaufgaben, mit denen Sie überprüfen können, ob Sie die Grundlagen aus Teil 1 korrekt anwenden. Um welchen Typ Kampf geht es? Falls er noch nicht festgelegt ist, welcher Typ bringt das beste Ergebnis?

Sie werden ein paar Züge in Ihrer Vorstellung spielen müssen, um eine Stellung zu erreichen, die leicht auszuzählen ist. Bei allen Problemen in diesem Kapitel ist Schwarz am Zug.

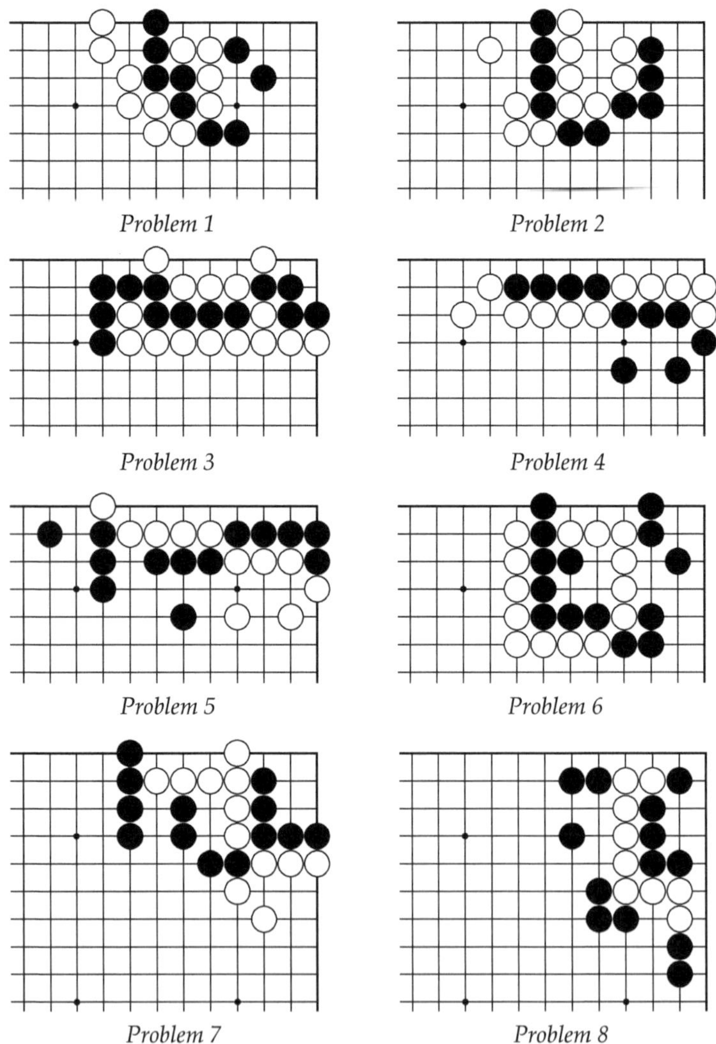

*Problem 1* *Problem 2*

*Problem 3* *Problem 4*

*Problem 5* *Problem 6*

*Problem 7* *Problem 8*

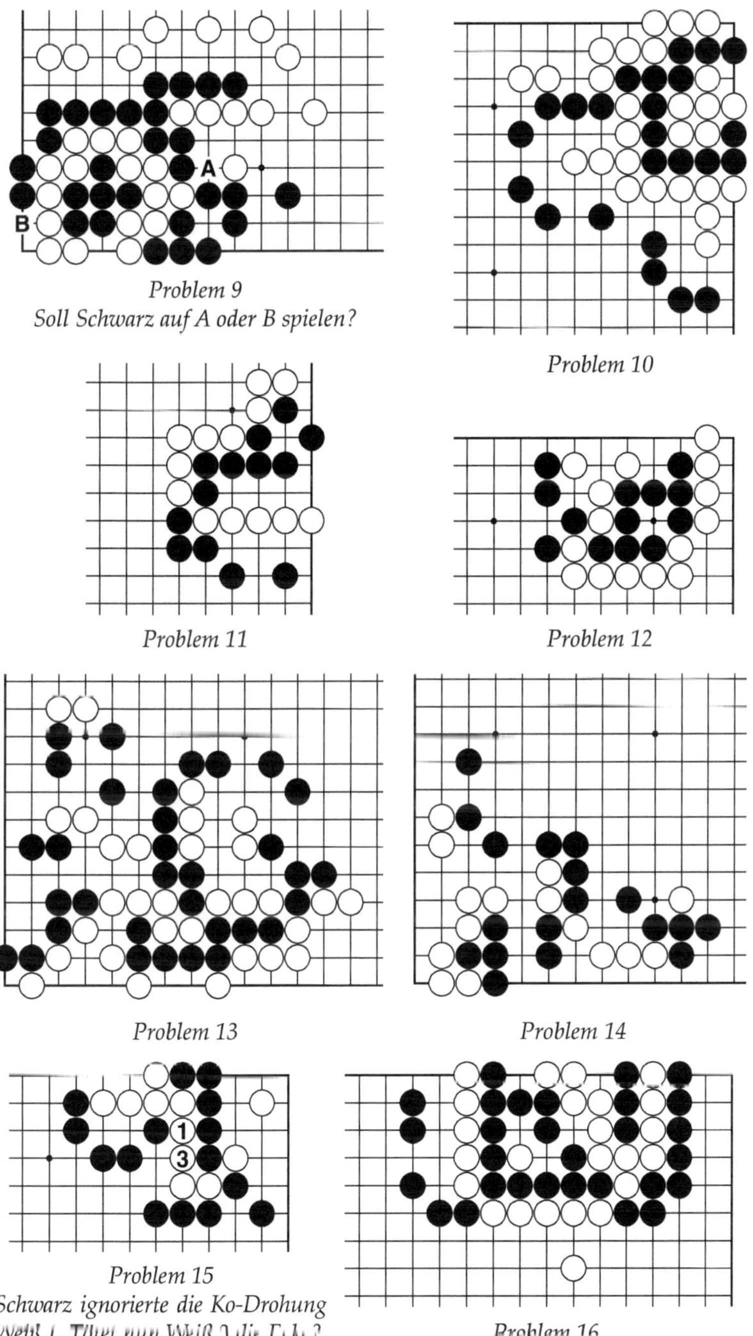


*Problem 9*
*Soll Schwarz auf A oder B spielen?*

*Problem 10*

*Problem 11*

*Problem 12*

*Problem 13*

*Problem 14*

*Problem 15*
*Schwarz ignorierte die Ko-Drohung Weiß 1. Tötet nun Weiß 3 die Ecke?*

*Problem 16*

## Lösungen

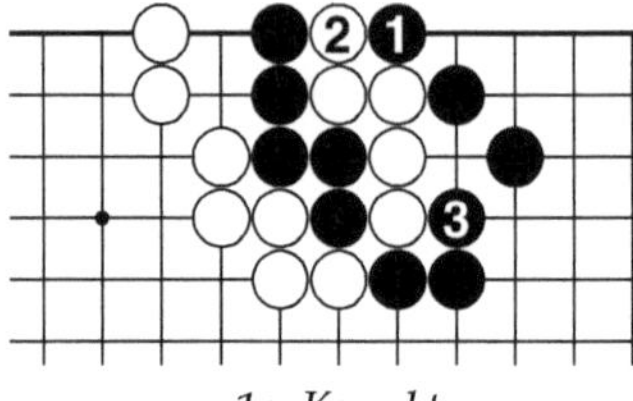
*1a. Korrekt*

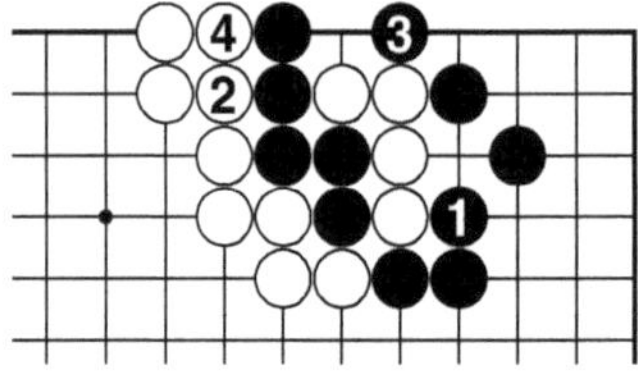
*1b. Fehler*

### Lösung 1

Schwarz scheint weniger Freiheiten zu haben als Weiß. Der Zug Schwarz 1 in Diagramm 1a ist jedoch Vorhand, weil er eine Verbindung nach außen androht. Weiß muss also mit 2 antworten.

Schwarz 1 in Diagramm 1b ist nicht gut. Weiß kann 3 mit 4 beantworten und Schwarz verliert.

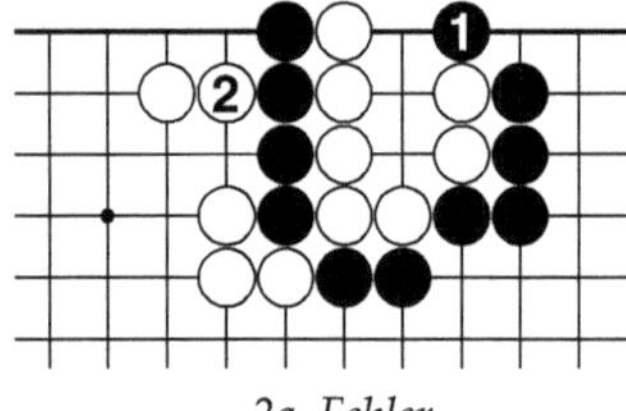
*2a. Fehler*

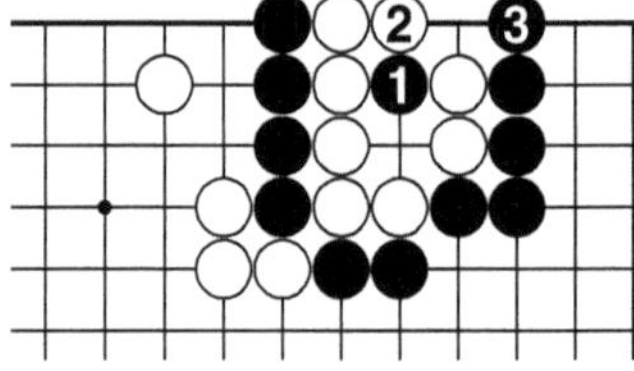
*2b. Korrekt*

### Lösung 2

Schwarz 1 in Diagramm 2a ist nicht gut, Weiß besetzt einfach eine Freiheit und gewinnt. Schwarz muss eine Freiheit der Schnittsteine besetzen, die zwei weißen Steine rechts sind unbedeutend.

Schwarz 1 Diagramm 2b ist der einzige Zug. Spielt Schwarz 1 auf 2, dann macht Weiß mit 1 ein Auge. Schwarz kann dann das zweite weiße Auge nur verhindern, indem er Steine opfert und auf diese Weise wertvolle Freiheiten hergibt.

### Lösung 3

Der Zug auf den 1-1-Punkt macht ein Auge und zwingt Weiß somit zu Annäherungszügen (Diagramm 3a).

Falls Schwarz mit in 1 Diagramm 3b Atari gibt, verbindet Weiß nicht. Stattdessen lässt er sich auf 2 zurückfallen und kämpft ein gefährliches Ko.

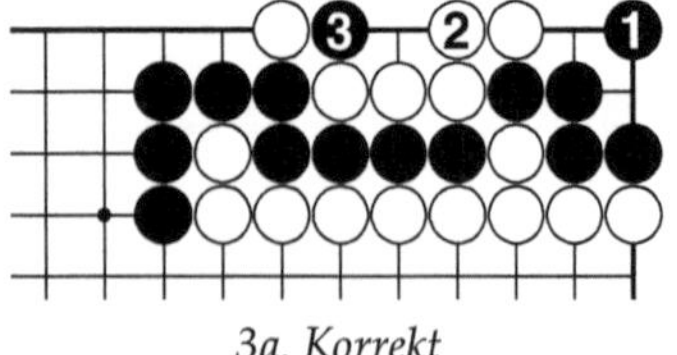
*3a. Korrekt*

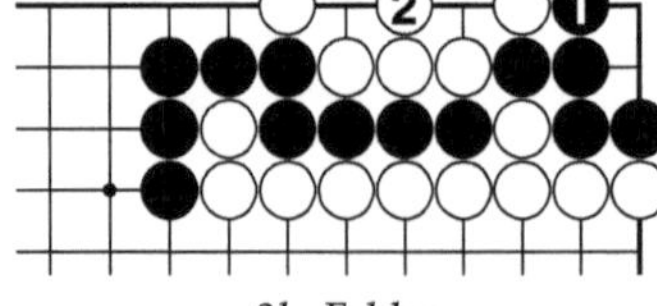
*3b. Fehler*

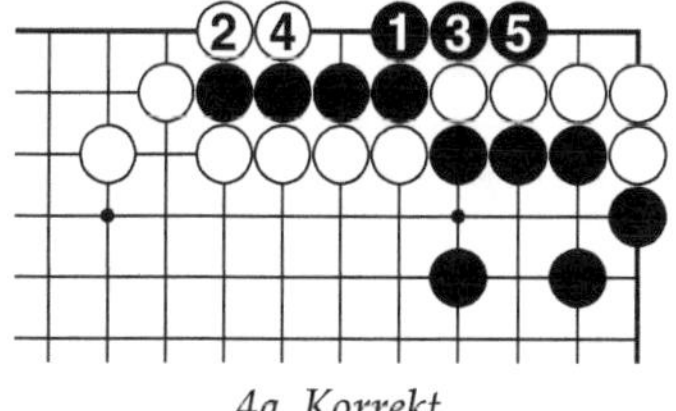

4a. Korrekt

4b. Fehler

### Lösung 4

Das solide Herabsteigen auf 1 in Diagramm 4a ist korrekt. Nach 5 kann Weiß sich von keiner Seite annähern.

Mit 1 in Diagramm 4b eine Freiheit zu besetzen, ist ein Fehler. Weiß wirft mit 2 ein, und das Ergebnis ist ein Seki.

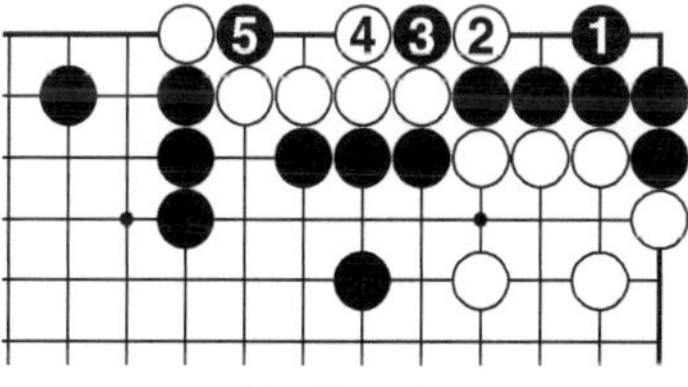

5a. Korrekt

### Lösung 5

Schwarz soll in der Ecke ein Auge machen, das erzwingt Weiß 2 (Diagramm 5a). Dann wirft Schwarz mit 3 ein und hindert Weiß daran, selbst ein Auge zu machen.

Das schwarze Hane auf 1 in Diagramm 5b ist ein Fehler. Weiß 2 ist der beste Zug (der vitale Punkt für beide Seiten).

Das Ergebnis ist ein Ko, wie die Fortsetzung in Diagramm 5c zeigt.

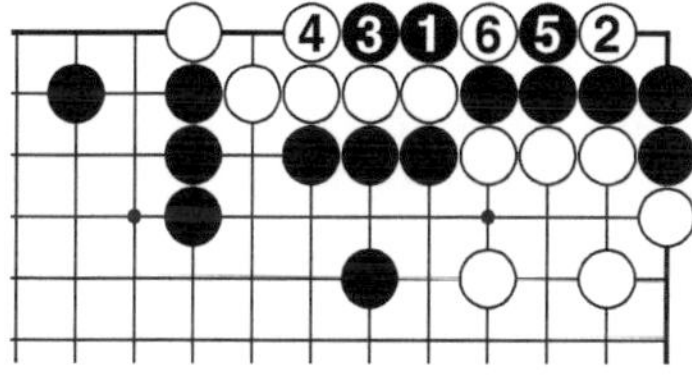

5b. Fehler

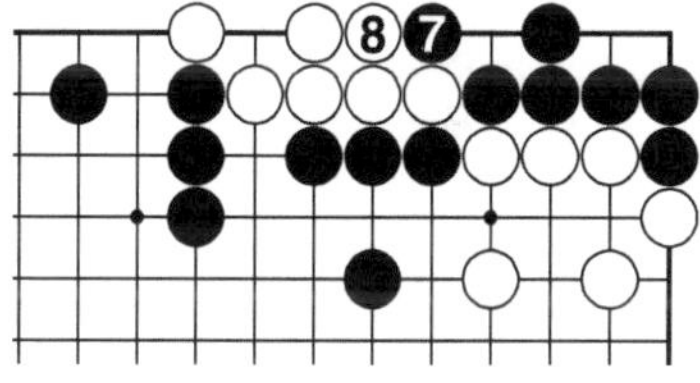

5c. Fortsetzung

### Lösung 6

Schwarz soll die Außenfreiheiten besetzen, dann kann er in Seki leben. Mit 5 auf 6 ein Auge zu machen, wäre fatal.

Diagramm 6b zeigt, warum es falsch ist, mit 1 ein Auge zu machen. Es ergibt sich ein Kampf bis zum Tod, und Schwarz verliert ihn.

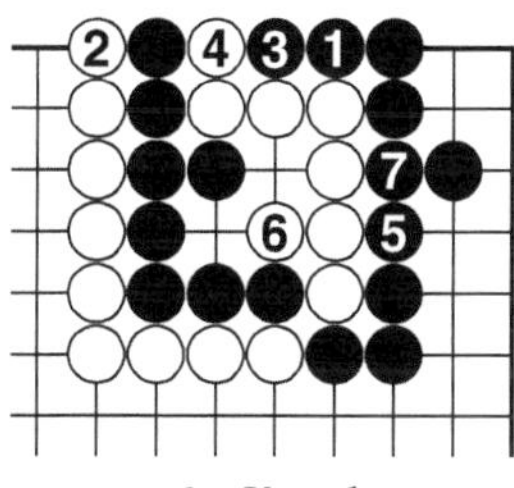

6a. Korrekt

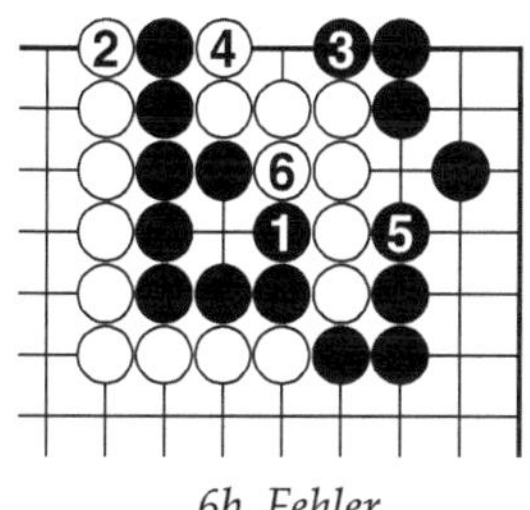

6b. Fehler

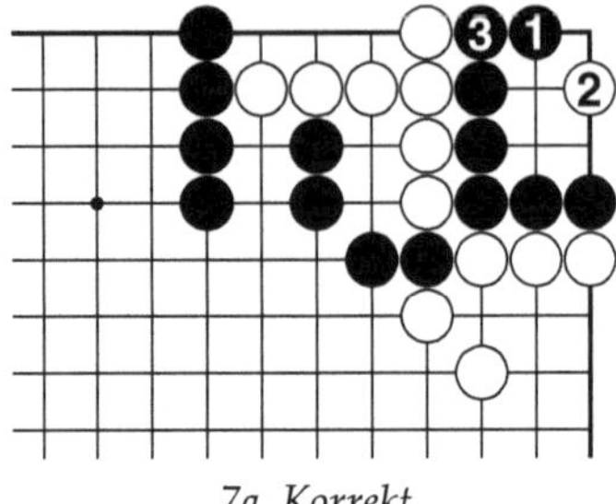

7a. Korrekt

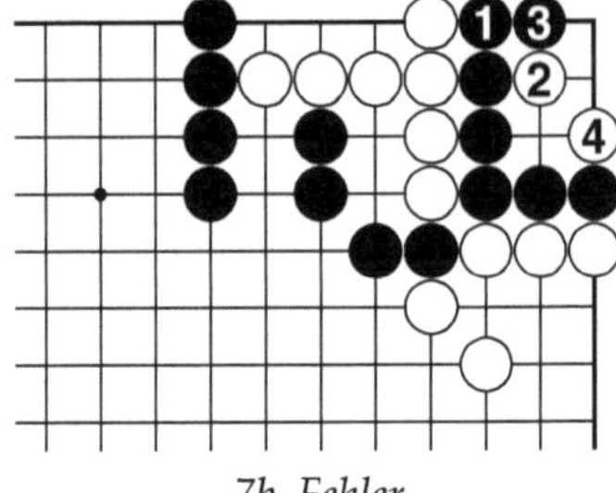

7b. Fehler

**Lösung 7**

Schwarz 1 in Diagramm 7a ist der vitale Punkt. Das droht zwei Augen an, Weiß 2 ist erzwungen. Jetzt garantiert 3 dem Schwarzen ein Großes Auge. Zählen Sie die Freiheiten.

Mit 1 in Diagramm 7b eine Freiheit zu nehmen, ist ein Fehler. Nach 2 und 4 ist das Ergebnis Ko. Wenn Schwarz noch einmal in der Ecke zieht, dann verringert er seine eigenen Freiheiten und verliert. Somit wird Weiß auf den 1-1-Punkt spielen und ein Ko beginnen können.

**Lösung 8**

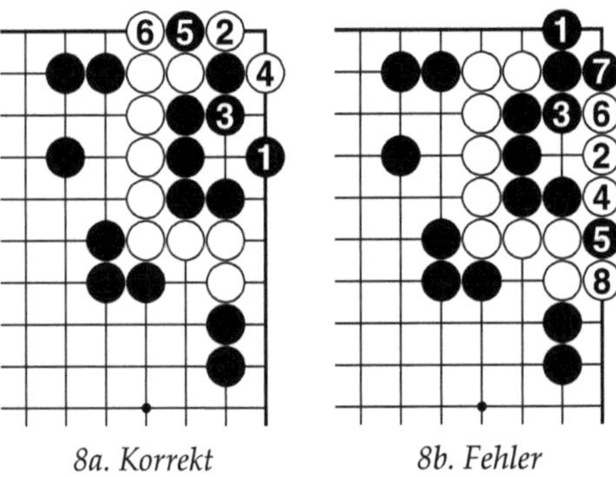

8a. Korrekt 8b. Fehler

Schwarz kann in der Ecke keine zwei Augen machen, und Weiß hat jede Menge Freiheiten, aber kein Auge. Die einzige Hoffnung für Schwarz besteht darin, entweder ein Großes Auge mit vielen Freiheiten zu bauen oder ein Kleines Auge plus viele Annäherungszüge. Schwarz 1 in Diagramm 8a ist der vitale Punkt. Um das zweite Auge zu verhindern, muss Weiß 2 und 4 spielen. Der Einwurf auf 5 ist wichtig. Nach 6 haben wir eine leichte Zählübung.

Mit 1 in Diagramm 8b den Augenraum zu vergrößern, funktioniert nicht. Weiß nimmt mit 2 den vitalen Punkt, und Schwarz liegt im Wettlauf um zwei Züge zurück.

**Lösung 9**

Schwarz soll auf 1 verbinden, wonach Weiß mit 2 leben kann.

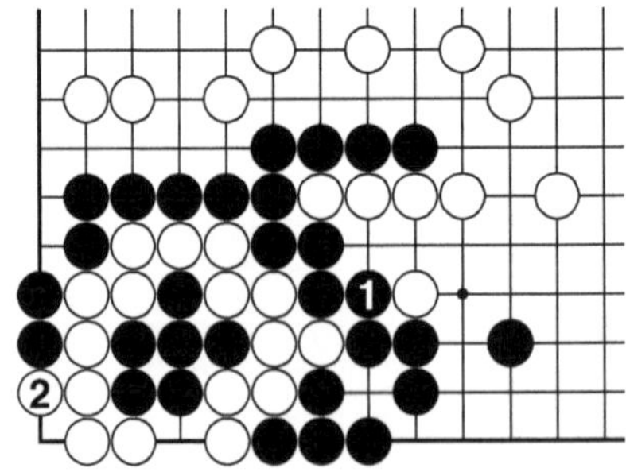

9a. Korrekt

Es ist unverantwortlich, Weiß töten zu wollen. Nach dem Schnitt auf 2 in Diagramm 9b entsteht ein Wettlauf, den Schwarz verliert.

Nach dem Schnitt mit 2 ist Weiß mit zwei Freiheiten vorn: Weiß hat 13 Freiheiten (17–6=11 für das Auge, die Innenfreiheit und den schwarzen Annäherungszug auf 3). Schwarz hat 12 Freiheiten. Wegen dieser Differenz ist Schwarz 3 keine Vorhand, Weiß kann mit 4 fernbleiben und immer noch gewinnen.

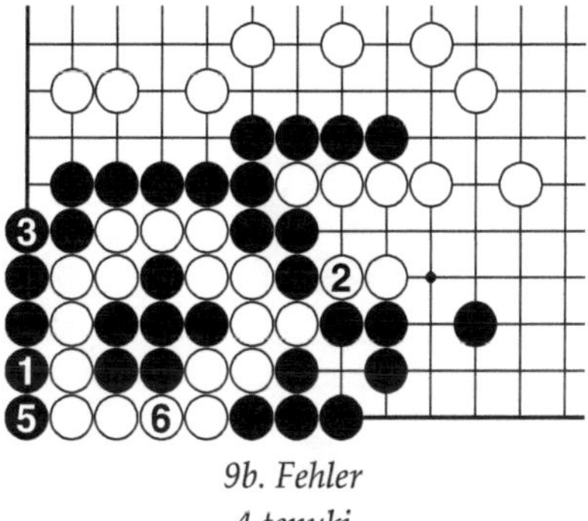

*9b. Fehler*
*4 tenuki*

Spielen Sie die Züge nach und versuchen Sie, den Kampf nach Weiß 6 auszulesen. Das weiße Auge ist 12 Freiheiten wert, während Schwarz nur 11 besitzt.

**Lösung 10**

Weiß hat 12 Freiheiten. Das schwarze Sieben-Punkt-Auge zählt 11 Freiheiten (17–6). Schwarz hat zudem eine Außenfreiheit, also insgesamt 12. Die Anzahlen sind gleich, somit ist die Stellung erwartungsgemäß unentschieden, und wer immer am Zug ist, kann gewinnen. Seki ist nicht möglich. Doch seien Sie vorsichtig.

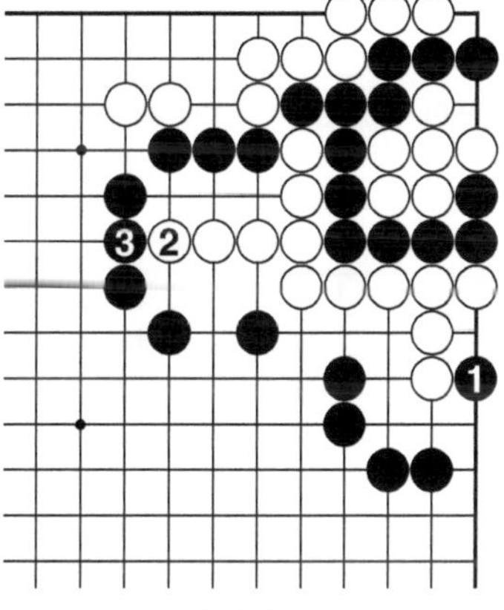

*10. Fehler*

Die Freiheit Schwarz 1 scheint für den ersten Zug eine gute Wahl, da Weiß hier sonst ein Auge machen könnte. Allerdings wäre ein Auge für Weiß völlig wertlos, da es keine Innenfreiheiten gibt. Und selbst wenn es welche gäbe, so würden sie alle Schwarz gehören, der ein Großes Auge besitzt. Wenn wir nach Schwarz 3 nochmals die Freiheiten zählen, dann sehen wir, dass es 12 zu 12 steht, mit Weiß am Zug. Damit ist Weiß vorn. Der Zug Weiß 2 hat die weißen Freiheiten um zwei vermehrt, was besser war, als eine schwarze Freiheit zu besetzen und so ihre Zahl um eins zu vermindern. Bei der Vorstellung der Grundlagen in Teil 1 wurden nur einfache Stellungen besprochen, in denen die Freiheitenzahl nicht erhöht werden kann, um das korrekte Abzählen in den verschiedenen Stellungstypen zu untersuchen. In einer Partie jedoch müssen Sie Züge im Blick haben, die die Freiheitenbilanz um mehr als eins verändern.

Schwarz 1 muss daher auf 2 in Diagramm 10. Das ist der einzige Zug, mit dem Schwarz gewinnen kann.

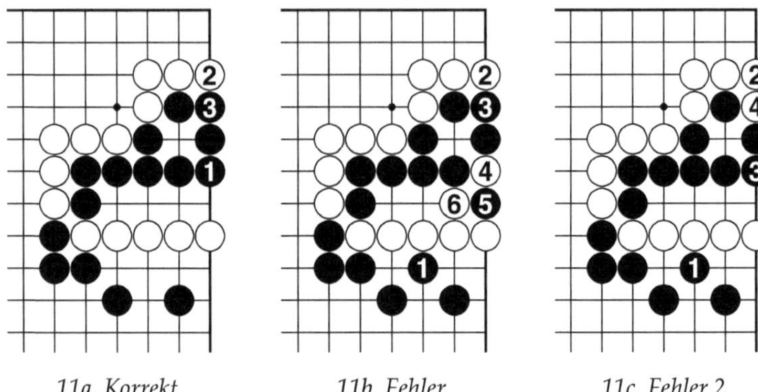

*11a. Korrekt* *11b. Fehler* *11c. Fehler 2*

**Lösung 11**

Schwarz 1 in Diagramm 11a ist ein grundsolider Zug, der den Kampf bedingungslos gewinnt. Nach 3 ist die Stellung leicht auszulesen.

Schwarz könnte glauben, dass er einfach wie mit 1 in Diagramm 11b durch Besetzen einer weißen Außenfreiheit gewinnt, Doch der Schock wird gehörig sein, wenn Weiß mit 4 einwirft. Das Ergebnis ist Ko.

Schwarz hat auch die Möglichkeit, durch das Verbinden auf 3 (Diagramm 11c) noch ein Seki zu machen. Doch das ist natürlich nicht so gut wie töten.

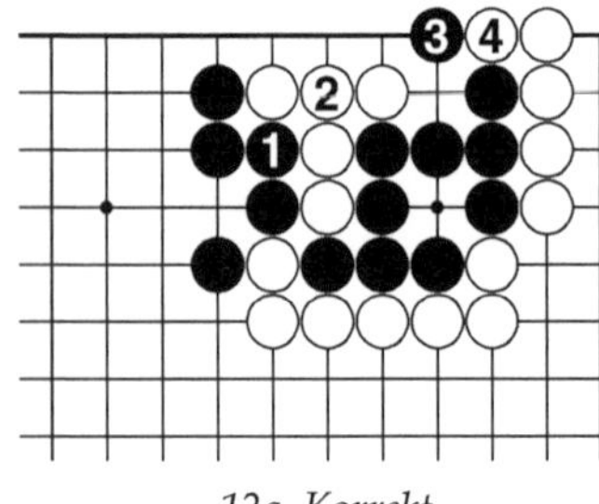

*12a. Korrekt*

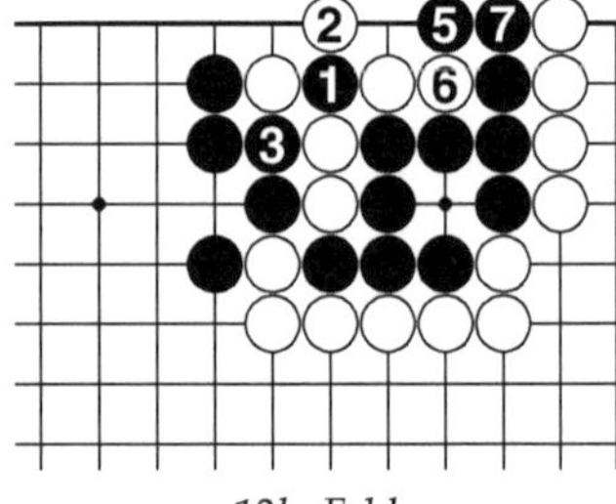

*12b. Fehler*
*Weiß 4 verbindet*

**Lösung 12**

Schwarz 1 in Diagramm 12a geht daneben. Nach 2 verliert Schwarz den Wettlauf.

Schwarz muss vor dem Atari auf 3 mit 1 einwerfen (Diagramm 12b). Danach ist 5 der vitale Punkt. Nach 7 wird Weiß wegen Freiheitennot gefangen.

Diagramm 12c. Nach Weiß 4 in Diagramm 12a mit 5 fortzusetzen, ist nicht gut.

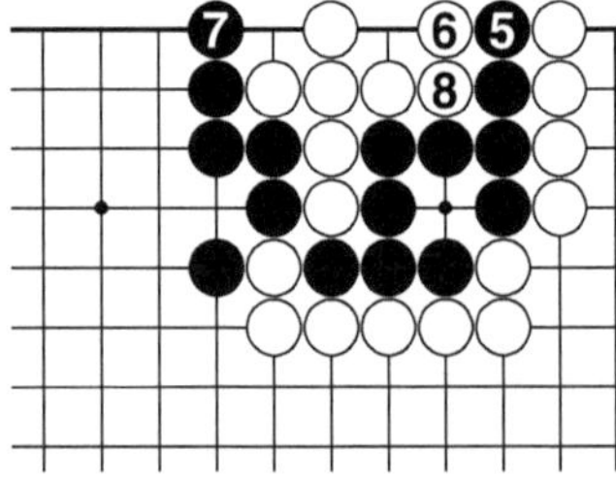

*12c. Fehler von Schwarz*

**Lösung 13**

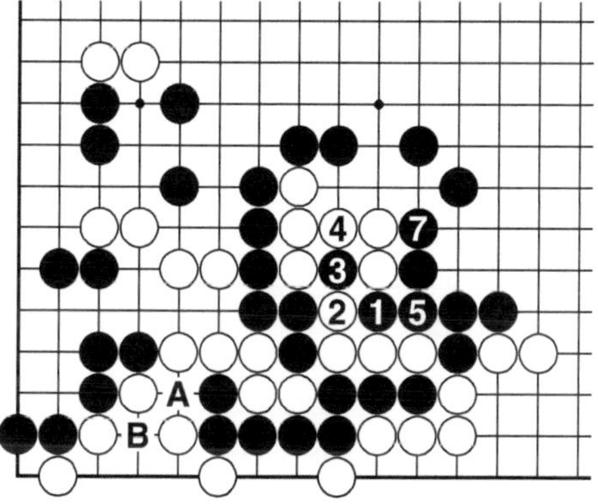


*13. Korrekt*
*Weiß 6 verbindet*

Schneiden auf A ist zu gierig. Schwarz verringert seine eigenen Freiheiten, kann aber keine der weißen Steine schnell genug fangen. Weiß muss nur auf B decken.

Schwarz muss daher seine Freiheit links offen halten und schnell die weißen Steine in der Mitte fangen. Schwarz 1 und 3 bilden eine geschickte Kombination, um die weißen Freiheiten zu verringern. Nach 7 gewinnt Schwarz den Wettlauf mit drei zu zwei, somit ist der Kampf entschieden.

**Lösung 14**

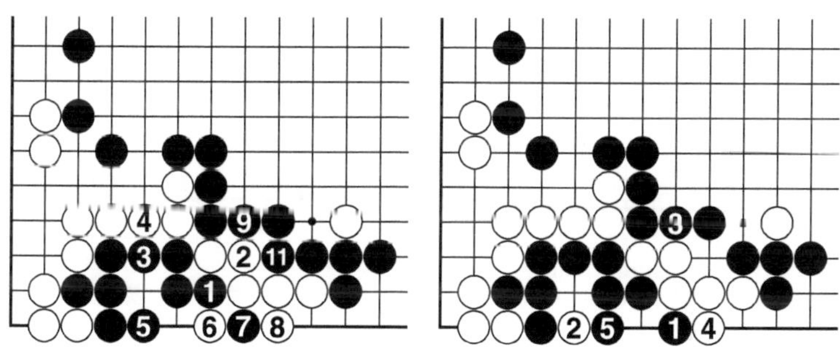

*14a. Korrekt (W10 auf 7)* *14b. Fehler*

Schwarz muss mit 1 in Diagramm 14a Atari geben, 1 auf 2 würde rasch verlieren. Mit 3 und 5 baut Schwarz ein Auge und mit 7 verhindert er ein weißes. Somit kommt Weiß nicht in die Lage, sich anzunähern und Schwarz in Atari zu setzen.

Diagramm 14b: Nach 1–4 in Diagramm 14a ist das Hane mit 1 zum Besetzen einer Freiheit unvorteilhaft. Schwarz fällt nach Freiheiten zurück und muss sich in ein Annäherungs-Ko retten.

**Lösung 15**

Die Züge bis 10 sind klar und eindeutig. Schwarz wirft mit 7 ein und Weiß verbindet mit 10. Danach wäre jeder Versuch von Schwarz, die Weißen in Atari zu setzen, Selbstmord. Schwarz scheinen die Hände gebunden.

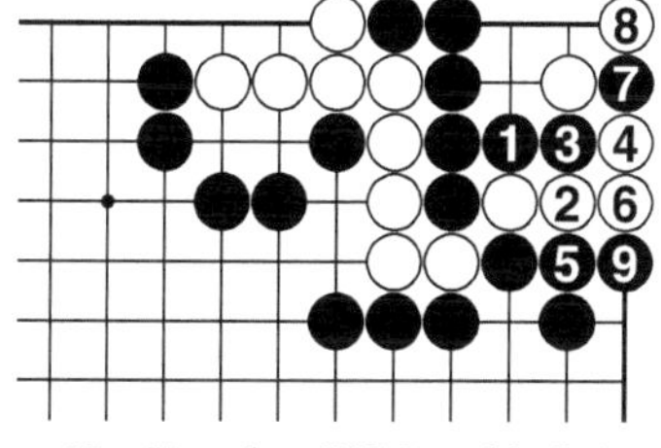

*15a. Korrekt (W10 verbindet)*

Aber Schwarz kann mit 11 fortsetzen. Es entsteht ein vorübergehendes Seki in der Ecke, und die weißen Steine links sind nicht lebendig. Im Ergebnis sind alle weißen Steine tot. Die ursprüngliche weiße Ko-Drohung in der Problemstellung war ungenügend, und Schwarz hat sie zu Recht ignoriert.

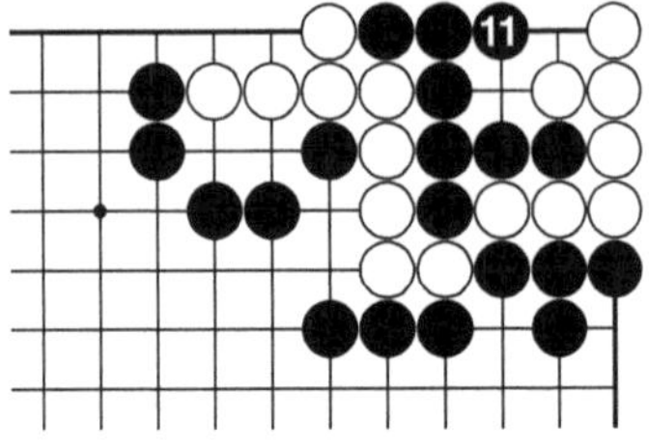

*15b. Fortsetzung*

**Lösung 16**

Auf der rechten Seite sehen wir einen Kampf vom Typ 5 (Diagramm 16a), in dem Weiß vorn liegt. Er hat ein Großes Auge, Schwarz nur ein Kleines. Schwarz hat jedoch die weißen Steine links abgeschnitten. Deshalb kann Weiß sich nicht darauf ausruhen, dass er die Schwarzen in der Mitte gefangen habe; er muss sie tatsächlich vom Brett nehmen. Dazu muss er die Innenfreiheiten selbst auffüllen. Nach 5 wäre es Selbstmord von Weiß, wollte er die schwarzen Steine in Atari setzen. Er muss zunächst die drei Steine in seinem Auge schlagen.

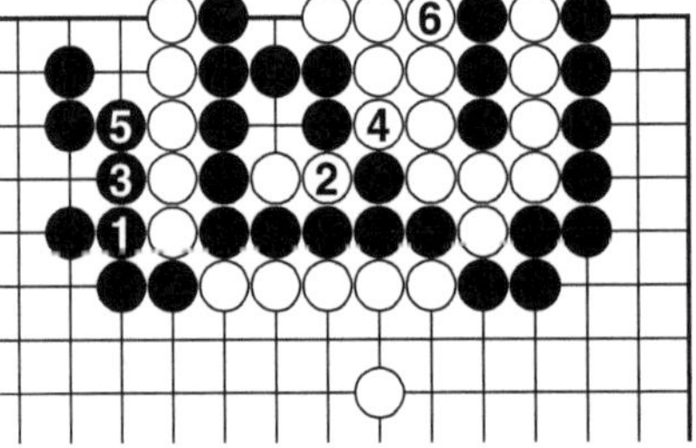

*16a. Korrekt*

Mit 7 in Diagramm 16b gewinnt Schwarz nun den Kampf links und rettet so seine Steine in der Mitte. Weiß lebt mit 8 in Nachhand.

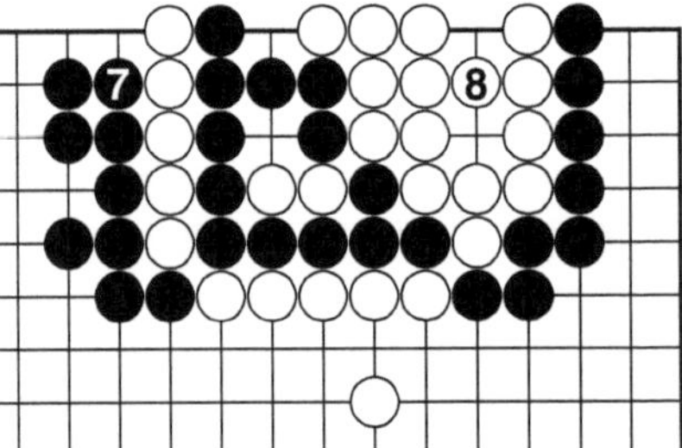

*16b. Fortsetzung*

Diagramm 16c: Es ist unverantwortlich, alle weißen Steine töten zu wollen: Spielt Schwarz auf 7 hier, um zwei Augen zu verhindern, so besetzt Weiß eine Freiheit und gewinnt. Im Ergebnis leben alle weißen Steine, und die Schwarzen in der Mitte sterben. Schwarz hat sich selbst ins Verderben gestürzt.

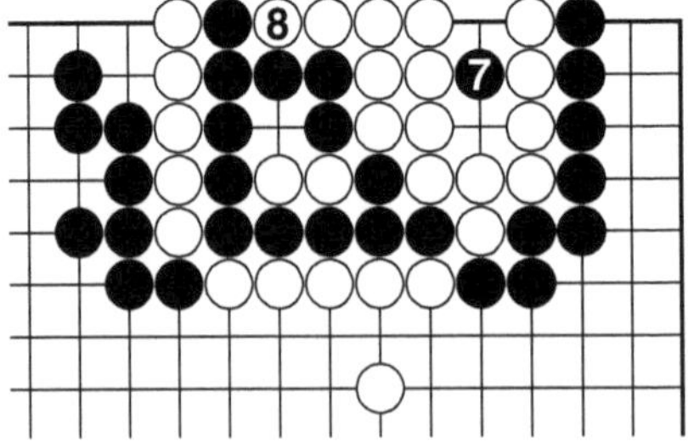

*16c. Fehler von Schwarz*

# 7. Kommentierte Partien

Sehen wir uns einige Beispiele zu Wettläufen in professionellen Partien an. In Anfängerpartien sieht man des öfteren Wettläufe, an deren Ende eine große Gruppe stirbt. In Profi-Partien allerdings geschieht das nur selten. Warum?

Der Grund ist, dass Anfänger mitunter Züge spielen, nur um zu sehen, was passiert. Profis hingegen können sehr gut Freiheiten abzählen und Wettläufe auslesen. Sie kennen das Ergebnis im Voraus und spielen deshalb keine Zugfolgen, die mit einem Misserfolg enden.

In den Mitschriften von Profi-Partien sieht man nur sehr wenige Wettläufe, aber das bedeutet nicht, dass sie unwichtig wären. Im Gegenteil, sie spielen in fast jeder Partie eine entscheidende Rolle, doch sie lauern unsichtbar in den Varianten, die nicht ausgespielt werden. Eine Partiemitschrift ist wie die Spitze eines Eisbergs: Die Spieler ziehen viel mehr Zugfolgen in Betracht als die eine, die dann tatsächlich auf dem Brett ausgespielt wird. Die Quelle für Anschauungsmaterial über Wettläufe in Profi-Partien ist der Kommentar.

## Partie 1

Nach diesen Ausführungen stellt das erste Beispiel insofern einen Sonderfall dar, dass der Großteil der Partie aus einem einzigen Kampf besteht, der bis zur Entscheidung ausgefochten wird. Ich mag diese Partie, weil ich denke, dass wir Amateure sie nachvollziehen können. Es ist eine Blitzpartie, und die Profis hatten nicht die Zeit, alles perfekt auszulesen. Deshalb sind manche Züge intuitiv gespielt, und sie machten auch Fehler.

Die Partie stammt aus dem 40. NHK-Cup (1992–1993), es spielten Komatsu Hideki 8-Dan (Schwarz) gegen Nakazawa Ayako, damals Frauen-Honinbo (Weiß). Kommentiert wurde die Partie von Ishikura Noboru 8-Dan, assistiert von Ogawa Tomoko 5-Dan. Nachdem die Partie ja schnell zu Ende war, gab es eine ausführliche Nachanalyse, zu der auch die Spieler (hauptsächlich Komatsu) ihre Kommentare beisteuerten.

Wir überspringen die Eröffnung und steigen bei Schwarz 39 ein, wo die eigentliche Handlung beginnt. Zu diesem Zeitpunkt würde Schwarz gern an zwei Orten spielen: links (etwa bei A), um seine schwachen Steine zu retten, und am oberen Rand. Als er sich entscheidet, oben zu verteidigen, greift Weiß natürlich mit 40 an. Eine friedliche Strategie für Schwarz wäre jetzt, seine Steine auf der linken Seite aufzugeben und sie mit wenig Gebiet zu opfern, indem er mit B auf die linke untere Ecke drückt.

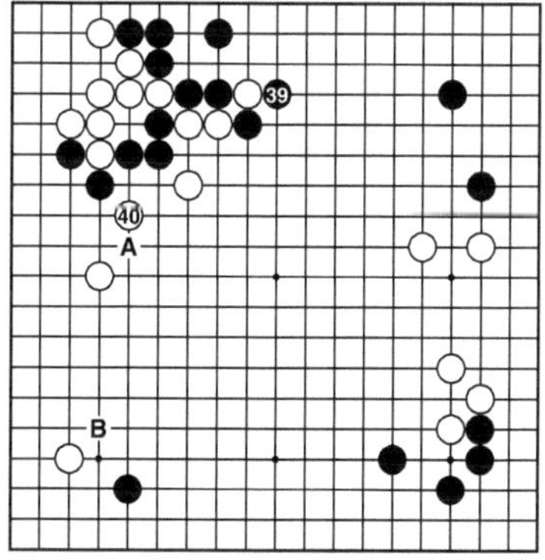


*Figur 1 (Züge 39–40)*

Doch Schwarz setzt stur seine Steine mit 41 in Bewegung. Lokal ist das der korrekte Zug: Er erzeugt Schnittpunkte und damit Potenzial für später. Weiß 44 wurde als genauer Zug bezeichnet.

Weiß würde nach dem Austausch 1 gegen 2 in Diagramm 1 zu gern die Schwarzen mit 3 einschließen und fangen, doch leider funktioniert das nicht. Obwohl Schwarz am Rand keine zwei Augen machen kann, so hat er doch drei Freiheiten, während Weiß einen Schnittpunkt im Zentrum hat. Und tatsächlich ist Weiß rasch in einem Netz gefangen. Hier sind Lesefähigkeiten entscheidend; der meiste Leseaufwand betrifft Varianten, die nicht auf dem Brett ausgespielt werden.

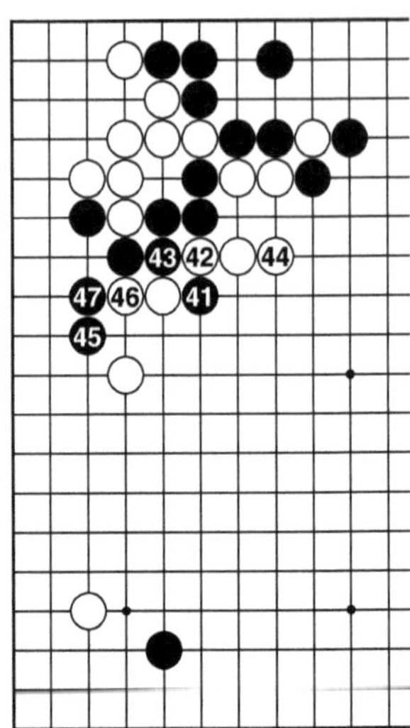
*Figur 2*
*Züge 41–47*

Diagramm 2 zeigt eine Variante, in der Weiß noch 3 und 4 austauscht, bevor sie auf 5 spielt. Eine abschließende Bewertung des Ergebnisses konnte nicht erzielt werden, aber alle Profis fühlten sich mit der weißen Stellung unwohl, wenn Schwarz mit A durchstößt.

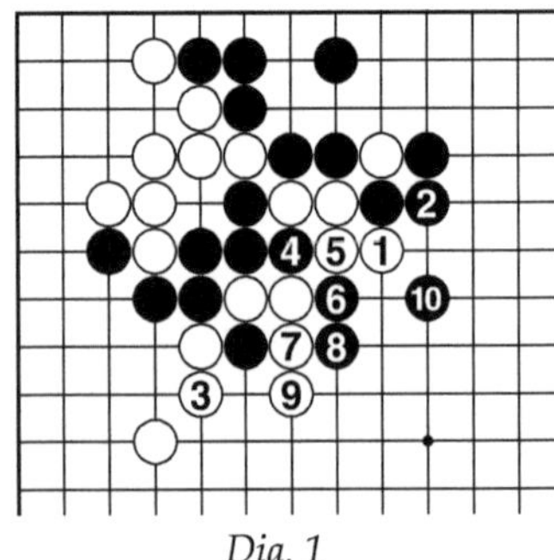
*Dia. 1*

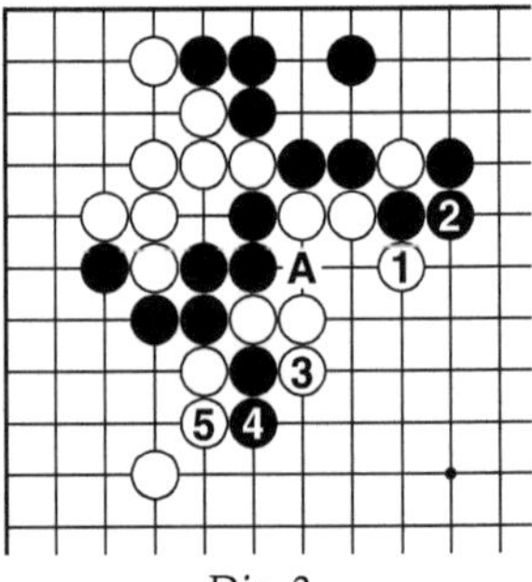

*Dia. 2*

Statt Weiß 48 wäre 1 in Diagramm 3 sehr schlecht gewesen. Es ist zu optimistisch zu erwarten, dass Schwarz verbindet. Schwarz stößt durch, schneidet und ist glücklich, einige seiner schweren Steine für die Züge 8 und 10 opfern zu können.

Schwarz 49 lädt Weiß ein, auf 51 Atari zu geben, weil Schwarz dann mit Freuden von unten Atari gibt und ein Ko beginnt; er verfügt über viele lokale Ko-Drohungen.

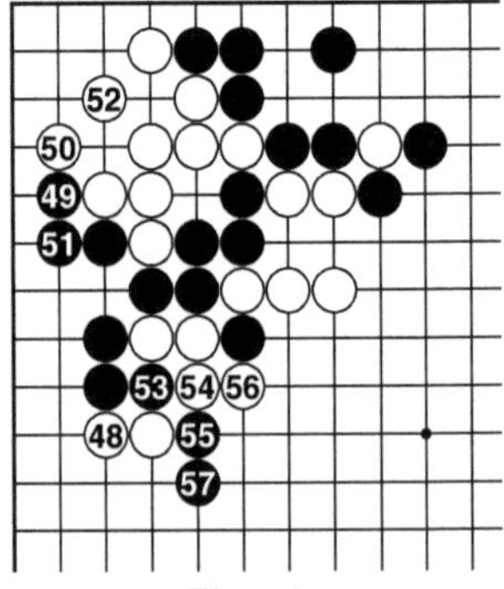
*Figur 3*
*Züge 48–57*

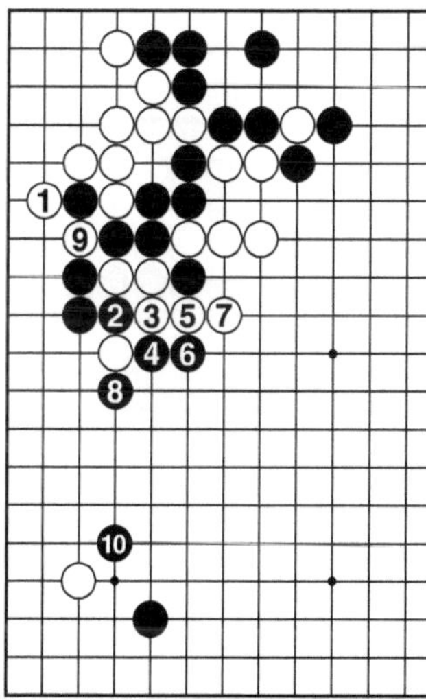

*Dia. 3*

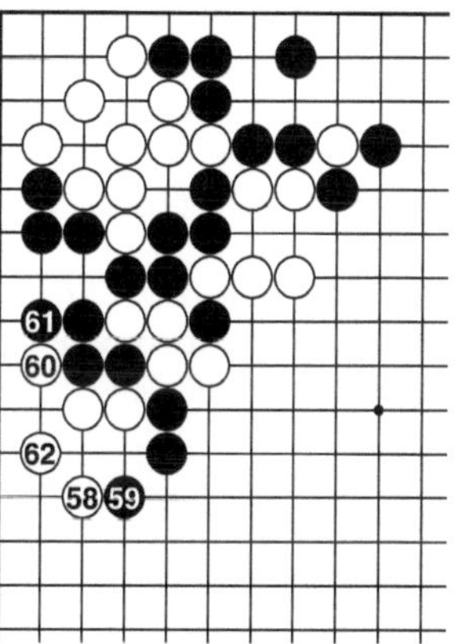

*Figur 4*
*Züge 58–62*

Weiß 52 ist notwendig. Selbst wenn Schwarz in der Ecke nur Ko erreicht, wäre das schon mehr, als Weiß tolerieren kann. Doch tatsächlich ergab die Nachanalyse, dass Schwarz die Ecke sogar bedingungslos töten kann, wenn Weiß den Zug 52 unterlässt. Schwarz 57 ist wahrscheinlich überzogen.

Zu diesem Zeitpunkt ist es für Schwarz nicht schwer zu leben, wie Diagramm 4 zeigt, und er hätte einige Schnittpunkte in der weißen Stellung, die er angehen könnte. Doch Schwarz hat nun genug Langmut bewiesen und ist der Meinung, dass es Zeit für den Gegenangriff ist.

Weiß 58: Komatsu und Ishikura hatten beide erwartet, dass Weiß mit 1 in Diagramm 5 herabsteigt. Komatsu hatte geplant, Weiß 1 mit A zu beantworten. Ishikura untersuchte, was passiert, wenn Schwarz den Stein in der Mitte herauszieht. Zunächst einmal ist Weiß 3 ein schlechter Zug: Weiß bekommt mit 5 auf 6 keine Treppe, somit kann Schwarz mit 4 und 6 in Vorhand drücken und die weißen Steine anschließend in einem Netz fangen.

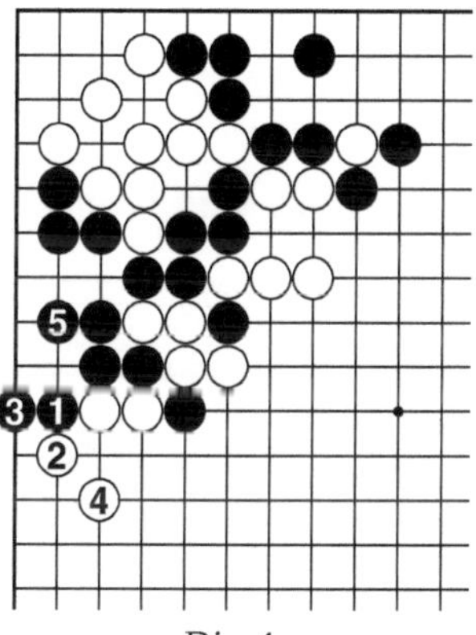

*Dia. 4*

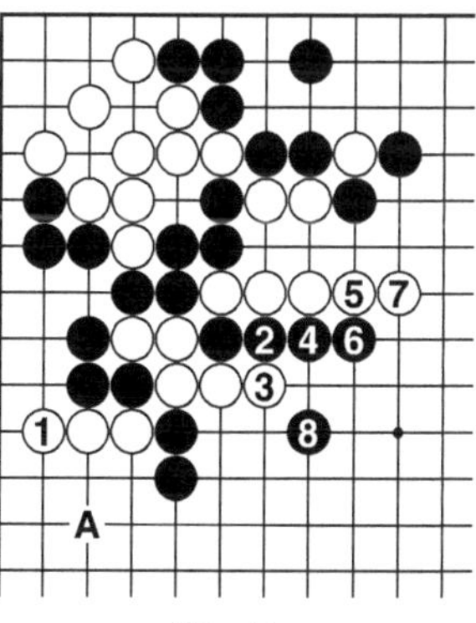

*Dia. 5*

Der genaue Zug ist der Diagonalzug auf 3 in Diagramm 6. Die Folge bis 14 sieht nicht erfolgreich für Schwarz aus, doch ein Stein in der Gegend von A würde einen recht großen Unterschied machen.

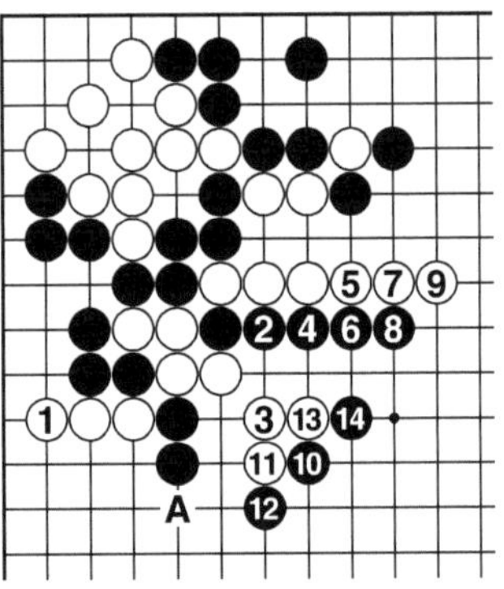


*Dia. 6*

Schwarz könnte das Ziel verfolgen, einen solchen Zug in Vorhand zu spielen, während er die drei weißen Steine links bedroht. Doch im Moment ist zu vieles unklar, darum drückt Schwarz zunächst mit 59 auf der linken Seite nieder, um Stärke aufzubauen. Das Potenzial in der Mitte lauert während der nächsten Züge weiter unter der Oberfläche.

Weiß 60: Dies ist ein guter Zug, der Komatsu überraschte. Er hatte den Formzug auf 62 erwartet. Der Austausch 60 – 61 nimmt Schwarz eine Freiheit.

Während Schwarz nachdachte, analysierte Ishikura wiederum das Herausziehen des Mittelsteins mit 1 in Diagramm 7 als Antwort auf Weiß 60. Welchen Einfluss hat der zusätzliche schwarze Stein auf 59 (▲)?

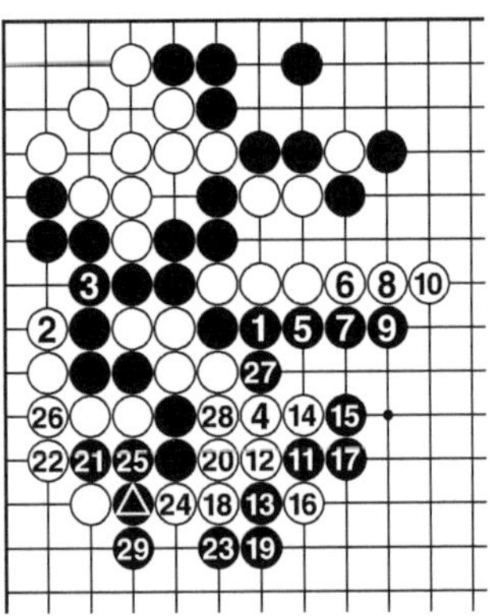

*Dia. 7*

Weiß 2 beschränkt Schwarz in Vorhand auf fünf Freiheiten, doch hat Weiß in der Mitte genügend? Die Zugfolge bis 15 ähnelt Diagramm 6, doch als Antwort auf Weiß 20 kann Schwarz sich mit 21 dazwischenkeilen und mit 25 in Vorhand verbinden. Mit 29 sind die Weißen dann schließlich gefangen. Voraussichtlich würde Weiß deshalb auf irgendeine Weise Widerstand leisten.

Zum Beispiel könnte sie mit 6 in Diagramm 8 Hane spielen. Obwohl das Schwarz erlaubt, die zwei Schnittsteine zu fangen und zu entkommen, so fängt Weiß doch auch drei Steine, also ist nicht alles verloren. In diesem Stadium jedoch hat Schwarz nicht mehr nur das Ziel zu leben, er hat vor, die Weißen im großen Stil zu töten. Wenn wir zu Diagramm 7 zurückblicken: Der Zug Weiß 10 dort ist unbedingt notwendig.

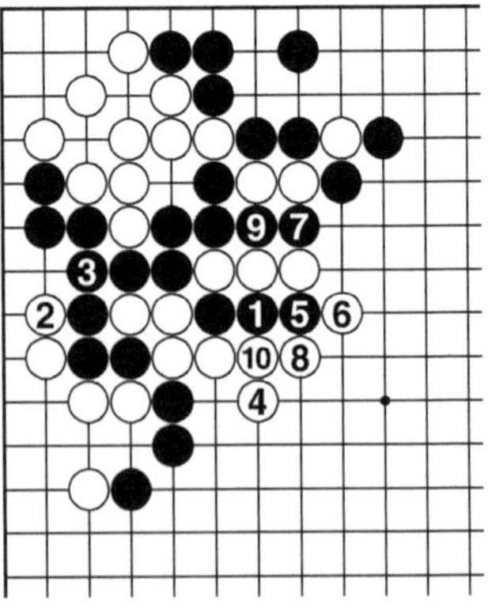

*Dia. 8*

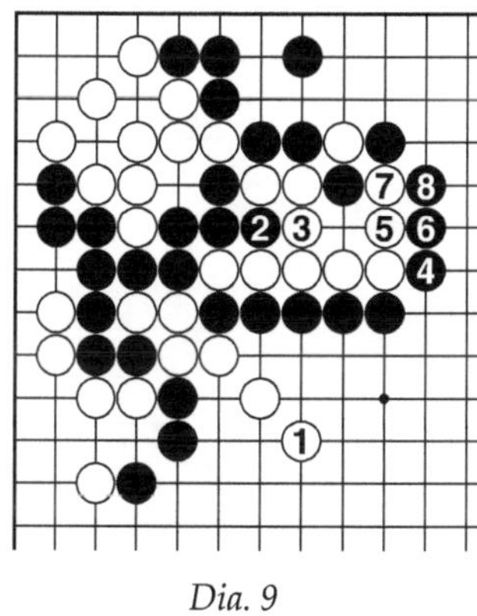

*Dia. 9*

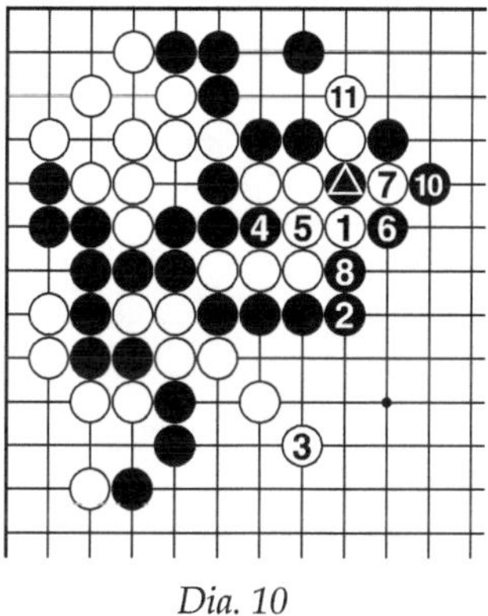

*Dia. 10*
*Weiß 9 deckt*

Falls Weiß ihre Steine unten mit 1 in Diagramm 9 verteidigt, statt auf 10 in Diagramm 7 zu spielen, so wird sie oben in einer Mausefalle gefangen.

Weiß könnte überlegen, statt 6 in Diagramm 7 auf 1 in Diagramm 10 zu spielen, bevor sie mit 3 die Steine unten verteidigt. Allerdings muss die Fortsetzung ausgelesen werden, und sie sieht nicht gut aus, wie wir später in der detaillierteren Analyse einer ähnlichen Stellung sehen werden.

Schwarz 63 fährt fort, sich an der linken Seite anzulehnen, um weitere Hebelkraft gegen die Mitte zu sammeln. Während Schwarz über 65 nachdachte, schaute Ishikura nochmals die brenzlige Situation in der Mitte an. Wenn Schwarz den Stein jetzt herauszieht, was geschieht diesmal? Der weiße Stein auf 62 verhindert sauber den schwarzen Keil mit 21 in Diagramm 7.

Doch nun kann Schwarz auf 19 in Diagramm 11 spielen. Nach dem weißen Atari auf 26 scheint Schwarz in Verlegenheit,

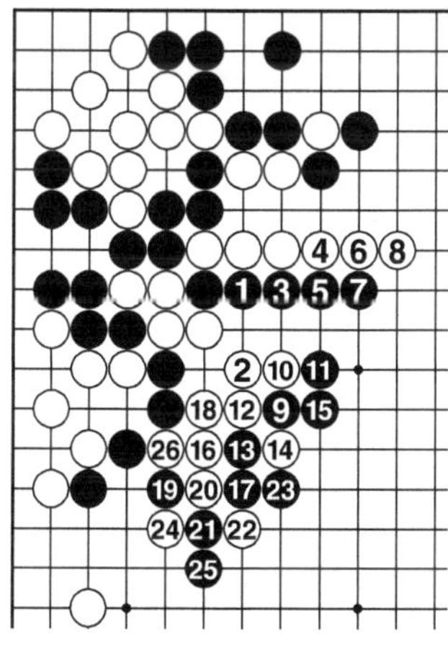

*Dia. 11*

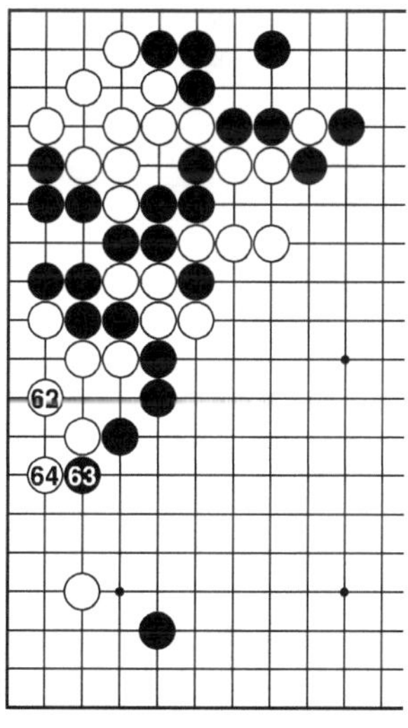

*Figur 5 (Züge 62–64)*

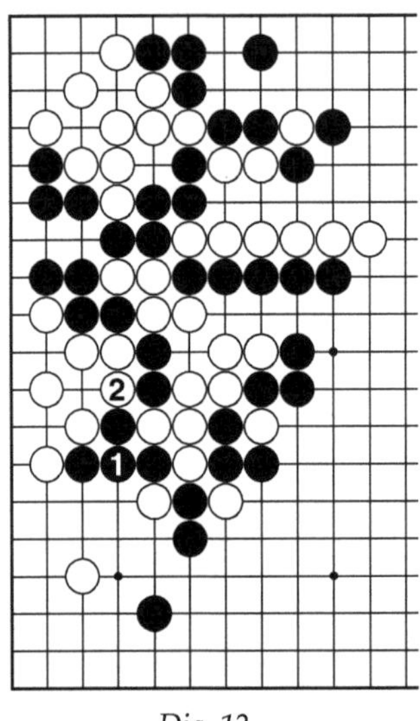

*Dia. 12*

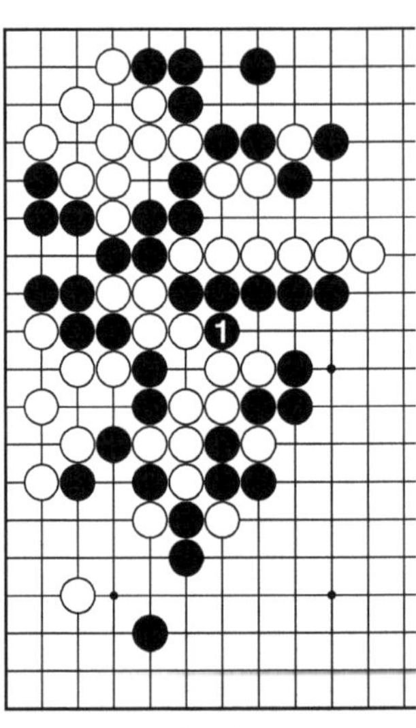

*Dia. 13*

denn wenn er mit 1 in Diagramm 12 verbindet, kann Weiß schneiden und zwei Steine fangen. Doch Schwarz wird nicht verbinden. Statt dessen gibt er mit 1 in Diagramm 13 von hinten Atari. Das Ergebnis ist ein schönes Beispiel für „Verbinden und sterben".

Weil Diagramm 11 jetzt für Schwarz funktioniert, müsste Weiß wohl wie in Diagramm 14 nachgeben, nachdem Schwarz auf ▲ gespielt hat.

Es stellte sich die Frage, ob Weiß mit 6 in Diagramm 15 Hane spielen kann.

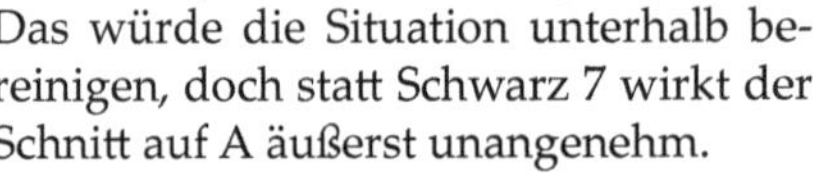

Das würde die Situation unterhalb bereinigen, doch statt Schwarz 7 wirkt der Schnitt auf A äußerst unangenehm.

*Dia. 14*

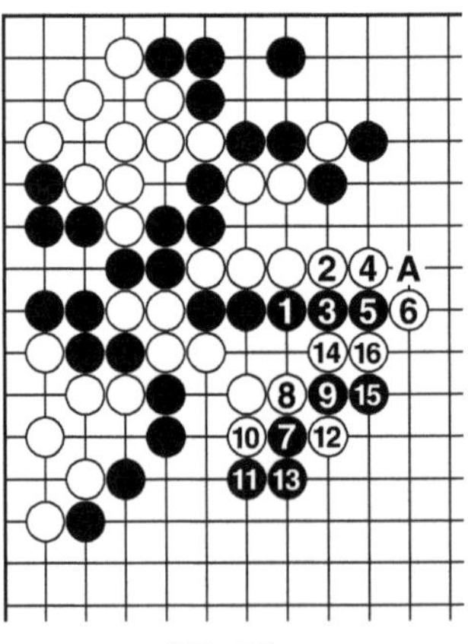

*Dia. 15*

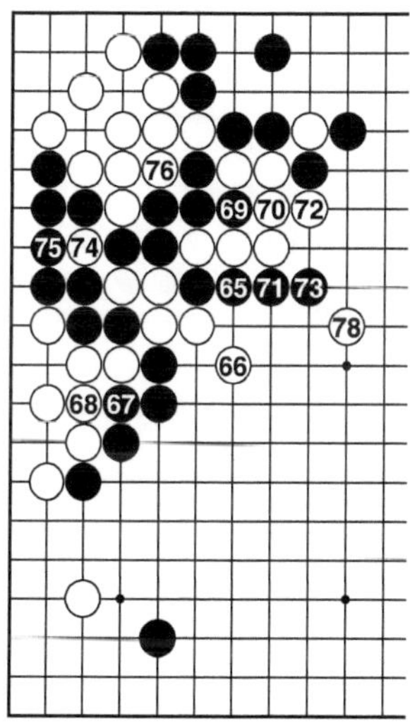

Figur 6
*Züge 65–78; Schwarz 77 auf 74*

Kehren wir zur Partie zurück. Schwarz zieht mit 65 tatsächlich seinen Stein heraus. Nachdem er schon fast seine ganze Bedenkzeit verbraucht hat, spielt er schnell die Vorhand 67 und tauscht dann 69 gegen 70 ab.

„Ah, so selbstbewusst, wie er seine Steine setzt, scheint er alles ausgelesen zu haben", meinte Ishikura. Schwarz 69 soll Weiß daran hindern, sich durch ein kleines Opfer wie in Diagramm 14 zu retten. Doch das ist sehr gefährlich, da Schwarz seine eigenen Freiheiten verringert.

Weiß 74 und 76 sehen so aus, als wollte sie Zeit gewinnen, um den Kampf in der Mitte auszulesen. Doch Komatsu antwortet postwendend, so dass sie seine Bedenkzeit nicht für sich nutzen kann.

Und jetzt wartet Weiß mit 78 auf. Das ist entweder ein brillantes Tesuji – oder der Verlustzug. Was glauben Sie? Die Idee dahinter ist, beide Gruppen mit einem Zug zu retten.

Falls Weiß mit 1 in Diagramm 16 schlägt und damit oben verteidigt, fängt Schwarz die unteren Steine. Die Zugfolge ist fast die gleiche wie in Diagramm 13.

Wenn Weiß hingegen mit 1 in Diagramm 17 unten sichert, werden die Steine oben in einem Netz gefangen.

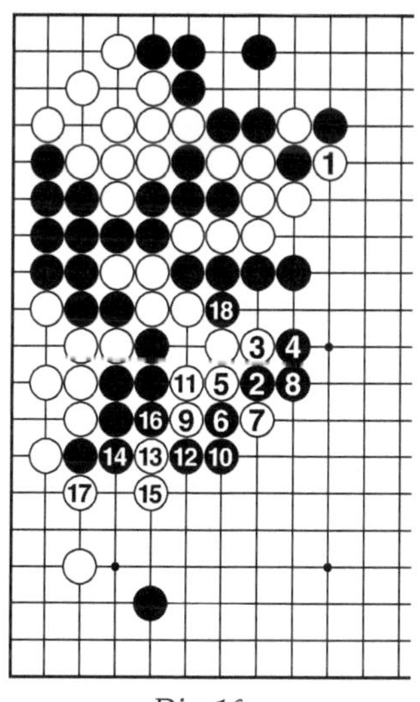

*Dia. 16*

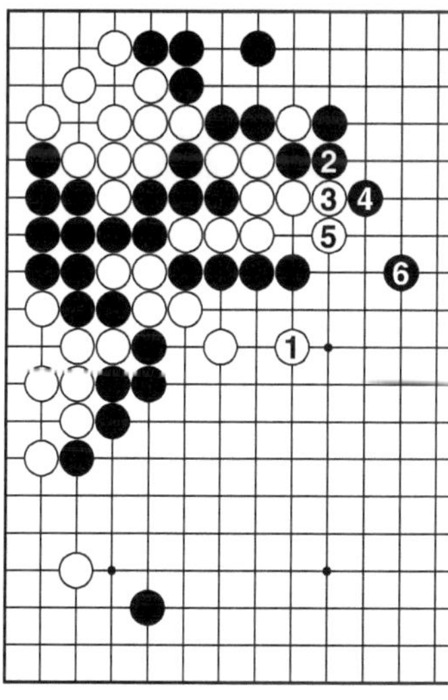

*Dia. 17*

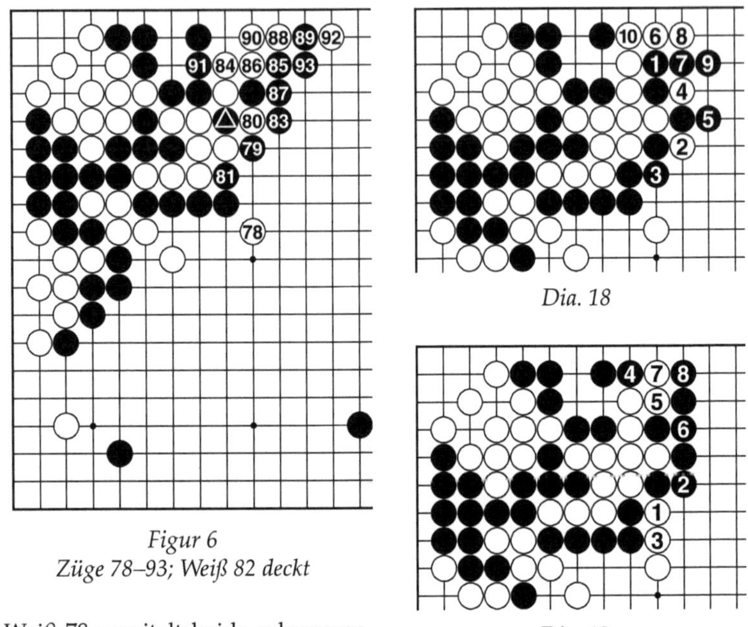

*Figur 6*
*Züge 78–93; Weiß 82 deckt*

*Dia. 18*

*Dia. 19*

Weiß 78 vereitelt beide schwarzen Angriffe. Allerdings hat sich Schwarz nun mit 79 etwas Neues einfallen lassen. Nach 84 aber scheint er in Schwierigkeiten zu sein. Wie sollte Schwarz auf 84 antworten?

Der Zug Schwarz 1 in Diagramm 18 ist nicht gut. Zwar nimmt er Weiß eine Freiheit, erlaubt ihr aber eine Atari-Serie, mit der sie mehr Freiheiten zurückgewinnt. Statt Diagramm 18 soll Schwarz sich ruhig auf 85 zurückziehen, was den Schnittpunkt deckt und doch die Führung im Wettlauf behält. Es ist nicht nötig, einen Wettlauf mit zwei Freiheiten gewinnen zu wollen: eine genügt.

Auf der anderen Seite zu schneiden (86 auf 1 in Diagramm 19), funktioniert auch nicht. Oben gehen Weiß schnell die Freiheiten aus.

In der Partie kämpft Weiß noch weiter, doch die Lage sieht hoffnungslos aus. Als Schwarz mit 93 die richtige Antwort auf Schwarz 92 spielt, gibt Weiß auf. Hätte Schwarz mit 93 achtlos zum Rand heruntergestreckt, so hätte Weiß schneiden und sich zur Mitte herauskämpfen können.

Für die Zuschauer spielte Ishikura eine mögliche Fortsetzung von Schwarz 93 nach. Weiß liegt einen Zug hinten, und es scheint auch keine bessere Alternative zu geben.

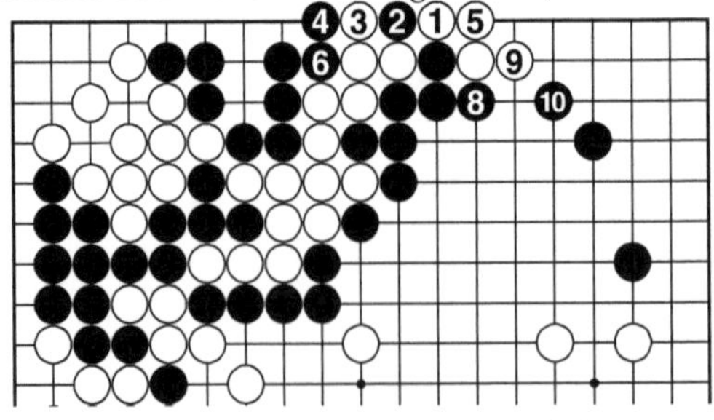

*Dia. 20 (Weiß 7 verbindet auf 2)*

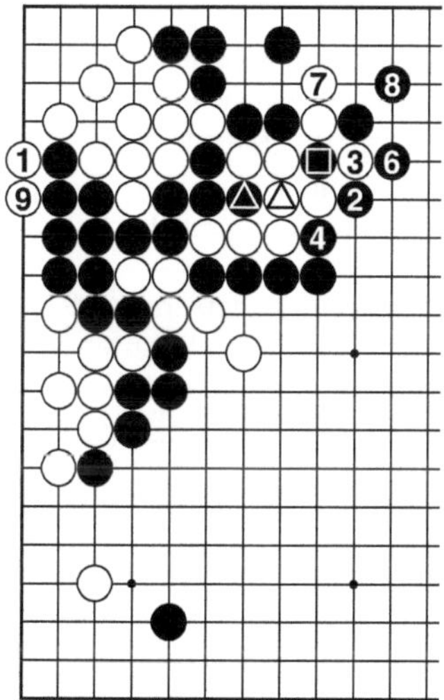

*Dia. 21 (Weiß 5 verbindet)*

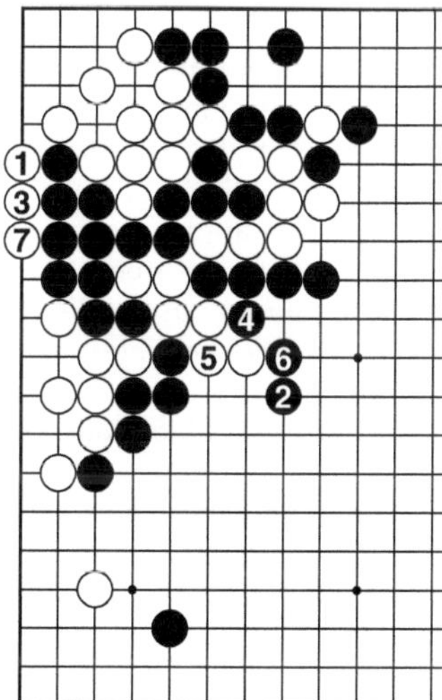

*Dia. 22*

Doch als die Partie beendet war, zeigte Komatsu, wie Weiß hätte gewinnen können. Die Chance für Weiß kam bei Zug 78. Weiß war so sehr auf ihre eigenen schwachen Gruppen in der Mitte fixiert, dass sie die noch schwächere schwarze Gruppe am Rand völlig übersah.

Weiß 1 in Diagramm 21 tötet Schwarz gerade rechtzeitig. Nakazawa war bestürzt, als ihr dies vor Augen geführt wurde. Sehen Sie, wie unanständig der Austausch ▲ für △ war? Schwarz 8 funktioniert diesmal nicht, weil Weiß 78 auf 1 hier den Schwarzen eine Freiheit nimmt, womit es drei zu drei steht.

Und obwohl Schwarz in Diagramm 22 die weißen Steine in der Mitte einschließt, kann er sie doch nicht schnell genug vom Brett nehmen.

Komatsu wähnte sich nach dem Austausch 69 – 70 noch vorn, doch bald darauf wurde ihm klar, dass er sich geirrt hatte. Weil er sich das aber nicht anmerken ließ, sah Weiß nicht, in welchem Dilemma ihr Gegner steckte.

In dieser Partie werden mehrere wichtige Prinzipien des Kämpfens sichtbar, insbesondere solche, die mit dem Auslesen von Wettläufen zusammenhängen. Und sie zeigt auch, wie aufregend Go sein kann, sowohl für Zuschauer als auch für die Spieler.

- Zählen Sie die Freiheiten, bevor Sie sich festlegen.
- Wenn Sie auf der rechten Seite spielen wollen, lehnen Sie sich zunächst auf der linken an.
- Eine Differenz von einer Freiheit genügt.
- Die gegnerischen Freiheiten zu vermindern, ist genauso gut wie die eigenen zu vermehren.
- Vertrauen Sie Ihrem Gegner nicht: er könnte bluffen oder falsch gelesen haben.

## Partie 2

Hier ist eine weitere außergewöhnliche Partie, die in einen gewaltigen Wettlauf mündet. Sehr gut ist in diesem Beispiel erkennbar, warum Wettläufe entstehen, wie man den Typ des Kampfes wählt und seine Freiheitenzahl maximiert. Es gibt Ihnen auch die Möglichkeit, Freiheiten in freier Wildbahn abzuzählen und nicht in den aufgeräumten Beispielen, die bewusst so zur Erklärung der Grundlagen gewählt waren.

Die Partie stammt aus der 30. Hayago (Schnell-Go)-Meisterschaft 1997, diese wurde auf TV Tokyo übertragen. Die Spieler haben fünf Minuten Grundbedenkzeit und nach deren Ablauf 30 Sekunden pro Zug. Außerdem bekommt jeder noch zwei Zusatzperioden von je drei Minuten. Schwarz ist Honda Kunihisa 9-Dan, Weiß ist O Meien 9-Dan. Kommentiert wurde die Partie von Shiraishi Yutaka 9-Dan, assistiert von Okada Yumiko 4-Dan.

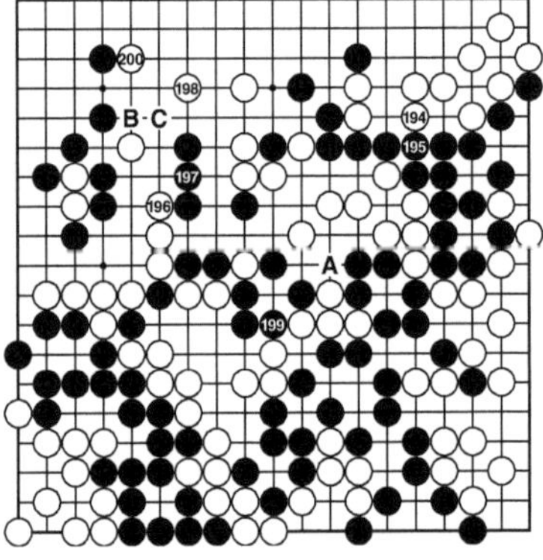

*Figur 1 (Züge 194–200)*

Wir steigen mit Weiß 194 in die Partie ein. Beide Spieler haben ihre Bedenkzeit und die Drei-Minuten-Perioden verbraucht und sind bei 30 Sekunden pro Zug angelangt. Shiraishi sagt, dass die Partie knapp steht. Es gibt einige schwache Gruppen und ein paar große Züge, die darauf warten, aufs Brett zu kommen.

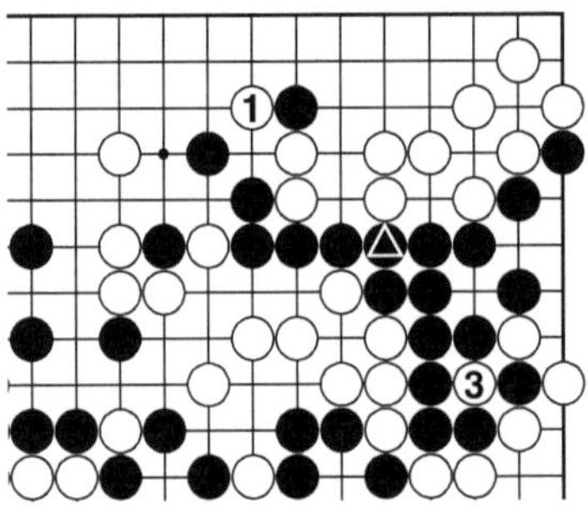

*Dia. 1 (Weiß 2 tenuki)*

Zum Beispiel ist nach 195 (▲) ein weißes Hane auf 1 in Diagramm 1 extrem groß. Dieser Zug nimmt nicht nur Gebiet, sondern schließt auch die schwarze Gruppe rechts oben ein. Sollte Schwarz nicht antworten, so lebt er nicht bedingungslos, wenn Weiß mit 3 das Ko schlägt. Allerdings ist die weiße Mittelgruppe schwach und hat höchste Priorität. Weiß könnte natürlich seine Steine mit A verbinden, doch Berufsspielern sind solche Züge sehr zuwider, weil sie keine Punkte machen. Weiß würde viel lieber ins schwarze Gebiet eindringen und dort Augen bauen.

Weiß 198 reduziert die schwarze Einflusssphäre, schafft Augenraum und greift die schwarzen Steine unterhalb an. Statt 199 hätte Schwarz seine Steine natürlich mit B oder C herausverbinden können. Doch das wäre ein reiner Verteidigungszug gewesen. Mit 199 ein Auge zu bauen, macht nicht nur einen Gebietspunkt, sondern droht auch, die weiße Gruppe entzweizuschneiden.

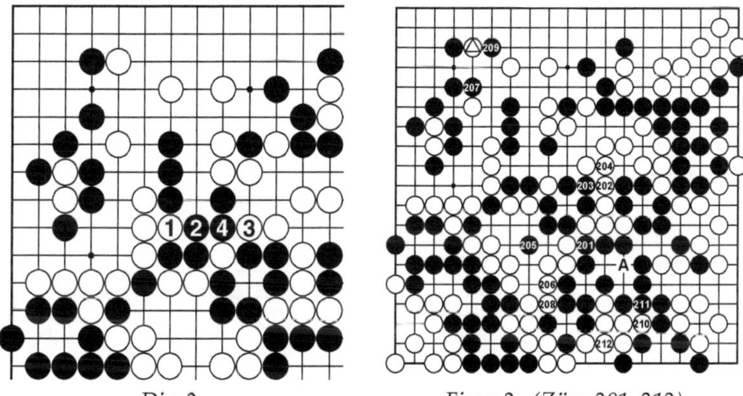

*Dia. 2* *Figur 2 (Züge 201–212)*

Allerdings hat die schwarze Gruppe noch keine zwei Augen, wie in Diagramm 2 zu sehen. Mit 200 versucht Weiß nun, in Führung zu gehen. Wenn er Vorhand bekommt, um das Hane in Diagramm 1 zu spielen, so ist er nach Gebiet vorn.

Schwarz antwortet mit dem Schnitt auf 201. Shiraishi bemerkt, dass die komplette weiße Gruppe links auch noch nicht völlig sicher ist, aber vermutlich geht alles gut, weil Schwarz unten in Freiheitennot ist. Schwarz 205 ist ein Testzug auf die weiße Augenform (siehe Diagramm 3). Schwarz hat noch immer nicht auf Weiß 200 (◬) geantwortet. Der Wert eines weißen Folgezugs hier beträgt 20 Punkte in Vorhand, somit sind Schwarz 207 und 209 gebietsmäßig sehr groß. Weiß 208 sichert die weiße Gruppe.

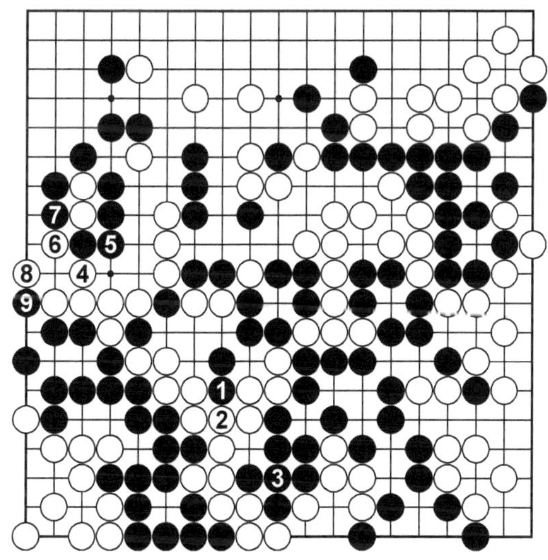

*Dia. 3*

Wenn Weiß 208 unterlässt, dann beschränkt Schwarz 1 in Diagramm 3 die weiße Gruppe auf ein Auge in der Mitte. Weiß müsste ein Auge am Rand suchen, was nur über ein Ko möglich ist.

Weiß 210 stiehlt Schwarz das benötigte zweite Auge. Er kann natürlich mit einem Zug auf A leben, doch muss er den Spielstand im Auge behalten. Wird er noch eine Gewinnchance haben, wenn er in Nachhand Leben macht?

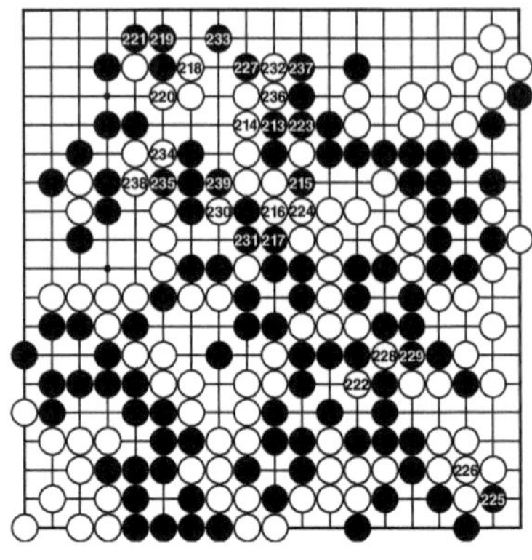
Figur 3
Züge 213–239

Zunächst rettet Schwarz mit 213 einen Stein. Okada Yumiko (OY): „Er versucht etwas Unternehmenderes, als einfach nur zu leben."

Shiraishi Yutaka (SY): „Nein, das ist nur eine Vorhand, die einen Schnitt auf 214 androht. Aber dennoch sieht die weiße Gruppe ein wenig schwach aus."

OY: „Kann Schwarz mit einem Angriff auf 227 fortsetzen?"

SY: „Nein, sicher nicht. Für Schwarz ist es zu riskant, die Weißen fangen zu wollen. Es gibt zu viele Unklarheiten am oberen Rand."

SY: „Allerdings bedeutet Schwarz 215, dass er es wirklich wissen will. Wenn er erst einmal auf 223 geschlagen hat, dann gibt es am oberen Rand keine weißen Vorhände mehr wie etwa 237. Und so wird Weiß kaum das Hane in Diagramm 1 spielen können."

Shiraishi erwartete Weiß 218 auf 220 mit der Antwort Schwarz 222. Schwarz 219 überraschte ihn.

SY: „Das kann ich nicht nachvollziehen. Weiß versucht ganz klar, die schwarze Gruppe anzugreifen. Aber er hat überhaupt keine Zeit, um das auszulesen."

Mit Weiß 222 wird Schwarz auf ein Auge beschränkt. Nachdem beide Seiten sich stur weigern, Verteidigungszüge zu spielen, ist nun ein Wettlauf entstanden. SY: „Ich kann das nicht auslesen. Ich glaube, dass Weiß vorn ist. Was denken Sie?"

Den Austausch 223 gegen 224 bekommt Schwarz natürlich. SY: „Ich habe Kopfschmerzen."

Schwarz 225 und der weiße Verbindungszug auf 226 waren ebenfalls so zu erwarten. SY: „Weiß hat mehr Freiheiten, oder?"

Der Zug 227 sieht riskant für Schwarz aus, erhält aber als einziger die Hoffnung aufrecht, die weißen Freiheiten unter Kontrolle zu halten, so dass er nicht wirklich eine Wahl hat. Weiß 228 hat keine besondere Bedeutung, da Weiß hier sowieso irgendwann einen Annäherungszug spielen muss. Wahrscheinlich wurde er in der Zeitnot gespielt, um Zeit für das Überdenken des Hauptthemas zu gewinnen.

Statt 233 würde Schwarz natürlich gern auf 1 in Diagramm 4 spielen, doch die augenfällige Fortsetzung erlaubt es Weiß, herauszuverbinden. Hier sind Lesefähigkeiten unverzichtbar. Beachten Sie, dass Weiß droht, sich mit 8 dazwischenzukeilen, falls Schwarz mit 7 auf der rechten Seite spielen sollte.

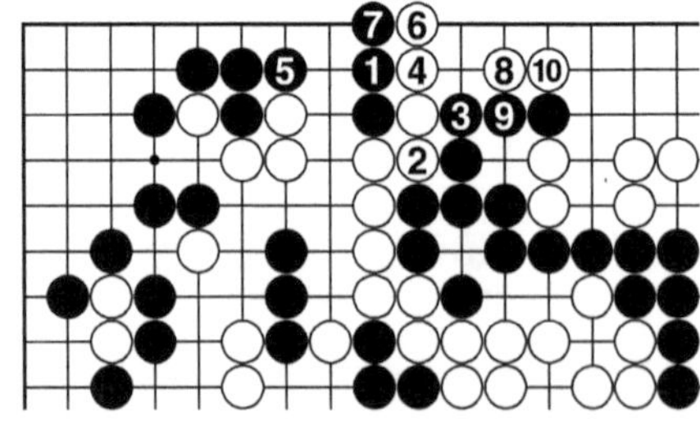
Dia. 4

Weiß 238 ist ein Fehler, der gegenüber der schwarzen Antwort 239 eine Freiheit verliert. Weiß ärgert sich gehörig, als ihm klar wird, was er angestellt hat. Möglicherweise hatte er versucht, ein Shibori für ein Auge zu bekommen. Da sieht man mal wieder, wie leicht in einem Wettlauf die Freiheiten weggeworfen werden.

OY: „Weiß kann bei A in Diagramm 5 ein Auge bauen."

SY: „Stimmt, doch er hat ein Problem mit seinen Freiheiten. Wenn er das Auge macht, verliert er Freiheiten. Auch wenn Weiß am Ende ein Auge hat und Schwarz nicht, so gibt es doch nur eine Innenfreiheit, so dass das Auge unwichtig ist."

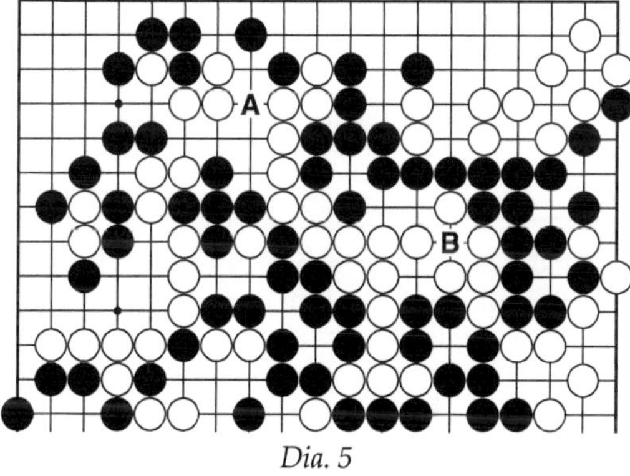


*Dia. 5*

OY: „Kann Weiß zwei Augen erreichen? Eins links und eins in der Mitte?"

SY: „Ah, er hat ein Nachhandauge in der Mitte, bei B. Kann er links ein Auge in Vorhand bekommen? Schauen wir mal. Nein, das geht definitiv nicht."

Weiß 242: Weiß kommt zum selben Ergebnis. Diese Verbindung zerstört jede Hoffnung auf ein Auge in dieser Gegend, aber maximiert die weiße Freiheitenzahl.

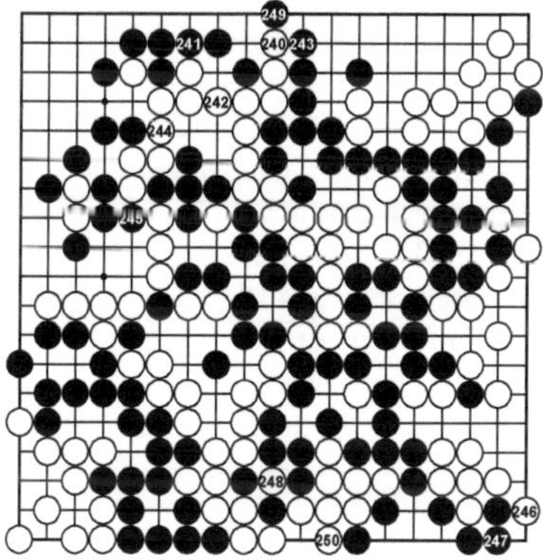


*Figur 4 (Züge 240–250)*

Nun ist der Typ des Wettlaufs mehr oder weniger festgelegt. Die Kamera zoomt in eine Großaufnahme von O, wie er seinen Kopf in seine Hände stützt und vor sich hin murmelt. Honda hingegen ist das gewohnte amüsierte Lächeln abhanden gekommen, er wirkt jetzt recht grimmig.

Nach Schwarz 245 (▲ in Diagramm 6) beginnt Shiraishi, die Freiheiten zu zählen: „Weiß hat hier acht Freiheiten." Sie sind in Diagramm 6 mit W markiert. Beachten Sie jedoch, dass Schwarz in Selbst-Atari gerät, wenn er sie alle besetzt. Um also

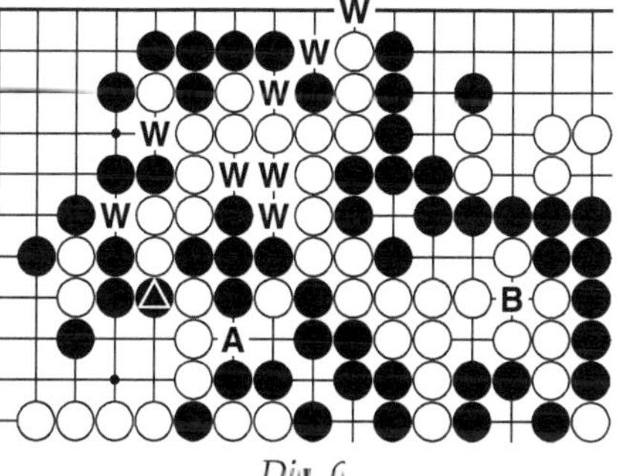


*Dia. 6*

einen Annäherungszug auf A zu vermeiden, muss er am Ende die Weißen von der anderen Seite in Atari setzen, und zwar indem er das Ko bei B schlägt. In Diagramm 10 ist das noch deutlicher zu sehen.

Shiraishi zählt die weißen Freiheiten in der Mitte nicht zu Ende, um zu einer endgültigen Anzahl zu gelangen (mir scheinen es drei zu sein, weil Weiß in diesem Kampf die Innenfreiheit besetzen muss).

Stattdessen beginnt er, die Freiheiten der schwarzen Gruppe zu zählen, nachdem die Spieler 246 und 247 abgetauscht haben.

SY: „Wie viele Freiheiten hat Schwarz in der Ecke unten rechts?"

OY: „Oh, diese Art von Stellungen ist so schwer zu zählen. Schauen wir mal: 1, 2, 3, …"

SY: „… 4, 5. Schwarz hat fünf Freiheiten unten, noch drei hier und ein Auge, während Weiß kein Auge hat. Oh, es könnte sein, dass Schwarz führt."

Diagramm 7 zeigt die fünf angesprochenen Freiheiten, es sind die Züge 1, 3, 7, 9 und 11. Der Zug 5 wird nicht gezählt, weil Schwarz ihn mit 6 beantwortet. Für diese fünf Freiheiten bekommt Schwarz fünf Züge an anderer Stelle.

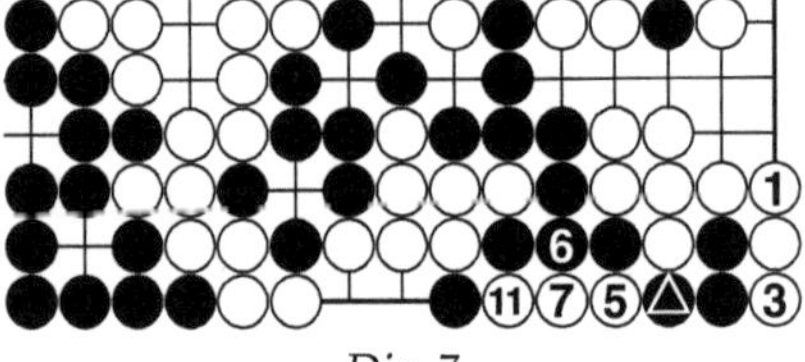

*Dia. 7*
*2, 4, 8: tenuki; 9 auf ▲; 10, 12: tenuki*

Als Schwarz den Zug 250 sieht, gibt er auf. Der Moderator merkt an, dass sich wohl viele der zuschauenden Amateure fragen, warum Schwarz aufgegeben hat, und bittet die Profis um eine Erläuterung. Diagramm 9 zeigt die Fortsetzung. SY: „Setzen wir einfach die Freiheiten zu. Es ist eigentlich nicht kompliziert. Zunächst einmal ist Schwarz 1 ein guter Zug."

Wenn Weiß auf 1 spielen darf, hat Schwarz weniger Freiheiten. Beachten Sie, dass auch das Auffüllen von der linken Seite mit den Zügen ab Weiß 250 fünf Züge benötigt, um die schwarzen Freiheiten in der rechten unteren Ecke zu besetzen. Somit kommt das auf dasselbe heraus wie die Zugfolge, die Shiraishi zuvor gezeigt hatte. Prüfen Sie es selbst nach.

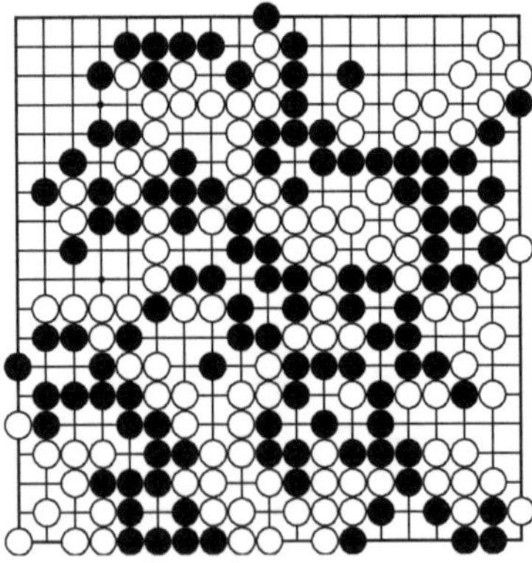

*Dia. 8*
*Schlussstellung nach Weiß 250*

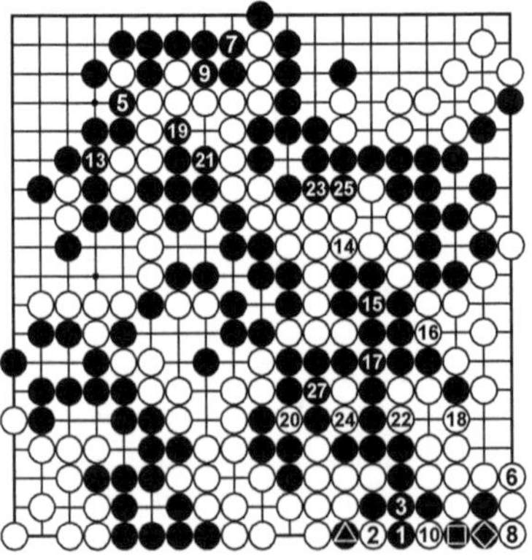

*Dia. 9 (4 verbindet auf ▲; 11 auf ■; 12 auf ◆: 26 auf 10; 28 auf 24)*

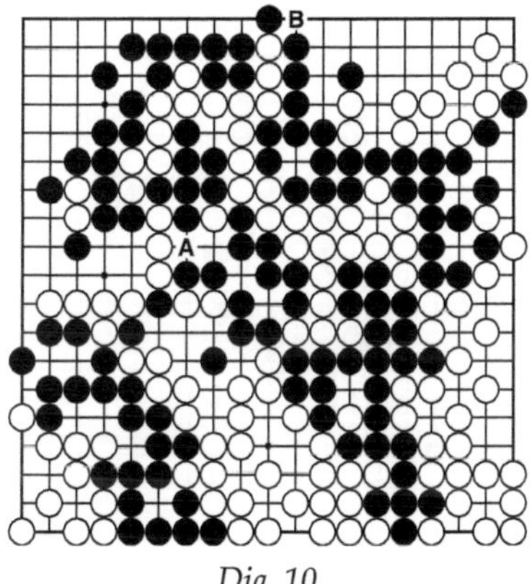


Dia. 10

Das Endergebnis der 28-zügigen Sequenz ist in Diagramm 10 gezeigt.

SY: „Schwarz ist in Atari, während Weiß zwei Freiheiten hat. Auch wenn Schwarz das Ko schlagen kann, so hat Weiß doch zwei lokale Ko-Drohungen (auf A und B), während Schwarz gar keine besitzt. Aus diesem Grund ist es hoffnungslos für Schwarz."

Wenn Sie Diagramm 9 studiert haben, gehen Sie zu Diagramm 8 zurück und schauen Sie, ob Sie die Zugfolge in Ihrer Vorstellung auslesen können. Alles ist eine Frage der Übung.

- Ein Auge ist nicht immer das Richtige.
- Es ist besser, im gegnerischen Gebiet zu leben als auf wertlosen Punkten herauszuverbinden.
- Verbessern Sie Ihre Lesefähigkeiten, und Sie werden stärker.
- Es macht Spaß, große Gruppen zu fangen.

## Partie 3

Hier ist eine dritte außergewöhnliche Partie, die in einem ausgedehnten Wettlauf endet. Sie zeigt gute Beispiele zu den Fragen, warum Wettläufe entstehen, wie man den Typ des Kampfes wählt und wie die Freiheitenzahl zu maximieren ist. Und sie gibt Ihnen auch die Gelegenheit, das Abzählen von Freiheiten in freier Wildbahn zu üben.

Im Gegensatz zu den beiden vorhergehenden Beispielen, die ja Blitzpartien waren, handelt es sich hier um eine Partie in einem großen Turnier. Es ist Partie 3 des 22. Kisei-Titelkampfs zwischen Cho Chikun Kisei (Schwarz) und Yoda Norimoto 9-Dan (Weiß), gespielt im Februar 1998. Ich finde die Partie sehr interessant, und es gab einen hervorragenden Livekommentar von Yuki Satoshi 9-Dan im Fernsehen, assistiert von Tsukuda Akiko 2-Dan, auf den meine Besprechung hier gründet. Die Zeitbeschränkung im Kisei beträgt acht Stunden für jeden, mit einem Byoyomi von einer Minute.

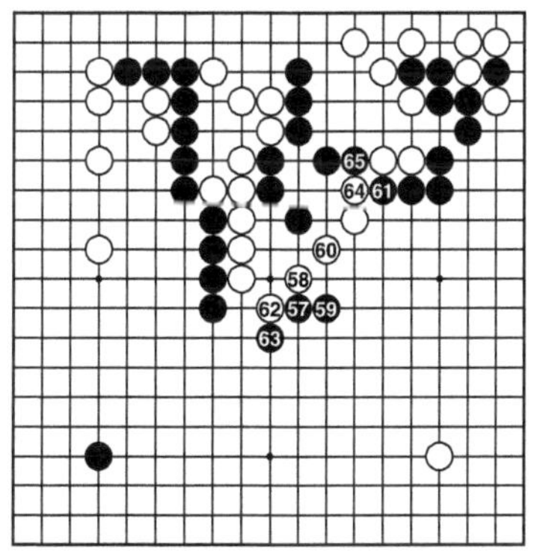


Figur 1 (Züge 57–65)

Wir steigen da ein, wo Cho über Schwarz 59 nachdenkt. Er hat noch 45 Minuten, während Yoda noch über eine Stunde und 45 Minuten verfügt. Die Partie hatte sehr langsam begonnen, am ersten Tag wurden erst 25 Züge gespielt.

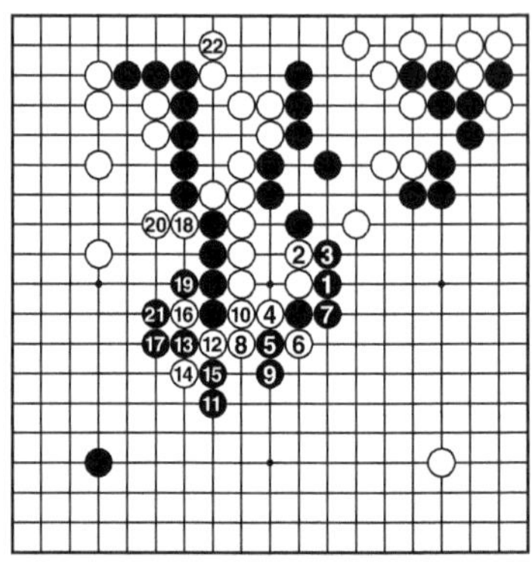
Dia. 1

Yuki blendet kurz zurück, um Schwarz 57 zu untersuchen, einen recht ungewöhnlichen Zug. Der übliche Ein-Punkt-Sprung auf 58 würde Weiß leicht entkommen lassen, doch Schwarz 57 scheint zu lose, um die Weißen einzuschließen. Weiß 58 ist eine natürliche Antwort. Für seinen Zug 59 hat Schwarz die Wahl zwischen dem gespielten Nobi und einem Hane eine Linie darüber. Schwarz 59 ist jedoch der bessere Zug, denn das Hane scheint nicht zu funktionieren:

Yuki zeigt die Zugfolge in Diagramm 1. Nach 22 ergibt sich ein Wettlauf, der gut für Weiß aussieht.

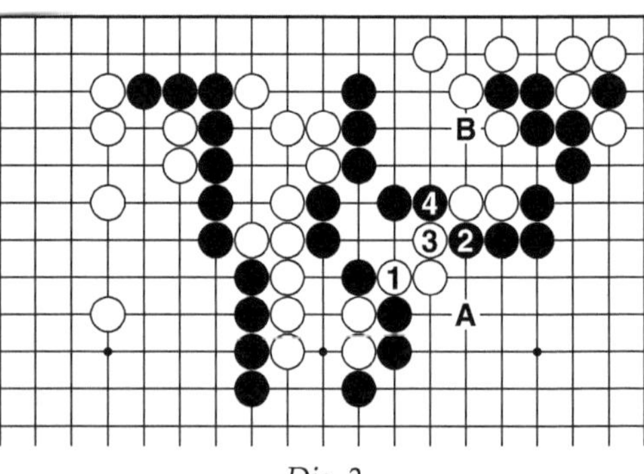

Dia. 2

Nach 3 in Diagramm 1 darf Weiß nicht auf 1 in Diagramm 2 schneiden, denn nach 4 hat Schwarz die Wahl zwischen A und B.

Während Schwarz über 59 nachdenkt, liest Yuki schon voraus. Er sieht die Züge bis 65 richtig vorher, in leicht veränderter Reihenfolge. Es scheint ein Wettlauf zu werden.

„Das sieht gut für Weiß aus, oder?“, sagt Yuki. „Aber spielen wir es besser aus. Versuchen wir zunächst normale Züge.“

Er zeigt die Zugfolge in Diagramm 3. Schwarz 2 ist der vitale Punkt. Dieses Tesuji schließt Weiß ein und löst den Wettlauf um die Freiheiten aus. Ohne diesen Zug wäre die schwarze Strategie mit 57 zusammengebrochen.

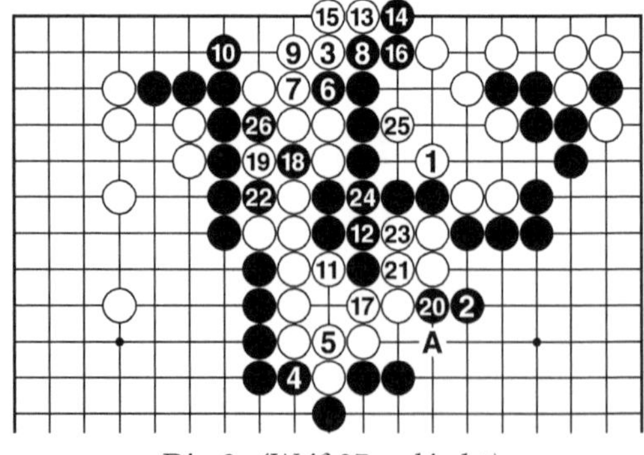

Dia. 3 (Weiß 27 verbindet)

Man könnte jetzt denken, dass Weiß mit einem Diagonalzug auf A in die Brettmitte entkommen könnte, doch Schwarz geht dann mit 20 dazwischen und kann danach entweder den Stein auf A abschneiden oder mit 21 zwei Steine fangen und selbst hinauskommen.

Zuerst versucht es Yuki mit Schwarz 2 auf 3, worauf Weiß 9 und Schwarz 6 folgen. Doch er besinnt sich um, als Tsukuda mit Weiß 10 antwortet, was eine Verbindung nach außen androht. Schwarz kann jetzt nicht in Nachhand dagegenstellen, weil Weiß dann ins Zentrum ausbrechen könnte.

Nach dem Deckungszug Weiß 27 in Diagramm 3 bemerkt Yuki: „Schwarz hat drei Freiheiten und Weiß sechs, nachdem Schwarz oben einen Annäherungszug benötigt. Also das kann man nicht wirklich als Wettlauf bezeichnen." Ein Semeai findet immer zwischen Gruppen statt, die fast dieselbe Freiheitenzahl besitzen. Ansonsten kann man nicht von einem Kampf reden, eher von einem Kinderspiel. Yuki versucht noch andere Zugfolgen, doch Weiß scheint immer mit mindestens einem Zug zu gewinnen, was Schwarz auch immer versucht. Er kommt zu dem Schluss, dass Schwarz den Kampf verlieren muss und also eine Opferstrategie verfolgt, um außen dick zu werden.

Allerdings zeigt Auszählen der entstehenden Position, dass Schwarz gezwungen wäre, mit seiner dicken Stellung mehr Gebiet zu erzielen als möglich scheint.

Schwarz könnte sicherlich leben, wenn er 61 einen Punkt über 65 setzte, doch das wäre viel zu nachgiebig. Weiß bekäme außen eine dicke Position und würde die schwarze Gruppe oben rechts bedrohen. Schwarz beantwortet Weiß 62 sofort mit 63. Er hat kein Interesse daran, auf 64 zu verbinden und Weiß in die Mitte entkommen zu lassen. Als Nächstes muss Weiß nun mit 64 schneiden.

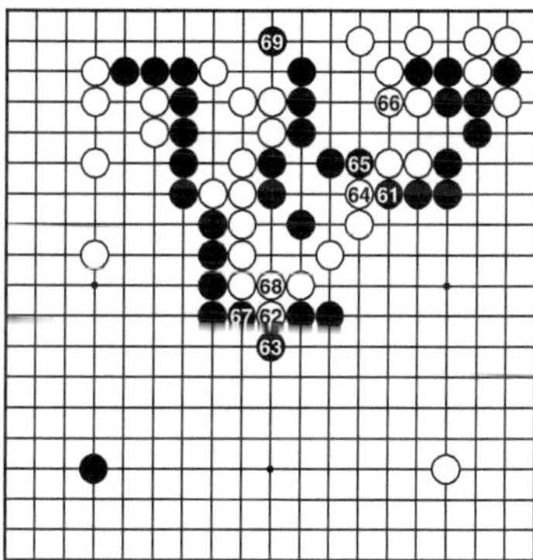

*Figur 2 (Züge 61–69)*

Weiß 66 ist eine kritische Entscheidung. Mit 1 in Diagramm 3 nimmt er Schwarz eine Freiheit, doch wenn Weiß im Wettlauf tatsächlich so weit vorn liegt, so kann er auf diese eine Freiheit verzichten. In diesem Fall fängt der Zug Weiß 66 die Schwarzen in größerem Stil, er erzielt mehr Gebiet.

Wenn Weiß hingegen nicht vorhat, sich nach Schwarz 69 auf den Wettlauf einzulassen und er stattdessen Schwarz wie in Diagramm 4 herausverbinden lässt, dann schwächt er mit Weiß 66 (△ im Diagramm) die schwarze Gruppe rechts, da sie in dieser Region kein Auge mehr bekommt. Als Yoda den Raum verlassen hat, murmelt Cho vor sich hin: „Habe ich jetzt ein Problem?"

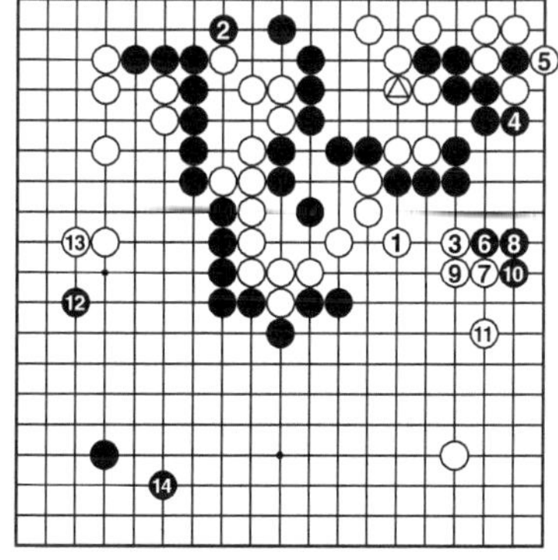

*Dia. 4 (nach Schwarz 69)*

Cho denkt lange über Schwarz 67 nach. Auch Yoda überlegt lange vor Weiß 68. Aber er überlegt nicht seinen nächsten Zug, sondern liest die Gesamtstellung aus. Die einzige Alternative zu Weiß 68 wäre eine Bambusverbindung, die den schwarzen Steinen eine Freiheit nimmt, im Gegenzug aber Schwarz erlaubt, auf 68 zu schlagen und seine Schwäche in der Brettmitte zu beseitigen. Das ist jedoch nicht vorstellbar, und somit ist 68 tatsächlich der einzige Zug, weil er den Schnitt unter 67 als Option für die Zukunft bewahrt.

Yoda scheint etwas entdeckt zu haben, was er vorher übersehen hatte. Die Zeitnehmerin bedeutet ihm, dass er noch eine Stunde zur Verfügung hat. Obwohl Yoda 66 mit augenfälligem Selbstvertrauen gespielt hatte, wird er jetzt doch nervös und grummelt: „Hoppla! Das ist eine Überraschung." „Wieviel Zeit habe ich noch?", fragt er. „Achtundfünfzig Minuten", antwortet die Zeitnehmerin. Vier Minuten später fragt er erneut nach, und bei 47 Minuten noch einmal. Cho sitzt ruhig da und knetet seine Gummi-Trainingsringe. Was hat Yoda gesehen? Yuki betrachtet die Stellung noch einmal: „Er hätte wirklich mehr überlegen sollen, bevor er auf 66 gespielt hat. Vielleicht bereut er das jetzt. Hat Schwarz einen guten Zug?"

Yuki geht einige Varianten durch. „Möglicherweise kann Schwarz leben; in der Ecke gibt es schlechtes Aji." Er spielt 1 bis 7 in Diagramm 5. Falls Weiß jetzt mit 8 das Auge in der Mitte verhindert, kann Schwarz wieder zwei Augen androhen. Spielt Weiß auf 18, um auch das zu verhindern, dann führt der Einwurf auf 19 zu einem Ko für ein Oiotoshi-Tesuji.

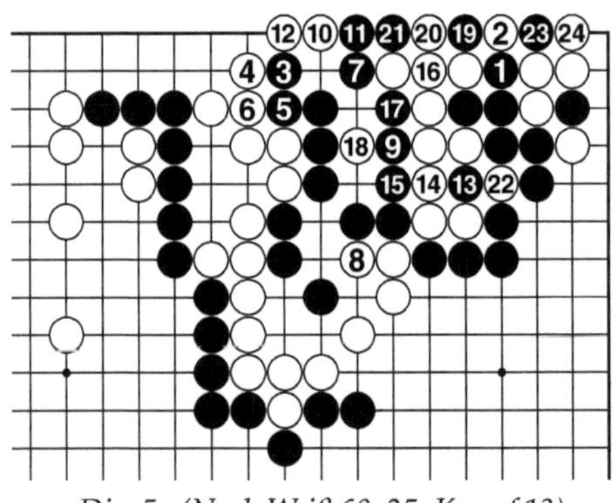

*Dia. 5 (Nach Weiß 68; 25: Ko auf 13)*

Eine mögliche Technik zum Auslesen von Stellungen ist, zunächst normale Züge zu spielen und dann nach Verbesserungen zu suchen. Oft wird die gewöhnliche Zugfolge die vitalen Punkte aufzeigen.

Doch mit 8 hier in Diagramm 5a kann Weiß die schwarze Gruppe töten: Falls Schwarz mit 9 ein Auge baut, zerstört Weiß das mögliche zweite mit 10 und umgekehrt.

Doch immer noch kann Weiß dem Wettlauf um Leben und Tod ausweichen. Mit Weiß 1 in Diagramm 4 (vorherige Seite) erlaubt er Schwarz, mit 2 am oberen Rand herauszuverbinden.

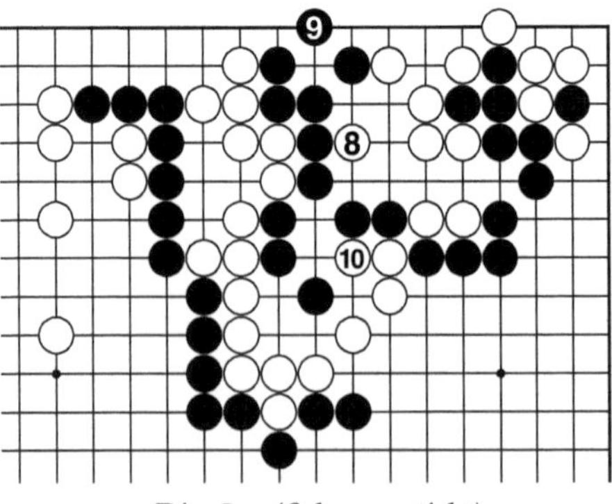

*Dia. 5a (Schwarz stirbt)*

Danach kann Weiß die schwarze Gruppe oben rechts unter Druck setzen. Die Zugfolge bis 11 sieht gut für Weiß aus und steht im Einklang mit Weiß 66, doch Schwarz kann leben und die Partie wird sich noch lange hinziehen. Und obwohl Yoda mehr Zeit zur Verfügung hat als Cho, so handelt es sich doch um seinen ersten zweitägigen Titelkampf, und Cho hat im Byoyomi sehr viel Erfahrung. Darüber hinaus hatte Yoda die ersten zwei Partien bereits verloren und mag entschieden haben, dass er diese nun schnell beenden sollte.

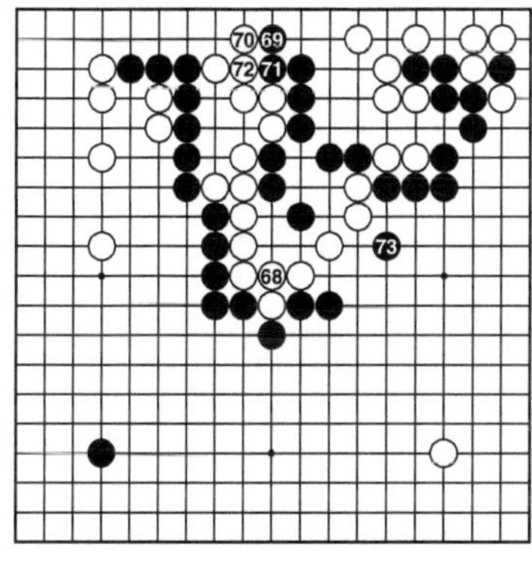

*Figur 3 (Züge 68–73)*

Während Yoda noch über Weiß 68 nachdenkt, geht Yuki mehrere Varianten durch. Er sagt die Züge 68 bis 73 vorher und betrachtet den entstandenen Wettlauf. Bisher hat er festgestellt, dass Schwarz 69 und 71 spielen kann.

Spielt Weiß mit 72 auf 1 in Diagramm 6, dann kann Schwarz mit 2 dagegenstellen. Falls Weiß jetzt ins Zentrum läuft, kann Schwarz ein Ko um seine Verbindung nach außen erzwingen.

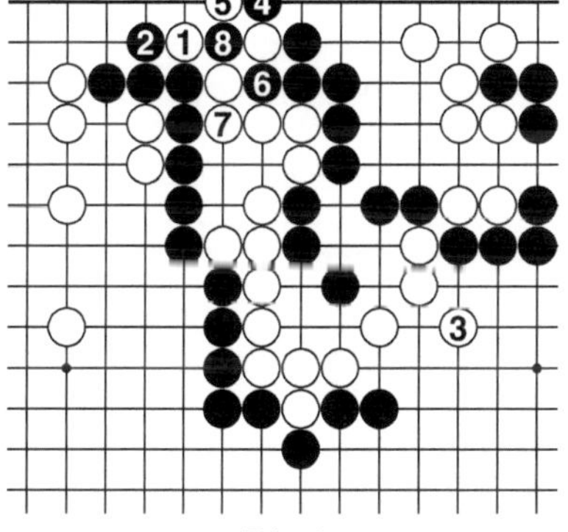

*Dia. 6*

Verbindet Weiß mit 5 wie in Diagramm 7, so wird er aufgrund von Freiheitennot gefangen.

Diagramm 8 und die Fortsetzung zeigen die erste Variante von Yuki, mit Weiß 74 auf 1. Er betont, dass das Hane auf 3 ein Schlüsselzug sei. Der schwarze Einwurf auf 6 ist ein Standard-Tesuji: Wenn Weiß auf 6 verbinden kann, so gewinnt er Freiheiten dazu.

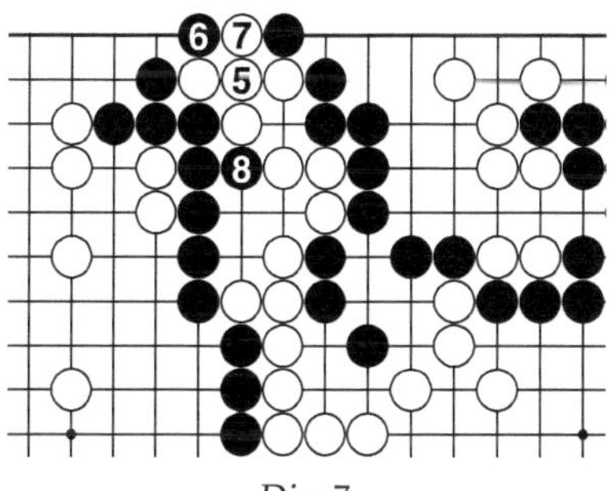

*Dia. 7*

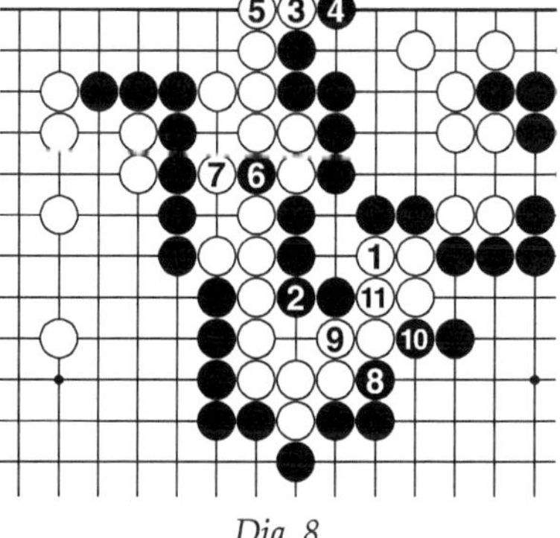

*Dia. 8*

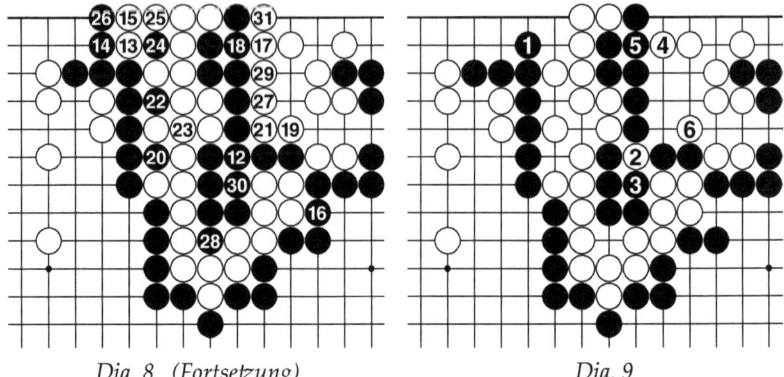

*Dia. 8 (Fortsetzung)* *Dia. 9*

Beim Zug 12 hat Schwarz die Wahl: Verbindet er mit 12 hier, so kann Weiß mit 13 ein Auge machen. Nach Auffüllen aller Freiheiten wird klar, dass Weiß um einen Zug vorne liegt. Beachten Sie: Das weiße Auge zwingt Schwarz, alle Innenfreiheiten zu besetzen.

Statt 12 könnte Schwarz den Zug 1 in Diagramm 9 versuchen.

Nachdem so das weiße Auge verhindert wird, sollte Weiß jetzt auf 2 einwerfen, im Gegensatz zu Diagramm 8, wo das nicht ratsam wäre. Und wieder gewinnt Weiß mit einem Zug Vorsprung. Nachdem also das Hane am oberen Rand ein Schlüsselzug für Weiß ist: Was passiert, wenn Schwarz ihn verhindert?

Diagramm 10 zeigt eine lange und fesselnde Zugfolge (Schwarz 1 ist die Alternative zu 2 in Diagramm 8). Mit 6 und 8 fängt Weiß einen schwarzen Stein. Und diesmal kann Weiß mit 12 in die Brettmitte herauskommen. Schwarz kann ihn mit 13 in einem Netz aufhalten, doch als Weiß sich durchkämpft und mit 20 ein Doppel-Atari spielt, scheint der Kampf vorbei zu sein.

Aber das ist noch nicht alles. Mit Schwarz 21 wird klar, dass Weiß unter heilloser Freiheitennot leidet: Wenn Schwarz mit 25 das hintere Ende der weißen Gruppe angeht, kann Weiß nicht verbinden. Mit 29 nimmt Schwarz den Schwanz der weißen Gruppe heraus, doch Weiß 30 ist ein ernst zu nehmender Angriff auf die schwarze Gruppe am rechten Rand. Diese Zugfolge scheint für Weiß spielbar zu sein.

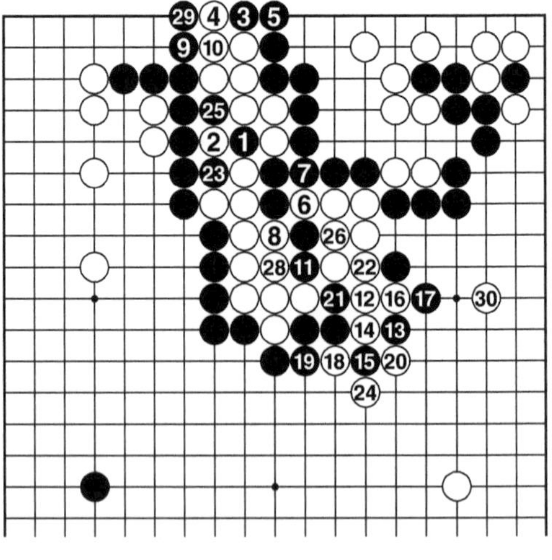

*Dia. 10 (Schwarz 27 auf 1)*

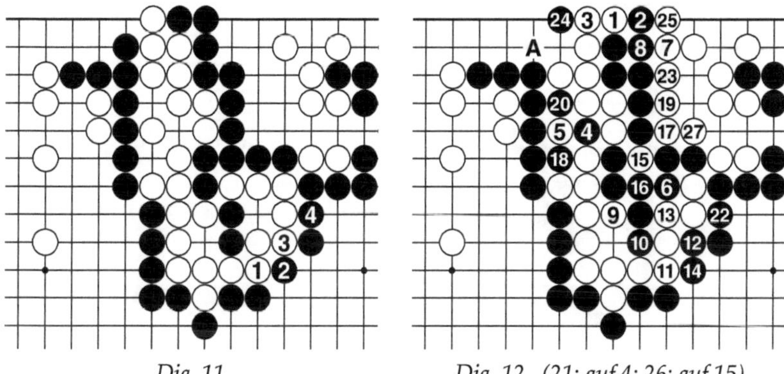

*Dia. 11* *Dia. 12 (21: auf 4; 26: auf 15)*

Beachten Sie, dass Weiß mit 12 (Diagramm 10) nicht auf 1 hier in Diagramm 11 spielen kann: Das ergäbe einen einfachen Wettlauf, den Weiß verliert.

Zuletzt betrachtet Yuki noch eine andere Variante. Zwar ist er der Meinung, dass Weiß 74 auf 1 in Diagramm 8 gehört. Doch was passiert, wenn Weiß das Hane am oberen Rand sofort spielt? Wie Diagramm 12 zeigt, ist Weiß wieder einen Zug voraus. Beachten Sie, dass Weiß mit 25 nicht auf A setzen darf, denn Schwarz würde einfach vom Zentrum her (unter 9) Atari geben.

Weiß 70 ist der Punkt, von dem es kein Zurück mehr gibt. Weiß kann hier nur dann dagegenstellen, wenn er den Wettlauf gewinnt, sonst muss er wie in Diagramm 4 nachgeben.

Die Zeit wird knapp und die Fernsehübertragung endet mit Weiß 72, doch Schwarz 73 muss unausweichlich folgen. Yuki prophezeit zuversichtlich, dass Weiß den Wettlauf gewinnt und damit klar in Führung geht, aber dennoch eine lange, schwierige Partie vor sich hat. Yoda hat weniger als dreißig Minuten übrig, Cho nur acht. Was glauben Sie, was nun passiert?

NHK zeigte spät in der Nacht noch eine fünfzehnminütige Zusammenfassung, die ich aber verpasste, so dass ich die wöchentliche Igo-Shogi-Nachrichtensendung am Samstag abwarten musste. Das Ergebnis war eine ziemliche Überraschung: Weiß hatte nach Schwarz 93 aufgegeben. Irgendwie hatte Cho gewonnen! Yamashiro Hiroshi 9-Dan erklärte, was passiert war.

Weiß 74 war ein Fehler. Es scheint, als ob Yoda den Zug Schwarz 77 übersehen hätte.

Yamashiro spielte den Wettlauf bis zum Ende durch: Weiß liegt einen Zug zurück (Dia. 13 - nächste Seite). Hätte Weiß mit 66 auf 1 in Diagramm 3 gespielt, so hätte er auch trotz Verlust der Freiheit durch Weiß 74 den Wettlauf noch gewonnen.

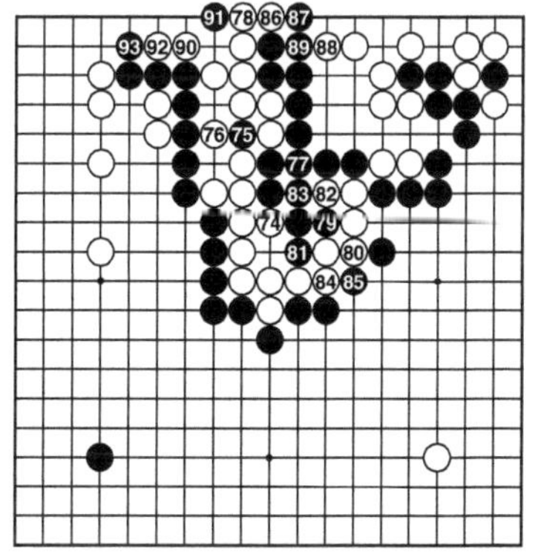

*Figur 5 (Züge 74–93)*

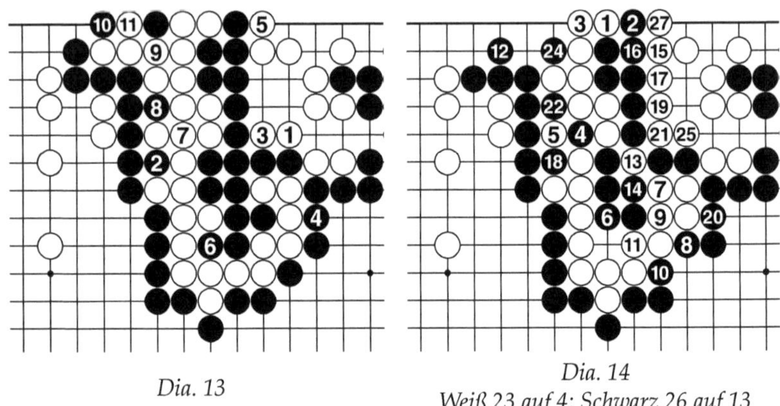

*Dia. 13*

*Dia. 14*
*Weiß 23 auf 4; Schwarz 26 auf 13*

Yamashiro vermutete, dass Yoda sich mit 74 in Führung sah, weil er Schwarz 77 auf 81 erwartete. Das Wesentliche an Schwarz 77 ist: Er verkleinert den Vorteil des weißen Auges, indem er die Zahl der Innenfreiheiten vermindert. Nach Schwarz 93 steht fest, dass Weiß 74 auf eine Innenfreiheit des Wettlaufs gesetzt worden war. Hätte Weiß 74 auf eine Außenfreiheit gesetzt (etwa unterhalb von 88), so hätte er gewonnen.

Wie hätte die korrekte Abwicklung ausgesehen? Diagramm 14 zeigt die von Yamashiro angegebene Zugfolge. Sie unterscheidet sich im Detail von der im Kommentar von Yuki, ist aber im Wesentlichen gleich.

Sie unterscheidet sich ebenfalls leicht von der Zugfolge, die in der Go World, Ausgabe 83 gezeigt wird, eine gekürzte Fassung aus der Kido (Diagramm 5). Dort endet die Folge mit Zug 22, in der weiteren Besprechung werden Buchstaben verwendet. Hier heißt es: Spielt Weiß 23 jetzt auf 27 (die Innenfreiheit, die Yoda mit 74 besetzt hat), so verliert er. Wenn Weiß aber mit 23 hier auf eine Außenfreiheit spielt, dann gewinnt er.

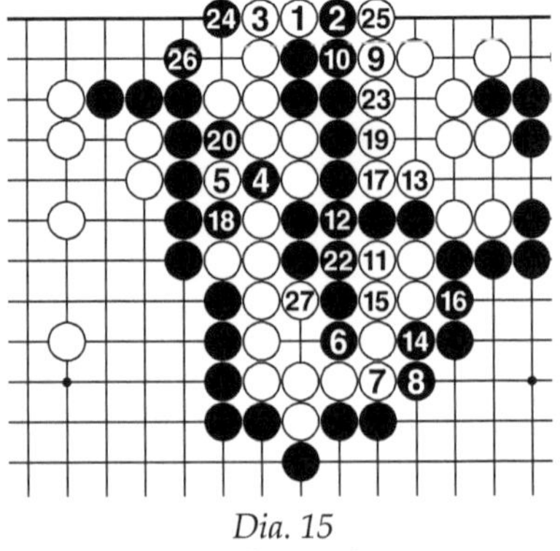

*Dia. 15*
*Weiß 21 auf 4*

Im Rückblick scheint das Hane am oberen Rand (Weiß 1) der entscheidende Zug gewesen zu sein.

- Zum Kämpfen gehören zwei.
- Mehr als eine Freiheit Unterschied – das ist kein Wettlauf.
- Einwerfen oder nicht? Kommt drauf an.
- Während der Kampf tobt, ändere nicht deine Richtung.

## Partie 4

Die nächste Partie ist ein schönes Beispiel für einen Wettlauf, der ein Ko beinhaltet. Sie fand bei der 32. Hayago-Meisterschaft 1999 statt, zwischen Yoda Norimoto 9-Dan (Schwarz) und Kobayashi Satoru 9-Dan (Weiß). Nach Weiß 190 gab Schwarz auf.

Die erste Frage lautet: Wie ist der Status der Ecke oben rechts, wenn Schwarz die weiße Ko-Drohung 190 mit der Verbindung auf A beantwortet? Nehmen wir an, dass dann Weiß das Ko schlägt und Schwarz das Atari durch Schlagen der beiden weißen Steine beantwortet. Diagramm 1 zeigt die entstandene Stellung.

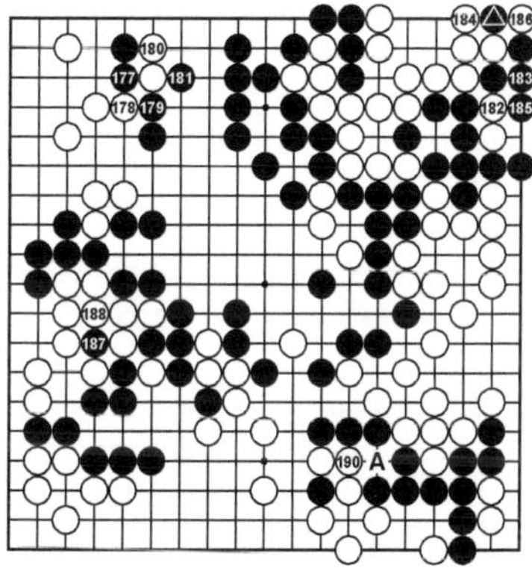


*Figur 1*
*Züge 177–190; 189 schlägt das Ko*

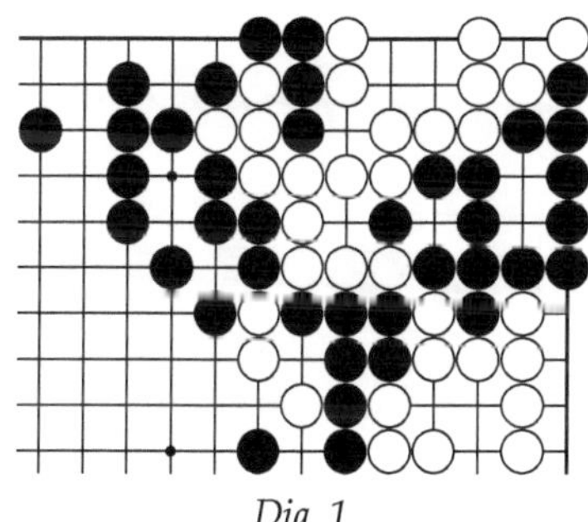

*Dia. 1*

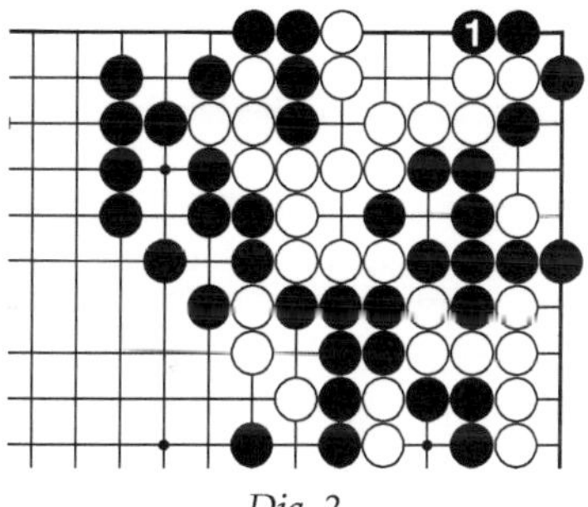


*Dia. 2*

Zweite Frage: Wäre Schwarz in der Ecke mit 1 in Diagramm 2 dem Zug Weiß 182 zuvorgekommen, was wäre dann passiert?

Diagramm 3 zeigt, worauf diese Stellung nach dem Besetzen aller Freiheiten hinausläuft. Das Ko in der Ecke spielt keine Rolle: Es macht keinen Unterschied, wer es gewinnt und letztendlich deckt; hier wird die Stellung gezeigt, nachdem Weiß das Ko gewinnt. Denn in der eigentlichen Fragestellung geht es um das andere Ko, in Richtung Brettmitte.

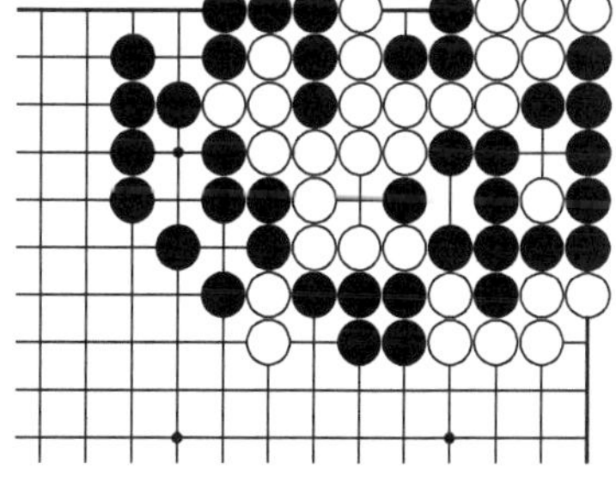

*Dia. 3*

Der Einfachheit halber schauen wir uns zunächst die Stellung ohne dieses Ko an.

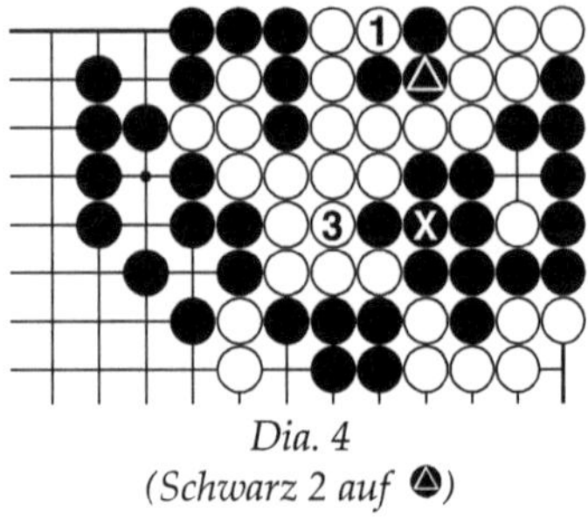

Dia. 4
(Schwarz 2 auf ◭)

In Diagramm 4 ist das Ko mithilfe des Steins X beseitigt worden. So entsteht ein einfacher Kampf vom Typ 5. Weiß ist der Favorit: Er hat ein Großes Auge, Schwarz ein kleineres, und am Ende ist Schwarz bedingungslos tot: Schwarz kann seinen Gegner niemals in Atari setzen, ohne ein Selbst-Atari zu spielen, und hat somit keinen lokalen Zug.

Weiß kann sich den Zeitpunkt aussuchen: Er kann die drei Steine in seinem Auge jederzeit schlagen, wenn alle Außenfreiheiten, alle bis auf eine Innenfreiheit und alle bis auf die letzte Freiheit im schwarzen Auge besetzt sind.

Die Besonderheit eines Großen Auges ist, dass durch das Schlagen der Steine in seinem Inneren mindestens drei Freiheiten entstehen. Das kleinste Große Auge ist ein Vier-Punkt-Augenraum, der hier vorliegt. Nachdem Weiß die drei schwarzen Steine geschlagen hat, die sein Auge fast auffüllen, hat er wieder drei Freiheiten. Und weil Schwarz lediglich zwei besitzt (an die Weiß vorher nicht herankam), verliert Schwarz.

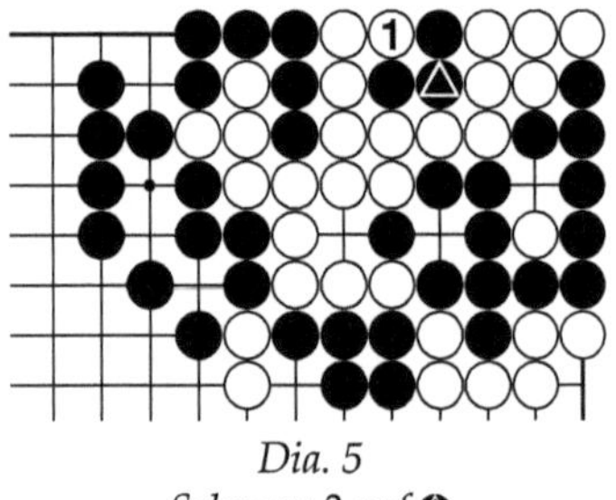

Dia. 5
Schwarz 2 auf ◭

Was also passiert, wenn wie in Diagramm 3 ein Ko besteht? Nachdem Weiß mit 1 in Diagramm 5 geschlagen hat, setzt Schwarz auf ◭ wieder hinein, um zwei Augen zu verhindern.

Wenn Weiß nun fernbleibt, dann kann Schwarz Seki machen, indem er mit 4 in Diagramm 5a einen zweiten Stein in das weiße Auge setzt.

Falls Weiß jedoch mit 1 in Diagramm 5b die Innenfreiheit besetzt, setzt Schwarz ihn mit 2 in Atari. Weiß muss nun das Ko gewinnen, um nicht gefangen zu werden. Auch wenn Weiß den Zeitpunkt für den Ko-Kampf sorgfältig auswählt, so ist das doch ein riskantes Vorhaben, deshalb dürfte Weiß sich wohl doch eher für das Seki entscheiden. Ist das nun schon die Antwort?

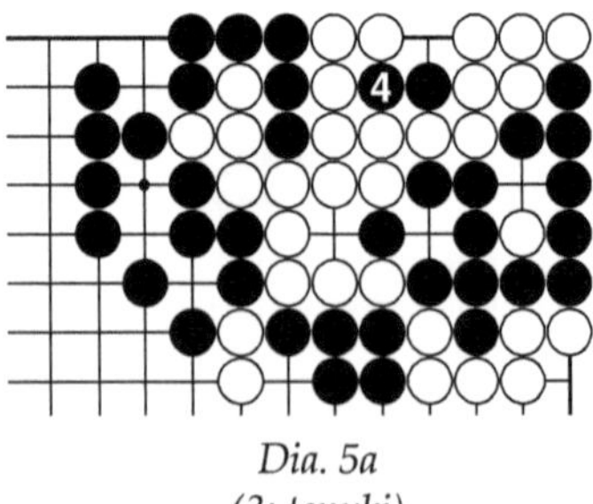

Dia. 5a
(3: tenuki)

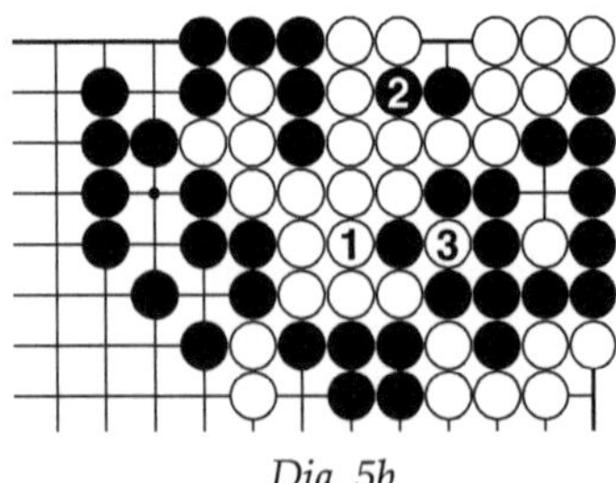

Dia. 5b

Der Kommentator dieser Profipartie, Sakakibara Shoji 9-Dan, sagte: Anstatt das Ko zu beginnen, könnte Weiß sich auf den Standpunkt stellen, dass Schwarz in Diagramm 1 (oder Diagramm 3) gemäß den Regeln bedingungslos tot sei. Die Partie wurde nach japanischen Regeln gespielt, und somit ist die Stellung gleichwertig zum „Viererwinkel in der Ecke". Und dieser gilt als tot, wenn er zu Spielende noch auf dem Brett steht. Das Ko in Diagramm 5b zu beginnen, ist vollkommen regelgerecht, wenn auch nicht zu empfehlen. Wenn Weiß jedoch den Zug 1 in Diagramm 5 oder 5b erst einmal gespielt hat, dann gibt es kein Zurück mehr.

Wenn Sie in einer Ihrer Partien zu einer ähnlichen Stellung kommen, dann wird Ihre beste Strategie natürlich vom geltenden Regelwerk abhängen. Nach den Regeln der amerikanischen AGA muss die Stellung ausgespielt werden, genau so wie der Viererwinkel in der Ecke. Sakakibara meinte, dass den Spielern dieser Partie mit Sicherheit schon Stellungen wie diese begegnet waren, und dass beiden der Status der Ecke recht klar gewesen muss.

Was wäre geschehen, wenn Schwarz den ersten Zug in der Ecke gemacht hätte, als er die Möglichkeit dazu hatte? Mit 1 in Diagramm 6 verkleinert er das weiße Auge auf ein Drei-Punkt-Auge. Und weil das kein Großes Auge ist, handelt es sich bei dieser Stellung um einen Kampf vom Typ 6, womit das Ergebnis Seki ist. Weiß stellt mit 2 dagegen und zwingt Schwarz so zu 3, um zwei Augen zu verhindern.

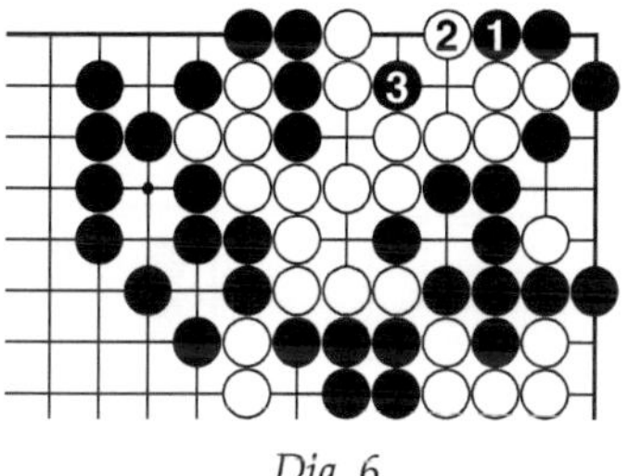

*Dia. 6*

Doch dann kann Weiß Vorhand nehmen. Obwohl er Schwarz nicht mehr töten kann, kann auch er selbst nicht sterben. Wenn Schwarz jedoch aus diesem Abspiel mit Nachhand herauskommt, so wirft ihn das in der Partie zurück. So erklärt sich seine Strategie, die rechte obere Ecke bis zu einem späteren Zeitpunkt stehen zu lassen: Ein Zug hier ist im Wesentlichen nur ein großer Endspielzug.

# 8. Weitere Probleme

Bei allen Problemen ist Schwarz am Zug, doch betrachten Sie jeweils auch den Status des Wettlaufs und überlegen Sie, wo Weiß spielen würde oder ob die Stellung entschieden ist und Schwarz deshalb fernbleiben sollte.

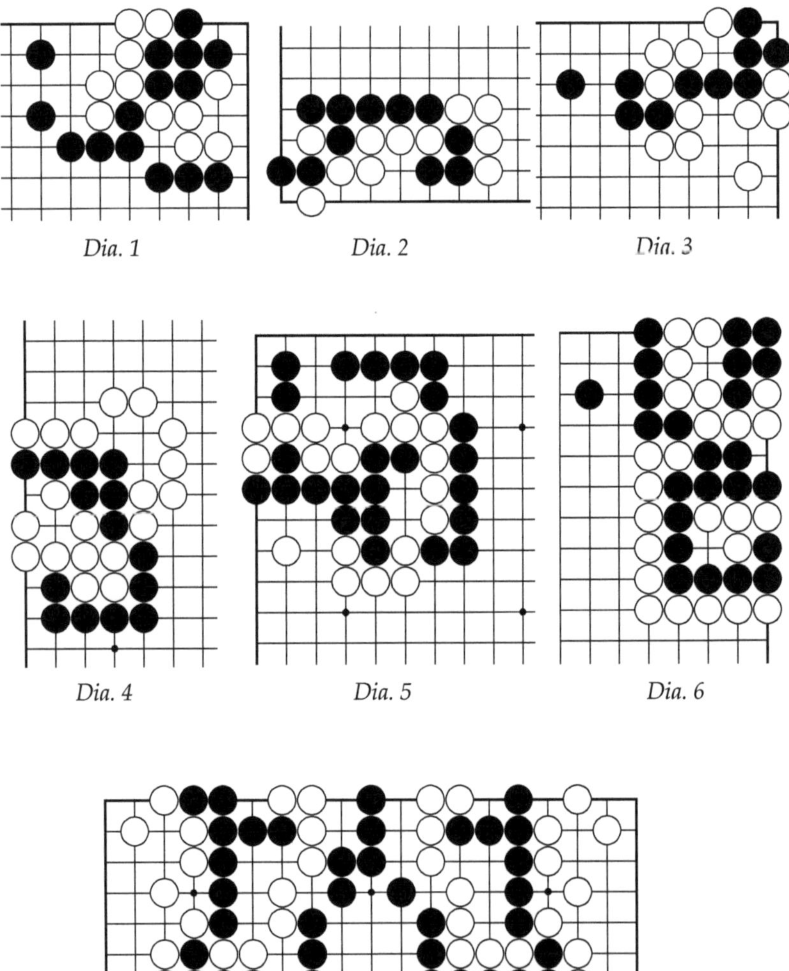

*Dia. 1* *Dia. 2* *Dia. 3*

*Dia. 4* *Dia. 5* *Dia. 6*

*Dia. 7 A* *Dia. 7 B*

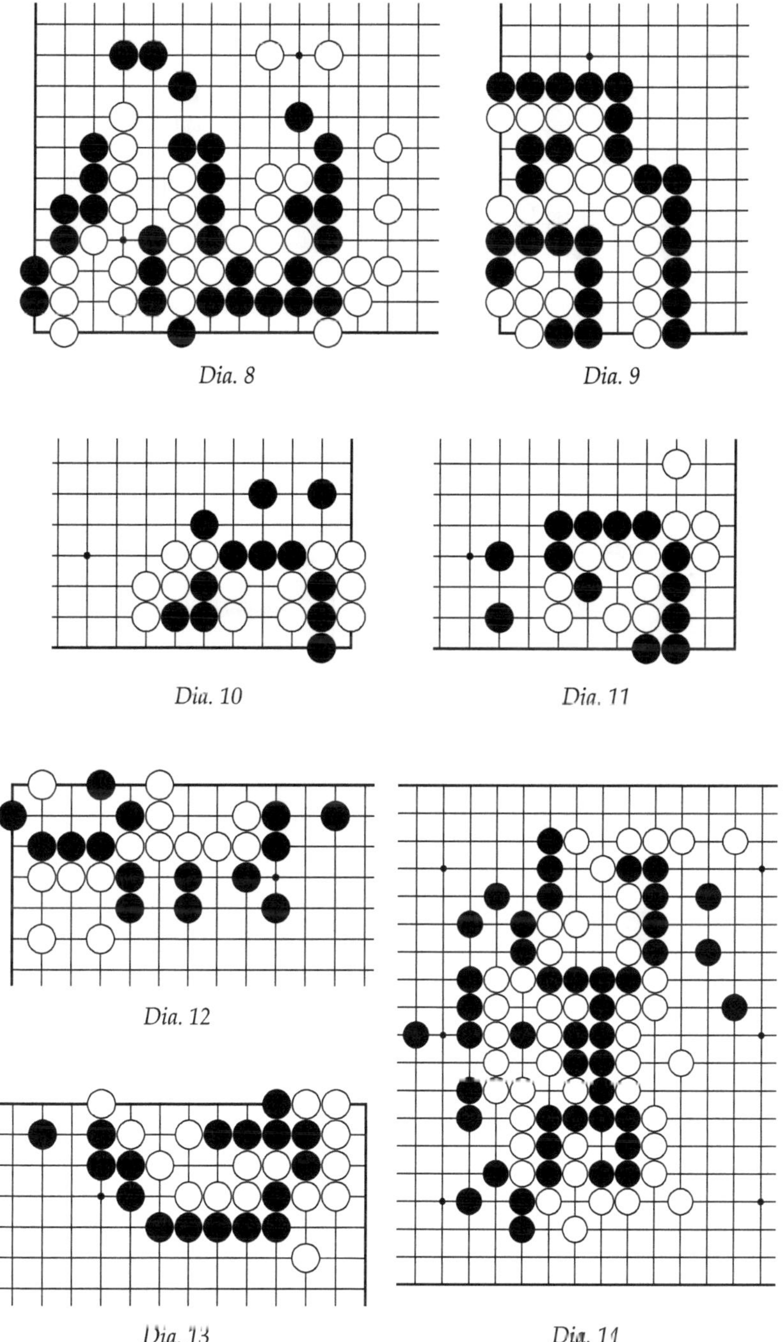

*Dia. 8*

*Dia. 9*

*Dia. 10*

*Dia. 11*

*Dia. 12*

*Dia. 13*

*Dia. 11*

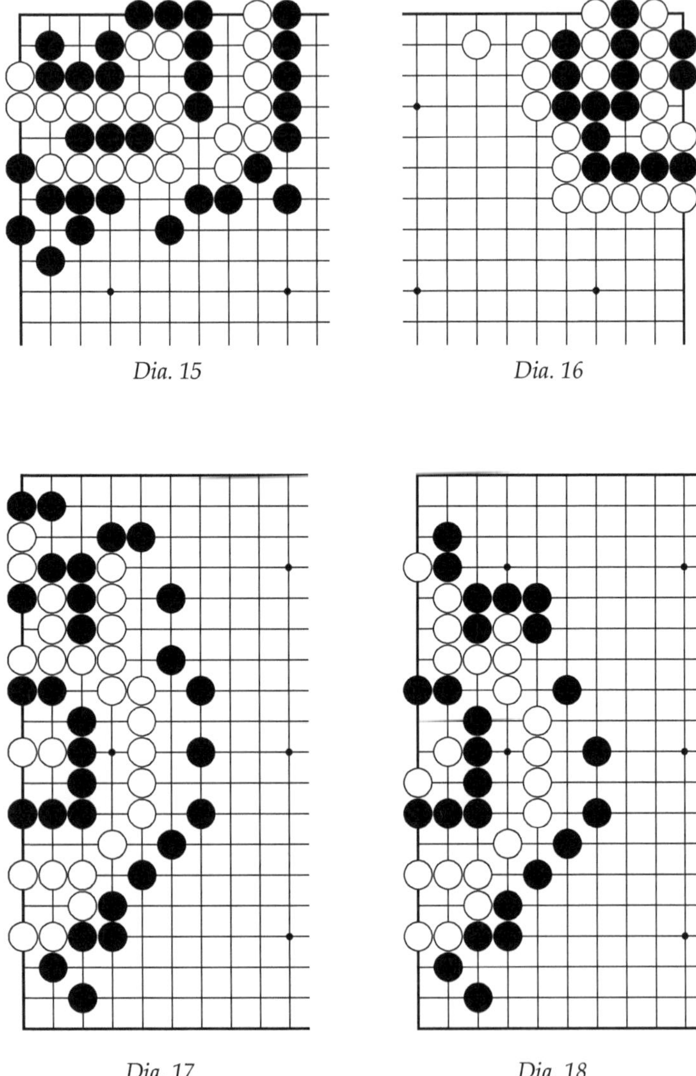

Dia. 15

Dia. 16

Dia. 17

Dia. 18

## Lösungen

### Lösung 1

Mit 1 gerade herunterzusteigen ist korrekt. Weiß kann mit 2 ebenfalls ein Auge machen, allerdings vergeblich. Falls er mit 4 darauf beharrt, stirbt er sogar in Nachhand. Schwarz kann mit 5 fernbleiben: Die rechte Seite ist ein lokales Seki, doch die weißen Steine zur Linken können nicht leben. Damit sind alle weißen Steine tot. Schwarz 1 auf A ist ein Fehler, denn Weiß spielt 2 und bekommt ein Ko.

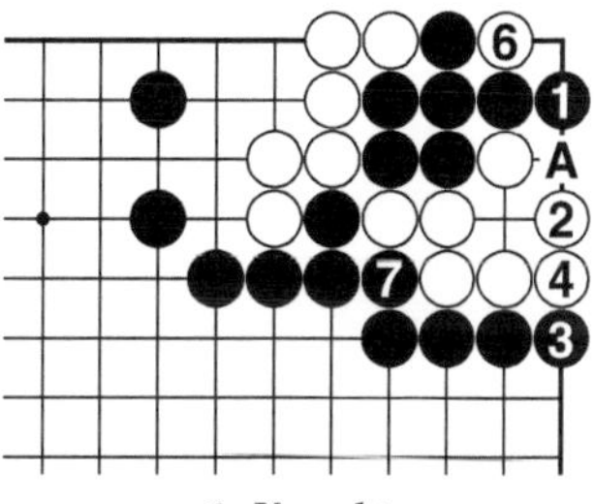

*1. Korrekt*
*Schwarz 5 tenuki*

### Lösung 2

Der Diagonalzug auf 1 ist gut. Schwarz gewinnt, egal wie Weiß jetzt antwortet. Zwar sieht es auch vernünftig aus, statt Schwarz 1 mit A eine Freiheit zu besetzen, da beide Seiten drei Freiheiten haben. Aber Weiß antwortet auf 1 und gewinnt, da Schwarz sich nicht von der Ecke her annähern kann.

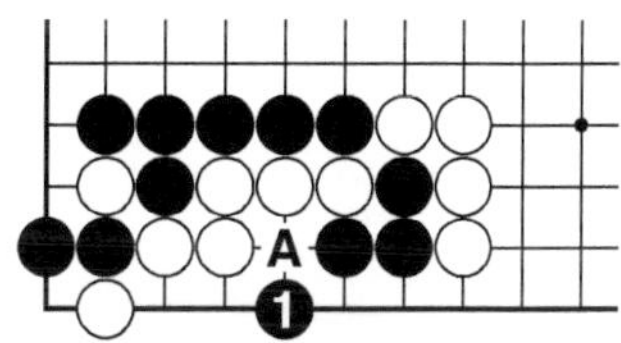

*2. Korrekt*

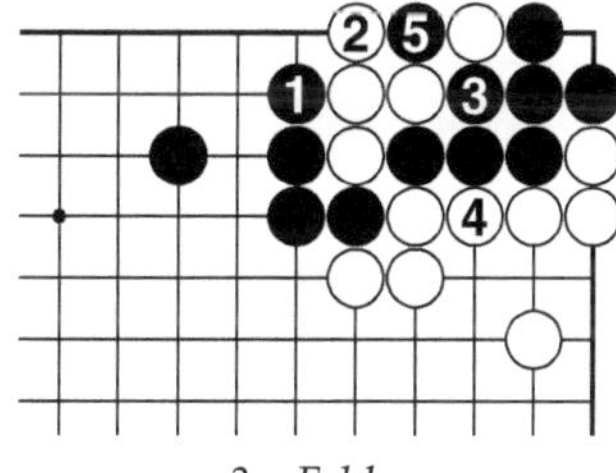

*3a. Fehler*

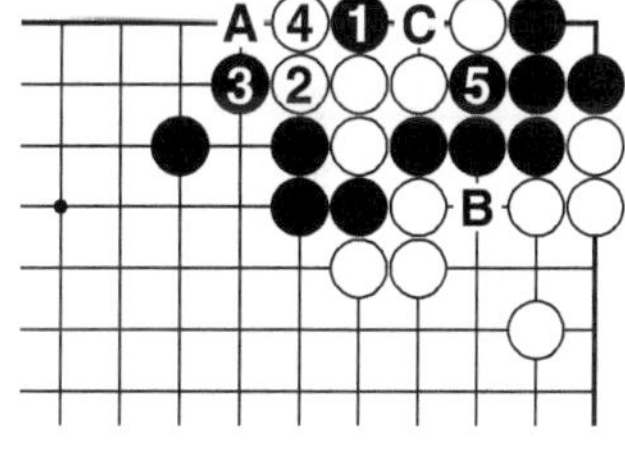

*3b. Korrekt*

### Lösung 3

Wenn Schwarz auf 1 in Diagramm 3a dagegenstellt, entsteht ein Ko. Schwarz kann besser spielen.

Schwarz 1 in Diagramm 3b ist der vitale Punkt in der weißen Form. Weiß drängt mit 2 und 4 hinaus, um den Stein zu fangen und ein Auge zu machen, doch Schwarz 5 ist wiederum ein guter Zug. Spielt Schwarz mit 5 auf A, so erreicht Weiß B Seki. Nach Schwarz 5 verliert Weiß C den Wettlauf. Nach Weiß B stattdessen kann Schwarz den einzelnen weißen Stein schlagen, so dass Weiß kein Auge mehr bekommt.

**Lösung 4**

Schwarz muss von innen spielen, das Ergebnis ist Ko. Das könnte für manche ein blinder Fleck sein, nachdem es ja normalerweise falsch ist, zuerst eine Innenfreiheit zu besetzen. Allerdings bekommt Schwarz durch das Ko vorübergehend eine zusätzliche Freiheit. Spielt Schwarz mit 1 auf A, dann folgt wieder Weiß 2, und Schwarz kann das weiße Auge nicht bezwingen.

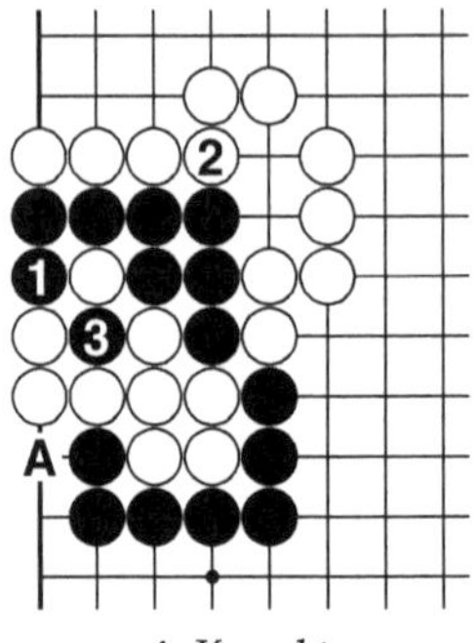

*4. Korrekt*

**Lösung 5**

Schneidet Schwarz auf 1 in Diagramm 5a, so behebt Weiß seine Schwachstelle mit 2. Jetzt können die Freiheiten leicht abgezählt werden, Schwarz verliert 4 zu 5.

Schwarz soll auf 1 in Diagramm 5b einwerfen. Weiß muss auf 2 verbinden, so dass Schwarz auf 3 herausstrecken kann. Spielt Weiß mit 2 auf 3, so vermindert er seine eigenen Freiheiten. Wenn Schwarz dann auf 2 schneidet, verliert Weiß somit den Wettlauf.

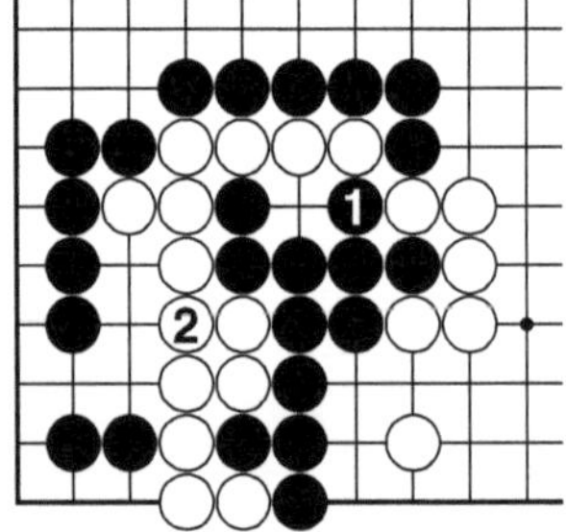

*5a. Fehler*

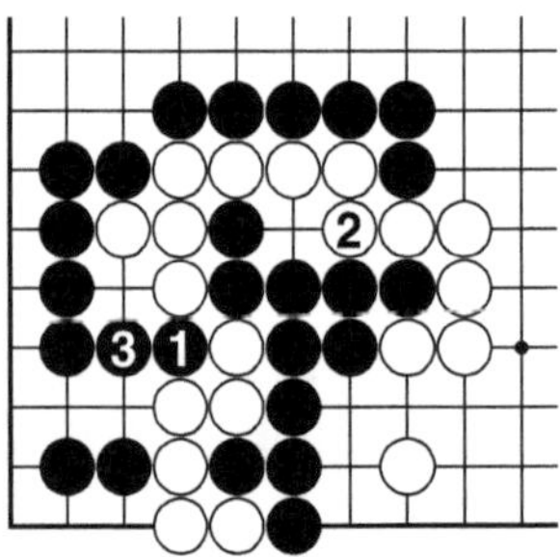

*5b. Korrekt*

**Lösung 6**

Schwarz sollte fernbleiben. Die Stellung ist entschieden: Weiß ist tot, weil sein Auge in der Ecke ein „Schwaches Auge" ist. Nachdem Weiß die schwarzen Steine in seinem Auge mit 1 schlägt, setzt Schwarz auf 3 hinein.

Nach 5 sieht es so aus, als hätte Weiß ein Fünf-Punkt-Auge und Schwarz ein Vier-Punkt-Auge, doch in Wahrheit stirbt Weiß in Nachhand, wenn er auf 5 spielt. Schwarz kann mit 6 fernbleiben und immer noch gewinnen.

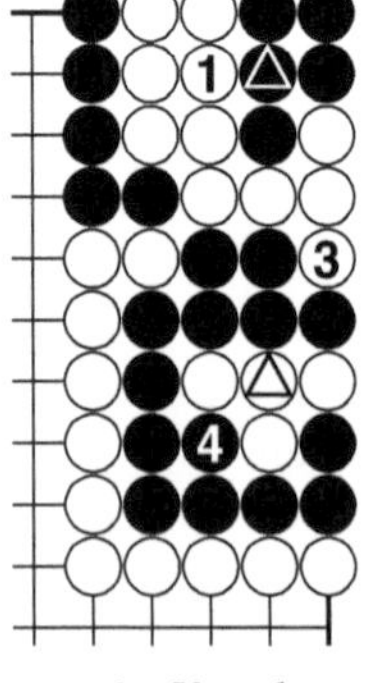

*6a. Korrekt*
*2 auf ▲; 5 auf △*

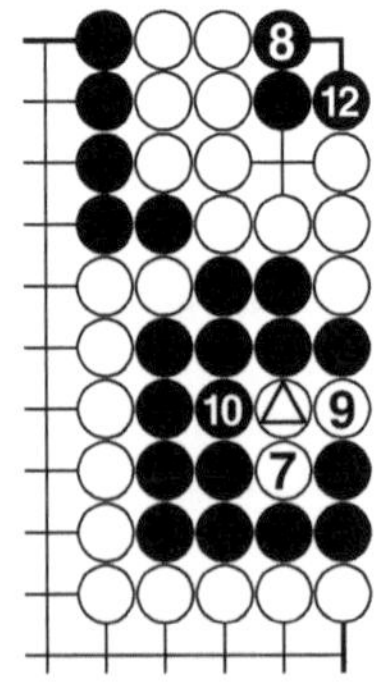

*6b. Fortsetzung*
*6: tenuki; 11 auf △*

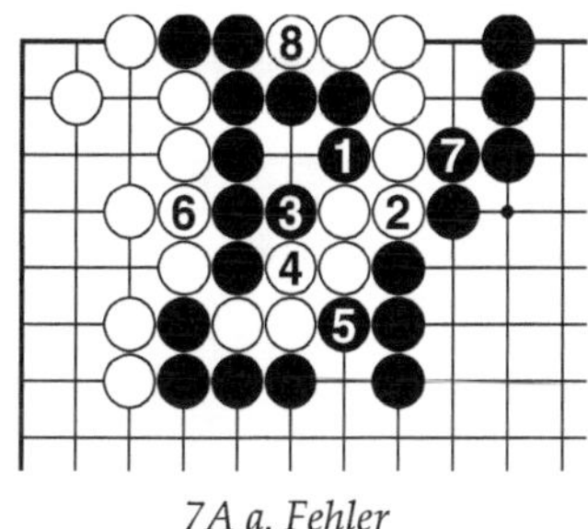

*7A a. Fehler*

*7A b. Korrekt*

**Lösung 7 A**

In Problem 7A ein Auge zu machen geht schief. Stattdessen sollte Schwarz mit 1–5 in Diagramm 7A b von außen spielen und in Seki leben.

**Lösung 7 B**

Schwarz tauscht 1 gegen 2 aus und macht mit 3 ein Auge. So kommt er in den Besitz von zwei Innenfreiheiten und gewinnt leicht. Spielt Schwarz mit 1 auf 2, so wird er Außenseiter in einem Kampf vom Typ 2.

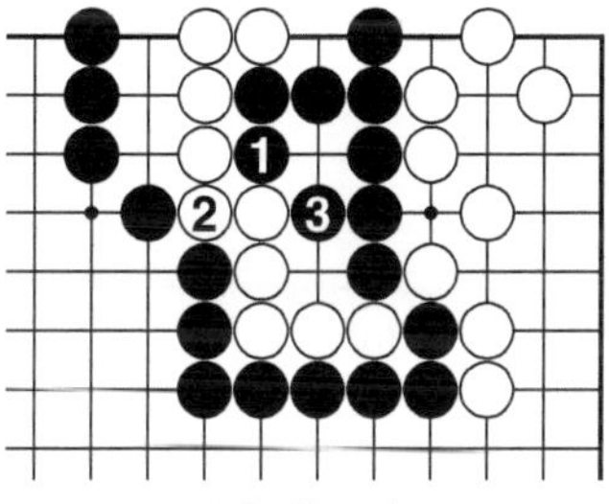

*7B. Korrekt*

**Lösung 8**

Mit Schwarz 1 in Diagramm 8a zu schneiden und alle weißen Steine fangen zu wollen, ist zu gierig. Am Ende sind es die Schwarzen, die sterben müssen.

Schwarz soll auf 1 in Diagramm 8b verbinden und Weiß mit 2 dasselbe zugestehen. Danach fängt Schwarz 3 die Schnittsteine in der Brettmitte.

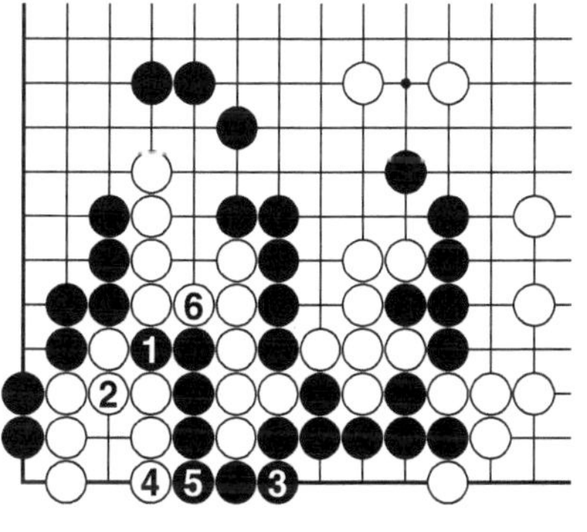

*8a. Fehler*

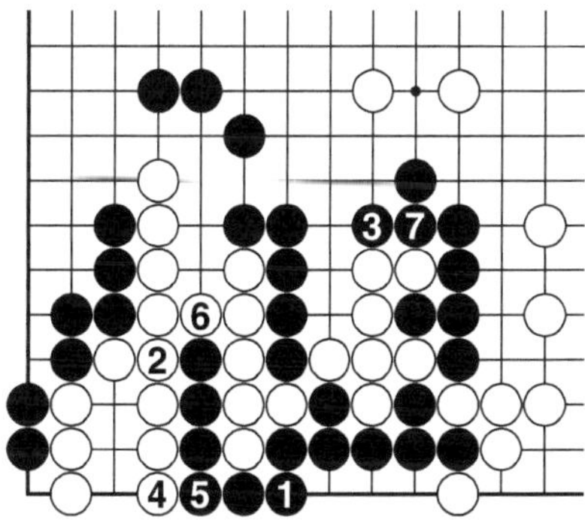

*8b. Korrekt*

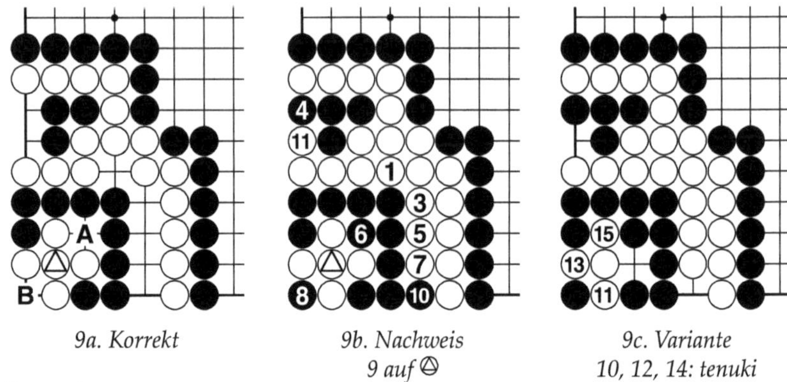

*9a. Korrekt*

*9b. Nachweis*
*9 auf* ⊚

*9c. Variante*
*10, 12, 14: tenuki*

**Lösung 9**

Schwarz ist tot und sollte fernbleiben. Weiß hat beide 2–1–Punkte besetzt, so dass Schwarz gezwungen sein wird, in sein „Schwaches Auge“ hineinzusetzen. Am Ende wird es kleiner sein als das weiße: Weiß kann die Innenfreiheiten zusetzen und Schwarz zu A und B in Diagramm 9a zwingen. Nachdem Weiß dann auf ⊚ wieder ins Auge gesetzt hat, muss Schwarz noch einen weiteren Zug investieren, um ein weißes Auge im Innern seines eigenen zu verhindern.

Diagramm 9b zeigt, dass Weiß die schwarzen Steine fangen kann. Weiß kann mit 1 und 3 die Innenfreiheiten besetzen. Schwarz sollte mit 4 ins weiße Auge spielen. Mit 6 muss Schwarz ins eigene Auge setzen – bevor es zu spät ist. Nach Weiß 9 (⊚) hat Schwarz keinen guten Zug mehr zur Verfügung.

Diagramm 9c: Schwarz will die Innenfreiheit nicht besetzen, da er das größere Auge für sich beansprucht. Doch wenn er mit 10 passt oder fernbleibt, füllt Weiß sein Auge auf und setzt ihn in Atari.

**Lösung 10**

Mit Schwarz 1 in Diagramm 10a in die Bambusverbindung hineinzustoßen wirkt selbstverständlich, geht aber daneben. Die schwarzen Steine in der Ecke werden gefangen.

Schwarz treibt mit 1 in Diagramm 10b von innen einen Keil in den Bambus. Das sieht nicht viel versprechend aus, ist aber in dieser Stellung ungemein wirksam. Weiß 2 ist die beste Antwort, doch Schwarz 3 ist ein weiterer guter Zug, der Weiß in Freiheitennot bringt. Nach Schwarz 5 muss Weiß einen Annäherungszug machen, so dass Schwarz zumindest die weißen Steine in der Ecke fangen kann.

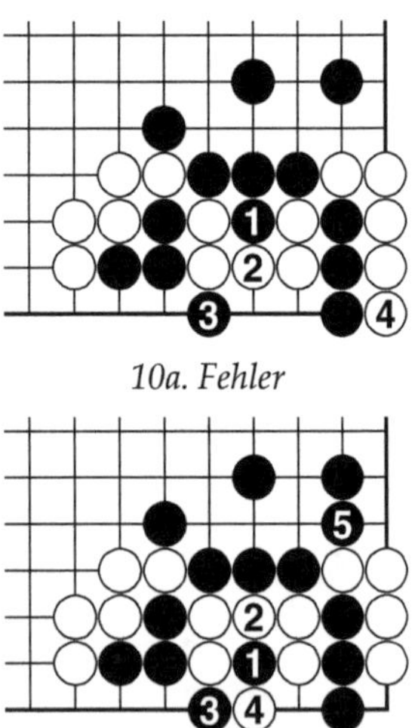

*10a. Fehler*

*10b. Korrekt*

### Lösung 11

Schwarz 1 in Diagramm 11a funktioniert nicht. Weiß 2 baut ein solides Auge, und zu gegebener Zeit gibt Weiß mit 8 von hinten Atari.

Schwarz 1 in Diagramm 11b ist der Schlüsselzug. Nach 2 gibt Schwarz 3 Atari. Weiß schlägt mit 4, doch Schwarz wirft mit 5 auf 1 ein und zwingt Weiß, wieder zu schlagen, womit er eine eigene Freiheit besetzt. Nachdem Schwarz mit 9 Atari gibt, kann Weiß nicht verbinden, weil er nach Freiheiten hinten liegt. Er muss weiterhin rechts Außenfreiheiten besetzen und ein Ko auskämpfen.

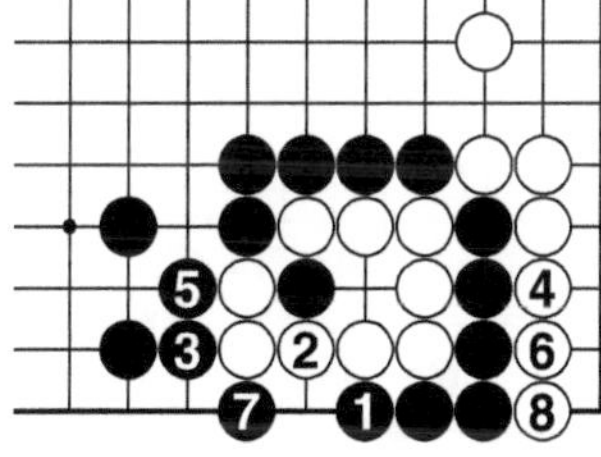

*11a. Fehler*

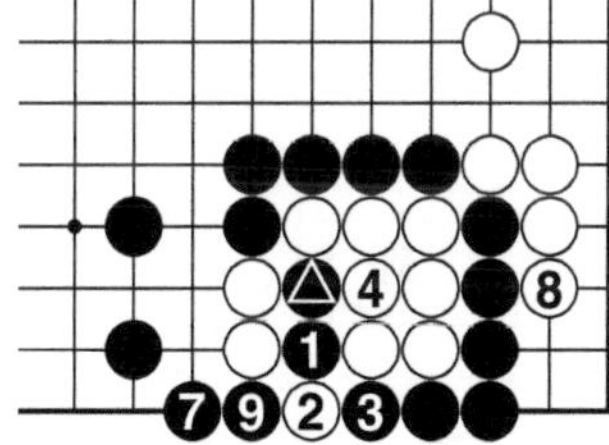

*11b. Korrekt*
*Schwarz 5 auf 1; Weiß 6 auf* ▲

### Lösung 12

Das weiße Auge mit 1 in Diagramm 12a zu verkleinern, ist nicht gut. Wenn Weiß mit 2 dagegenstellt, muss Schwarz auf 3 spielen, um zwei Augen zu verhindern. Danach wirft Weiß auf 4 ein und verkleinert so das schwarze Auge. Nach 6 liegt Weiß vorn.

Schwarz sollte den eigenen Augenraum vergrößern, indem er auf 1 in Diagramm 12b verbindet. Nach Schwarz 5 hat Weiß ein Vier-Punkt-Auge und Schwarz ein Fünf-Punkt-Auge, somit gewinnt Schwarz.

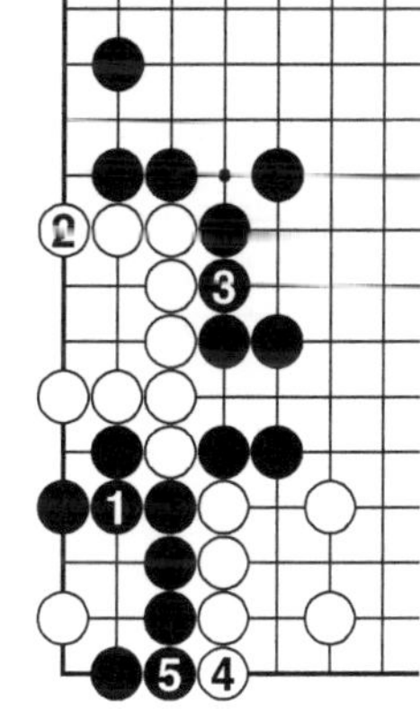

*12a. Fehler* *12b. Korrekt*

### Lösung 13

Falls Schwarz mit 1 in Diagramm 13a ein Auge bildet, entsteht ein Seki. Schwarz 1 auf 3 führt zum gleichen Ergebnis. Schwarz kann mehr aus der Stellung herausholen.

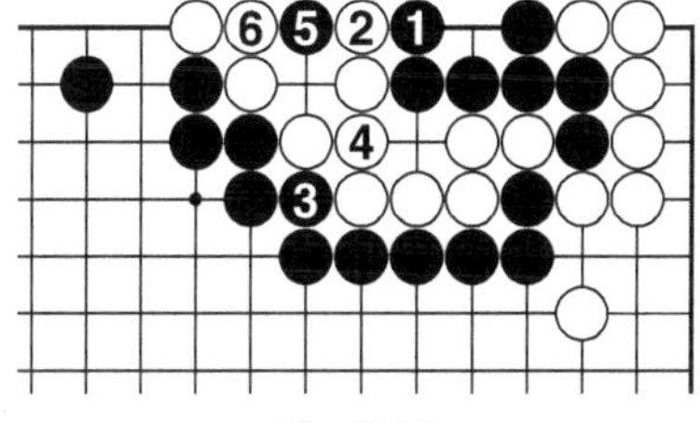

*13a. Fehler*

Schwarz sollte das weiße Auge zerstören, bevor er sein eigenes baut. Schwarz 1 in Diagramm 13b ist der richtige Zug. Spielt Weiß auf 2, so wirft Schwarz mit 3 ein und spielt mit 5 Shibori. Nach 7 hat Schwarz ein Auge und Weiß nicht. Die Innenfreiheit zählt für Schwarz. Falls Weiß 2 auf 5 spielt, spielt Schwarz Shibori mit 2.

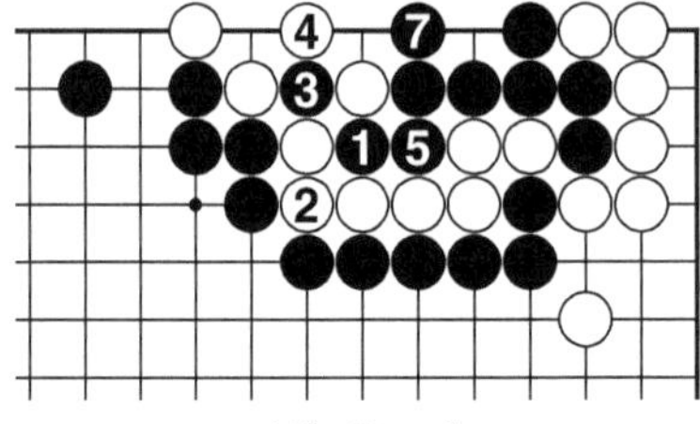

*13b. Korrekt*
*Weiß 6 verbindet*

**Lösung 14**

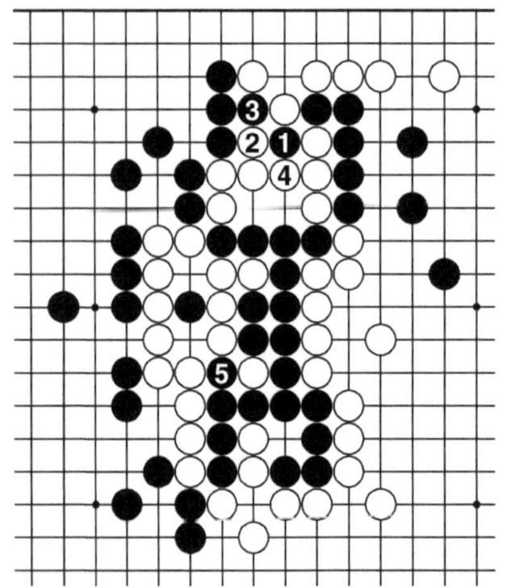

*14a. Korrekt*

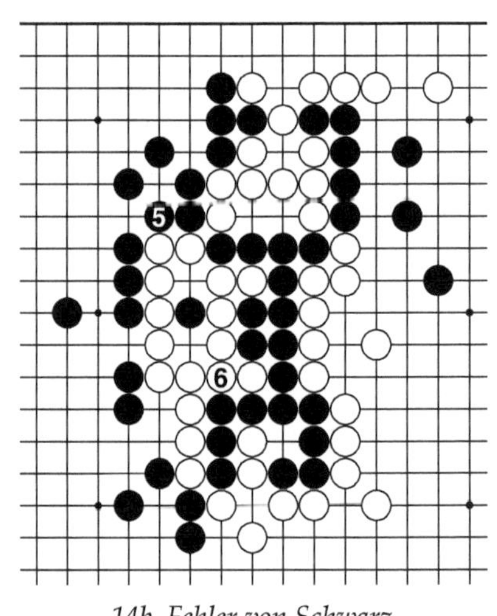

*14b. Fehler von Schwarz*

Schwarz 1 und 3 in Diagramm 14a zwingen Weiß zu zwei Annäherungszügen, wenn Schwarz mit 5 ein Auge gebaut hat. So geht Schwarz um einen Zug in Führung.

Spielt Schwarz mit 5 jedoch auf eine Außenfreiheit (Diagramm 14b), so verhindert Weiß 6 das schwarze Auge und macht so die Wirkung des schwarzen Einwurfs zunichte. Weiß benötigt zwar zwei Züge, um die untere Freiheit der schwarzen Gruppe zu füllen, kann aber danach die Schwarzen mit einem Zug oben sofort in Atari setzen. Schwarz hat vier Freiheiten, Weiß fünf.

Sollte Schwarz beginnen, indem er mit 1 in Diagramm 14c ein Auge macht, dann verbindet Weiß auf dem vitalen Punkt 2 und spart somit oben einen Zug ein. Die Stellung ist jetzt leicht auszulesen.

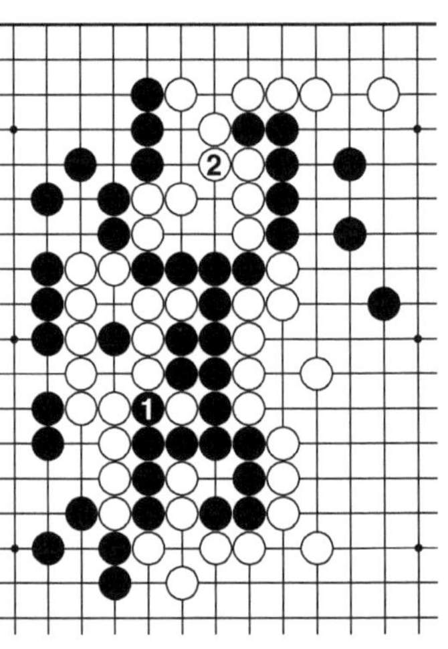

*14c. Fehler*

**Lösung 15**

Schwarz 1 in Diagramm 15a erweitert den Augenraum und droht, zwei Augen zu machen. Weiß muss 2 spielen, um das zu unterbinden. Als Nächstes verbindet Schwarz auf 3 und erzwingt Weiß 4. Schwarz hat nun einen Vier-Punkt-Augenraum. Schwarz 5 beschränkt Weiß auf einen Drei-Punkt-Augenraum.

Weiß 6 zwingt Schwarz, mit 7 auf dem markierten Punkt ins weiße Auge zu setzen, wonach Weiß mit 8 zwei Steine schlagen kann. Schwarz schlägt jedoch mit 9 zurück und verhindert so ein zweites weißes Auge. Jetzt können die Freiheiten leicht ausgezählt werden. Nachdem Schwarz das größere Auge hat, gehören ihm alle Innenfreiheiten, so dass er leicht gewinnt.

Ist Weiß in dieser Stellung am Zug, dann sollte er auf 1 in Diagramm 15b spielen, den vitalen Punkt für beide Seiten. Schwarz hat darauf keine Antwort. Nach Schwarz 2 zerstört Weiß 3 das schwarze Auge, womit Weiß ein Auge hat und Schwarz nicht. Nach Schwarz 2 auf 3 macht Weiß 3 auf 2 sein Auge klein, während Weiß ein Großes hat. Auf jeden Fall bekommt Weiß alle Innenfreiheiten und gewinnt leicht.

Wenn Weiß mit 1 in Diagramm 15c beginnt und ein Vier-Punkt-Auge macht, dann erreicht Schwarz 2 ebenfalls ein Vier-Punkt-Auge und das Ergebnis ist Seki.

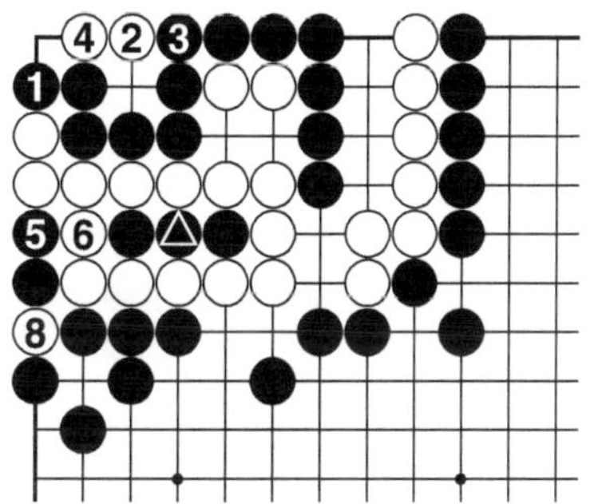

*15a. Korrekt*
*Schwarz 7 auf ▲; S9: schlägt*

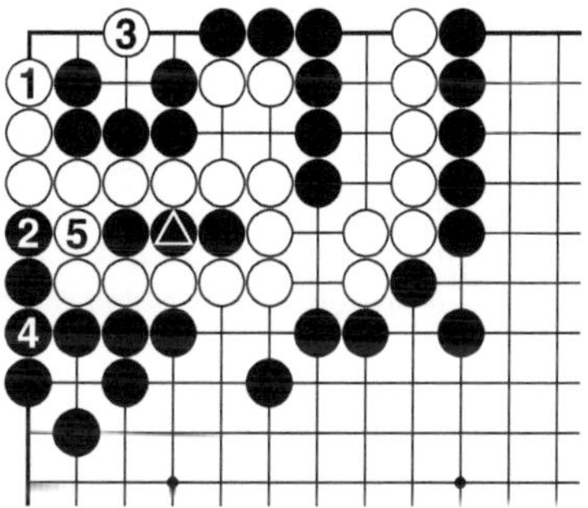

*15b. Wenn Weiß am Zug ist*
*Weiß 6 auf ▲*

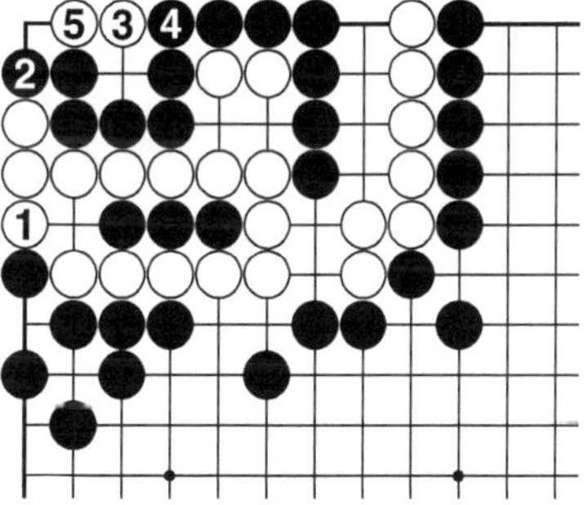

*15c. Fehler von Weiß*

**Lösung 16**

Schwarz scheint tot zu sein. Auf die Innenfreiheit spielen ist Selbst-Atari, aber das Schlagen der drei Steine mit 1 in Diagramm 16a funktioniert auch nicht. Weiß setzt mit 2 wieder ins Auge. Nach 3 und 4 ist klar, dass Weiß diesen Kampf vom Typ 5 gewinnt. Was kann Schwarz stattdessen tun?

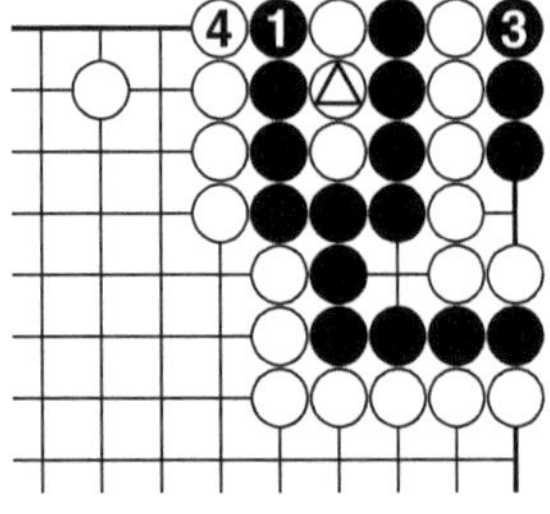

16a. Fehler

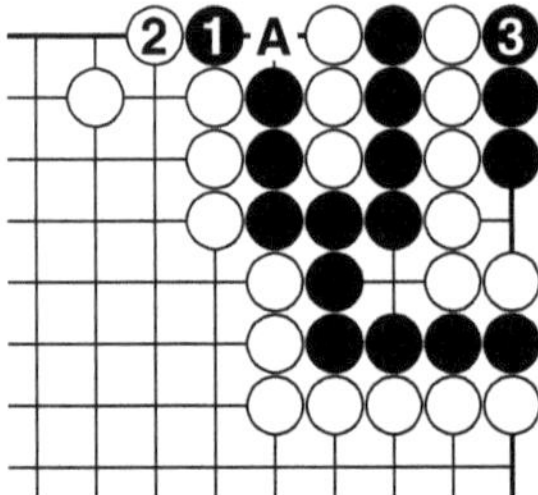


16b. Korrekt

Schwarz 1 in Diagramm 16b ist ein ziemlich überraschender Zug, aber er funktioniert. Nach Weiß 2 verbindet Schwarz nicht auf A, sondern setzt mit 3 einen Stein ins weiße Auge. Das Ergebnis ist eine bekannte Stellung mit dem Namen „Hane Seki". Keine Seite kann irgend etwas versuchen, ohne zu sterben. Bitte prüfen sie das selbst nach.

**Lösung 17**

Schwarz 1 ist der richtige Zug, denn er vergrößert den schwarzen Augenraum aufs Äußerste. Danach ist der Wettlauf recht leicht auszuzählen. Schwarz ist einen Zug voraus. Nehmen wir an, dass Schwarz A mit Weiß B beantwortet wird. Denn wenn Weiß hier sein Auge verliert, dann ist Schwarz oben links nicht mehr auf Annäherungszüge angewiesen. Man könnte denken, dass es ein Fehler von Schwarz wäre, auf eine der Innenfreiheiten zu spielen, die ja in diesem Kampf vom Typ 5 für ihn zählen. Doch es ist für ihn viel wichtiger, seine schadhafte Mauer auszubessern. Sollte Schwarz den Zug auf 1 versäumen und stattdessen eine Außenfreiheit besetzen, so wird Weiß auf 1 spielen, womit er droht, zwei Steine zu fangen. Schwarz muss dann verbinden, was sein Auge verkleinert. So werden vier Freiheiten in Vorhand beseitigt.

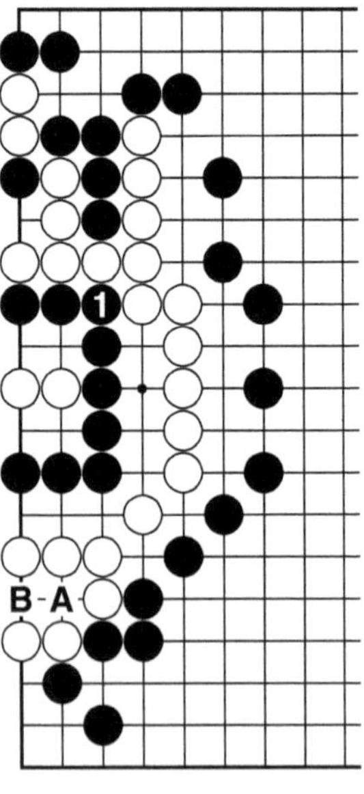


17. Korrekt

**Lösung 18**

In dieser Stellung ist der Zug Schwarz 1 in Diagramm 18a ein schlimmer Fehler. Er macht das schwarze Auge nicht größer, weil Weiß 2 droht, in seinem Inneren selbst ein Auge zu bauen. Für später können wir den Austausch Schwarz A gegen Weiß B annehmen. Dann sollte klar sein, dass Schwarz mit 1 nicht nur nichts erreicht, sondern sogar eine eigene Freiheit besetzt hat.

Schwarz sollte mit 1 (Diagramm 18b) in sein Auge hineinsetzen. Das behebt die Schwachstelle in der Diagonalverbindung und verhindert zudem, dass Weiß im Inneren ein Auge bekommt. Darüber hinaus droht Schwarz, auf 2 einzuwerfen und zu leben, so dass Weiß selbst auf 2 antworten muss. Nach 3 ist Schwarz im Vorteil.

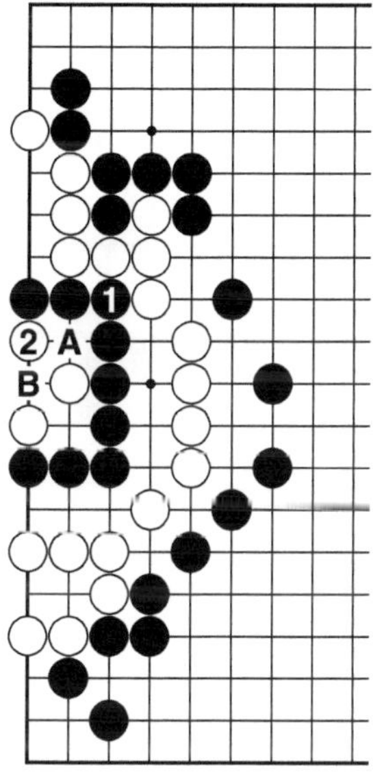


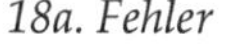

*18a. Fehler*

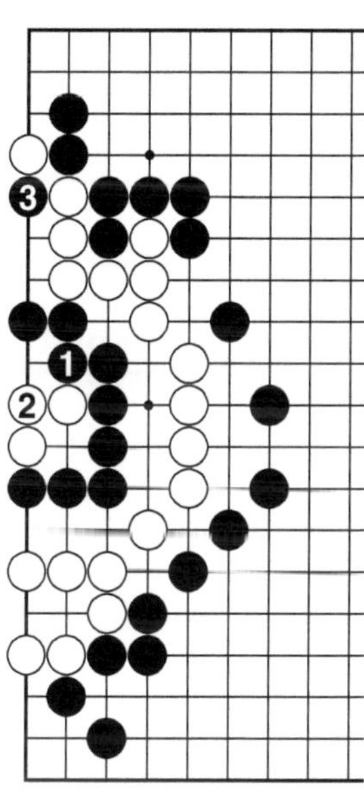


*18b. Korrekt*

# 9. Die L-Gruppe

„Die L-Gruppe ist tot". Dieses wohlbekannte Sprichwort sagt uns, dass die Stellung in Diagramm 1 entschieden ist: Die schwarze Gruppe in der Ecke kann nicht leben, selbst wenn Schwarz selbst am Zug ist.

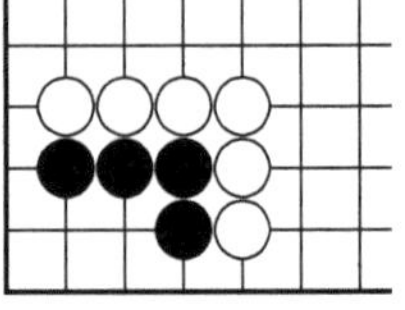

*Dia. 1*

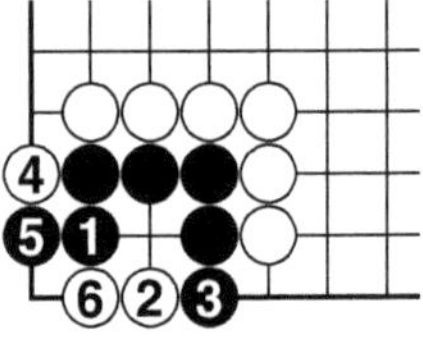


*Dia. 1a*

Wie auch in Diagramm 1a wird in den meisten Büchern zu Leben und Tod gezeigt, dass die L-Gruppe keine zwei Augen hat. Wenn jedoch die einschließenden weißen Steine nicht selbstständig leben, könnte Weiß gezwungen sein, die L-Gruppe vom Brett zu nehmen. Wie viele Freiheiten hat nun eine L-Gruppe?

Sehen wir uns Diagramm 2 an. Die weißen Steine sind eingeschlossen und können keine zwei Augen bekommen. Somit muss Weiß früher oder später die schwarzen Freiheiten auffüllen und die L-Gruppe schlagen. Aber wie viele Freiheiten benötigt Weiß, um diesen Wettlauf zu gewinnen? Es ist wichtig zu wissen, ob ein schwarzer Zug Vorhand ist oder nicht, denn es macht einen großen Unterschied, ob man beruhigt wegbleiben kann oder durch einen Rechenfehler stirbt.

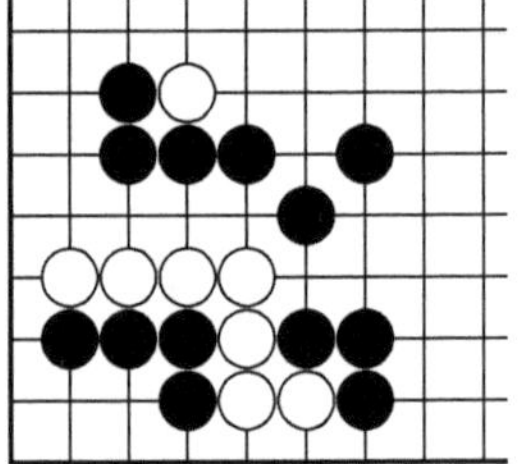

*Dia. 2*

In Kapitel 1 haben wir gesehen: Sind die Freiheitenzahlen gleich, so ist die Stellung unentschieden, und wer am Zug ist, gewinnt. Sind sie verschieden, dann ist die Stellung entschieden. In Kapitel 4 wurde dargestellt, dass bei Wettläufen mit Ko-Beteiligung oft mehrere unentschiedene Stellungen entstehen, womit das Abzählen der Freiheiten schwieriger wird. Die L-Gruppe ist eine eher komplizierte Stellung, die obendrein auch noch oft in Ko endet, weshalb es schwierig ist, ihr eine bestimmte Freiheitenzahl zuzuordnen. Darüber hinaus ist es auch nicht unbedingt problemlos, die Freiheiten der einschließenden Steine zu bestimmen.

Schwarz 1 in Diagramm 2a ist der Schlüsselzug, um die Freiheitenzahl zu maximieren. Zwei Augen erreichen zu wollen, ist kein viel versprechender Plan, der mit Weiß 2 sofort durchkreuzt wird. Allerdings baut Schwarz 3 ein Großes Auge, und bekanntermaßen hat ein Großes Auge mehr Freiheiten als Punkte im Augenraum. Nach Schwarz 5 sollten Sie in der Lage sein, blitzschnell die Zahl der schwarzen Freiheiten zu bestimmen: acht minus eins plus eins, also acht. Weiß scheint ebenfalls acht Freiheiten zu haben, und da er am Zug ist, wäre zu erwarten, dass er gewinnt.

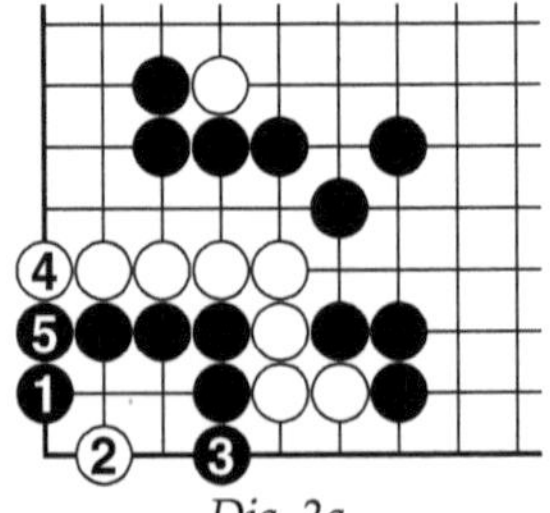


*Dia. 2a*

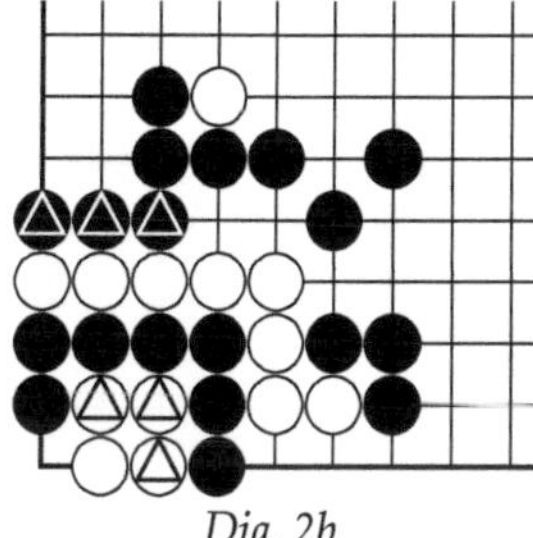
Dia. 2b

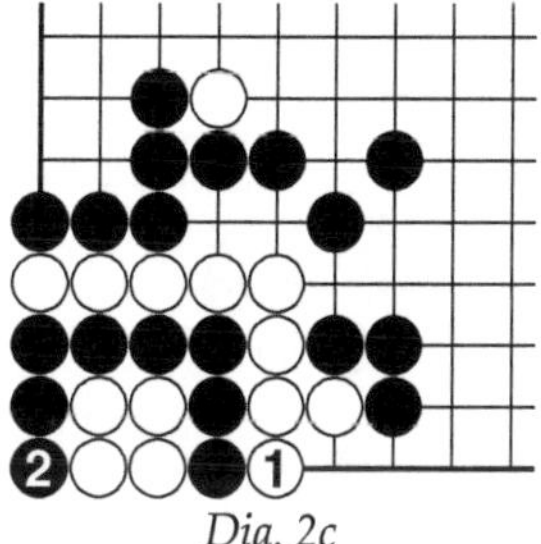

Dia. 2c

Wenn wir jedoch in Diagramm 2b für jede Seite drei Steine ergänzen, dann sehen wir, dass Weiß jetzt nur einen Zug hat.

Weiß gibt mit 1 in Diagramm 2c Atari. Doch nachdem Schwarz mit 2 schlägt, ist sein Vier-Punkt-Auge fünf Freiheiten wert, während Weiß nur vier Freiheiten hat! Weiß 1 war eine Innenfreiheit, die exklusiv für Schwarz zählt, nicht für Weiß. Somit hat Weiß in Diagramm 2 tatsächlich nur sieben Freiheiten, was nicht ausreicht, wenn Schwarz als Erster zieht.

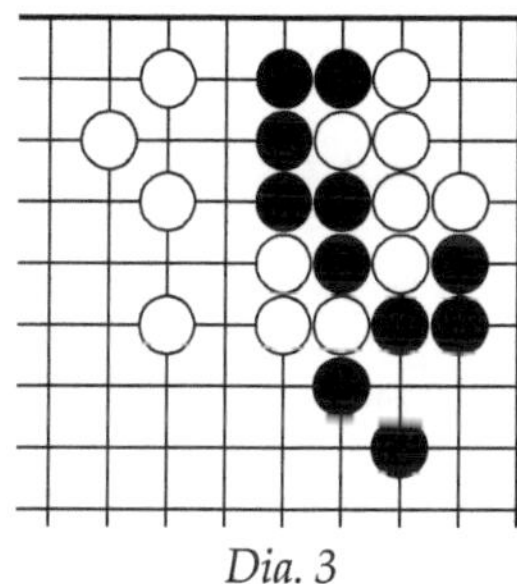
Dia. 3

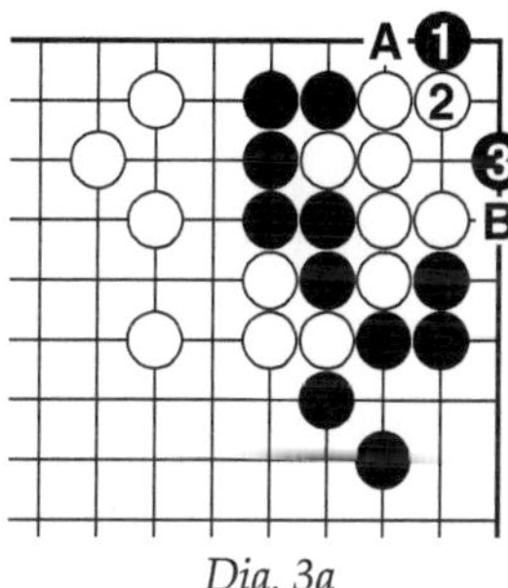

Dia. 3a

In Diagramm 3 sind die Farben vertauscht. Schwarz hat nur fünf physische Freiheiten, somit gewinnt Weiß am Zug ohne Probleme wie in Diagramm 2a. Konzentrieren wir uns daher auf den Fall, dass Schwarz als Erster zieht.

Schwarz 1 in Diagramm 3a trifft den vitalen 2-1-Punkt. Die beste weiße Antwort ist 2. Mit 2 auf A stirbt Weiß schnell, wenn Schwarz auf 2 spielt. Nach Weiß 2 zerstört Schwarz 3 das Auge und ist der beste Zug. Diagramm 3a bildet die Grundlage für den Rest dieses Kapitels.

Die nächste Frage ist, ob Weiß auf A oder auf B in Diagramm 3a fortsetzen soll. Es wäre erfreulich, wenn es darauf eine immer gültige Antwort gäbe, aber dem ist nicht so. Die korrekte Wahl ist abhängig von der Anordnung der umschließenden Steine und ihrer Freiheitenzahl.

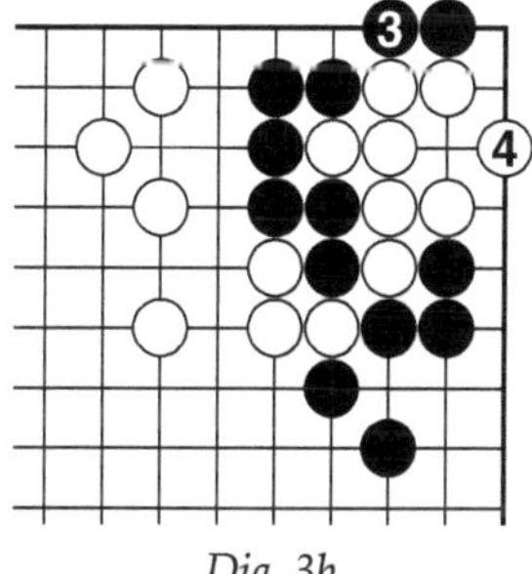

Dia. 3b

Obwohl der Zug Schwarz 3 in Diagramm 3b ein ähnliches Ergebnis erzielt wie 3 in Diagramm 3a, ist er doch aus zwei Gründen unterlegen.

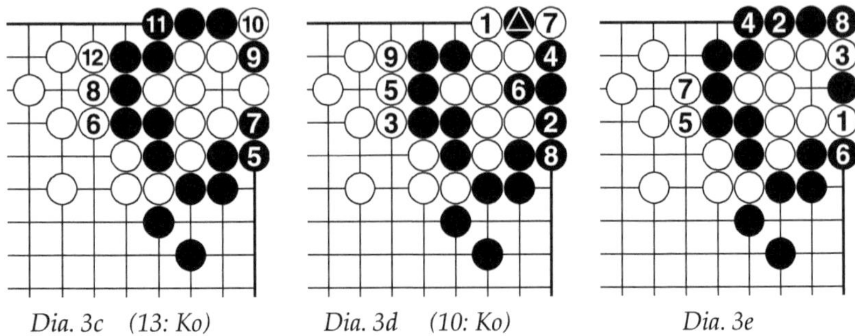

*Dia. 3c (13: Ko)* *Dia. 3d (10: Ko)* *Dia. 3e*

Zunächst macht er Weiß die Sache einfach. Die Züge 5 bis 13 in Diagramm 3c sind folgerichtig, und das Ergebnis ist ein Ko, das Schwarz als Erster schlägt. Nun gehöre ich aber zu der Go-Schule, die es befürwortet, den Gegner vor schwierige Entscheidungen zu stellen. Und wenn Schwarz dieses Ko verliert, dann verliert er auch mehr Steine.

Falls Weiß auf A in Diagramm 3a trennt, bekommen wir Diagramm 3d. Nach Weiß 9 schlägt Schwarz das Ko auf ▲, so dass Weiß die erste Ko-Drohung spielen muss.

Das ist gleichwertig zu Diagramm 3c und stellt das beste Ergebnis für Schwarz dar, falls Weiß optimal spielt.

Nach 3 in Diagramm 3a wäre es ein Fehler von Weiß, auf B zu trennen. Denn das führt zu Diagramm 3e, in dem Weiß bedingungslos stirbt. Weiß könnte zwar mit 3 auf 4 einwerfen, was jedoch in dieser Stellung keinen Unterschied macht.

Anlegen auf dem 2-2-Punkt mit Schwarz 1 in Diagramm 3f ist zwar ein Zug, den man sich merken sollte, aber das Herabsteigen auf 3 ist schlecht. Es führt zurück zur Zugfolge in Diagramm 2a

Die schwarze Fortsetzung ist der Diagonalzug 3 in Diagramm 3g, der einen Einwurf auf 1-1 zu einem späteren Zeitpunkt vorbereitet. Das Ergebnis ist Ko, doch weil Weiß als Erster schlägt und obendrein bei 6 einen Zug an anderer Stelle bekommt, ist dieses Ko nicht so gut für Schwarz wie das in Diagramm 3d. Dennoch wird diese Spielweise später noch in Stellungen nützlich sein, in denen Schwarz weniger Freiheiten hat.

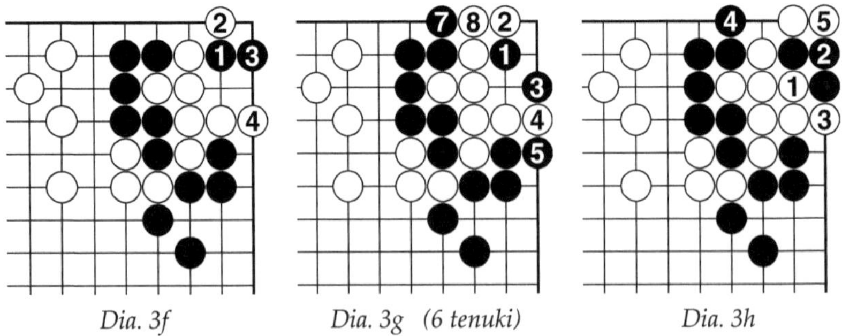

*Dia. 3f* *Dia. 3g (6 tenuki)* *Dia. 3h*

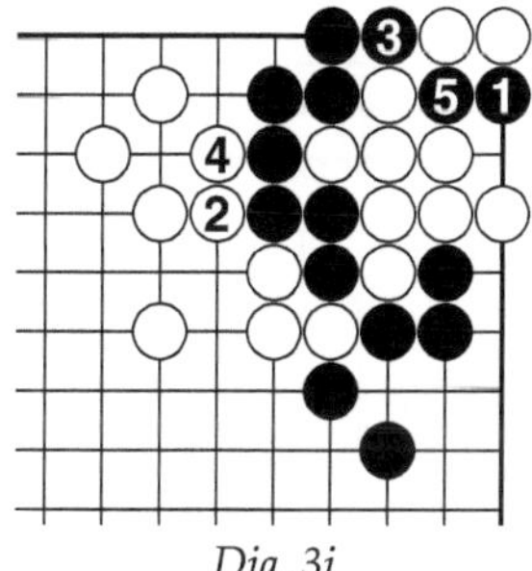

Dia. 3i

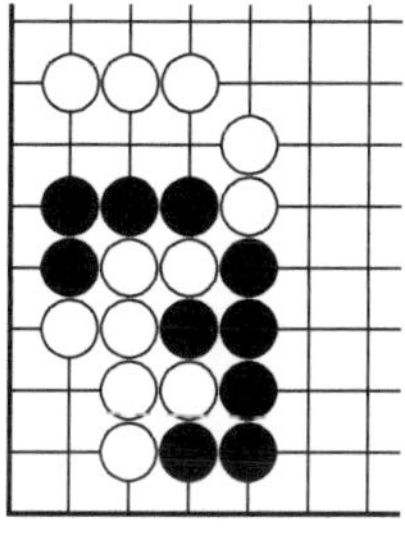

Dia. 4

Weiß kann das Ko nicht vermeiden, indem er auf 1 in Diagramm 3h spielt. Zwar schlägt Weiß mit 5 drei Steine, Schwarz spielt jedoch 1 in Diagramm 3i und gewinnt später durch das Schlagen auf 5 eine zusätzliche Freiheit.

Die Stellung in Diagramm 4 ähnelt Diagramm 3, doch diesmal befinden sich die eingeschlossenen schwarzen Steine auf der anderen Seite der L-Gruppe. Das Ergebnis ist ähnlich, doch nicht ganz das gleiche.

Nach den Standardzügen (s. Diagramm 3a) ist Trennen mit Weiß 1 in Diagramm 4a korrekt. Das ist wieder die Seite mit dem langen Arm der L-Gruppe wie vorher auch, doch diesmal ist es nicht die Seite mit dem Wettlauf.

Das Ergebnis ist Ko, allerdings muss Weiß auf A in Diagramm 4b einen Annäherungszug machen, bevor er das Ko durch das Atari auf B auflösen kann. Das ist für Schwarz ein günstigeres Ergebnis als Diagramm 3c, und so ist das Fazit, dass Schwarz in Diagramm 4 etwas stärker ist als in Diagramm 3.

Trennen auf der anderen Seite mit Weiß 1 in Diagramm 4c ist ein Fehler, wie vorher auch schon. Weiß stirbt bedingungslos. Wenn der schwarze Stein auf 2-1 droht, zur Außenwand zu verbinden (wie in Diagramm 4a), so ist das Ergebnis für Schwarz besser, als wenn er sich nur mit den eingeschlossenen Steinen verbinden kann, die sich im Wettlauf befinden (Diagramm 3a).

Der eigentliche Unterschied zwischen Diagramm 4b und 3d ist die Position von Schwarz 6. In Diagramm 4b besetzt er eine Außenfreiheit, was für Schwarz nicht nachteilig ist.

Schwarz 6 in Diagramm 3d hingegen schwächt die eigene Stellung, weil Weiß 7 so zum Atari wird. Aber Schwarz hat keine andere Wahl.

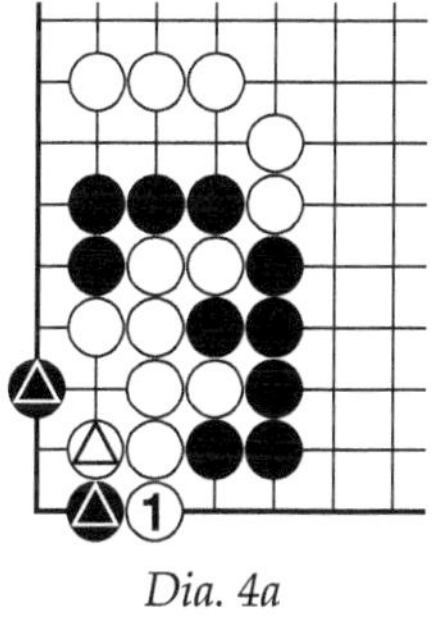

Dia. 4a

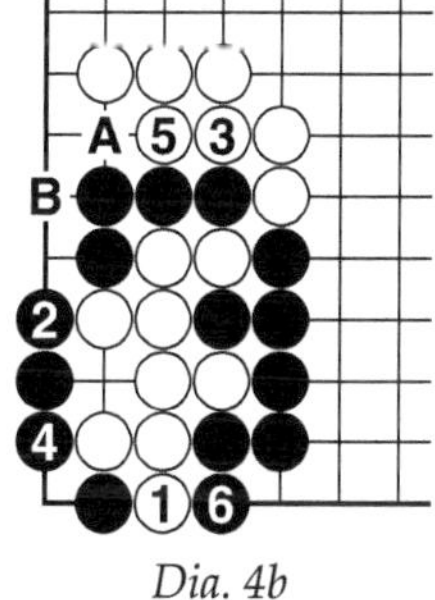



Dia. 4b

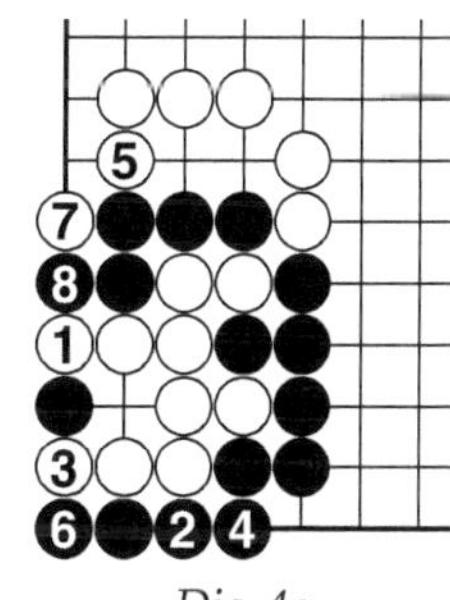

Dia. 4c

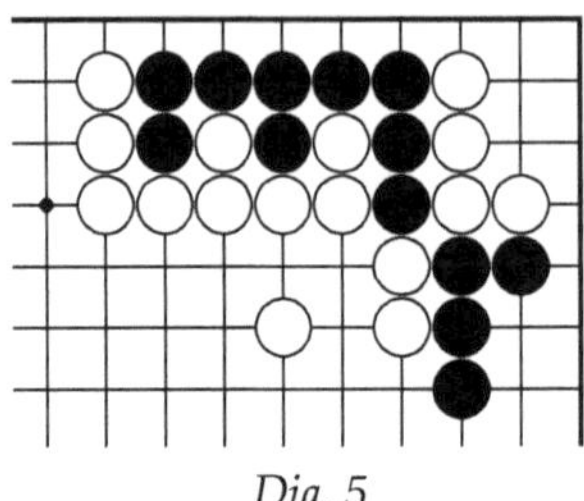
*Dia. 5*

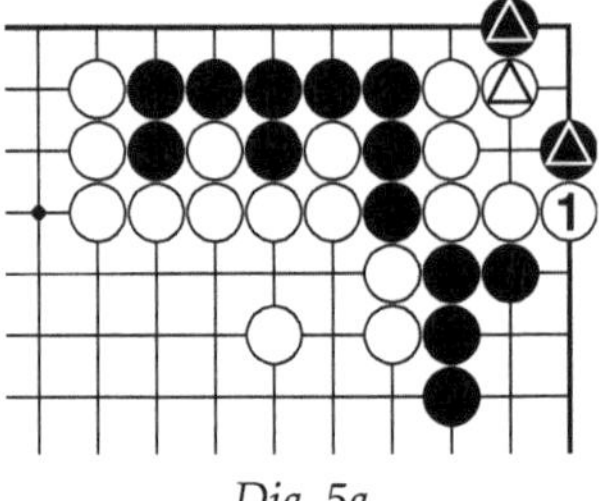
*Dia. 5a*

Schwarz hat in Diagramm 5 zwar fünf physische Freiheiten, sie sind aber allesamt unter der zweiten Linie ausgewalzt. Das könnte Weiß einen Einwurf zur Verringerung der schwarzen Freiheiten ermöglichen, es könnte aber auch dazu führen, dass Schwarz ein Auge bekommt.

Weiß soll auf 1 in Diagramm 5a trennen. Beachten Sie, dass diese Seite in Diagramm 3a die falsche war. Wie gesagt, es kommt auf die Stellung an: In Diagramm 3 und 4 war der Zug schlecht, hier ist er der beste. Es würde Ihnen doch sicher nicht gefallen, wenn Go ein simples Spiel wäre.

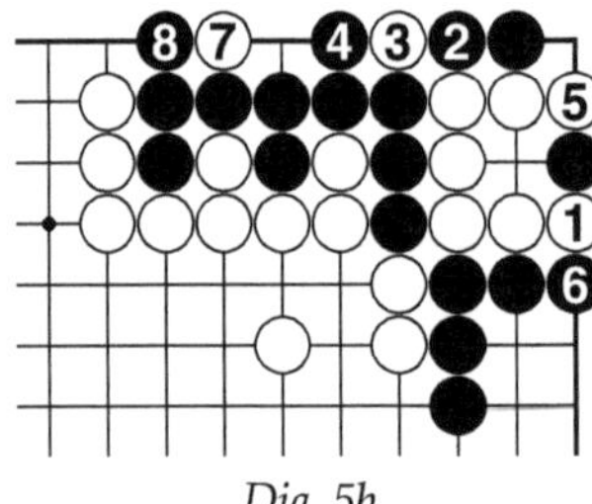
*Dia. 5b*

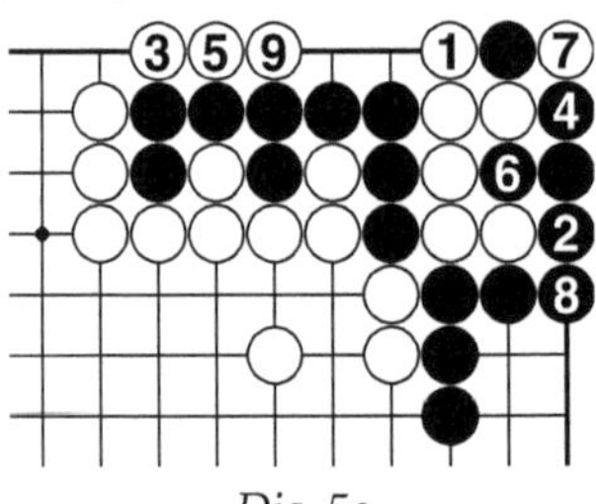
*Dia. 5c*

Diagramm 5b: Schwarz ist insofern erfolgreich, dass er in Seki lebt, aber fangen kann er die L-Gruppe nicht. Beachten Sie den Zug Weiß 7, mit dem Weiß das Seki in Vorhand bekommt. Nach Weiß 7 auf 8 müsste er in Nachhand verbinden, um das Seki zu sichern. Schwarz hat zwar die Option, mit 2 auf 5 zu spielen und ein Ko zu beginnen. Allerdings ist das Ko ungünstig für Schwarz, weil er einen Annäherungszug benötigt.

Wenn Weiß mit 1 in Diagramm 5c auf der anderen Seite trennt, ist das Ergebnis ein direktes Ko, in dem Weiß die erste Ko-Drohung finden muss. Das sieht für Weiß ziemlich riskant aus und wird kaum günstiger sein als das Seki in Diagramm 5b.

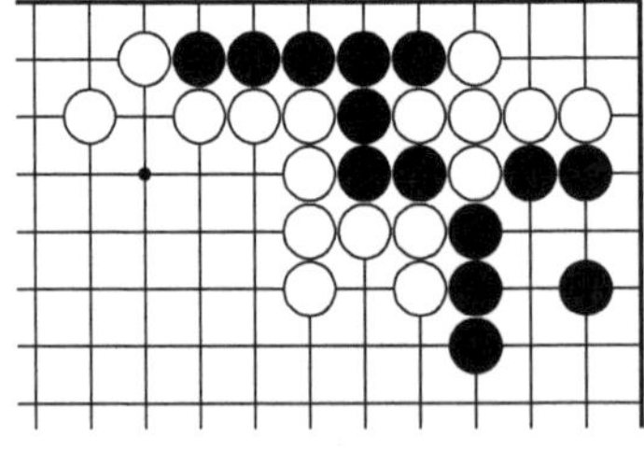
*Dia. 6*

Diagramm 6 ähnelt Diagramm 5, nur befinden sich die eingeschlossenen schwarzen Steine auf der anderen Seite der L-Gruppe.

Nach den markierten Standardzügen soll Weiß mit 1 in Diagramm 6a trennen, das bereitet den Einwurf auf 3 vor. Weiß muss mit 7 das Ko schlagen, und Schwarz 10 schlägt es mit Atari zurück.

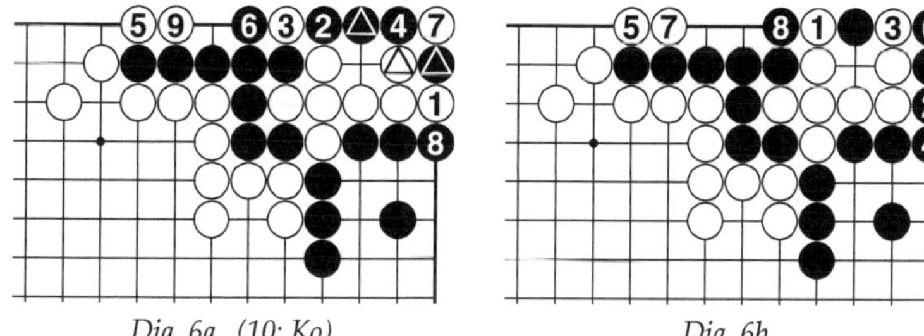

Dia. 6a (10: Ko) Dia. 6b

Das Ergebnis ist ein ungünstiges Annäherungs-Ko für Weiß. (Weiß muss links von 5 verbinden, bevor er das Ko auflösen kann.) Dieses Ergebnis ist für Schwarz besser als das von Diagramm 5b, somit ziehen wir das Fazit, dass Schwarz in Diagramm 6 etwas besser dasteht als in Diagramm 5. Einmal mehr zeigt sich, dass der Standardzug auf der Seite der sicheren Steine für das Ergebnis der wichtigere ist.

Das Trennen auf der anderen Seite mit 1 in Diagramm 6b verliert bedingungslos.

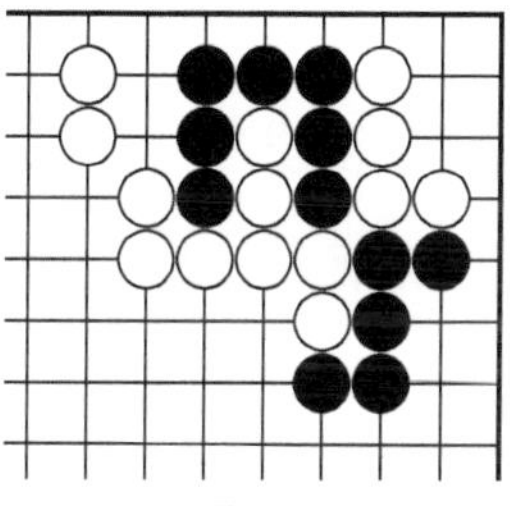

Dia. 7

Diagramm 7: Schwarz hat wieder fünf physische Freiheiten, diesmal befinden sich aber nur drei davon am Rand.

Weiß soll mit 1 in Diagramm 7a am kurzen Arm der L-Gruppe trennen. Wenn Schwarz mit 2 verbindet, so stirbt er bedingungslos, nachdem Weiß mit 3 einwirft und mit 5 ein Auge baut. Anders als in Diagramm 5b kann Schwarz kein Auge machen, um Seki zu erreichen.

Statt 2 in Diagramm 7a kann Schwarz allerdings mit 2 in Diagramm 7b das Hane auf den 2-1-Punkt spielen. Das erzwingt Weiß 3, danach besetzt Schwarz eine Außenfreiheit. Das Ergebnis ist ein für Weiß günstiges Annäherungs-Ko: Weiß kann das Ko sofort beenden, indem er die schwarzen Steine schlägt. Schwarz hingegen muss zuerst links von 3 einen Annäherungszug machen, bevor er das Ko auflösen kann.

Schwarz kann auch auf andere Weise ein Ko erreichen, das jedoch nicht so günstig aussieht: Mit 1 und 3 in Diagramm 7c entsteht das Ko, das wir schon in Diagramm 3g gesehen haben.

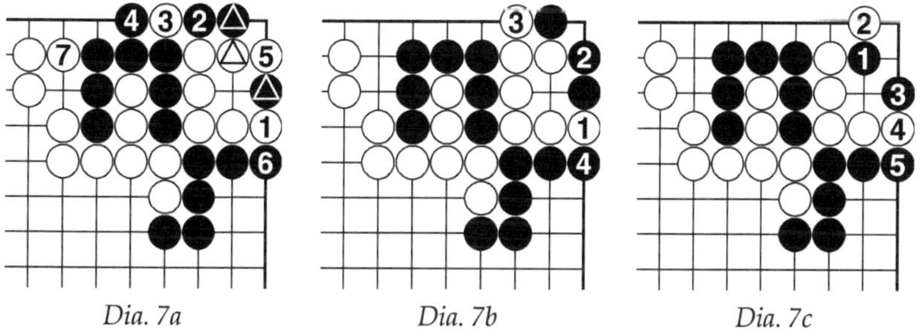

Dia. 7a Dia. 7b Dia. 7c

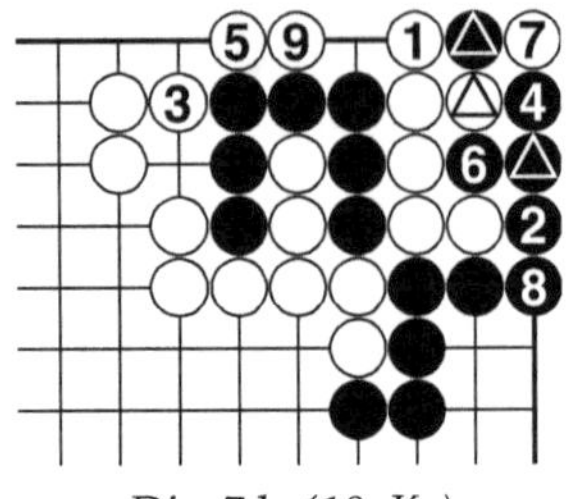

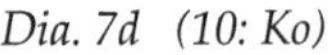

*Dia. 7d (10: Ko)*

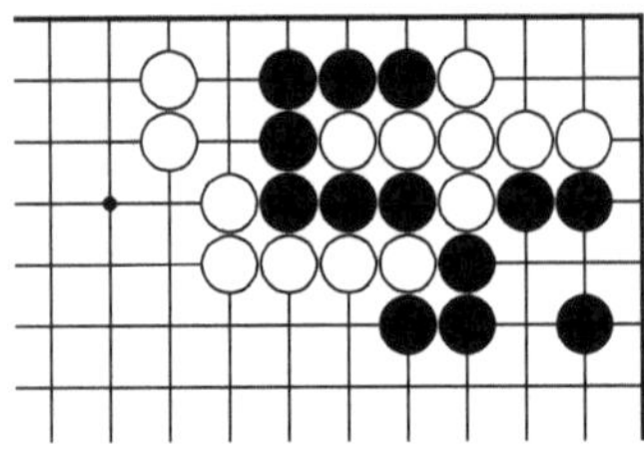

*Dia. 8*

Wenn Weiß nach den markierten Standardzügen mit 1 in Diagramm 7d auf der anderen Seite trennt (also 1 auf 2 in Diagramm 7a), dann entsteht ein direktes Ko für beide Seiten, was für Weiß ungünstiger ist.

Diagramm 8 ähnelt Diagramm 7, nur befinden sich die eingeschlossenen schwarzen Steine auf der anderen Seite der L-Gruppe. Im Ergebnis ist die schwarze Stellung dadurch geringfügig stärker als in Diagramm 7.

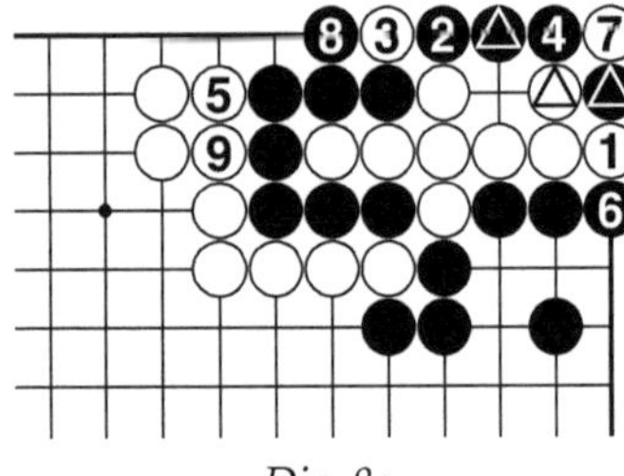

*Dia. 8a*

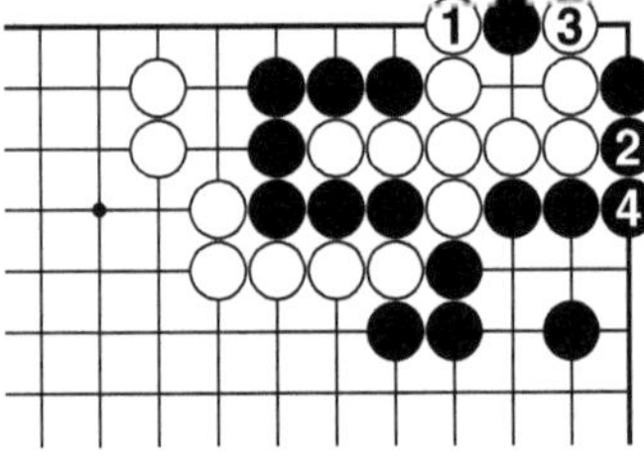

*Dia. 8b*

Das Beste für Weiß ist, mit 1 in Diagramm 8a am längeren Arm der L-Gruppe zu trennen. Dennoch bekommt er nur ein ungünstiges Annäherungs-Ko: Weiß kann das Ko nicht sofort auflösen, sondern muss einen Annäherungszug oberhalb von 5 machen.

Mit 1 in Diagramm 8b, auf der anderen Seite, stirbt Weiß bedingungslos.

Auch im Diagramm 9 hier hat Schwarz wieder fünf physische Freiheiten, doch diesmal gehören sie zu einer einzigen Gruppe, die die weiße L-Gruppe einschließt.

Wie in Diagramm 9a gezeigt, bekommt Weiß ein günstiges Annäherungs-Ko wie in Diagramm 7b.

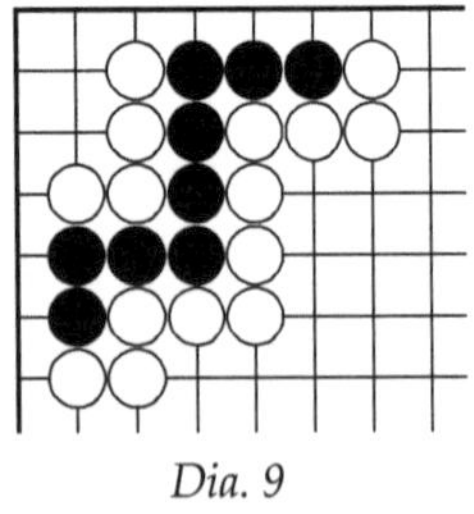

*Dia. 9*

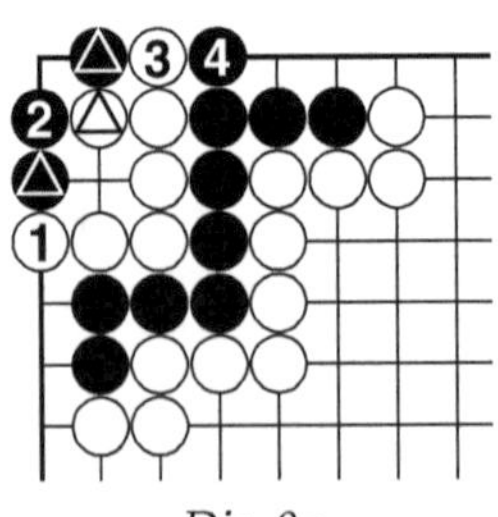

*Dia. 9a*

Bis hierher haben wir Stellungen untersucht, in denen die einschließenden Steine fünf physische Freiheiten besitzen. Nun werden wir Stellungen betrachten, in denen es mehr oder auch weniger als fünf sind. Interessante Dinge geschehen bei vier und bei sechs physischen Freiheiten. Weiterhin schauen wir uns Partiebeispiele mit Beteiligung von L-Gruppen an.

Wenn Schwarz eine weiße L-Gruppe einschließt, fünf Freiheiten hat und am Zug ist, so entsteht ein knapper Kampf, der normalerweise mit Ko endet. Hat Schwarz sechs Freiheiten, so wird er versuchen, bedingungslos zu gewinnen, während Weiß mit jedem Ko zufrieden ist, das er bekommen kann. Hat Schwarz nur vier Freiheiten, dann versucht er die bedingungslose Niederlage zu verhindern. Und wir werden sehen, dass er in manchen Fällen raffinierte Möglichkeiten hat, ein indirektes Ko anzuzetteln.

**Sechs physische Freiheiten**

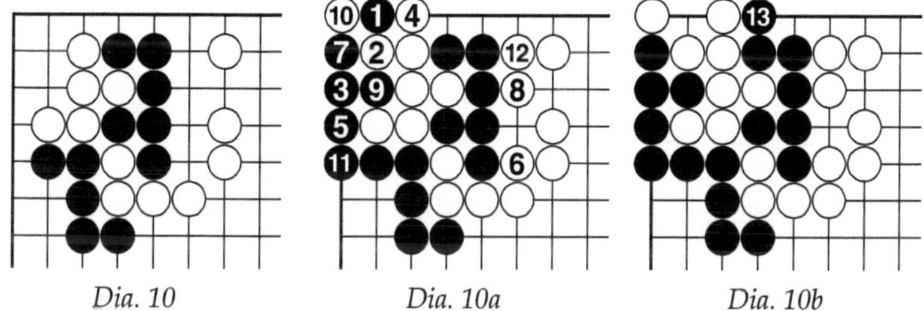

*Dia. 10* *Dia. 10a* *Dia. 10b*

Diagramm 10 ähnelt Diagramm 3, nur besitzt Schwarz hier sechs physische Freiheiten, eine mehr als in Diagramm 3. Dort war das Ergebnis ein direktes Ko. Ist Weiß am Zug, dann gewinnt er auf einfache Weise, indem er wie in Diagramm 2a ein Großes Auge baut.

Wenn Schwarz als Erster zieht, so gewinnt er bedingungslos. Die Züge bis 12 in Diagramm 10a sind dieselben wie in Diagramm 3d, doch dank seiner zusätzlichen Freiheit kann Schwarz mit 13 in Diagramm 10b Atari geben und muss kein Ko kämpfen.

Hier hat Schwarz sechs physische Freiheiten, aber die meisten davon befinden sich am Rand. Es gibt also eine Freiheit mehr als in Diagramm 5, in dem Schwarz Seki oder ein Annäherungs-Ko erreichte. Die Zusatzfreiheit genügt, damit Schwarz bedingungslos gewinnen kann.

Die Züge bis 10 in Diagramm 11a sind praktisch die gleichen wie in Dia. 5b.

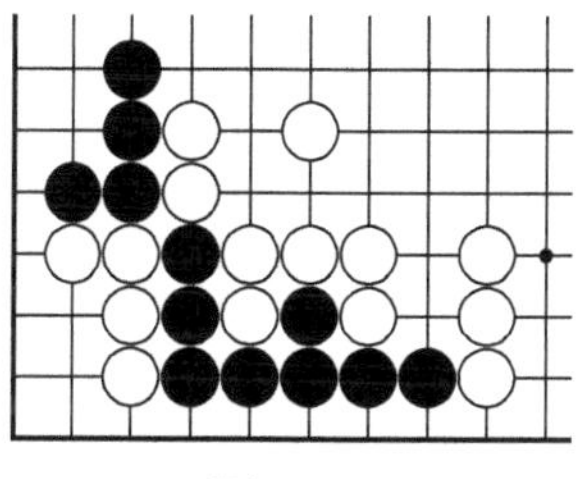

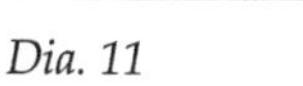

*Dia. 11*

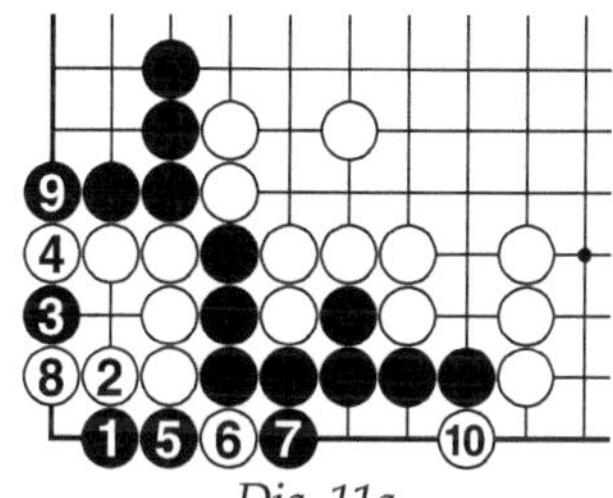

*Dia. 11a*

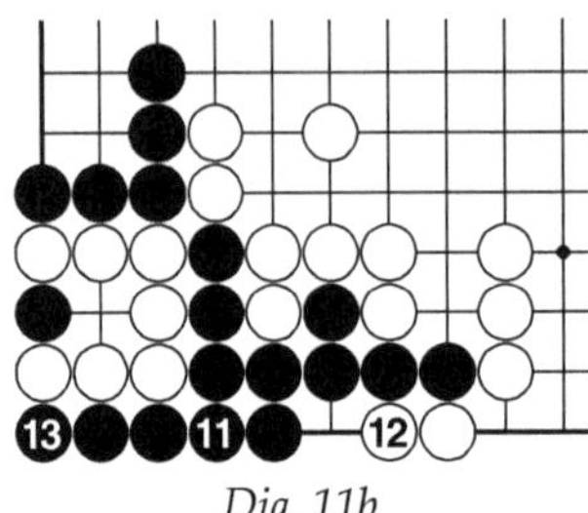


*Dia. 11b*

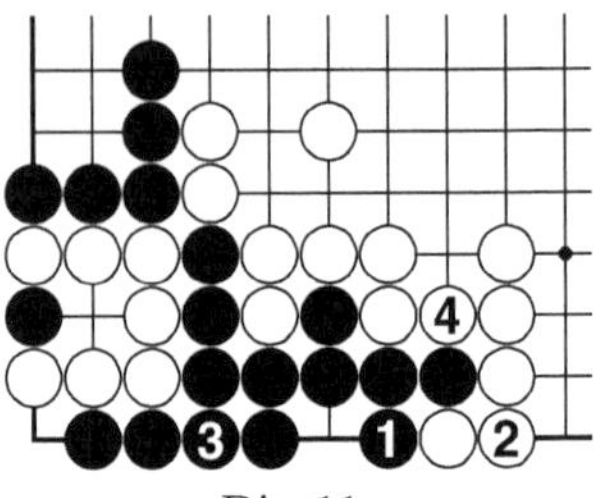


*Dia. 11c*

Die Zusatzfreiheit erlaubt es Schwarz, mit 11 und 13 in Diagramm 11b zu verbinden und Atari zu geben. Mit 1 in Diagramm 11c ein Auge zu machen, ist ein Fehler. Schwarz kann so die Ecke nicht töten und beide leben in Seki.

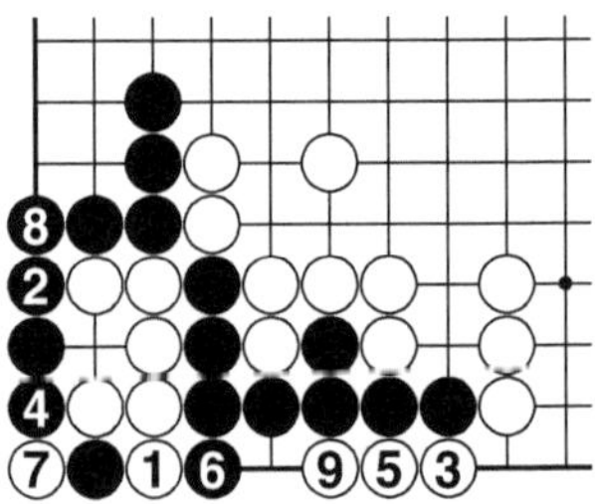


*Dia. 11d*

Mit Weiß 1 in Diagramm 11d (anstatt 4 in Diagramm 11a) auf der anderen Seite zu trennen, ist auch nicht besser. Schwarz gewinnt hier wieder bedingungslos.

Schwarz hat in Diagramm 12 sechs physische Freiheiten, also eine mehr als in Diagramm 6; dort war das Ergebnis ein Ko, in dem Weiß einen Annäherungszug benötigt. Jetzt genügt die Zusatzfreiheit, damit Schwarz die L-Gruppe bedingungslos töten kann.

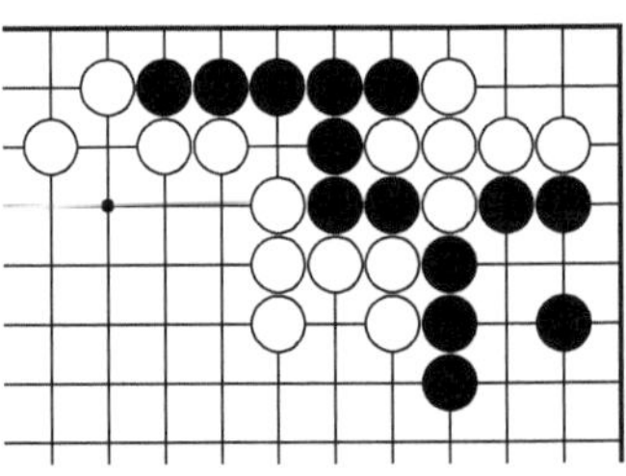

*Dia. 12*

Die Züge bis 10 in Diagramm 12a sind dieselben wie in Diagramm 6a, diesmal jedoch kann Schwarz mit 11 in Diagramm 12b ein Auge machen. Falls Weiß mit 12 Atari gibt, so kann Schwarz dank seiner Zusatzfreiheit mit 13 verbinden. Als Antwort auf Weiß 14 besetzt Schwarz mit 15 eine Freiheit und Weiß ist tot. Somit führt die Zusatzfreiheit dazu, dass Schwarz bedingungslos gewinnt.

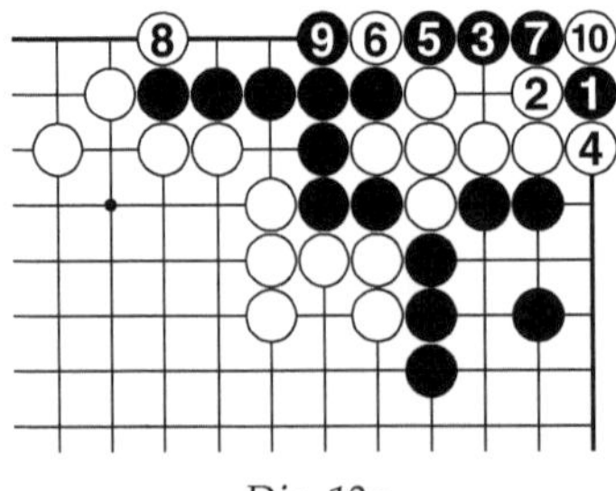


*Dia. 12a*

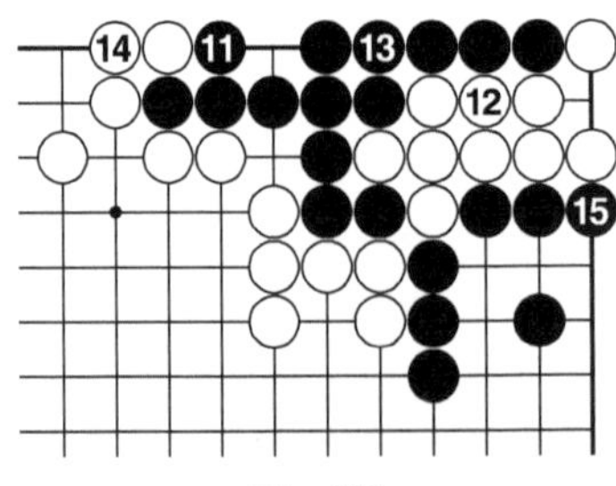


*Dia. 12b*

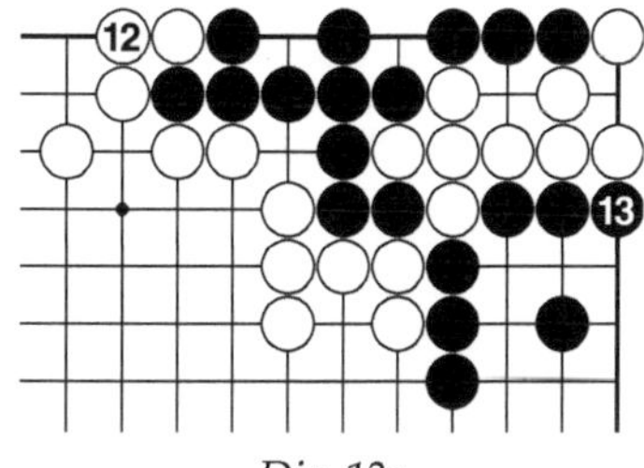

Dia. 12c

Spielt Weiß auf 12 in Diagramm 12c, dann bleibt er nach Schwarz 13 stecken. Weiß kann die Schwarzen nie in Atari setzen, während Schwarz jedes Mal Atari gibt, wenn er das Ko schlägt. Dadurch wird das Ko bedeutungslos, die weißen Steine sind bedingungslos gefangen.

Heißt das jetzt, dass sechs physische Freiheiten in jedem Fall zum Gewinn ausreichen? Nein, denn die Anzahl der physischen Freiheiten ist nicht der Freiheitenzahl der Gruppe gleichzusetzen. Die Freiheitenzahl in Stellungen mit L-Gruppe genau auszuzählen, ist jedoch nicht so ganz leicht. Deshalb dient uns die Anzahl der physischen Freiheiten zur Orientierung.

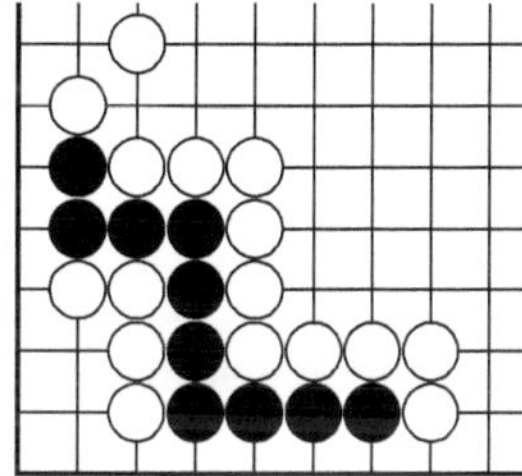

Dia. 13

Schwarz hat in Diagramm 13 wieder sechs physische Freiheiten, also eine mehr als in Diagramm 9; dort war das Ergebnis ein Ko, in dem Schwarz einen Annäherungszug benötigt. Und jetzt reicht die Zusatzfreiheit für Schwarz nicht aus, um die L-Gruppe bedingungslos zu töten.

Betrachten wir zunächst den Fall, dass Weiß auf 1 in Diagramm 13a trennt, nachdem die markierten Standardzüge ausgetauscht wurden. Vor der Entscheidung, mit 5 ein Auge zu bauen, ist genaues Auslesen notwendig. Sie geht jedem möglichen Ko aus dem Weg und strebt an, bedingungslos zu gewinnen (vgl. Diagramm 7a). Doch hier führt die schwarze Zusatzfreiheit dazu, dass Weiß bedingungslos verliert.

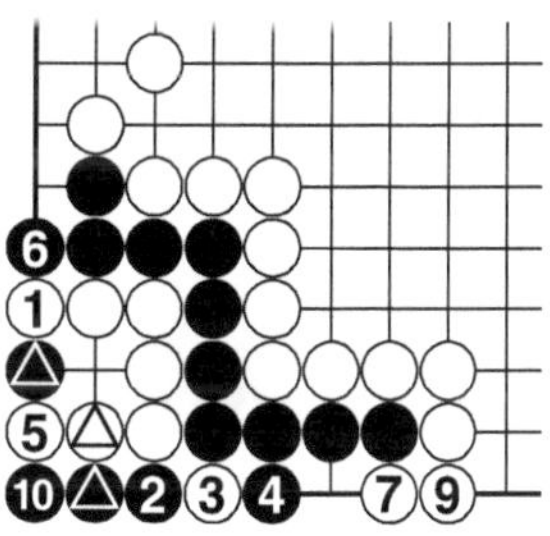

Dia. 13a (8 auf 13)

Stattdessen sollte Weiß mit 1 in Diagramm 13b trennen. In Diagramm 9 war die andere Seite besser, doch wegen der Zusatzfreiheit ist dies jetzt die beste Option für Weiß.

Das Ergebnis ist ein Annäherungs-Ko, in dem Weiß zwei zusätzliche Züge benötigt (A und B).

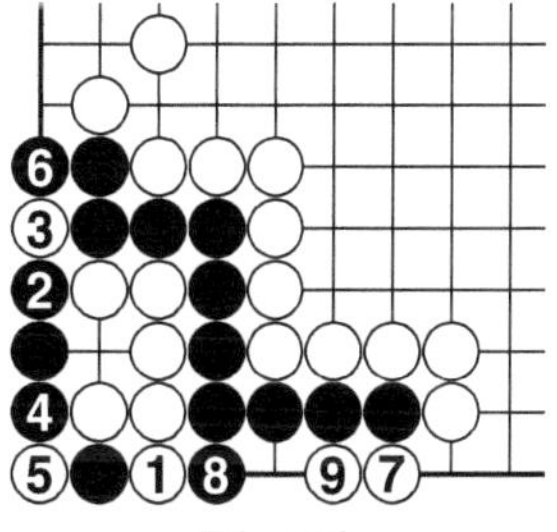

Dia. 13b

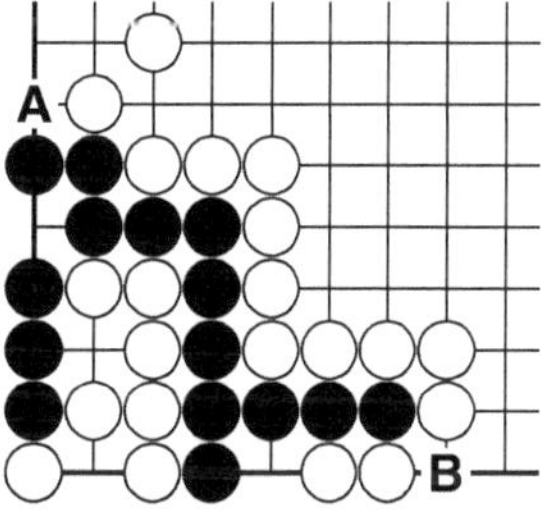


Dia. 13c

**Vier physische Freiheiten**

Diesmal hat Schwarz nur vier physische Freiheiten (Diagramm 14), eine weniger als in Diagramm 3, das in ein direktes Ko mündete. Lebt die Ecke nun bedingungslos oder kann Schwarz auch jetzt noch ein (wie auch immer geartetes) Ko erreichen?

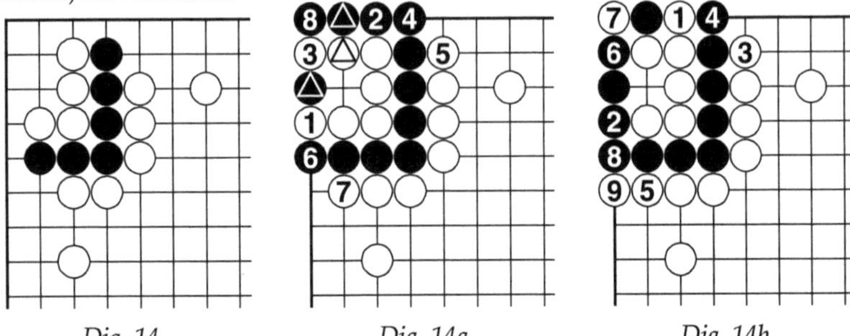

*Dia. 14* *Dia. 14a* *Dia. 14b*

Weiß kann auf 1 in Diagramm 14a trennen, doch so bekommt er nicht das beste Ergebnis.

Weiß sollte auf der anderen Seite trennen, mit 1 in Diagramm 14b. Nach der Verbindung mit 8 kann Schwarz jetzt nicht bedingungslos gewinnen, sondern muss ein Ko kämpfen. Weiß benötigt einen Annäherungszug, um es zu beenden.

Wegen der Nähe der äußeren weißen Steine scheint (abgesehen von dieser Zugfolge) eine Möglichkeit für Weiß zu bestehen, in Vorhand ein Hane am Rand zu spielen. Die weitere Untersuchung möchte ich dem Leser überlassen.

Die Stellung in Diagramm 15 ist die gleiche wie in Diagramm 3, nur dass die schwarzen Freiheiten um eine auf vier vermindert sind.

In dieser Stellung schlägt der schwarze Angriff auf den 2-1-Punkt fehl, weil Schwarz in Freiheitennot gerät. Nach der üblichen Abfolge bis 3 in Diagramm 15a kann Weiß auf 4 spielen, um seinem Gegner die Möglichkeit des Annäherungs-Kos zu nehmen, das wir in Diagramm 7b gesehen hatten. Tatsächlich erzwingt Weiß 4 eine Zugfolge ähnlich der in Diagramm 7a, und Weiß gewinnt bedingungslos, was auch immer Schwarz versucht. Da dieser Zug ein Ko unmöglich macht, ist genaues Auslesen unabdingbar, damit Sie nicht bedingungslos verlieren statt bedingungslos zu gewinnen. Können Sie erkennen, warum dieser Zug (Weiß 4 in Diagramm 15a) in Diagramm 7b (Weiß 1 auf 2) nicht funktioniert?

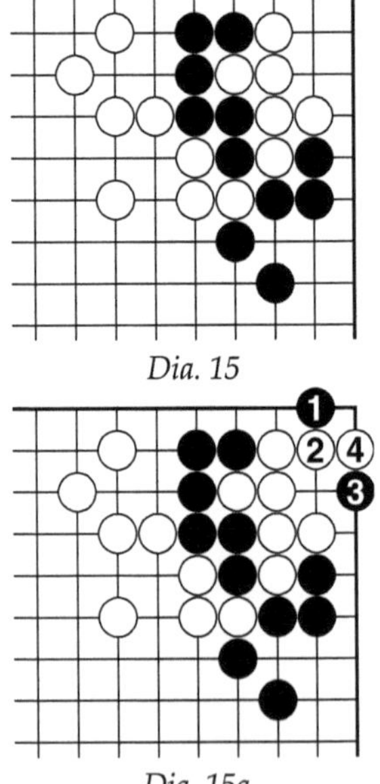

*Dia. 15*

*Dia. 15a*

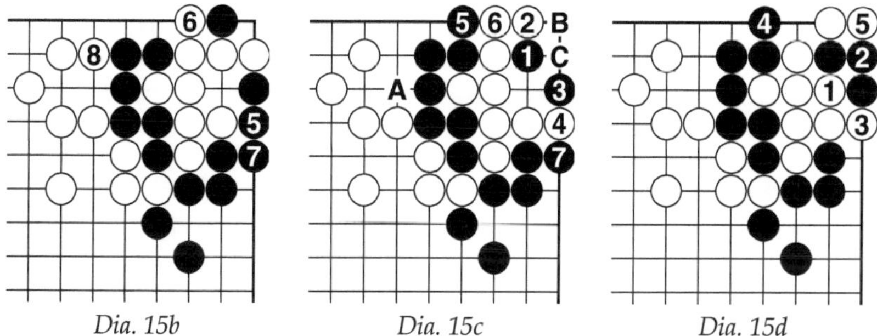

*Dia. 15b* *Dia. 15c* *Dia. 15d*

Setzt Schwarz nun mit 5 in Diagramm 15b fort, um ein weißes Auge auf dieser Seite zu verhindern, so baut Weiß mit 6 eines auf der anderen. Nach 8 dürfte klar sein, dass Weiß gewinnt.

Letzten Endes hat Schwarz nur noch den Angriff auf 2-2 (1 in Diagramm 15c), der uns in Diagramm 7c begegnet war. Er führt zu einem Ko der kniffligen Sorte, das keiner der Spieler gern eröffnen möchte: Besetzt Weiß auf A eine Freiheit, so muss Schwarz das Ko sofort mit dem Einwurf auf B beginnen. Dann schlägt Weiß auf C, so dass Schwarz die erste Ko-Drohung spielen muss.

Allerdings muss Weiß sich mit dem Zug auf A nicht beeilen: Denn falls Schwarz in dieser Stellung als Erster spielt, so ist der Einwurf auf B sein einziger Zug, woraufhin Weiß schlägt. Wer also das Ko auch immer am Ende gewinnt: Ein Stein auf A ist ein praktisch vergeudeter Zug. Gewinnt Weiß, so hat er einen Gebietspunkt verschenkt; gewinnt Schwarz, so war es ein kleiner Endspielzug. In der Tat würde Weiß am liebsten fernbleiben und es seinem Gegner überlassen, das Ko zu eröffnen. Schwarz kann nicht auf C spielen, da dann das weiße Große Auge zu viele Freiheiten hätte. Und Weiß möchte nicht C spielen, weil Schwarz dann mit B schlagen darf. Höchstwahrscheinlich lassen beide die Stellung bis kurz vor Partieende gären, wenn der Wert eines Zuges kleiner geworden ist.

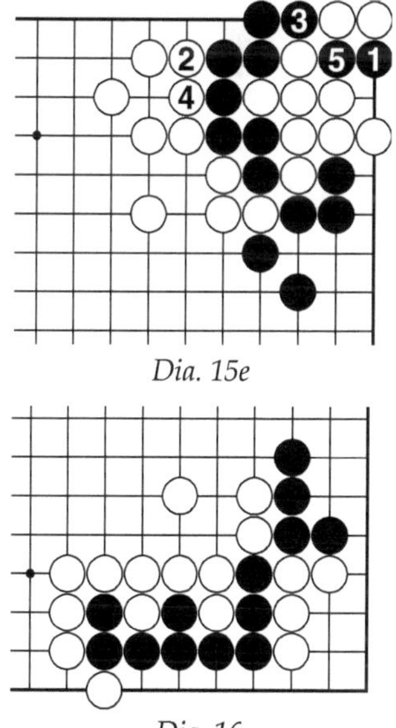

*Dia. 15e*

*Dia. 16*

Weiß kann das Ko nicht mit 1 in Diagramm 15d vermeiden. Wenn Schwarz danach die Steine in der Ecke mit 1 bis 5 in Diagramm 15e schlägt, erhält er eine zusätzliche Freiheit, die zum Gewinnen ausreicht.

Die Stellung von Diagramm 16 ist die gleiche wie in Diagramm 5, nur hat Schwarz wieder nur vier physische Freiheiten.

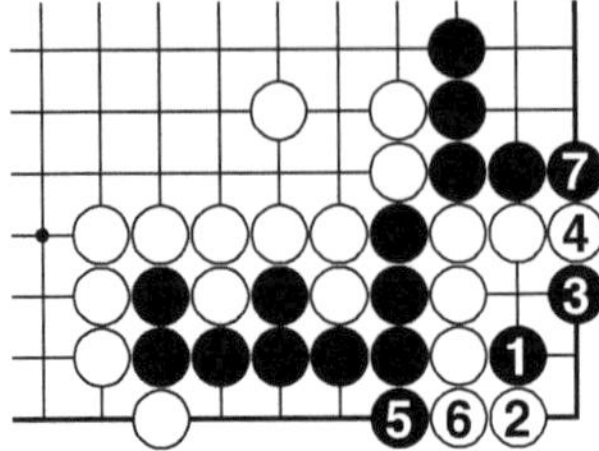

*Dia. 16a*

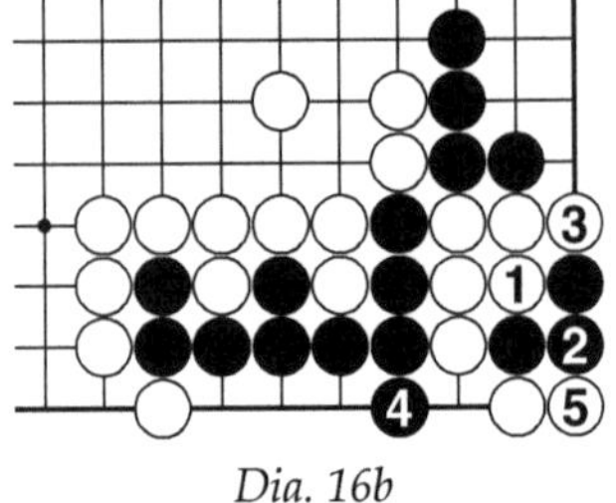

*Dia. 16b*

Wie zuvor schon ist der Angriff auf den 2-1-Punkt erfolglos. Damit ist 1 in Diagramm 16a der beste Zug für Schwarz.

Weiß kann das Ko nicht mit 1 in Diagramm 16b verhindern, wie in der Fortsetzung in Diagramm 16c zu sehen ist.

*Dia. 16c*

Die Stellung von Diagramm 17 entspricht Diagramm 6, nur hat Schwarz wieder nur vier physische Freiheiten.

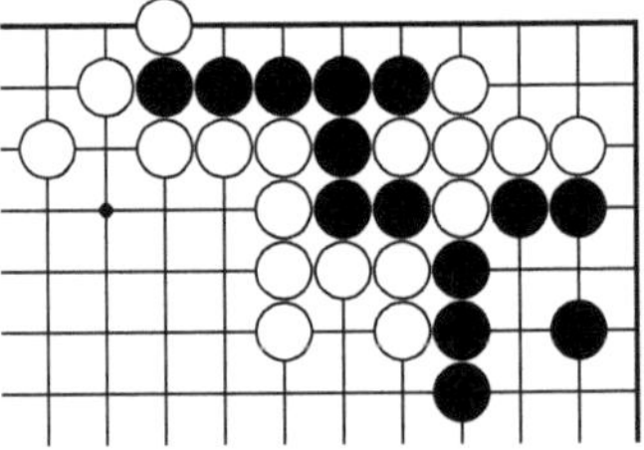

*Dia. 17*

Wieder geht der Angriff auf 2-1 daneben, so dass 1 in Diagramm 17a der beste Zug für Schwarz ist. Falls Weiß auf 4 trennt, entsteht wieder das altbekannte Ko. Diesmal allerdings geht stattdessen auch der Zug auf 1 in Diagramm 17b.

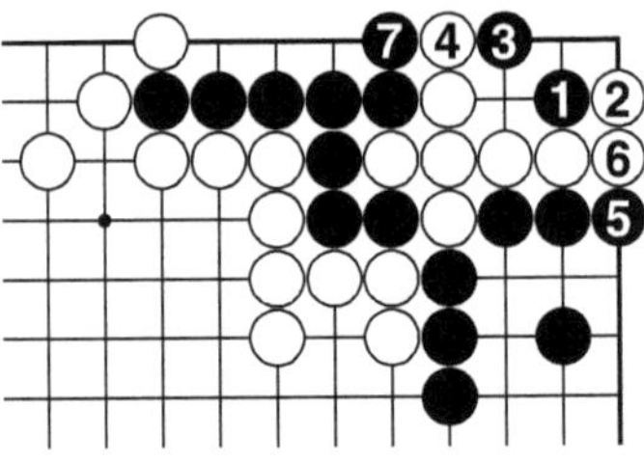

*Dia. 17a*

Die Fortsetzung sieht zwar genau so aus wie zuvor, doch wenn Schwarz mit 10 in Diagramm 17c schlägt, dann kommt die entstandene Zusatzfreiheit seinen Steinen außen zugute und nicht denen, die sich im Wettlauf befinden. Somit kann Weiß auf 11 Atari geben und gewinnen. Schwarz bekommt lediglich ein paar Endspielpunkte in der Ecke. Aus diesem Grund soll Weiß nicht auf 4 in Diagramm 17a trennen, denn er setzt in diesem Ko seine ganze Gruppe aufs Spiel, ohne viel gewinnen zu können.

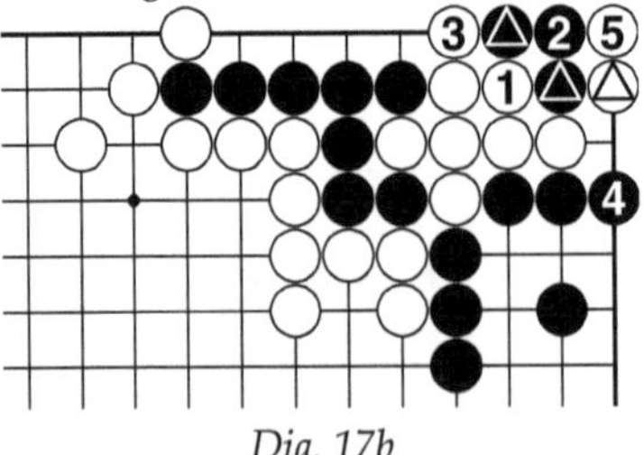

*Dia. 17b*

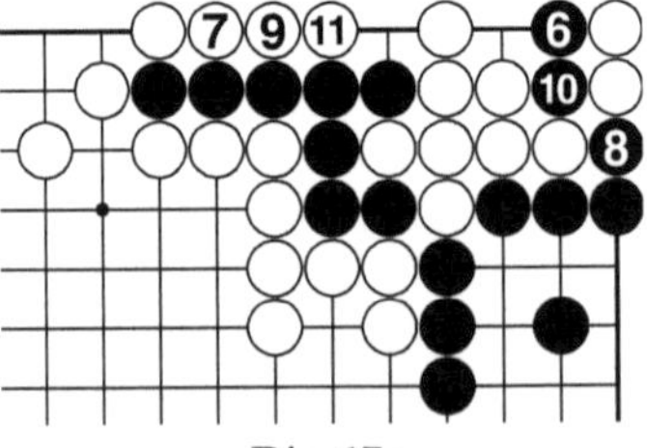

*Dia. 17c*

### Beispiele zur L-Gruppe

L-Gruppen kommen in Partien öfter vor. Diese vier Beispiele zeigen realistische Stellungen anstatt der üblichen, bereinigten Positionen. Zu einem späteren Zeitpunkt der Partie könnten die Steine, die die L-Gruppe einschließen, selbst eingeschlossen oder geschnitten werden, womit ein Wettlauf entsteht, der die L-Gruppe in der Ecke umfasst. Studieren Sie diese Formen und prägen Sie sie sich ein. Sie liefern auch Hinweise zu den folgenden vier Problemen: Diese enthalten Stellungen, die einige Züge vor Erreichen der Beispielposition auf dem Brett waren.

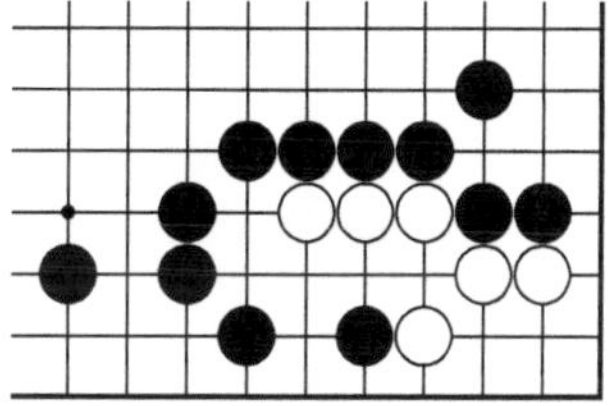

*Beispiel 1*

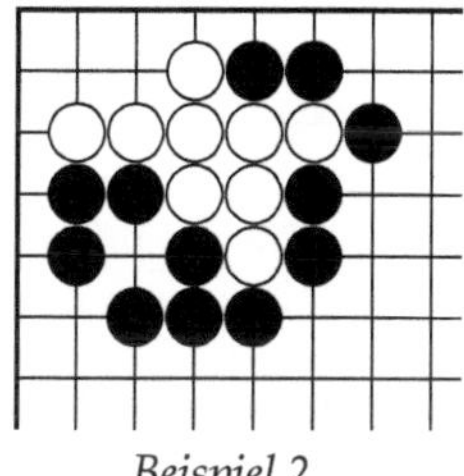

*Beispiel 2*

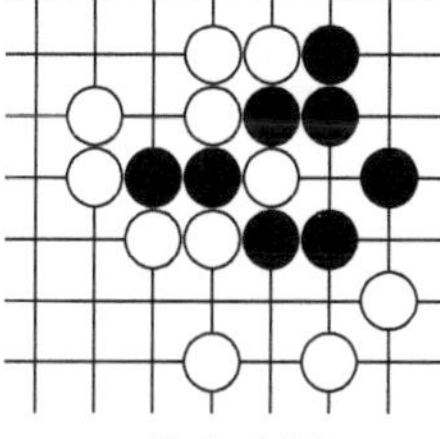

*Beispiel 3*

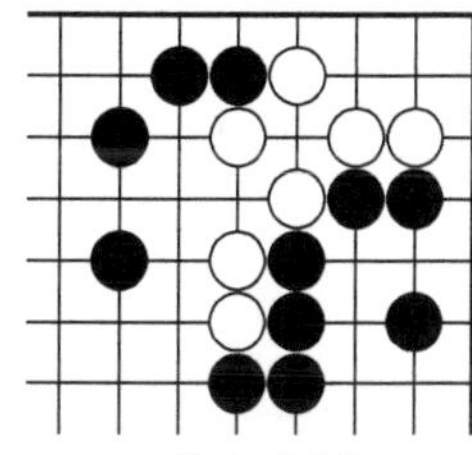

*Beispiel 4*

### Problem 1 bis 4: Schwarz ist jeweils am Zug

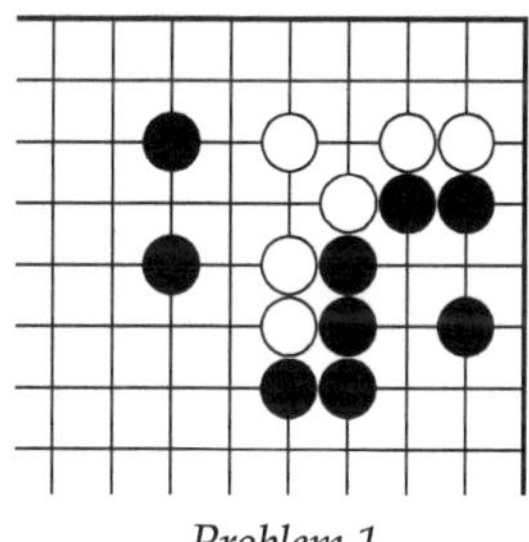

*Problem 1*

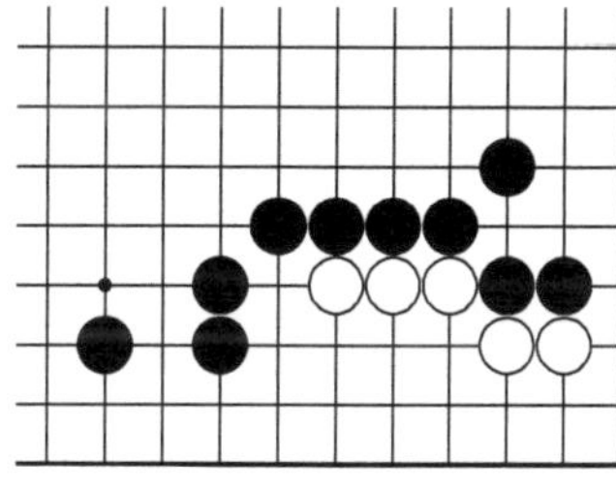

*Problem 2*

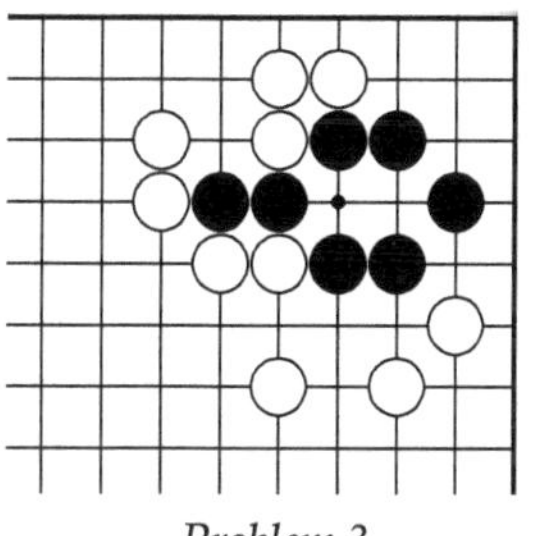

*Problem 3*

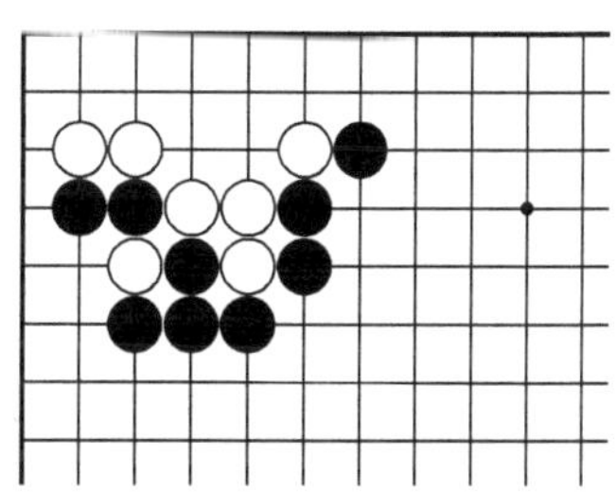

*Problem 4*

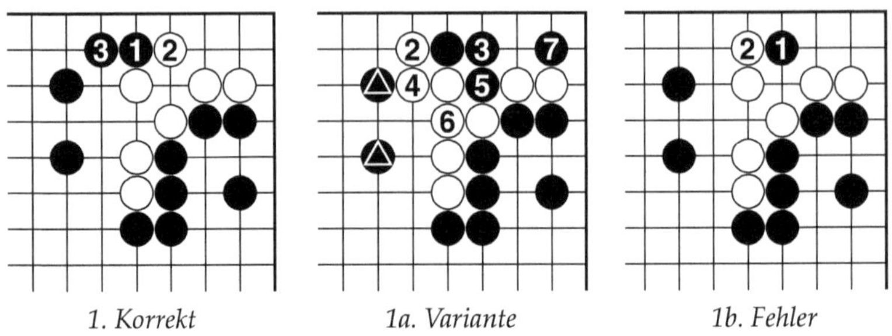

*1. Korrekt* *1a. Variante* *1b. Fehler*

**Antwort 1**

Schwarz 1 ist ein Tesuji, nach dem die Ecke keine zwei Augen mehr bekommen kann. Weiß muss in die Brettmitte fliehen.

Variante: In Abhängigkeit von der Stellung in der Umgebung könnte Weiß es vorziehen, auf der anderen Seite dagegenzustellen, womit er Schwarz erlaubt, die Ecke zu fangen. Das bedeutet zwar einen großen Gebietsverlust, und Weiß bekommt nicht einmal ein Auge, doch die zwei markierten schwarzen Steine links werden geschwächt. Es ist bedeutsam, dass sie Zugfolgen wie diese auslesen können, um eine Strategie zu planen.

Fehler: Schwarz 1 in Diagramm 1b sieht wie der Zug auf den vitalen Punkt aus, doch Weiß blockt auf 2 und fängt.

**Antwort 2**

Schwarz 1 tötet die Ecke. Weiß 2 ist recht kraftlos, nachdem nur eine tote Form in der Ecke entsteht. Weiß hat einen stärkeren Zug zur Verfügung, der allerdings bei korrektem Spiel von Schwarz nicht funktioniert.

In der Variante trennt Weiß 2 die Schwarzen, was mehr Widerstand leistet, doch Schwarz 7 klärt die Situation. Weil Weiß 8 notwendig ist, kann Schwarz mit 9 schneiden und die Ecke fangen. Nach 13 kann Weiß nicht mehr leben.

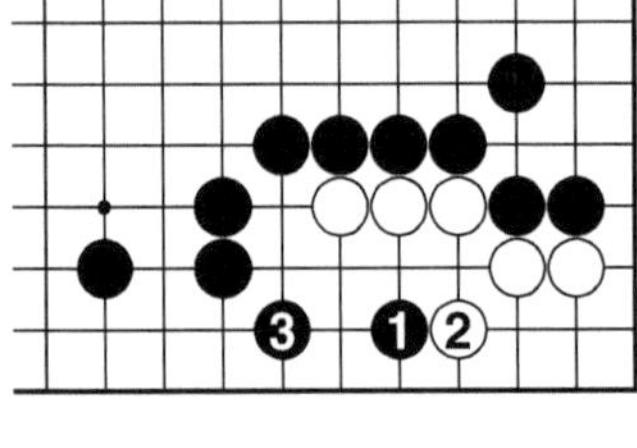

*2. Korrekt*

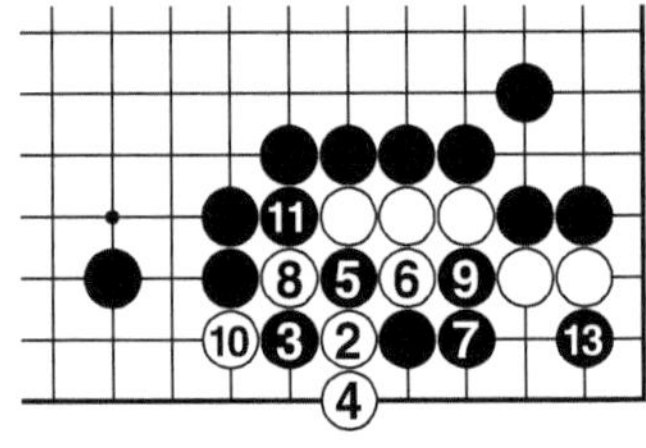

*2a. Variante*
*12 verbindet*

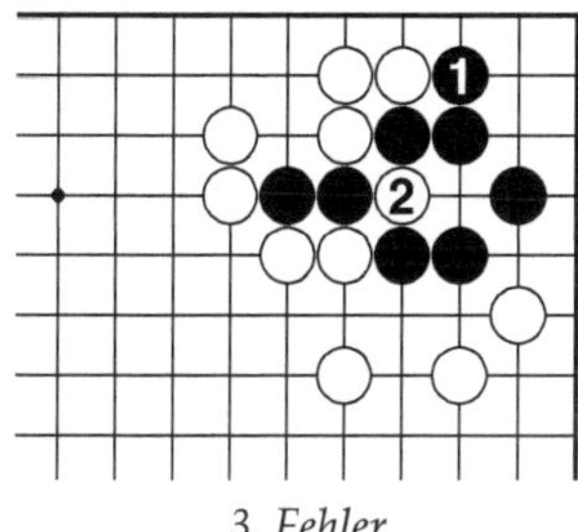


*3. Fehler*

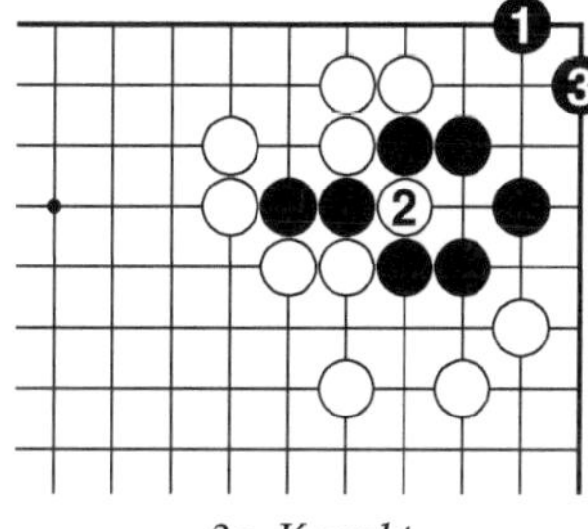


*3a. Korrekt*

**Antwort 3**

Schwarz 1 in Diagramm 3 ist nicht gut. Nachdem Weiß mit 2 das Auge in der Mitte stiehlt, bleibt dem Schwarzen in der Ecke eine tote Form. Aber anstelle von 1 gibt es ein Tesuji, mit dem Schwarz leben kann.

Das Tesuji ist, auf den 2-1-Punkt zurückzufallen, das lässt 2 und 3 als Alternativen. Welchen Punkt Weiß auch wählt – Schwarz nimmt den anderen und lebt.

Erst mit dem Wissen, dass die L-Gruppe tot ist, können Sie sich auf die Suche nach einer besseren Spielweise machen.

**Antwort 4**

Schwarz 1 tötet die Ecke. Spielt Schwarz mit 1 auf C, um seine zwei Steine zu retten, so kann Weiß leicht leben, indem er auf B verteidigt. Falls Weiß mit 2 verbindet, dann streckt Schwarz nicht auf A, sondern gibt mit 3 Atari. Weiß hat keine Chance: Weiß B, Schwarz A ist hoffnungslos, aber die Zugfolge Weiß A, Schwarz B, Weiß 1, Schwarz C macht die Ecke zu einer L-Gruppe.

Spielt Weiß auf 2 hier, dann ist es ein Fehler von Schwarz, die Steine mit 3 zu schlagen. Weiß lebt mit 4, aber Schwarz hat einen besseren Zug.

Schwarz 3 ist eine hervorragende Fortsetzung, die die Ecke tötet. Mit Weiß A und Schwarz B gelangen wir zur korrekten Zugfolge: Die weiße Gruppe ist eine L-Gruppe und damit tot. Doch falls Weiß mit 4 auf C spielt, tötet Schwarz mit D. Auch alle anderen Züge scheitern: Weiß kann nie zwei Augen machen.

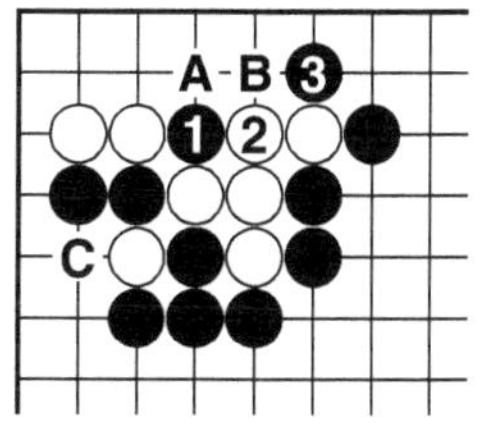


*4. Korrekt*

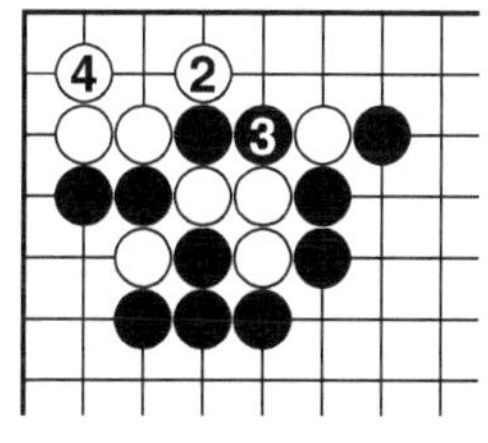


*4a. Variante*
*Schwarz 3 ist ein Fehler*

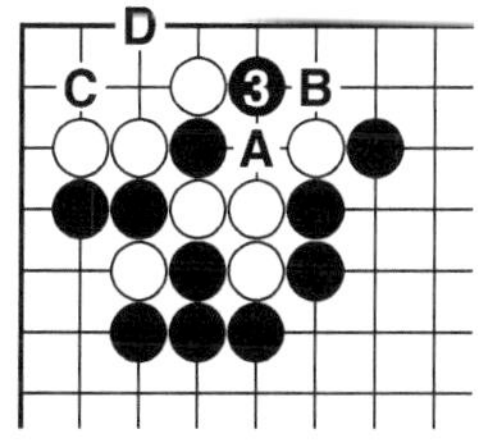


*4. Korrekte Abfolge*

# 10. Die L-Gruppe in Profi-Partien

Schauen wir uns zwei Beispiele für die L-Gruppe in professionellen Partien an. Bei der ersten handelt es sich um eine Fernsehpartie mit Profikommentar. Bei der zweiten fehlt leider ein solcher Kommentar, aber sie zeigt eine neue überraschende Wendung in einer auch so schon komplizierten Geschichte.

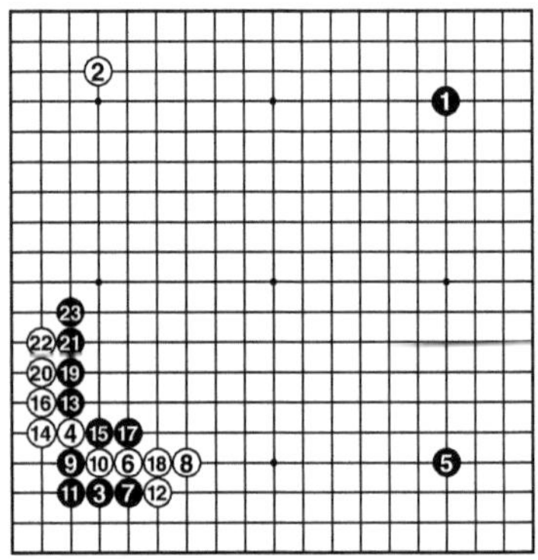

*Figur 1 (Züge 1–23)*

**Partie 1**

Dies ist die Partie zwischen Kobayashi Koichi Judan (Schwarz) und Kato Masao 9-Dan (Weiß) in der 32. Hayago (Schnell-Go)-Meisterschaft 1999. Der Kommentar stammt von Sugiuchi Masao 9-Dan, assistiert von Yashiro Kumiko 2-Dan.

Kobayashi und Kato sind sowohl beide erfahrene Blitz-Go-Spieler als auch seit langer Zeit ebenbürtige Konkurrenten. Sie haben 103 offizielle Partien absolviert, mit dem Ergebnis 55 zu 48 für Kato. Es ist Kobayashis siebenundzwanzigste Teilnahme an diesem Turnier, er hat es vier Mal gewonnen. Kato spielt zum dreißigsten Mal mit, er gewann zwei Mal und stand 1998 im Finale.

Weiß 8 als Alternative zum Strecken auf 18 ist ein Lieblingszug von Kato. Der Zug Schwarz 9 ist in Ishidas Joseki-Verzeichnis nicht zu finden, es kommt ja auch schon ein wenig in die Jahre. Es ist ein Gebietszug, typisch für Kobayashi.

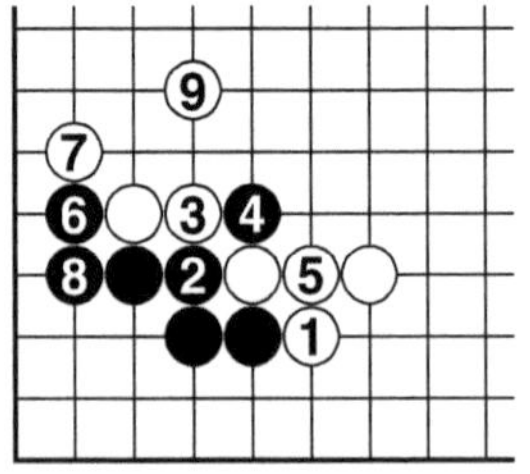

*Dia. 1*

Kato spielt auf 10, ohne auch nur einen Augenblick nachzudenken. Sugiuchi erinnert sich, dass die Spieler die gleiche Eröffnungssequenz zwei Wochen zuvor schon einmal gespielt hatten. In jener Partie spielte Kato mit 10 auf 1 in Diagramm 1. Die Fortsetzung bis 9 stellte sich als vorteilhaft für Schwarz heraus. Zweifellos hat Kato analysiert und sich nun etwas Besseres überlegt. Wir sehen hier Joseki in Entwicklung.

Den Zug Schwarz 13 findet Sugiuchi ausgezeichnet – wenn er funktioniert. Spielt Schwarz stattdessen einfach Hane auf 14, dann streckt Weiß gern auf 13. Folgt auf Schwarz 13 die Antwort Weiß 15, dann spielt Schwarz 14 und hat das bessere Ergebnis. Weiß trennt entschlossen mit 14 und der Kampf hat bereits begonnen. Die Züge bis 23 sind mehr oder weniger erzwungen und liegen schnell auf dem Brett. Jetzt überlegte Weiß seinen Zug 24, und Sugiuchi nutzte die Gelegenheit, ein paar Möglichkeiten anzuschauen.

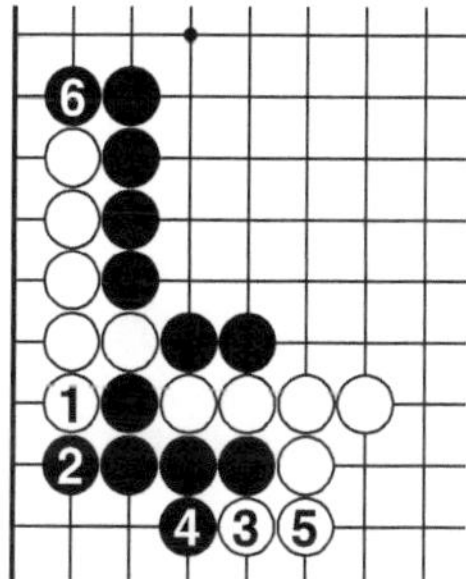

*Dia. 2*

Als Erstes ist der offensichtliche Zug auf Weiß 1 hier zu betrachten, obwohl er nicht unbedingt gut sein muss. Er führt schnell zu einer L-Gruppe in der Ecke, die durch eine Gruppe mit fünf physischen Freiheiten eingeschlossen ist – eine Stellung, die wir bereits in Diagramm 5 auf Seite 186 untersucht haben, und die die Spieler mit Sicherheit auswendig kennen.

Sugiuchi schlägt vor, danach auf 4 in Diagramm 3zu trennen.

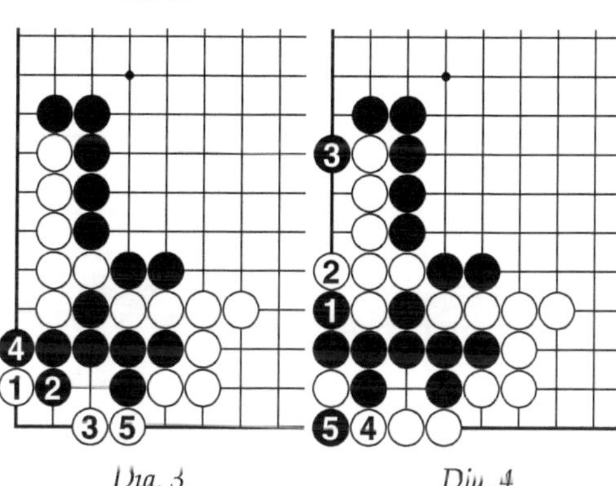

*Dia. 3* *Dia. 4*

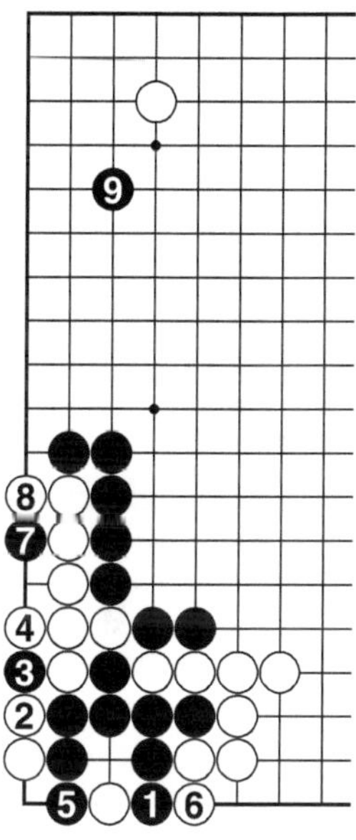

*Dia. 5*

Yashiro setzt auf dem Demo-Brett den nächsten Stein, Zug 3 in Diagramm 4 (vgl. Diagramm 5c, Seite 186), doch Sugiuchi meint, es sei besser, zuerst von innen auf 1 zu spielen. Ich verstehe selbst nicht warum, und Sie dürfen gern mitforschen. Ich habe diesen Zug schon einmal in einer Problemsammlung zu Leben und Tod gesehen und fand ihn merkwürdig, aber vielleicht hat er etwas für sich. Das Ergebnis von Diagramm 4 ist ein Ko, in dem Weiß die erste Ko-Drohung spielen muss. Da es aber in dieser frühen Partiephase keine Ko-Drohungen gibt, bewertet Sugiuchi diese Variante als ungünstig für Weiß.

Das Trennen auf der anderen Seite mit 1 in Diagramm 5 (wie in Diagramm 5b weiter oben in diesem Kapitel), erwähnt er nicht. In der Ecke entsteht wohl ein Vorhandseki für Schwarz.

Eine andere Möglichkeit ist, einfach mit 1 und 3 in Diagramm 6 Hane und Verbindung zu spielen. Jetzt ist Schwarz 4 auf den 2-2-Punkt ein guter Zug.

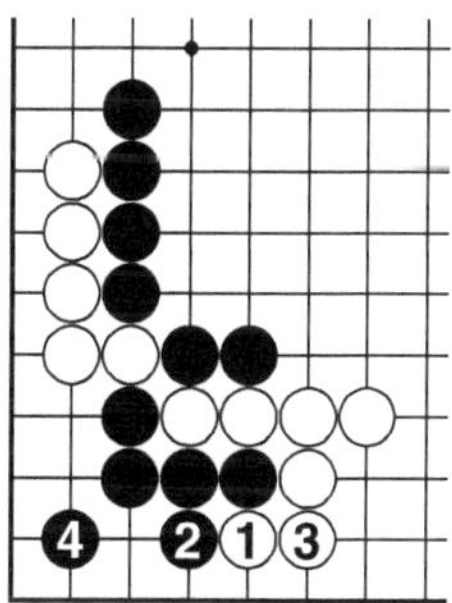

*Dia. 6*

Falls Schwarz stattdessen auf 1 in Diagramm 7 dagegenstellt, trifft Weiß 2 den vitalen Punkt. Nach Schwarz 3 und dem weißen Hane auf 4 bleibt Schwarz in schlechter Form und mit sehr wenigen Freiheiten zurück. Dem Weißen die Züge 2 und 8 zuzugestehen, ist verhängnisvoll für Schwarz. Das wäre die klassische Taktik zum Töten der L-Gruppe, die es zu verhindern gilt.

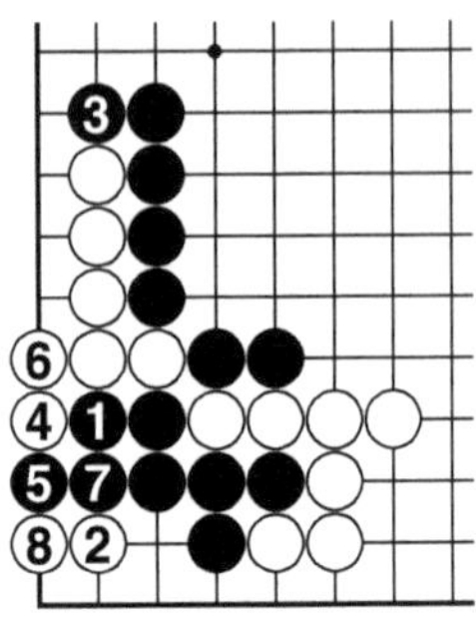
*Dia. 7*

Schließlich spielt Weiß mit 24 auf den 2-2-Punkt. Sugiuchi würdigt diesen Zug sofort als gut. Er sagt korrekt Schwarz 25 voraus.

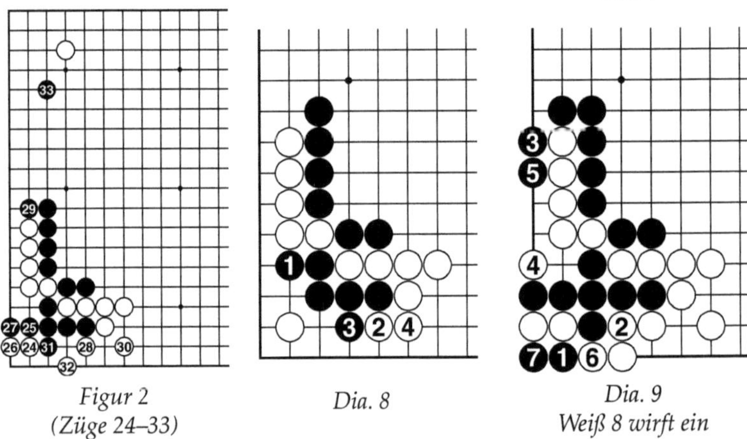
*Figur 2 (Züge 24–33)*

*Dia. 8*

*Dia. 9*
*Weiß 8 wirft ein*

Setzt Schwarz stattdessen auf 1 in Diagramm 8, so spielt Weiß mit 2 Hane und die Stellung geht in Diagramm 7 über.

Weiß 26 besetzt den vitalen 2-1-Punkt, was augenscheinlich die schwarzen Steine fängt. Mit 26 auf 28 scheint das auch zu funktionieren. Bei Weiß 30 erwägt Sugiuchi einen Zug auf 32, der Erfolg verspricht.

Weiß 30 ist gieriger, aber funktioniert das auch? Zunächst hat Sugiuchi nicht diesen Eindruck. Nach Schwarz 31 hört man Kato brummeln, bevor er auf 32 spielt. „Ah, es geht doch", stellt Sugiuchi fest. Die schwarze Strategie mit 13 ist somit auf wirksame Weise widerlegt. Schwarz bekommt zwar Vorhand, um 33 zu spielen (was niemand überraschen wird, nur Amateure sterben in Nachhand), doch seine dicke Position wiegt den Verlust in der Ecke nicht auf.

In der Partie wird die Ecke fast bis zum bitteren Ende ausgespielt, hauptsächlich zum Zeitgewinn oder durch Ko-Drohungen. Der Vollständigkeit halber sind die lokalen Züge in Diagramm 9 gezeigt. Weiß ist einen Zug voraus und gewinnt bedingungslos.

Die Partiezüge bis Weiß 8 sind auch in Partie 2 des 24. Kisei-Titelkampfs 2000 gespielt worden, zwischen Cho Chikun (Schwarz) und O Rissei (Weiß). Der Livekommentar im japanischen Fernsehen kam von O Meien 9-Dan. Der Schiedsrichter der Partie war Kato, und der wurde, während Cho seinen Zug 9 überlegte, um einen kurzen Kommentar gebeten. Er zeigte diese Partiezugfolge bis Weiß 28. Er kam zu dem Ergebnis, dass Schwarz gefangen wird, so dass sie wohl ungünstig für Schwarz sein muss. Er meinte, fast jeder würde 9 auf 18 spielen, womit er vielleicht sagen wollte, dass nur Kobayashi Koichi auf 9 in der besprochenen Partie verfallen würde. Auch O Meien sagte 9 auf 18 voraus. Cho spielte dann tatsächlich dort, und es entstand die Zugfolge in Ishidas Joseki-Verzeichnis.

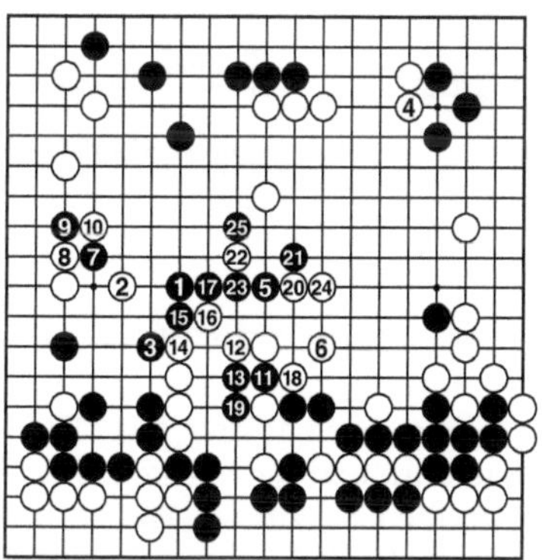

*Figur 1 (Züge 1-25 = 85–109)*

**Partie 2**

Hier sehen wir Kobayashi Satoru 9-Dan (Schwarz) gegen Cho Hunhyun 9-Dan (Weiß) in Partie 2 des Tong Yang Securities Cup im Jahr 1997. Wir steigen bei Schwarz 85 ein (Schwarz 1 in Figur 1). Schwarz greift die schwachen weißen Steine in der Brettmitte an.

Schwarz opfert in Figur 2 die obere rechte Ecke, um für den Angriff auf die Zentrumsgruppe außen dick zu werden.

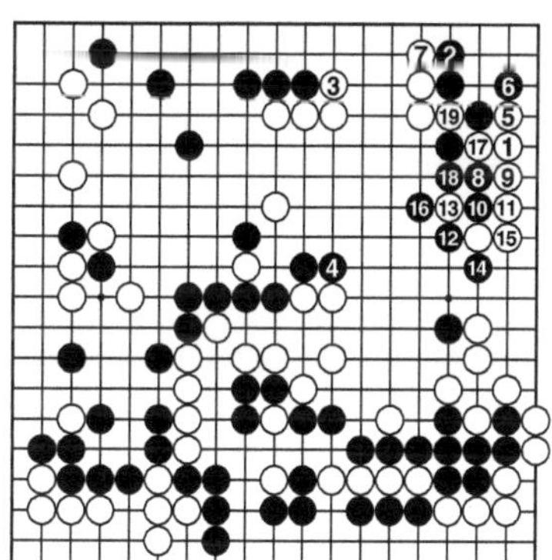

*Figur 2 (Züge 1-19 = 110–128)*

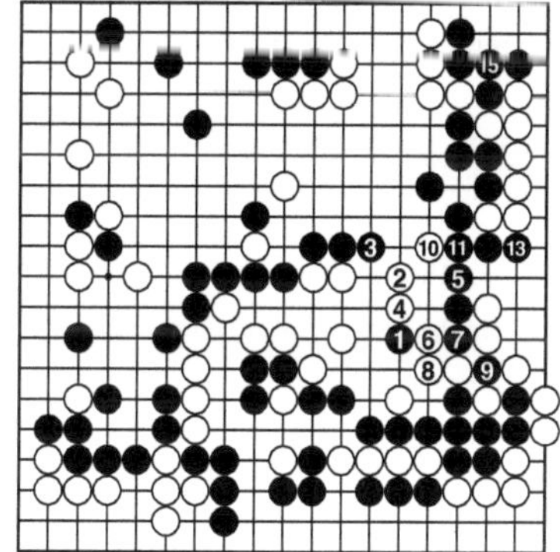

*Figur 3 (Züge 1-15 = 129–143)*
*12: Ko; 14 deckt das Ko*

Schwarz schneidet die weißen Zentrumssteine fast ab, doch Weiß hat ein Ko für die Verbindung nach draußen. Schwarz spielt 13 in Figur 3 als Ko-Drohung, aber Weiß ignoriert sie ohne Zögern und deckt das Ko mit 14. Die schwarze Fortsetzung ist der Deckungszug auf 15, mit dem in der Ecke eine L-Gruppe entsteht. Die weißen Steine außen haben fünf physische Freiheiten, genau wie in Diagramm 5 weiter oben in diesem Kapitel. Allerdings gibt es einen entscheidenden Unterschied.

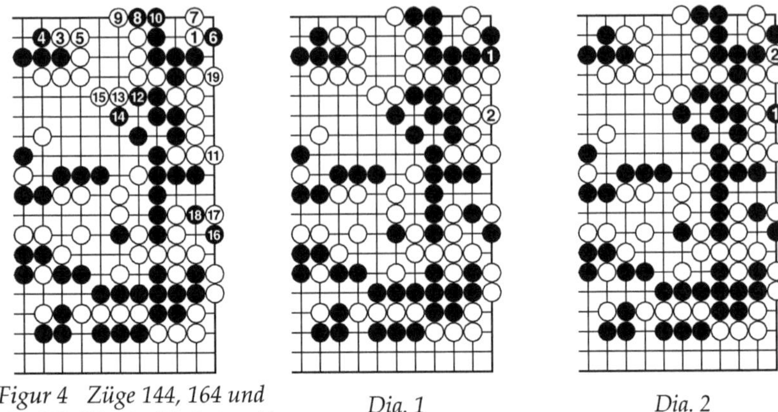

*Figur 4 Züge 144, 164 und 167–182 (hier 1–19), 2: tenuki*

*Dia. 1*

*Dia. 2*

Weiß 1 in Figur 4 ist eine faustdicke Überraschung. So wird Schwarz ein Großes Auge in der Ecke bekommen. Fällt Weiß dann nicht im Wettlauf zurück? Weiß 1 auf 6 sollte zu einem Ko führen. Die nächsten zwei Dutzend Züge werden in der linken Bretthälfte ausgeführt, und die Spieler kehren mit Zug 164 (Weiß 3 in der Figur) in die obere rechte Ecke zurück. Weiß 11 macht alles klar. Dieser Zug ist Vorhand, denn er droht die Verbindung nach draußen an. So kommt Weiß zu 19.

Wenn Schwarz mit 1 in Diagramm 1 in der Ecke antwortet und ein Großes Auge baut, so macht Weiß mit 2 deren zwei und es gibt keinen Wettlauf mehr.

Spielt Schwarz aber 1 in Diagramm 2, so zerstört Weiß 2 die schwarze Augenorm, und er gewinnt den Wettlauf gemäß „ein Auge gegen kein Auge". Wäre es möglich, dass Kobayashi diese Variante nicht gesehen hatte, als er seine Ko-Drohung spielte? Die L-Gruppe ist eine verzwickte Stellung.

**Weitere Probleme zur L-Gruppe**

Hier finden Sie weitere Probleme zu Stellungen, die Wettläufe mit L-Gruppen beinhalten.

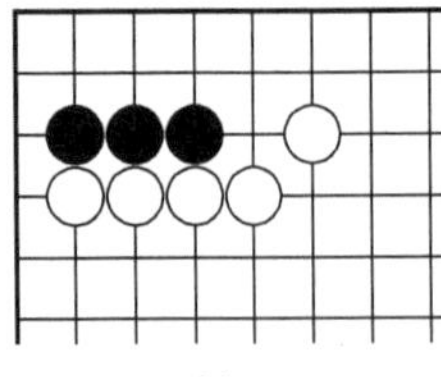

*Problem 5*

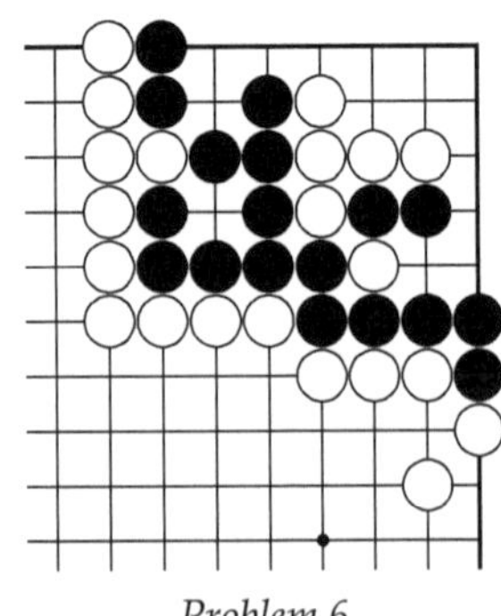

*Problem 6*

Problem 6: Hüten Sie sich vor Gaunereien im Endspiel. Wenn alle schwarzen Außenfreiheiten besetzt sind – muss er dann noch einmal ziehen oder nicht?

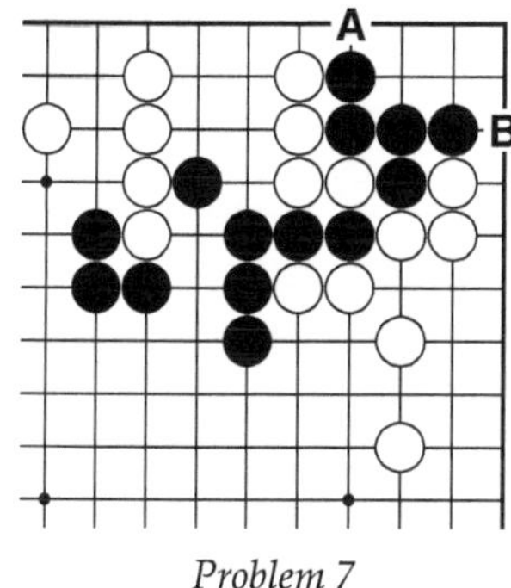


*Problem 7*

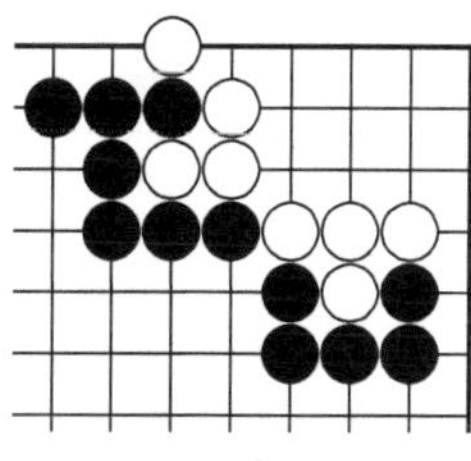

*Problem 8*

Problem 7: Wenn Schwarz bei A (oder B) herabsteigt, kann er Leben in der Ecke machen – vorausgesetzt, er darf noch einmal ziehen. Ist Schwarz A Vorhand?

**Antwort 5**

Korrekt: Der Diagonalzug Schwarz 1 macht die Ecke lebendig.

Schwarz 1 in Diagramm 5a erzeugt eine tote L-Gruppe. Ein schwarzer Stein auf 1 in Diagramm 5b wird von Weiß abgeschnitten, wonach in der Ecke wieder eine L-Gruppe entsteht.

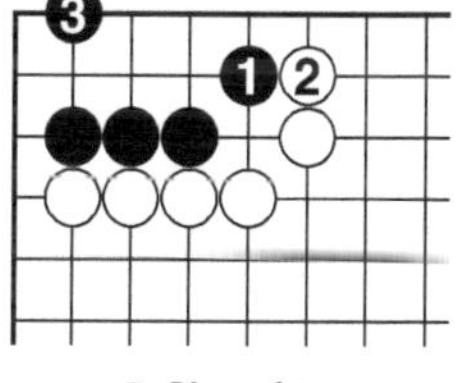

*5. Korrekt*

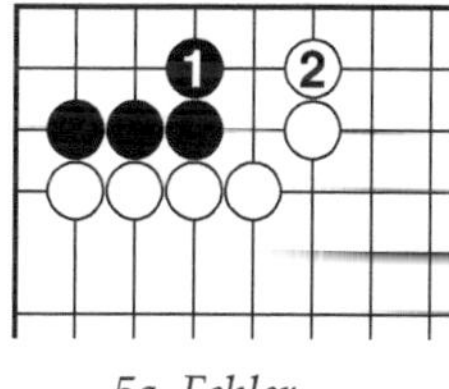

*5a. Fehler*

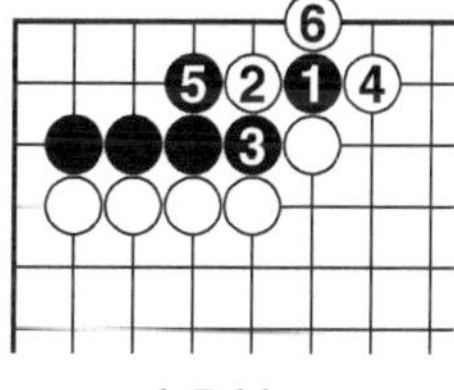

*5b Fehler*

**Antwort 6**

Schwarz muss nicht mehr ziehen, Weiß ist tot. Auch wenn Weiß auf 1 und 3 in Vorhand Hane spielen kann, so verhelfen ihm diese Züge nicht zum Leben.

Variante: Wenn Weiß auf 1 herabsteigt, kann Schwarz mit Hane auf der anderen Seite antworten, und ungekehrt.

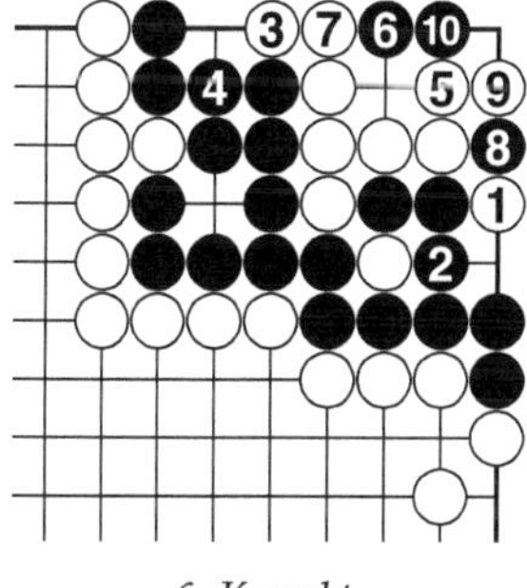

*6. Korrekt*

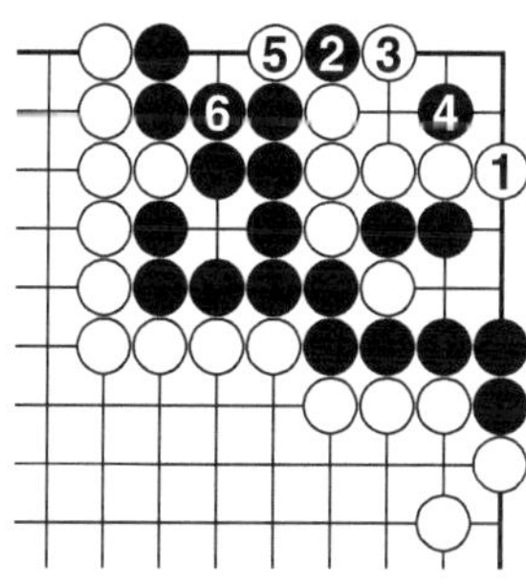

*6a. Variante*

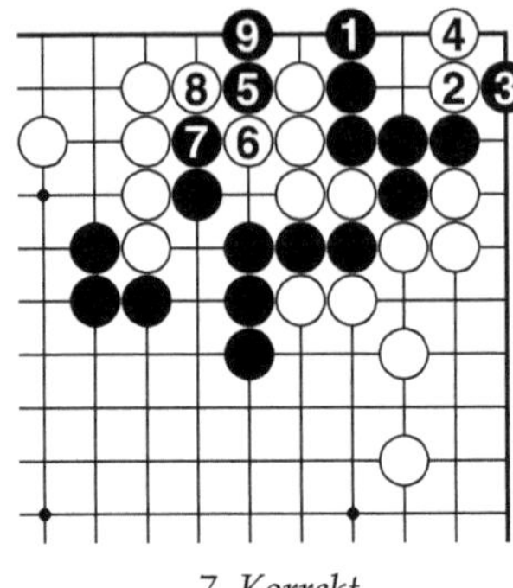

*7. Korrekt*

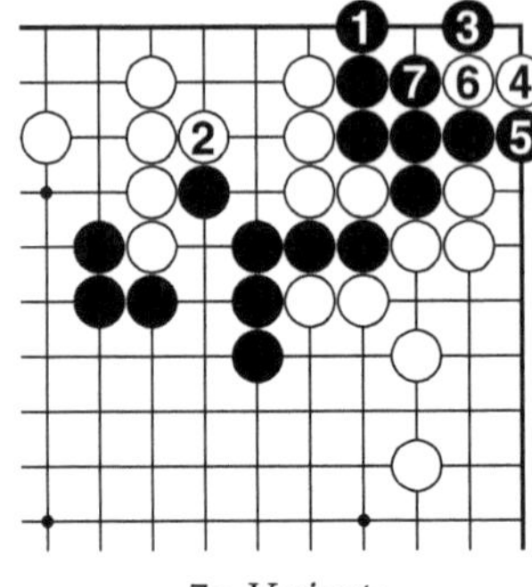

*7a. Variante*

**Antwort 7**

Das schwarze Herabsteigen mit 1 ist Vorhand gegen die weißen Steine links. Zieht Weiß jetzt in der Ecke, so fängt Schwarz 5 die Schnittsteine.

Variante: Wenn Weiß außen antwortet, dann kann Schwarz in der Ecke leben. Beachten Sie, dass auf beiden Seiten das Herabsteigen Vorhand zum Leben ist, während sogar beide Hane-Züge zusammen nicht ausreichen.

**Antwort 8**

Schwarz 1 tötet die weiße Ecke. Weiß 2 funktioniert nicht, weil in der Ecke eine L-Gruppe entsteht. Mit Weiß 2 auf 4 ist das Ergebnis dasselbe.

Variante: Zwar ist 2 hier der beste Zug für Weiß, allerdings funktioniert er nicht, wenn Schwarz korrekt antwortet. Schwarz 3 und 5 sind die entscheidenden Züge. Weiß verliert den Wettlauf.

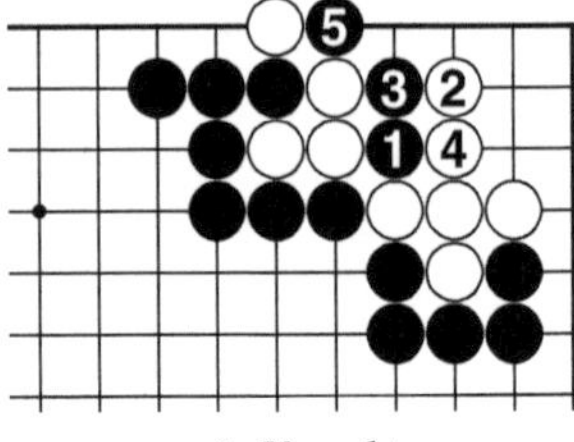

*8. Korrekt*

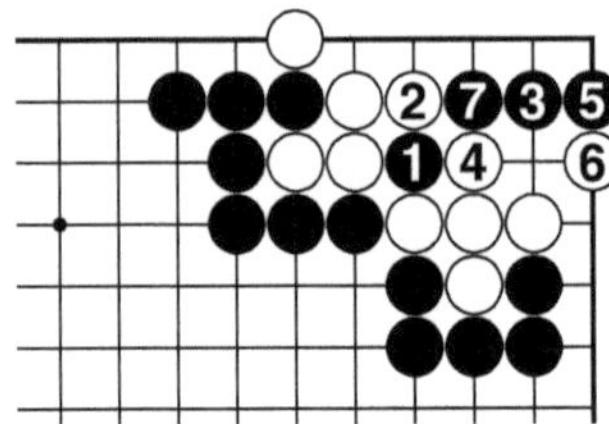

*8a. Variante*

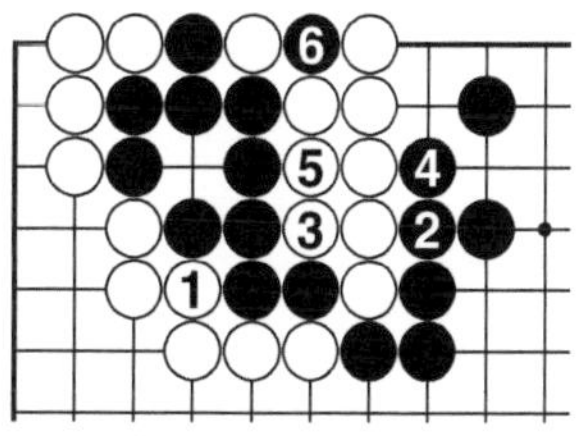

*1b. Weiß kann ein günstiges Ko erreichen*

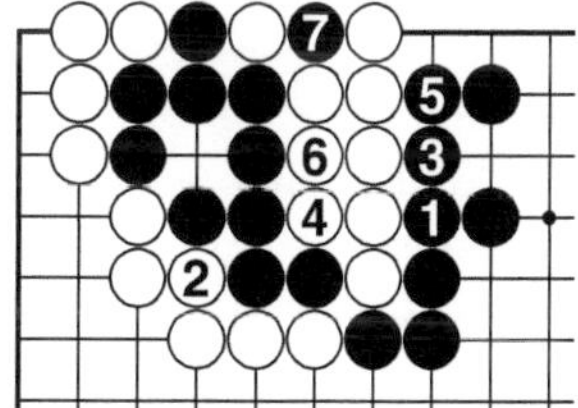

*1a. Schwarz kann ein günstiges Ko erreichen*

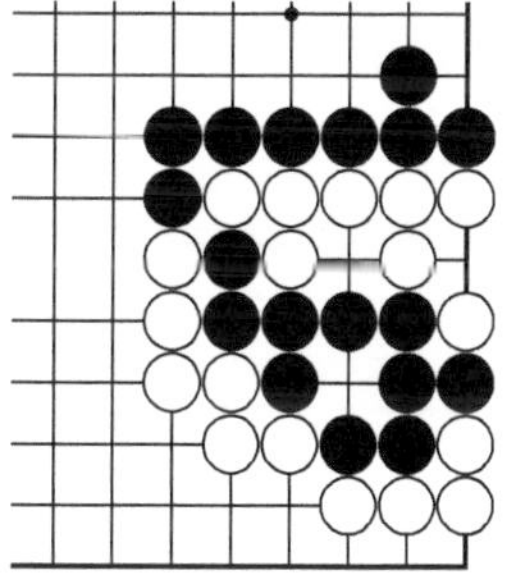

*3. Schwarz lebt, Weiß ist tot*

**Lösungen zu Diagramm 15 auf Seite 97**

**1. Antwort links oben**

Beginnt Schwarz, so ist dies ein direktes Ko, das Schwarz als Erster schlägt. Zieht Weiß zuerst, so ist es ein einzügiges Annäherungs-Ko für Schwarz.

**2. Antwort rechts oben**

Schwarz erreicht ein einzügiges Annäherungs-Ko für Schwarz. Beginnt Weiß, so kann er bedingungslos gewinnen, indem er das Ko deckt.

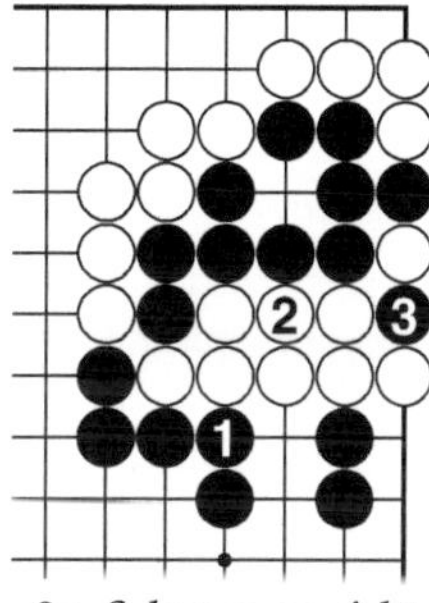

*2a. Schwarz erreicht ein ungünstiges Ko*

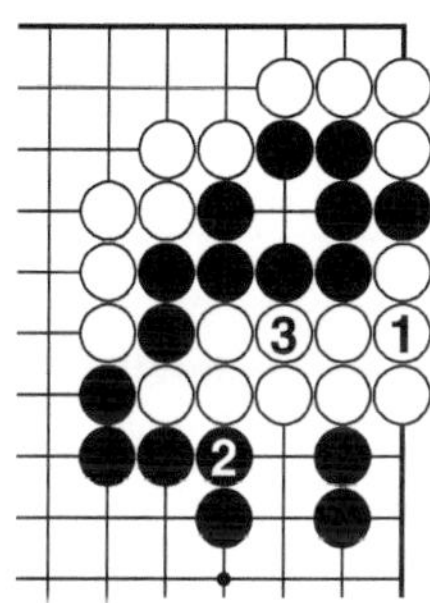

*2b. Weiß gewinnt*

**3. Antwort rechts unten**

Schwarz kann Weiß jedes Mal in Atari setzen, wenn er das Ko schlägt. Weiß kann nie Atari geben.

**4. Antwort links unten**

Wenn Schwarz beginnt, ist dies ist ein direktes Ko, das Schwarz als Erster schlägt. Zieht Weiß zuerst, ist es ein einzügiges Annäherungs-Ko für Schwarz.

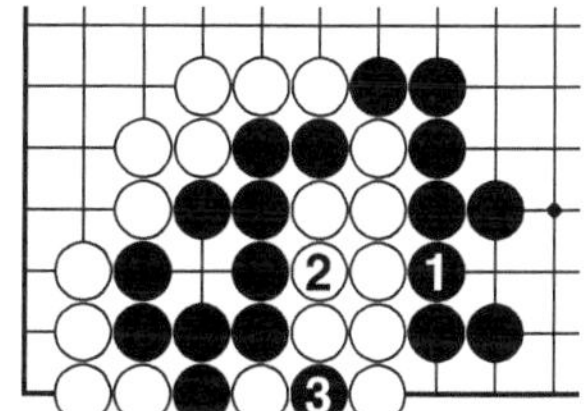

*4a. Schwarz kann ein günstiges Ko erreichen*

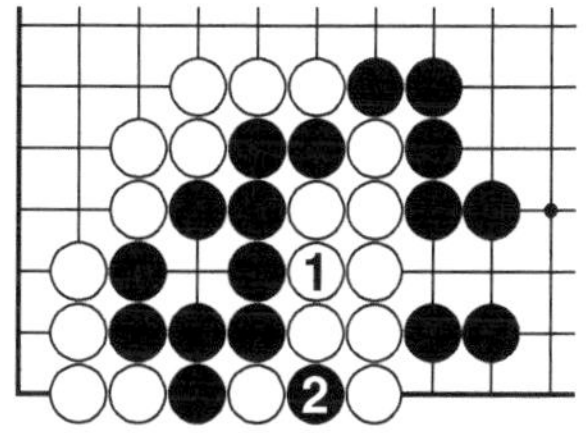

*4b. Weiß kann ein günstiges Ko erreichen*

# Glossar

**Atari** („getroffen"): Der Zustand eines Steines oder einer Gruppe von Steinen, dass sie im nächsten Zug geschlagen werden könnte.

**Byoyomi** („Sekunden zählen"): Zeitsystem, bei dem für einen Zug (oder eine festgelegte Anzahl Züge) eine feste Zeitspanne zur Verfügung steht; oft im Anschluss an den Ablauf der Hauptbedenkzeit.

**Hanami-Ko** (etwa „Picknick-Ko"): Ein Ko, das einer Seite im Verlustfall so gut wie keinen Schaden bringt.

**Hane** („Sprung"): Diagonalzug, der um einen gegnerischen Stein oder eine gegnerische Kette umbiegt.

**Hoshi** („Stern"): Einer der neun markierten Vorgabepunkte auf dem Brett.

**Joseki:** Eine lokale Sequenz, die aus optimalen Zügen beider Parteien besteht und ein ausgeglichenes Ergebnis liefert. Die meisten Josekis betreffen die ersten Züge in einer Ecke.

**Ko:** Kämpferische Stellung, in der theoretisch endlos wiederholt ein abwechselndes Schlagen eines weißen und eines schwarzen Steines möglich wäre. Die Regeln verbieten es daher, in einem Ko sofort zurückzuschlagen.

**Oiotoshi** („Jagen und zur Strecke bringen"): Die Situation, dass eine Gruppe in Atari steht und nicht angebunden werden kann, weil die angebundenen Steine nur mit geschlagen würden.

**Shibori** (etwa „auswringen"): Tesuji, das den Gegner zwingt, klumpige freiheitenarme Form zu spielen.

**Tenuki:** Ein Zug abseits des lokalen Themas. Der Name wird insbesondere dann gewählt, wenn eine lokale Antwort zu erwarten war.

**Tesuji:** Ein technisch guter, oft überraschender Zug, der in einer lokalen Situation das Optimum darstellt, um ein bestimmtes Ziel (Verbinden, Fangen, Leben etc.) zu erreichen.